Streiff / Pellegrini / von Kaenel
Vertragsvorlagen

Vertragsvorlagen

Eine Sammlung kommentierter
Vertragsmuster für die Praxis

2., überarbeitete Auflage

von

Dr. iur. Ullin Streiff
Dr. iur. Bruno Pellegrini
Lic. iur. Adrian von Kaenel

Schulthess Polygraphischer Verlag Zürich

© Schulthess Polygraphischer Verlag AG, Zürich 1994
ISBN 3 7255 3196 X

Inhaltsverzeichnis

Zur Funktion dieses Buches und seinen Grenzen	9
Einführung ins Recht der Verträge	13
Der notwendige Inhalt von Verträgen	14
Die Beendigung eines Vertrages	15
Verträge sind einzuhalten!	16
Vorgehen, wenn der Vertrag nicht erfüllt wird	18
Vorgehen bei mangelhafter Leistung	19
Reine und gemischte Verträge	20
Innominatkontrakte	20
Vertragsschluss durch einen Dritten	20
Erweiterung des Personenkreises bei Verträgen	21
Reugeld, Konventionalstrafe	22
Die wichtigsten Regeln bei der Auslegung von Verträgen	22
Die gerichtliche Auseinandersetzung	23
Abtretung	25
Schuldübernahmevertrag	35
Kaufvertrag	41
Alleinvertriebsvertrag	75
Schenkungsvertrag	83
Mietvertrag	91

Pachtvertrag	117
Darlehensvertrag	127
Arbeitsvertrag	137
Werkvertrag	159
Auftrag	173
Agenturvertrag	189
Hinterlegungsvertrag	203
Bürgschaft und Garantievertrag	213
Leasingvertrag	229
Lizenzvertrag	241
Franchisevertrag	253
Einfache Gesellschaft	267
Kollektivgesellschaft	283
Kommanditgesellschaft	295
Aktiengesellschaft	305
Gesellschaft mit beschränkter Haftung	349
Genossenschaft	357
Verein	365
Konkubinatsvertrag	377
Ehevertrag	387
Scheidungskonvention	415
Testament und Erbvertrag	429

	7
Fahrnispfandvertrag	463
Dienstbarkeitsvertrag	473
Zwangsvollstreckung	493
Prozessrechtliche Verträge	501

Zur Funktion dieses Buches und seinen Grenzen

Tag für Tag schliessen wir Verträge ab — auch dann, wenn dies mündlich oder gar wortlos geschieht. Die meisten dieser Verträge sind ohne jede Komplikation; sie werden beidseits anstandslos erfüllt und sind damit erledigt. Bereits der Kauf eines Autos, die Miete einer Wohnung, der Bau eines Geschäftshauses, die Gründung oder Umwandlung einer Gesellschaft, die Anstellung eines Mitarbeiters, rufen nach überlegterem Vorgehen. Sie sind oftmals von weittragender, manchmal langdauernder Wirkung. Meist stehen auch erhebliche finanzielle Konsequenzen auf dem Spiel.

Je wichtiger eine Angelegenheit ist, desto eher sind die Beteiligten bestrebt, ihre Verhältnisse klar und deshalb schriftlich zu regeln. Bei der Formulierung dieser Verträge wird oft nach Vorlagen gesucht. Das Abstellen auf solche Beispiele ist indes nicht ohne Gefahr. Keine Vertragsvorlage kann allen möglichen Situationen und Kombinationen Rechnung tragen. Die Vielfalt des Lebens lässt sich nie vollständig erfassen. Allzu leicht wird deshalb die Benützerin oder der Benützer Vorlagen auf Fälle anwenden, denen sie nicht entsprechen, oder es werden Klauseln weggelassen, die im konkreten Fall doch besser eingefügt worden wären.

Die Verfasser haben versucht, diese Gefahren für die Benützer dadurch zu vermindern, dass sie die Vorlagen kommentieren, auf mögliche Abänderungen bei den einzelnen Bestimmungen hinweisen. Jedem Vertragstyp ist überdies eine kurzgehaltene Einführung vorangestellt, um die jeweils wesentlichsten Punkte im Zusammenhang darzustellen. Sie setzen überdies voraus, dass die Benützerinnen und Benützer dieses Buches auch die Einführung zum Abschluss von Verträgen (Seiten X—Y) aufmerksam durchlesen. Viele Hinweise und Erläuterungen sind wohl erst auf dem Hintergrund dieser zusammenfassenden Darstellung über das Vertragsrecht voll verständlich.

Narrensicherer Gebrauch konnte dennoch nicht Ziel dieses Buches sein. Bei wichtigen und komplizierten Rechtsfragen empfiehlt es sich unbedingt, schon vor dem Vertragsabschluss den Rat einer Rechtsanwältin oder eines Rechtsanwaltes einzuholen. Gegebenenfalls überlässt man es ohnehin besser diesen Fachleuten oder Notaren, heikle Verträge abzufassen. Bevor die Redaktion eines Vertrages an die Hand genommen wird, ist sorgfältig zu überlegen, inwieweit allenfalls Normen ausserhalb des Vertragsrechtes eine Rolle spielen könnten, seien dies nun wirtschaftsrechtliche Bestimmungen, öffentlich-rechtliche Vorschriften wie z. B. in Bausachen oder bei der Beschäftigung von ausländischen Arbeitskräften oder vor allem Steuergesetze. Die Auslagen für rechtzeitige fachkundige Beratung machen nur einen Bruchteil dessen aus, was Prozesse infolge unklarer oder ungünstiger Verträge nachher an Zeit, Ärger, Auslagen, Umtrieben und eventuellen Verlusten kosten können.

Das Buch enthält in erster Linie Vertragsvorlagen für den täglichen Geschäftsverkehr. Es finden sich aber auch verschiedene Beispiele für Rechtsgeschäfte, bei denen das Gesetz angesichts ihrer Bedeutung die Mitwirkung einer Urkundsperson vorschreibt, so z. B. bei Ehe- und Erbverträgen oder bei Bürgschaften. Diese Vertragsarten wurden gleichwohl aufgenommen, weil der Leser oder die Leserin dadurch die Möglichkeiten erhalten, sich über Inhalt und Gestaltung solcher Verträge zu informieren, bevor man sich zum Notar begibt. Die besonderen kantonal oft verschiedenen Beurkundungsformeln wurden dabei bewusst weggelassen. Deren Beachtung obliegt ohnehin der Urkundsperson.

Die Kunst der Vertragsredaktion besteht darin, im Einzelfall die ideale Regelungsdichte zu finden. Hierbei ist zu berücksichtigen, dass unser Recht für die meisten Vertragstypen Regeln bereit hält, die dann gelten, wenn die Parteien keine abweichende Vereinbarung getroffen haben (sogenanntes dispositives = nicht zwingendes, vertragsergänzendes Recht). Es ist unnötig, diese gesetzlichen Regelungen im einzelnen Vertrag zu wiederholen. In vielen Verträgen ist eine Tendenz spürbar, Verträge zu verlängern, indem man teilweise das Gesetz abschreibt. Dies erleichtert dem Laien zwar oftmals die Orientierung, weil er so im Vertragswerk selber möglichst viele Informationen über die gegenseitigen Rechte und Pflichten findet. Die Methode kann aber gefährlich sein, einerseits, weil die unvollständige Übernahme der gesetzlichen Regelung bei der Auslegung zu falschen Schlüssen führen kann, andererseits, weil lange Verträge meist unübersichtlich werden und oft in sich widersprüchliche Bestimmungen enthalten.

Die Verfasser haben darum bewusst einen Mittelweg eingeschlagen: Entlastung der Verträge von Bestimmungen, die im Gesetz stehen, ausgenommen da, wo ihre Wiedergabe zum Verständnis des Vertrages notwendig ist. In der Regel findet sich aber der Hinweis auf die wesentlichen Bestimmungen des Gesetzes in den Kommentaren in der Meinung, dass damit dem Benützerkreis am besten gedient sei.

Die den Vertragsvorlagen vorangestellte Einführung ins Recht der Verträge soll den Leserinnen und Lesern jene rechtlichen Grundlagen in knappster Weise vermitteln, die nach Auffassung der Verfasser für den hilfreichen Umgang mit Vertragsmustern als bekannt vorausgesetzt werden müssen.

Die folgenden Kapitel behandeln je eine einzelne Vertragsart. Am Anfang werden in wenigen Sätzen die wesentlichsten Punkte und Besonderheiten der betreffenden Vertragsart umrissen. Es folgt ein Überblick über den Vertragstyp, in dem dessen Wesen und wichtigsten Regelungen schwerpunktmässig beschrieben werden. Auf die jeweils anwendbaren Gesetzesbestimmungen wird bereits an dieser Stelle hingewiesen. Dann folgen die Vertragsvorlagen. Optisch sind sie durch einen unterlegten Raster hervorgehoben. Die hochgestellten Ziffern im Text verweisen auf die erläuternden Kommentartexte (Noten), welche sich bei jeder Vertragsart jeweils im Anschluss an das letzte Muster finden.

Nur das Studium aller Teile ermöglicht juristischen Laien eine sinnvolle Anpassung des gewählten Musters an den konkreten Einzelfall. Dabei empfiehlt es sich, vor Verwendung der Vertragsvorlage den Vertragsinhalt stichwortartig knapp zu notieren. Dazu gehören insbesondere die Erwähnung der verfolgten Ziele und die Auflistung der beidseitigen Rechte und Pflichten. Zeigt es sich dann, dass die ausgewählte Vorlage mehr oder weniger den niedergeschriebenen Notizen entspricht, kann sie leicht angepasst werden. Bei grösseren Abweichungen ist genau zu prüfen, ob man überhaupt die richtige Vertragsart gewählt hat. So sind – um ein Beispiel zu geben – juristischen Laien die

Unterschiede zwischen Arbeitsvertrag, Auftrag und Werkvertrag oft nicht ohne weiteres klar. Soweit Anpassungen frei formuliert werden müssen, empfiehlt es sich, keine Fremdwörter und Fachausdrücke zu verwenden, deren Bedeutung nicht ganz genau bekannt ist. Je kürzer und klarer die Sätze, desto besser!

Ullin Streiff
Bruno Pellegrini
Adrian von Kaenel

Einführung
ins Recht der Verträge

Rechtliche Beziehungen entstehen in der Regel durch Vertrag, durch ungerechtfertigte Bereicherung oder durch ausservertragliche Schädigung, z. B. durch Verkehrsunfall oder Delikte. Die ungerechtfertigte Bereicherung wird im Gesetz in den Art. 62–67 OR geregelt, die ausservertragliche Schädigung in Art. 41–61 OR. Der grösste Teil des OR und bedeutende Teile des ZGB dienen der Regelung des Vertragsrechtes.

Verträge entstehen durch übereinstimmende Willensäusserungen (Art. 1 Abs. 1 OR). Diese können konkludent (= durch schlüssiges Verhalten, d. h. wenn aus einer Handlung auf eine bestimmte Absicht geschlossen werden kann), mündlich oder schriftlich erfolgen. Konkludent ist der Abschluss eines Kaufvertrages, wenn ich in einem Selbstbedienungsladen einen Gegenstand in den Wagen lege, zur Kasse fahre und bezahle. Oder der Abschluss eines Beherbergungsvertrages erfolgt konkludent, wenn ein Fremder, der sich in keiner Sprache verständigen kann, ein Hotelzimmer bezieht; das Ausfüllen eines Formulars der Hotelkontrolle hat nur polizeiliche Bedeutung, mit dem Vertragsschluss aber nichts zu tun.

Übereinstimmende Willenserklärungen ergeben sich, indem der Offerent ein Angebot macht, das der Akzeptant annimmt. In der Praxis ist es nicht immer einfach festzustellen, wer offeriert, wer akzeptiert, weil die Vertragsverhandlungen verschiedentlich hin und her laufen können, besonders bei komplexen Geschäften. Wenn aber am Schluss einer der Partner sagt: «So bin ich einverstanden», ist ein Vertragsschluss zustandegekommen. Wenn ein Vertragspartner mit falschen Angaben vortäuscht, einen Vertrag abschliessen zu wollen, kann er schadenersatzpflichtig werden (culpa in contrahendo).

Nach schweizerischem Recht genügen mündliche Willenserklärungen, ausser das Gesetz verlange die Schriftform (Art. 11

OR). Dabei wird unterschieden zwischen Handschrift (z. B. Testament), gewöhnlicher Schriftform (hier muss nur die Unterschrift von Hand sein, der Rest kann gedruckt oder mit der Schreibmaschine geschrieben sein; z. B. Lehrvertrag) und öffentlicher Beurkundung (z. B. Grundstückkaufvertrag). Bei bestimmten Verträgen muss die gesetzlich vorgeschriebene Form für den ganzen Vertrag beachtet werden, bei anderen sind lediglich einzelne Abmachungen nur schriftlich gültig (z. B. für das Konkurrenzverbot beim Arbeitsvertrag). Auch wo mündliche Abmachungen genügen, empfiehlt sich ein schriftlicher Vertrag, um den Inhalt der Übereinkunft nachträglich beweisen zu können. Denn zum Beweis von mündlichen Verträgen stehen im Streitfall nur allfällige Zeugen und die Art und Weise der Handhabung durch die Parteien zur Verfügung.

Eine Spielart des schriftlichen Vertragsschlusses ist der Briefwechsel. Auch hier sind mehrmalige Verhandlungsangebote denkbar, bis es zur Einigung kommt. Aus dem Briefwechsel lässt sich dann der Vertragsinhalt ableiten, obwohl kein bereinigter Vertragstext abgefasst worden ist. Dem eigentlichen schriftlichen Vertrag angenähert ist die schriftliche Bestätigung einer mündlichen Abmachung in Briefform. Stillschweigen der Gegenpartei kann nämlich im Geschäftsverkehr unter Umständen als Zustimmung verstanden werden.

Der Jurist ist immer wieder erstaunt darüber, dass Laien nur schriftliche Vereinbarungen als Verträge betrachten. Immer wieder hört er von seinen Klienten, es bestünde zwischen den Parteien kein Vertrag, selbst wenn zweifellos ein mündlicher Vertragsschluss stattgefunden hat oder der Vertragsinhalt in Briefform schriftlich festgehalten worden ist. Hier klafft zwischen der Rechtslage und dem Allgemeinverständnis eine Lücke.

Der notwendige Inhalt von Verträgen

Mit übereinstimmenden Willensäusserungen kommen Verträge nur zustande, wenn über die wesentlichen Vertragsbestandteile Einigkeit erzielt worden ist (Art. 2 Abs. 1 OR). Welche Bestandteile wesentlich sind, ist von Vertragstyp zu Vertragstyp verschieden. Bei der Erläuterung der einzelnen Vertragstypen wird jeweils darauf verwiesen. So müssen für einen Kaufvertrag das Kaufobjekt und der Preis klar umschrieben sein, bei einem Darlehensvertrag die zu leihende Summe. Fehlt die Einigung über einen notwendigen Bestandteil des Vertrages, ist dieser nicht zustandegekommen.

Pro Vertragstyp sind jeweils nur sehr wenige Punkte vertragswesentlich. Eine Einigung auf die vertragswesentlichen Punkte kann bei allen Vertragstypen genügen, die in Gesetzen geregelt sind, weil hier das Gesetz die fehlenden Regelungen zur Verfügung stellt. Viel grösser ist die Unsicherheit bei Vertragstypen, die gesetzlich nicht geregelt sind, den sog. Innominatkontrakten.

Das Bedürfnis nach einer eingehenden Regelung unter den Parteien ergibt sich dort, wo komplizierte Verhältnisse vorliegen. Die moderne Welt tendiert ohne Zweifel zu immer komplizierteren Verhältnissen, weshalb das Bedürfnis nach wohldurchdachten Verträgen immer grösser wird. Darum gehören zeitraubende Verhandlungen und ausführlich formulierte Verträge heute zum Alltag in der Geschäftswelt.

Die Beendigung eines Vertrages

Verträge können an «Geburtsmängeln» leiden. In diesen Fällen findet eine unvorhergesehene Auflösung statt: So können Verträge wirkungslos sein, weil sie die vorgeschriebene Form nicht einhalten, beispielsweise wenn ein Grundstückkauf nicht öffentlich beurkundet wird. Verträge können aber auch von Anfang an nichtig sein; das sieht das Gesetz jedoch nur bei unmöglichen, unsittlichen und widerrechtlichen Verträgen vor (Art. 20 OR). Zu denken ist etwa an die Anstellung einer Dirne durch einen Zuhälter oder eines Diebes zur Ausführung von Diebstählen. Solche Verträge sind von Anfang ohne Wirkungen.

Der Vertragsschluss kann aber auch (bloss) einen Willensmangel aufweisen (Art. 21 und 23 – 30 OR). Hat der eine Partner den anderen absichtlich getäuscht (Art. 28 OR) oder durch Zwang, Drohung oder Ausnützung (Art. 21, 29 OR) dessen Willensbildung verfälscht, ist innert bestimmter Fristen ein einseitiger Widerruf des Vertrages möglich. Liegt dem Vertragsschluss nur ein einseitiger Irrtum des einen Partners zugrunde, so ist die Widerrufsmöglichkeit auf die schwereren Fälle beschränkt (Art. 23 und 24 OR). Die Widerrufsfrist ist kurz; ein Jahr nach

Entdeckung des Mangels (Art. 31 OR) bzw. ein Jahr seit Vertragsschluss (Art. 21 OR).

Davon zu unterscheiden sind die Fälle ordentlicher Vertragsbeendigung (Art. 114–142 OR). Die beiden hauptsächlichen Arten sind die Erfüllung und die Kündigung. Die meisten Verträge enden durch Erfüllung. Das gekaufte Auto wird geliefert, der Kaufpreis bezahlt. Nach Ablauf der Mängelhaftung entfaltet dieser Vertrag keine schuldrechtlichen Wirkungen mehr.

Dauerschuldverhältnisse (Arbeitsvertrag, Mietvertrag, Sukzessivlieferungsvertrag wie Buchabonnement) werden normalerweise durch Kündigung beendet. Die Parteien können in der Regel die Kündigungsmodalitäten frei vereinbaren. Nur bei wenigen Verträgen regelt das Gesetz diese zwingend; in den anderen Fällen gelten gesetzliche Kündigungsvorschriften nur, wenn die Parteien nichts vereinbart haben.

Wo weder vom Gesetz noch vom Vertrag eine Beendigung vorgesehen ist, hat die Gerichtspraxis Lösungen erarbeitet. Gesetzlich nicht geregelte Dauerschuldverhältnisse können z. B. oftmals mit einer sechsmonatigen Kündigungsfrist aufgelöst werden. In besonderen Härtefällen können übermässig belastend gewordene Verpflichtungen unter Umständen vom Richter aufgehoben oder wenigstens abgeändert werden. In solchen Fällen lässt die Gerichtspraxis die Abänderung oder gar die Aufhebung zu, weil die ursprüngliche Vertragsgrundlage dahingefallen ist (clausula rebus sic stantibus).

Verträge sind einzuhalten!

Laien sind oft der irrigen Annahme, von Verträgen könne man zurücktreten, etwa dann, wenn man z. B. nachträglich ein besseres Angebot erhält oder wenn man wegen einer unerwarteten Entwicklung am geschlossenen Vertrag das Interesse verloren hat. Dies trifft so nicht zu. Vielmehr sind einmal abgeschlossene Verträge einzuhalten. Ausser bei Dauerschuldverhältnissen erlaubt die Rechtsordnung nur in Extremfällen die Auflösung des Vertrages statt seiner Erfüllung.

Wer sich noch nicht binden will, vielleicht weil er die Situation noch nicht überblickt, kann entweder die Verhandlungen offen lassen oder aber eine Bedingung in seine Offerte einbauen:

«Der Vertrag tritt nur in Kraft, wenn ...» (ein bestimmtes Ereignis eintritt); z. B. «Ich kaufe das Segelboot unter der Bedingung, dass ich vor dem 1. Juni eine Stelle und eine Wohnung am Bodensee finde» (suspensive Bedingung); oder der Vertrag wird entschädigungslos wieder aufgelöst, falls ein bestimmtes Ereignis eintritt, z. B.: «Ich kaufe ein Auto unter der auflösenden Bedingung, dass der Vertrag dahinfällt, wenn ich die Fahrprüfung nicht bestehe» (resolutive Bedingung). Habe ich aber solche Vorbehalte nur für mich in meinen Gedanken erwogen, so liegt meist ein blosser Motivirrtum vor, der nicht zum Rücktritt berechtigt, die eingegangene Bindung also bestehen lässt!

Noch keine Bindung besteht während der Vertragsverhandlungen. Wird eine Offerte zum Vertragsschluss z. B. schriftlich abgegeben, bleibt der Offerent eine Zeitlang daran gebunden. Diese Bindung entfällt, wenn die Offerte nicht innert geschäftsüblicher Frist oder nur in abgeänderter Form (Gegenofferte) angenommen wird. Klarheit schafft man, wenn man bei der Offerte angibt, wann sie spätestens angenommen oder abgelehnt sein muss.

Mit der Regel, dass einmal abgeschlossene (mündliche oder schriftliche) Verträge eingehalten werden müssen, verwirklicht die Rechtsordnung das Prinzip, dass jeder urteilsfähige und mündige Einwohner unseres Landes voll handlungsfähig ist. Das ist ein fundamentaler Grundsatz der liberalen Wirtschaftsordnung. Sie geht von der Gleichwertigkeit aller Wirtschaftspartner aus. Mit der Realität stimmt dieser Grundsatz nur teilweise überein. Sehr oft sind gewisse Verkäufer und Geschäftemacher dem weniger erfahrenen Vertragspartner weit überlegen. Die eher seltenen Fälle von Willensmängeln bilden dazu ein bescheidenes Korrektiv. Darum hat der Gesetzgeber einige Korrekturen gegenüber dem Prinzip der vollen Vertragsfreiheit geschaffen: Beim Arbeitsvertrag und bei der Miete hat er durch zwingende Normen der Gestaltungsfreiheit der Parteien Grenzen gesetzt; fast ausschliesslich, um dem Arbeitnehmer oder Mieter als dem schwächeren Teil den notwendigen Schutz zu gewähren. Beim Abzahlungskauf und bei sog. Haustürgeschäften hat er eine Rücktrittsmöglichkeit geschaffen. Im Bewusstsein vieler Menschen hat sich deswegen die falsche Meinung eingenistet, man könne auch von anderen Verträgen jederzeit oder mindestens gleich nach Eingehung während einer kurzen Frist zurücktreten, was nicht zutrifft. Als Folge der Rücktrittsmöglichkeit bei Abzahlungskäufen haben sich zudem Umgehungsgeschäfte breit gemacht, die die Wirksamkeit der Schutzgesetzgebung zu einem guten Teil illusorisch machen: Statt auf Abzahlung kauft man beispielsweise einen Wagen mit Hilfe eines Kleinkredites bar.

Nur bei einer Kategorie von Verträgen ist der Rücktritt jederzeit möglich, und zwar ohne Begründung: beim Auftrag. Aufträge sind z. B. die Übergabe eines Falles an einen Anwalt, die Vermögensverwaltung durch eine Bank oder einen Treuhänder usw., generell auf besonderem Vertrauen basierende Beauftragungen zur Erledigung eines Geschäftes. Hier soll niemand gebunden bleiben, wenn er sein die Vertragsgrundlage bildendes Vertrauen verloren hat.

Vorgehen, wenn der Vertrag nicht erfüllt wird

Verträge, die von beiden Seiten erfüllt werden, beschäftigen keine Gerichte. Die Probleme beginnen, wenn eine Partei ihren Verpflichtungen nicht nachkommt. Man spricht dann von Verzug und von Verzugsfolgen.

Erbringt ein Schuldner seine Leistung nicht rechtzeitig, gerät er durch Mahnung in Verzug, es sei denn, der Vertrag bestimme bereits einen festen Erfüllungszeitpunkt (Art. 102 OR). Sind Forderungen Zug um Zug zu erfüllen, kann der Vertragspartner nur in Verzug gesetzt werden, wenn man seine eigene Leistung ordnungsgemäss angeboten hat.

Unsere Rechtsordnung gibt dem Gläubiger beim Verzug des Schuldners drei Rechtsbehelfe, unter denen er frei wählen kann. Vorerst hat der Gläubiger allerdings dem Schuldner eine angemessene letzte Frist zur Erfüllung einzuräumen. Hält sich der Schuldner nicht daran, muss sich der Gläubiger *sofort* entscheiden:
– Rücktritt vom Vertrag unter Geltendmachung nur des Schadens (negatives Interesse)
– Verzicht auf die Gegenleistung des säumigen Vertragspartners unter Aufrechterhaltung der eigenen Leistungsbereitschaft, aber mit vollem Schadenersatz samt entgangenem Gewinn (positives Interesse)
– Aufrechterhaltung des Vertrages unter Vergütung des Verspätungsschadens.

Hat der Gläubiger eine dieser drei Sanktionen gewählt, so ist er daran gebunden. Von prinzipieller Bedeutung ist vor allem die Wahl zwischen dem Beharren auf der Leistung der Gegenpartei und dem Verzicht darauf. Braucht man die bestellte Leistung oder Lieferung trotz der Verspätung noch, wird man meist auf der Vertragserfüllung beharren und zusätzlich Verspätungsschaden geltend machen. Ist sie wegen der Verspätung nutzlos geworden, wird man verzichten.

Unabhängig von der gewählten Verzugssanktion hat der Gläubiger eine Entschädigung für den Vertragsbruch zugut, die sich zwar in den drei Fällen unterschiedlich berechnet, aber stets einen Saldo zugunsten des Gläubigers ergibt. Häufig können sich die Geschäftspartner auf die Berechnung des Anspruches einigen und ohne Prozess ans Ziel kommen. Gelingt dies nicht, muss der Richter angerufen werden. Dieser wird aber in keinem Fall den indirekten Schaden zusprechen («weil die Stühle für das neue Café nicht rechtzeitig geliefert wurden, konnte mein Konkurrent sein Lokal vor mir eröffnen und so die Kundschaft an sich ziehen»), wohl aber den direkten Schaden («während der 14 Tage der verspäteten Lieferung der Stühle entgingen mir pro Tag rund Fr. 800.–, denen nur variable Ausgaben von Fr. 250.– entgegengestanden hätten»). Soweit der Schaden nicht genau berechnet werden kann, schätzt ihn der Richter nach der allgemeinen Lebenserfahrung (Art. 42 Abs. 2 OR).

Vorgehen bei mangelhafter Leistung

Der Vertrag kann zwar erfüllt sein, aber die Leistung ist mangelhaft. Die Mängelrechte und ihre Ausübung variieren von Vertragstyp zu Vertragstyp. In der Regel muss sofort geprüft und gerügt werden, sonst sind die Mängelrechte verwirkt (Art. 201 OR für den Kaufvertrag). Der Käufer hat die Wahl zwischen der stärksten Sanktion, der Rückgabe (Wandelung), und dem Ersatz des Minderwertes (Minderung), kann aber im Unterschied zum Werkvertrag normalerweise keine Nachbesserung verlangen. Mängelrechte verjähren beim Kauf ein Jahr nach der Lieferung (Art. 210 OR). Beim Werkvertrag beträgt bei Bauwerken die Verjährungsfrist hingegen fünf Jahre ab Abnahme (Art. 371 OR).

Reine und gemischte Verträge

Einer der tragenden Gedanken unseres Rechtes ist die Vertragsfreiheit. Daraus wird das Recht abgeleitet, Verträge beliebigen Inhalts abzuschliessen, solange dieser weder unmöglich, widerrechtlich noch unsittlich ist. Man kann also nicht bloss die im Gesetz vorgesehenen Verträge abschliessen, man kann sie auch kombinieren. Verkauft der Vater seinem Sohn sein Haus zu einem ausgesprochenen Vorzugspreis, ist ein Kauf- mit einem Schenkungsvertrag gemischt. So hat es in vielen Verträgen Elemente verschiedener Vertragstypen. Die verschiedenen Elemente solcher gemischter Verträge werden nach den Regeln desjenigen Vertragstyps beurteilt, denen sie am ehesten zugeordnet werden können (im Vertrag mit einem Hauswart untersteht die Überlassung der Wohnung dem Mietrecht; die Erbringung der Dienstleistung dem Arbeitsvertragsrecht). Das tönt einfach, ist aber in der praktischen Anwendung meist anspruchsvoll.

Innominatkontrakte

Das Gesetz regelt die wichtigsten Vertragstypen — Kauf, Schenkung, Miete, Pacht, Arbeitsvertrag, Werkvertrag, Darlehensvertrag usw. Es strebt dabei keine Vollständigkeit an. Einen Vertragstyp, der im Gesetz gar nicht geregelt worden ist, bezeichnet man als Innominatkontrakt. Hier fehlt spezifisches ergänzendes Gesetzesrecht. Doch sind selbstverständlich auch hier die allgemeinen Regeln des Vertragsrechtes (Art. 1 – 186 OR, Art. 1 – 10 ZGB) voll anwendbar.

Innominatkontrakte sind beispielsweise der Leasing- und der Gastaufnahmevertrag. Auch der Vergleich wird hier zugeordnet.

Vertragsschluss durch einen Dritten

Nicht immer kann (oder will) der Vertragswillige den Vertrag persönlich abschliessen. Oft bedient er sich eines Dritten zum Vertragsschluss. Damit der Vertragswillige dadurch verpflichtet wird, muss der Dritte von ihm gehörig bevollmächtigt sein. Der

Anwalt, der vor Gericht einen Vergleich abschliesst, tut dies auf Grund seiner Vollmacht; die Folgen treffen ausschliesslich (Vor- und Nachteile) den Vollmachtgeber.

Verträge können auch für Dritte abgeschlossen werden, ohne dass eine Bevollmächtigung stattgefunden hat. Hier erfolgt der Vertragsschluss unter der Bedingung, dass der Vertretene nachträglich das Geschäft genehmigt.

Die Vollmacht kann sehr allgemein gehalten sein und sehr weit gehen (Generalvollmacht), sie kann sehr eng abgefasst sein und dem Stellvertreter nur ein ganz bestimmtes Verhalten erlauben. Die Verpflichtung des Vollmachtgebers kann nur so weit gehen, wie der Bevollmächtigte ihn laut Vollmachtstext verpflichten durfte. Wird die Vollmacht überschritten oder fehlt sie, ist der Stellvertreter dem Vertragspartner gegenüber haftbar; der Vertrag ist mit dem Vertretenen unverbindlich.

Neben der schriftlichen Vollmacht treten Stellvertretungen sehr oft ohne schriftliche Grundlage auf. So duldet ein Ladenbesitzer immer die Vertragsschlüsse der Verkäufer mit Kunden oder lässt ein Geschäftsinhaber Hilfspersonen für sich handeln, ohne einzuschreiten.

Von den Fällen der Stellvertretung kraft Vollmacht zu unterscheiden sind die Fälle gesetzlicher Stellvertretung: Der Vormund vertritt den Bevormundeten, die Eltern ihre unmündigen Kinder usw. Hier definiert das Gesetz die Rechte der Vertreter; eine Vollmacht existiert nicht.

Erweiterung des Personenkreises bei Verträgen

Das Gesetz erlaubt Verträge unter mehr als zwei Personen. So ist es möglich, dass die Verpflichtung zu einer Leistung von einer Mehrheit von Personen eingegangen wird oder dass mehrere Personen berechtigt werden. Der einzelne ist dabei nur entsprechend seinem Kopfanteil berechtigt oder verpflichtet, es sei denn, der Vertrag sehe etwas anderes vor. Sind mehrere für die gleiche Leistung berechtigt oder verpflichtet, so spricht man von *Solidarität*.

Es gibt aber auch Vertragsverhältnisse zwischen zwei Parteien, mit denen Dritte berechtigt werden oder die Leistung eines Dritten versprochen wird. Man spricht hier von *Verträgen zugun-*

sten oder zulasten Dritter. Im ersteren Falle kann der Begünstigte direkt die Leistung vom Verpflichteten fordern, obwohl er am Vertragsschluss nicht beteiligt war. Ein Vater vereinbart z. B. mit einer ausländischen Universität, dass sein Sohn dort ein Studium absolviere, und bezahlt das Schulgeld. Anspruch, zum Studium zugelassen zu werden, hat der Sohn. Heikler ist der umgekehrte Fall. Naturgemäss kann niemand ohne seine Zustimmung zu Leistungen verpflichtet werden. Hier könnte der Dritte also ablehnen; dann hätte der Vertragsschliessende für das Erbringen der Leistung einzustehen. Hat der Dritte aber zugestimmt, steht dem Berechtigten eine direkte Forderung gegen ihn zu, obwohl der Dritte am ursprünglichen Vertragsschluss nicht beteiligt war.

Reugeld, Konventionalstrafe

In Verträgen kann ein Rücktrittsrecht eingeräumt werden, bei dem der Rücktritt etwas kostet: Es wird ein Reugeld verabredet und bei Vertragsschluss geleistet, das im Rücktrittsfall verfällt, das aber auch die Zahlungspflicht nach oben begrenzt. Allerdings ist ein Reugeld nur geschuldet, wenn für dessen Vereinbarung die jeweiligen Formvorschriften beachtet worden sind, also bei Grundstückkäufen öffentliche Beurkundung.

Demgegenüber wird die vereinbarte Konventionalstrafe nicht bei Vertragsschluss bezahlt, sondern erst fällig, wenn der Vertrag gebrochen wird. Das Gesetz sieht vor, dass der Gläubiger zwischen der Konventionalstrafe und der Erfüllung wählen kann (Art. 160 Abs. 1 OR). In der Praxis viel häufiger ist die Konventionalstrafe als Pauschalierung des Schadens, um den oft schwierigen Nachweis von dessen effektiver Höhe zu ersparen (z. B. die häufig zur Absicherung von Konkurrenzverboten vereinbarten Konventionalstrafen).

Die wichtigsten Regeln bei der Auslegung von Verträgen

Im voraus alle Eventualitäten zu bedenken, ist praktisch unmöglich. Soweit ein Vertrag für später auftauchende Fragen keine Regelungen enthält, ist zunächst auf den Gesetzestext als Ergänzung zurückzugreifen. Gibt auch das nichts her, ist zu überlegen, ob sich eine Lösung aus dem Sinn, der Grundlage des Vertrages ergebe. Versagen diese Instrumente, ist der offene Punkt durch neue Verhandlungen zu lösen, ansonst der Richter die offenen Nebenpunkte nach der Natur des Geschäftes entscheiden müsste.

Viel häufiger als Probleme wegen Lücken im Vertrag sind Differenzen in der *Auslegung des Wortlautes* der Vereinbarung. Worte können vieldeutig sein, Klauseln von den Parteien unterschiedlich verstanden werden. Wie ist ein daraus entstehender Streit zu lösen? Zunächst ist der Wortlaut massgebend. Eine genaue Betrachtung des Wortlautes und der Stellung und Funktion der Klausel im Vertragsganzen lässt oft nur eine Auslegung zu. Dabei ist der Wortlaut so anzuwenden, wie ihn ein loyaler Dritter verstehen muss (*sog. Vertrauensprinzip*). Ist die Formulierung aber mehrdeutig, so wird der Vertrag in der Regel gegen seinen Verfasser ausgelegt. Er hat die Zweideutigkeit geschaffen, er könnte sogar zur Erreichung der Zustimmung des Vertragspartners eine zweideutige Formulierung gewählt und auf ein Missverständnis gehofft haben. Diese Auslegungsregel ist Ausfluss des allgemeinen Grundsatzes, dass jedermann bei der Ausübung von Rechten nach Treu und Glauben zu handeln hat (Art. 2 ZGB).

Bei der Würdigung des Wortlautes spielen alle Unterlagen eine Rolle, die über das Zustandekommen des Vertrages Auskunft geben, insbesondere Briefe, Aktennotizen und Zeugenaussagen über die Vertragsverhandlungen.

Die gerichtliche Auseinandersetzung

Wenn ein Streit über die Auslegung eines Vertrages oder über die Höhe des durch dessen Nichteinhaltung entstandenen Schadens nicht gütlich beigelegt werden kann, bleibt nur der Weg zum Richter. Es kann aber nicht genug betont werden, dass in aller Regel ein mittelmässiger Kompromiss einem Prozess vorzuziehen ist. Ein Prozess ist von der Zeit und von den Kosten her ausserordentlich aufwendig. Bei Zeugenaussagen erlebt man immer wieder Überraschungen, so dass Prognosen über dessen Ausgang stets mit grosser Vorsicht aufzunehmen sind. Ist der Streitwert klein, so lohnt sich der Prozess ohnehin nicht. Ist er gross, kann er sich über drei Instanzen hinziehen und in der Regel etliche Jahre dauern. Aus all diesen Gründen ist die Prozesseinleitung die «ultima ratio», das letzte Mittel.

Wenn hingegen die eigene Kompromissbereitschaft erschöpft ist und die Gegenpartei jedes weitere Zugeständnis verweigert, dann kann ein Prozess unvermeidlich werden. Dann ist es meist unerlässlich, die Sache von Anfang an einem Rechtsanwalt zu übergeben, im Blick auf die recht unterschiedlichen Prozessordnungen unserer Kantone am besten einem Anwalt im Kanton des massgeblichen Gerichtsstandes. Sehr oft wird es im Verlaufe des Verfahrens mit richterlicher Hilfe noch möglich sein, zu einem Vergleich zu kommen.

Gerade weil das Prozessieren stets die ultima ratio sein soll, lohnt es sich, bei Vertragsabschlüssen sehr sorgfältig vorzugehen.

Die Abtretung

Das Wichtigste in Kürze

Die Abtretung lässt eine Forderung (Geld- oder Sachschuld) durch Vertrag von einem Gläubiger auf einen neuen Gläubiger übergehen. Die Abtretung kann entgeltlich oder unentgeltlich sein.

Der eigentliche Übergang der Forderung auf einen neuen Gläubiger kann nur durch schriftliche Erklärung des alten Gläubigers erfolgen, durch die Abtretungserklärung (Zession).

Der alte Gläubiger kann dem neuen Gläubiger auch mündlich versprechen, ihm eine bestimmte Forderung abzutreten. Nur der Vollzug dieses Versprechens muss schriftlich erfolgen. Der Schuldner der abgetretenen Forderung darf nicht mehr an den bisherigen Gläubiger leisten, sobald man ihm, mündlich oder schriftlich, von der Abtretung Kenntnis gegeben hat. An den neuen Gläubiger soll er nur zahlen, wenn ihm dieser die Abtretungsurkunde vorweist. Denn der Schuldner trägt das Risiko, an den Richtigen zu zahlen!

Wesen der Abtretung	Unter Abtretung oder Zession versteht man die Übertragung einer bestehenden oder einer künftigen Forderung aus einem bestimmten Schuldverhältnis durch Vertrag vom bisherigen auf den neuen Gläubiger. Die Abtretung ist ein zweiseitiges Rechtsgeschäft, also ein Vertrag. Sie kann entgeltlich oder unentgeltlich sein. Die Zustimmung des neuen Gläubigers zum Abtretungsvertrag erfolgt meistens stillschweigend.

Die Zession ist aber auch ein sogenanntes Verfügungsgeschäft, d. h. durch die zwingend schriftlich zu erfolgende Abtretungserklärung des alten Gläubigers geht die Forderung auf den neuen Gläubiger – dessen Zustimmung vorausgesetzt – über. Die schriftliche Erklärung entspricht der Übertragung des Besitzes an einer körperlichen Sache bei der Eigentumsverschaffung. |
| Form | Die Abtretung als Verfügungsgeschäft muss stets schriftlich erfolgen. Der Vertrag, also die Einigung zwischen altem und neuem Gläubiger, eine bestimmte Forderung abzutreten (pactum de cedendo), kann auch mündlich erfolgen. Vorausgesetzt, dieser mündliche Vertragsschluss lasse sich beweisen, kann also zur Erfüllung des Abtretungsversprechens gerichtlich durchgesetzt werden, dass der alte Gläubiger eine Zessionserklärung schriftlich abgeben muss. |
| Wirkungen gegenüber dem Schuldner | Der Schuldner der abgetretenen Forderung kann sich gegen den Wechsel seines Gläubigers nicht zur Wehr setzen. Solange ihm von der Zession keine Kenntnis gegeben wird, kann er mit befreiender Wirkung an den alten Gläubiger leisten. Erst wenn ihm die Zessionsurkunde vorgelegt wird, darf er neu nur noch an den neuen Gläubiger zahlen. Er darf auch an den neuen Gläubiger zahlen, wenn ihn der alte Gläubiger dazu aufgefordert hat. Immer aber muss sich der Schuldner bewusst sein, dass er das Risiko trägt, an den Richtigen zu erfüllen.

Durch die Abtretung erlangt der neue Gläubiger gegen den Schuldner der abgetretenen Forderung ein Guthaben, das er möglicherweise mit einer eigenen Schuld verrechnen kann. Es gelten hinsichtlich Zulässigkeit der Verrechnung die allgemeinen Voraussetzungen, wie sie in Art. 120–126 OR niedergelegt sind. Auf der anderen Seite kann der Schuldner dem neuen Gläubiger weiterhin alle Einwendungen und Einreden entgegenhalten, die ihm gegen den alten Gläubiger zustanden. |

Enthalten weder die Abtretungserklärung noch der Abtretungsvertrag eine Bestimmung über die Gewährleistung, so haftet der alte Gläubiger für den Bestand der Forderung, wenn er eine Gegenleistung empfangen hat. Dass der Schuldner die bestehende Forderung auch erfüllt, muss der alte Gläubiger demgegenüber nur gewährleisten, wenn er sich dazu ausdrücklich verpflichtet hat (Art. 171 OR). Die Haftung geht aber nie weiter als der Gegenwert, den der Abtretende empfangen hat (Art. 173 Abs. 1 OR).

Gewährleistung

Die Parteien eines beliebigen Schuldverhältnisses können schriftlich oder mündlich vereinbaren, dass die Abtretung von Forderungen aus diesem Vertragsverhältnis ausgeschlossen sein solle. Wird das Abtretungsverbot im Vertrag ausdrücklich erwähnt, kann es jedem Erwerber der Forderung entgegengehalten werden (Art. 164 Abs. 2 OR).

Abtretungsverbot

Neben dem vertraglichen Abtretungsverbot gibt es auch Forderungen, die gemäss gesetzlicher Vorschrift nicht abgetreten werden können. Dabei ist namentlich an Leistungen der Sozialversicherungen zu denken. Art. 325 OR lässt sodann seit 1. Juli 1991 die Abtretung von Lohnforderungen nur noch zur Sicherung familienrechtlicher Verpflichtungen zu. Überdies ist die Abtretung auf die betreibungsrechtlich pfändbare Quote beschränkt. Die Abtretung des Lohnes ist somit ausgeschlossen, soweit der Arbeitnehmer damit seinen Notbedarf decken muss.

Forderungen, die nach der Natur des Rechtsverhältnisses nur dem eigentlichen Gläubiger gegenüber zu erfüllen sind, können ebenfalls nicht abgetreten werden. So kann der Arbeitgeber seine Ansprüche an den Arbeitnehmer nicht ohne dessen Zustimmung einem Dritten abtreten, denn der Arbeitnehmer hat sich nur zur Dienstleistung beim Arbeitgeber verpflichtet.

Ist eine Forderung einmal abgetreten worden, wird der Erwerber alleiniger Gläubiger. Soll der Vorgang rückgängig gemacht werden, muss erneut eine schriftliche Abtretungserklärung, eben die Rückzession, vorgenommen werden.

Rückzession

Daran ist z. B. im Bauwesen zu denken. Bauunternehmer treten gelegentlich zur Mittelbeschaffung ihre Ansprüche gegen den Bauherrn an eine Bank ab; will der Unternehmer dann ein Bauhandwerkerpfandrecht im Grundbuch eintragen lassen, so muss er in diesem Zeitpunkt formell wieder Gläubiger sein. Eine erst später, also nach Ablauf der dreimonatigen Eintragungsfrist erfolgende Rückzession vermag das Pfandrecht nicht mehr zu retten, denn Pfandrecht und Forderung sind untrennbar miteinander verknüpft (Art. 170 Abs. 1 OR).

Gesetzliche Regelung

Die Forderungsabtretung ist im Allgemeinen Teil des OR, in den Art. 164–174 OR, geregelt worden. Der Gesetzgeber hat die Abtretung somit nicht unter die Verträge eingereiht, was auf historische Gründe zurückzuführen ist.

Vorlage 1 für ein Abtretungsversprechen

Hermann Roth, Wiesental 28, Herblingen, verpflichtet[1] sich hiermit, seinem Vater Hans Roth, Wiesental 28, Herblingen, seine künftigen Werklohnguthaben aus seiner Bauspenglerei gegenüber der HU-Generalunternehmung AG abzutreten, um damit das am 30. Mai 19.. bezogene Darlehen von Fr. 200'000.– zurückzuzahlen.[2] Hermann Roth wird seinem Vater die jeweiligen Ansprüche sofort nach Unterzeichnung der betreffenden Werkverträge schriftlich abtreten, bis das Darlehen vollständig zurückbezahlt ist.[1]

Ort, Datum und Unterschriften

Vorlage 2 für eine Abtretungserklärung

Zession

Hiermit trete ich, Peter Ochsenbein, meine aus dem Verkauf eines Occasionsautos Marke Ford herrührende Kaufpreisforderung gegen Max Fischer, Schönenwerdstrasse 20, Aarau (gemäss schriftlichem Kaufvertrag vom 24. 6. 19..),[3] im Betrage von Fr. 19'000.– an die Autowerke OSAFA AG in Winterthur ab. Ich übernehme ausdrücklich die volle Garantie für den Bestand der Forderung und für die Zahlungsfähigkeit des Schuldners.[4]

Aarau, den...   sig. *Peter Ochsenbein*

Vorlage 3 für die Abtretungserklärung einer künftigen Forderung

Zession

Gemäss meiner Offerte vom 10. Februar 19.. und Bestätigungsschreiben der Bestellerin von gestern, die in Kopie angeheftet sind, habe ich, Herbert Sidler, von der Firma Keller & Cie., Neue Warenhalle, in Aarau, den Auftrag zum Druck eines Katalogs im Umfang von rund 10 Bogen und in einer Auflage von rund 2'000 Exemplaren erhalten. Die mir aus dieser Bestellung entstehende Forderung gegen die Firma Keller & Cie., deren Höhe heute noch nicht genau feststeht,[5] trete ich hiermit der PAKARIM AG, Papiere engros, in Zürich, ab. Ich verpflichte mich, ihr von der Fertigstellung des Katalogs sofort Mitteilung zu machen und ihr eine Kopie der für die Lieferung ausgestellten Rechnung zukommen zu lassen.

Sollte ich die offene Rechnung der PAKARIM AG vom 28. Dezember 19.. bis Ende April 19.. nicht vollständig bezahlt haben, ist die PAKARIM AG berechtigt,[6] diese Abtretung der Keller & Cie. anzuzeigen.

Aarau, den 4. März 19..　　　　sig. *Herbert Sidler*

Vorlage 4 für die Anzeige der Forderungsabtretung an den Schuldner:

Sehr geehrte Damen und Herren

Hiermit zeigen wir Ihnen an, dass Herbert Sidler, Aarau, mit Zession vom 4. März 19.. (vgl. beiliegende Fotokopie) die ihm gegen Sie zustehenden Ansprüche aus dem Druckauftrag für einen Katalog gemäss Offerte des Herrn Sidler vom 10.2.19.. an die PAKARIM AG abgetreten hat. Damit können Sie nur noch an uns mit befreiender Wirkung zahlen. Der Bedeutung dieser Anzeige entsprechend erfolgt diese Mitteilung eingeschrieben, wofür wir Sie um Ihr Verständnis bitten.

Zürich, den 4. Mai 19..   *PAKARIM AG*

Kommentar zu den Vorlagen 1–4

[1] *In Vorlage 1 verpflichtet sich der Sohn, dem Vater seine künftigen Werklohnforderungen gegenüber einem bestimmten Generalunternehmer, für den er regelmässig tätig ist, abzutreten. Durch das Abtretungsversprechen ist der Kreis der in Frage kommenden Forderungen genau bestimmt; noch offen ist indes, um welche konkreten Forderungen es sich handelt. Der Sohn hat somit noch nicht über genau identifizierbare Forderungen verfügt; er hat sich bloss zur Abtretung verpflichtet, bis die Darlehensforderung getilgt ist.*

[2] *In Vorlage 1 ist beabsichtigt, Forderungen abzutreten, damit der Sohn dem Vater das Darlehen zurückbezahlt. Art. 172 OR nimmt auf diese Situation Bezug. Der Empfänger der Abtretungserklärung muss sich nur soviel an sein Guthaben anrechnen lassen, wie er vom Schuldner erhält oder er bei gehöriger Sorgfalt hätte erhalten können. Würde der Vater somit eine ihm abgetretene Werklohnforderung verjähren lassen, hätte er sich den entsprechenden Betrag dennoch auf seine Darlehensforderung anrechnen zu lassen.*

[3] *Die von der Zession erfasste Forderung ist so exakt wie möglich in der Abtretungserklärung zu erwähnen. Allerdings hat die ältere Gerichtspraxis auch schon reichlich unbestimmte Umschreibungen akzeptiert. Dabei ist zu beachten, dass sich jemand zwar im Rahmen von Art. 27 ZGB dazu vertraglich verpflichten kann, seine sämtlichen künftigen Kundenguthaben seiner Bank sicherheitshalber abzutreten; der Forderungsübergang wird aber erst bewirkt, wenn der Geschäftsmann periodisch seine neueste Debitorenliste mit der Erklärung an die Bank weiterleitet, er trete nun diese Guthaben im Sinne des Abtretungsversprechens an die Bank ab.*

[4] *In Vorlage 2 ist nicht ersichtlich, ob es sich um eine entgeltliche oder um eine unentgeltliche Abtretung handelt. Die gewählte Formulierung macht aber klar, dass in der Vorlage die volle*

Haftung für den Eingang des ganzen Betrages übernommen worden ist. Es dürfte sich somit um eine entgeltliche Abtretung gehandelt haben.

5 *Bei künftigen Forderungen gewinnt die Gültigkeitsvoraussetzung der Bestimmtheit der Zessionserklärung besondere Bedeutung. Weil von einer Zession auch Dritte betroffen sind, rechtfertigen sich hohe Anforderungen an die Klarheit des von den Parteien gewollten Vertragsinhaltes.*

6 *Der alte wie der neue Gläubiger sind grundsätzlich berechtigt, jederzeit nach erfolgter Abtretung dem Schuldner mitzuteilen, dass der Gläubiger gewechselt habe. Zessionen erfolgen häufig zur Absicherung einer Forderung; oft ist es dabei nicht erwünscht, dass der Schuldner der zedierten Forderung davon Kenntnis hat, denn die Parteien des Abtretungsvertrages gehen davon aus, dass die Sicherheit gar nicht beansprucht werden muss. Man denke an den Bankkredit, den der Unternehmer mit der Abtretung von Kundenguthaben abdeckt; üblicherweise wird die Bank den Auftraggebern ihres Kreditnehmers die Zession nicht anzeigen, weil sonst unter Umständen dessen Zahlungsfähigkeit in Zweifel gezogen würde.*

Der Schuldübernahmevertrag

Das Wichtigste in Kürze

Der Schuldübernahmevertrag bezweckt die Erfüllung einer Verbindlichkeit durch einen Dritten.

Bei der internen Schuldübernahme verspricht dieser Dritte dem Schuldner, ihn von der Schuld zu befreien. Der Schuldner bleibt jedoch weiterhin dem Gläubiger haftbar. Erst wenn der Gläubiger in einem separaten Vertrag mit dem Dritten der Schuldübernahme zustimmt, wird dieser zu seinem alleinigen Schuldner und der ursprünglich Verpflichtete wird frei (externe Schuldübernahme). Erst dann hat auf Schuldnerseite die Partei gewechselt.

Von der Schuldübernahme zu unterscheiden ist der Schuldbeitritt, bei dem sich ein Dritter gegenüber dem Gläubiger bereiterklärt, neben dem bisherigen Schuldner solidarisch zu haften. Solche Schuldbeitritte erfolgen meist zur Absicherung eines Gläubigers, der sonst den Vertrag auflösen würde (z. B. Mietvertrag bei Zahlungsschwierigkeiten des Mieters).

Die Schuldübernahme ist formlos möglich, doch empfiehlt sich aus Beweisgründen auch hier die schriftliche Niederlegung.

Wesen des Schuldübernahmevertrages	Der Schuldübernahmevertrag bezweckt die Befreiung eines Schuldners von seiner Verbindlichkeit durch einen Dritten. Dieser verspricht in einer ersten Form dem Schuldner, ihn von seiner Schuld zu befreien; der Schuldner bleibt aber dem Gläubiger gegenüber weiterhin verpflichtet (sog. interne Schuldübernahme, Art. 175 OR). In einer zweiten, stärkeren Form vereinbart der Übernehmer oder mit dessen Ermächtigung der Schuldner direkt mit dem Gläubiger, dass nun der Dritte anstelle des ursprünglich Verpflichteten zum alleinigen Schuldner werden soll. Der alte Schuldner wird dadurch gegenüber dem Gläubiger frei (sog. externe Schuldübernahme, Art. 176 OR). Von der gewöhnlichen Schuldübernahme zu unterscheiden ist die Übernahme eines Geschäftes mit Aktiven und Passiven sowie die Vereinigung und Umwandlung von Geschäften (Art. 181 und 182 OR). Die Zustimmung jedes einzelnen Gläubigers zur Übernahme der Passiven ist hier nicht notwendig, doch haftet der alte Schuldner noch während zwei Jahren solidarisch.
Form	Der Schuldübernahmevertrag ist formlos gültig, doch ist schriftliches Festhalten zu empfehlen.
Wirkungen der Schuldübernahme	Bei der externen Schuldübernahme tritt der Übernehmer als neuer Schuldner an die Stelle des bisher Verpflichteten. Die Schuld bleibt grundsätzlich unverändert (Ausnahmen s. Art. 178 OR), doch haften Drittpfänder und Bürgen nur weiter, wenn auch der Pfandgeber oder der Bürge dem Schuldnerwechsel zugestimmt haben. Der Übernehmer kann dem Gläubiger nur Einreden aus dem Schuldverhältnis (z. B. Mangel des Kaufobjekts), nicht aber persönliche Einreden (z. B. Verrechnung mit einer Schuld des Gläubigers gegenüber dem Übernehmer oder dem ursprünglichen Schuldner) entgegenhalten. Die bloss interne Schuldübernahme führt hingegen nicht zu einem Schuldnerwechsel. Der Übernehmer kann seine Verpflichtung, den Schuldner zu befreien, durch Befriedigung des Gläubigers oder durch Einholen der Zustimmung des Gläubigers zu einer externen Schuldübernahme erfüllen.
Gesetzliche Regelung	Die Schuldübernahme ist in den Art. 175–180 OR geregelt; die Übernahme eines Geschäftes mit Aktiven und Passiven in den Art. 181 und 182 OR.

Vorlage 1 für einen Schuldübernahmevertrag

Zwischen *Peter Huber*, Kaufmann, Thunstrasse 31, Bern, und *Anton Rüfenacht*, Felsenaustrasse 46, Bern, ist heute folgender Vertrag zustandegekommen:

Herr Huber übernimmt an Stelle[1] von Herrn Rüfenacht dessen Schuld aus Warenlieferung gegenüber Herrn Sebastian Gfeller, Seftigenstrasse 34, Bern, im Betrag von Fr. 2'000.–.

Als Gegenwert dafür überlässt Herr Rüfenacht Herrn Huber einen gebrauchten Lieferwagen Marke Ford, Jahrgang . . . usw. im gleichen Wert. Die Übergabe des Autos erfolgt, sobald Herr Gfeller der Schuldübernahme zugestimmt und Herrn Rüfenacht aus der Schuldpflicht entlassen hat.[2]

Ort, Datum und Unterschriften

Antrag an den Gläubiger auf Zustimmung zur Schuldübernahme:

Sehr geehrter Herr Gfeller

Gemäss heute mit Ihrem Schuldner Herrn Anton Rüfenacht abgeschlossenem Vertrag (s. beiliegende Fotokopie), habe ich dessen Schuld an Sie aus Warenlieferung im Betrag von Fr. 2'000.– übernommen. Ich verpflichte mich hiermit, Ihnen an seiner Stelle diese Summe am vorgesehenen Fälligkeitstag, dem 28. Februar 19 . ., zu zahlen. Ich bitte Sie, mir Ihr Einverständnis mit dieser Schuldübernahme und mit der Entlassung von Herrn Rüfenacht aus der Schuldpflicht bestätigen zu wollen.[3]

Mit freundlichen Grüssen   sig. *Peter Huber*

Vorlage 2 für eine interne Schuldübernahme

Hans Gfeller vereinbart hiermit mit seiner Frau *Trudi Gfeller-Moser* im Hinblick auf die bevorstehende Scheidung, den Hypothekarkredit, der auf Trudi Gfellers Namen lautet und auf ihrer Liegenschaft in Thun im Betrag von Fr. 35'000.– samt Zinsen lastet, bis spätestens 31. Dezember 1995 abzulösen.[4] Diese Vereinbarung soll der Scheidungskonvention anlässlich der Hauptverhandlung vor dem Bezirksgericht vom 25. September 19.. ... eingefügt werden.

Thun, den 15. September 1993   *(Unterschriften)*

Kommentar zu den Vorlagen 1 und 2

[1] *In Vorlage 1 wird eine externe (privative) Schuldübernahme verabredet. Das kommt durch die Wendung «an Stelle» zum Ausdruck sowie im Antrag an den Gläubiger, er möge dem Schuldnerwechsel zustimmen. Privative Schuldübernahmen kommen z. B. bei der Abtretung von Vertragsverhältnissen wie etwa von Mietverträgen vor (vgl. dazu Art. 263 OR). Würde die Schuldübernahme nur kumulativ erfolgen (blosser Schuldbeitritt), wäre die Zustimmung des Gläubigers entbehrlich und würde der alte Schuldner weiterhin haften. Die Formulierung würde dann heissen: «tritt neben ... in die vorerwähnte Schuldpflicht ein».*

[2] *Die Schuldübernahme ist in Vorlage 1 Teil eines Kaufvertrages über ein Auto und im Rahmen dieses Vertrages einfach die Verabredung darüber, in welcher Form der Kaufpreis entrichtet werden muss. Die anderen Abreden, die in einem solchen Kaufvertrag noch zweckmässig wären, wurden in der Vorlage weggelassen.*

[3] *Erfolgt die in Vorlage 1 erbetene Zustimmung des Gläubigers zur Entlassung des alten Schuldners aus der Schuldpflicht nicht, so ist immer noch denkbar, dass die Schuldübernahme kumulativ erfolgt, also quasi als interne Abmachung zwischen dem alten und dem neuen Schuldner, dass letzterer an Stelle des alten Schuldners dessen Verpflichtung erfülle (vgl. diesbezüglich Vorlage 2). Eine Leistung durch den Übernehmer für Rechnung des alten Schuldners kann der Gläubiger nur dann ablehnen, wenn es sich um höchstpersönliche Verpflichtungen handelt (z. B. Arbeitsleistungen), nicht aber bei Geldverpflichtungen. Befreit wird der alte Schuldner indessen erst, wenn die Leistung tatsächlich erbracht ist.*

[4] *Oft vereinbaren zwei Parteien den Übergang einer Schuld nur im Innenverhältnis. Das in Vorlage 2 gegebene Beispiel gibt einen solchen Sachverhalt wieder. Die Ehefrau hat auf ihren Namen*

zugunsten des Mannes einen Kredit aufgenommen und mit einer auf ihren Namen eingetragenen Liegenschaft sichergestellt. Dies dürfte sie getan haben, weil ihr Mann nicht mehr kreditwürdig war. Es ist daher nicht ohne weiteres zu erwarten, dass er das für die Ablösung des Kredites benötigte Geld nach einer Scheidung verfügbar machen könnte. Die Bank würde somit einer Schuldübernahme nicht zustimmen, jedenfalls nicht unter Freigabe der Sicherheit. Die Eheleute haben sich deshalb mit einer bloss internen Verpflichtung beholfen. Der Einbau in die Scheidungskonvention ist erforderlich, damit die Rechtswirkung der internen Schuldübernahme die Scheidung überdauert.

Der Kaufvertrag

Das Wichtigste in Kürze

Der Kaufvertrag bezweckt die Übertragung von Eigentum gegen Entgelt. Er ist grundsätzlich formlos gültig; nur für Verträge über Grundstücke, Abzahlungs- und Vorauszahlungsverträge gelten Formvorschriften.

Der Kaufvertrag ist wirksam abgeschlossen, sobald sich die Parteien über die Kaufsache und über den Preis geeinigt haben. Nur beim Abzahlungsvertrag und bei Haustürgeschäften und ähnlichen Verträgen besteht im Normalfall eine Rücktrittsmöglichkeit.

Der Käufer muss den Kaufgegenstand sofort nach Erhalt auf Mängelfreiheit prüfen und allfällige Mängel dem Verkäufer sofort anzeigen. Später entdeckte, versteckte Mängel hat er sofort zu rügen. Mängelansprüche können nur ein Jahr nach Übergabe der Kaufsache geltend gemacht werden. Eine Verlängerung der «Garantie» des Verkäufers muss vertraglich vereinbart werden. Von Gesetzes wegen dauert die Haftung nur länger als ein Jahr, wenn der Verkäufer ihm bekannte Mängel absichtlich verschwiegen hat.

Wesen des Kaufvertrages	Mit dem Kaufvertrag soll Eigentum übertragen werden. Die Kaufsache ist genau zu bezeichnen; soweit nur Gegenstände einer bestimmten Gattung geschuldet sind, ist u. U. die vorausgesetzte Qualität zu nennen. Der Kaufpreis muss genau bestimmt sein oder sich wenigstens ohne weiteres bestimmen lassen.
Usanzen	Der Kauf ist das Grundgeschäft des ganzen Handels. Diese Bedeutung hat dazu geführt, dass innerhalb vieler Branchen eine eingehende, weit über die Bestimmungen des OR hinausgehende Regelung aller mit dem Kauf zusammenhängenden Fragen entwickelt worden ist. Diese in einer Branche geltenden Usanzen werden für alle unter den Firmen dieser Branche abgeschlossenen Verträge als Vertragsinhalt betrachtet, auch ohne dass im Einzelfall von den Vertragsparteien darauf verwiesen wird. Sie gelten nur dann nicht als Teil der vertraglichen Abmachungen, wenn sie beim Vertragsabschluss ausdrücklich wegbedungen wurden. Will sich eine Partei in einem Prozess auf branchenspezifische Usanzen berufen, hat sie diese nachzuweisen, u. U. durch Gutachten.
Form	Der Kaufvertrag ist grundsätzlich formlos gültig. Die mündlich oder durch schlüssiges Verhalten (stillschweigend) zum Ausdruck gebrachte Einigung über Kaufsache und Preis lässt den Vertrag zustande kommen. Wird mit dem Kaufvertrag ein Grundstück übertragen, muss der Kaufvertrag öffentlich beurkundet sein, sofern es sich um ein Grundstück in der Schweiz handelt. Lässt das Recht am Lageort auch gewöhnliche Schriftlichkeit genügen (z. B. Spanien), dann sind die Parteien bereits dadurch definitiv gebunden. Ebenfalls Schriftlichkeit ist vorgeschrieben für die Gültigkeit des Abzahlungs- und des Vorauszahlungsvertrages.
Gewährleistung für Mängel	Die Kaufsache kann Mängel aufweisen. Ohne gegenteilige Vereinbarung hat der Verkäufer für Mängelfreiheit einzustehen. In erster Linie trifft den Käufer die Pflicht, die Kaufsache sofort nach Erhalt zu prüfen und allfällige Mängel sofort zu rügen. Die Natur der Kaufsache kann es mit sich bringen, dass diese Prüfung nicht innert Tagen erfolgen kann (z. B. wenn eine Schneeschleuder im Sommer geliefert wird). Der Käufer darf aber nicht einfach zuwarten, sondern muss so rasch als möglich prüfen und rügen.

Die Haftung des Verkäufers für Mängel dauert bei beweglichen Sachen höchstens ein Jahr seit Ablieferung. Entdeckt der Käufer somit einen versteckten Mangel erst nach mehr als einem Jahr, kann er sich nicht mehr an den Verkäufer halten, es sei denn, dieser habe vom Mangel gewusst und ihn absichtlich verschwiegen. Mängel an Gebäuden können längstens fünf Jahre nach der Eigentumsübertragung geltend gemacht werden (Art. 210 OR).

Nach der gesetzlichen Regelung steht dem Käufer einer mangelhaften Sache das Recht zu, den Kaufvertrag rückgängig zu machen (Wandelung) oder sich den Minderwert (Minderung) ersetzen zu lassen. Wandelung kann er allerdings nur dann gerichtlich durchsetzen, wenn die mangelhafte Sache zum vorausgesetzten Gebrauch untauglich ist, während bei geringfügigen Mängeln in der Regel nur der Minderwert entschädigt werden muss. Ist die Kaufsache ein Dutzendprodukt, kann der Käufer auf jeden Fall mängelfreien Ersatz verlangen.

Der Gesetzgeber hat zum Schutze der Konsumenten speziell die gewerbsmässigen Abschlüsse von Teilzahlungsverträgen einer strengen Ordnung unterworfen. Wesentliche Elemente sind die Verpflichtung zur Leistung einer Anzahlung von mindestens 30%, der Gewährung einer von keiner Voraussetzung abhängigen fünftägigen Rücktrittsfrist, die Pflicht des Ehegatten zur Mitunterzeichnung und die vorgeschriebene Schriftform.   *Abzahlungsvertrag*

Diese strenge Reglementierung hat dazu geführt, dass immer weniger Teilzahlungsverträge abgeschlossen werden. An ihre Stelle sind zum Teil Leasingverträge getreten; vor allem aber immer häufiger die Finanzierung durch sogenannte Konsumkredite. Darunter versteht man hochverzinsliche Bankkredite ohne Deckung.

Art. 226m OR versucht, Umgehungsgeschäfte zu Fall zu bringen. Konsumkreditinstitute und Grossanbieter von teuren Konsumgütern (Autos, elektronische Geräte usw.) haben die verschiedensten Wege beschritten, um die gesetzlichen Schranken zu umgehen.

Abzahlungsverträge für gewerbliche Investitionsgüter unterstehen nicht der Spezialgesetzgebung. Weitere Ausnahmen sind vorgesehen, wenn die Vertragsdauer sechs Monate nicht übersteigt, wenn weniger als vier Raten vorgesehen sind oder wenn der Käufer im Handelsregister als Zeichnungsberechtigter eingetragen ist (Art. 226m Abs. 4 OR).

Vorauszahlungsvertrag

Der Vorauszahlungsvertrag stammt noch aus einer Zeit, in der die meisten Konsumenten zuerst sparten und erst dann kauften. Die Anbieter, namentlich von Wohnungseinrichtungen, wollten nun mit dem Vertragsabschluss nicht zuwarten, bis der potentielle Käufer auf der Bank genug angespart hatte, sondern versuchten, ihn zu Vorauszahlungen an den Kaufpreis zu veranlassen.

Mit den Art. 227a – i und Art. 228 OR wurde den sich abzeichnenden Missständen radikal entgegengetreten. Die Vorauszahlungen mussten auf ein Sparheft einbezahlt werden, die jederzeitige Kündigungsmöglichkeit wurde gewährt, das Reuegeld limitiert. Neben dem Wandel der Konsumgewohnheiten haben die Schutzbestimmungen dazu geführt, dass heute kaum noch derartige Verträge abgeschlossen werden.

Haustürgeschäfte

Seit dem 1. Juli 1991 steht eine Ergänzung des Obligationenrechts in Kraft, die auf sog. Haustürgeschäfte Anwendung findet. Die neuen Bestimmungen der Art. 40a – 40g OR sind im Rahmen der sog. Eurolex-Revision geringfügig angepasst worden (Amtliche Sammlung 1993 S. 3120; in Kraft seit 1. Januar 1994). Sie gelten für Verträge über bewegliche Sachen und Dienstleistungen, die für den persönlichen oder familiären Gebrauch des Kunden bestimmt sind, wenn der Anbieter gewerbsmässig handelt und der Wert von Fr. 100.– überschritten wird. Gestützt auf die neuen Bestimmungen kann der Kunde den Vertrag widerrufen, wenn er am Arbeitsplatz, in irgendwelchen Wohnräumen oder in deren unmittelbarer Nähe, in öffentlichen Verkehrsmitteln oder auf Strassen und Plätzen oder auf einer Werbefahrt angesprochen worden ist. Kein Widerrufsrecht hat der Kunde, wenn er selber den Verkäufer ausdrücklich eingeladen hat oder wenn der Vertrag an Messen oder Märkten zustande kommt. Der Widerruf muss schriftlich erklärt werden innert sieben Tagen, seit der Kunde zugestimmt hat und er vom Anbieter dessen Adresse erhalten hat. Postaufgabe am letzten Tag der Frist genügt. Verlangt ist auch, dass der Käufer schriftlich über sein Widerrufsrecht orientiert worden ist, denn erst ab diesem Zeitpunkt kann die siebentägige Frist zu laufen beginnen.

Der Tauschvertrag ist letztlich nichts anderes als zwei miteinander verbundene Kaufverträge. Der eine Kaufvertrag beinhaltet gewissermassen die Gegenleistung des andern. Sind die «Kaufpreise» unterschiedlich hoch, kommt ein Aufgeld zur Auszahlung. Das Gesetz regelt den Tauschvertrag in den Art. 237 und 238 OR. — *Tauschvertrag*

Ebenfalls im Rahmen des Kaufrechts behandelt das OR die Versteigerung (Art. 229–236 OR). An einer Versteigerung sind der Einlieferer, die Bieter und der Gantrufer oder Auktionator beteiligt. Der Kaufvertrag kommt aufgrund des höchsten Angebotes eines Bieters durch den Zuschlag des Versteigerers zustande. Alle Einzelheiten sind, soweit nicht die gesetzlichen Regeln Anwendung finden, in den öffentlich aufzulegenden Steigerungsbedingungen zu regeln. Die Zwangsversteigerung durch den Betreibungsbeamten (vgl. z. B. Art. 125 SchKG) wird jedoch nicht durch das OR geregelt. — *Versteigerung*

Unter «Kauf nach Muster» versteht das Gesetz eine Vertragsart, bei der die Zusicherung der geforderten Eigenschaften nicht verbal erfolgt, sondern durch Aushändigung eines Musters. Art. 222 OR, der sich damit befasst, enthält letztlich nur Beweisregeln. Solche Vereinbarungen kommen z. B. vor beim Kauf von Plattenbelägen für Böden und Wände. — *Kauf nach Muster*

Die Kaufvertragsform «Kauf auf Probe» war früher vor allem im Buchhandel gebräuchlich. Heute schliesst der Kleiderversandhandel teilweise derartige Verträge ab. Regelmässig erhält der Käufer bei dieser Vertragsart den Besitz am Kaufgegenstand eingeräumt, aber vorerst nicht um daran Eigentum zu erwerben, sondern lediglich zur Prüfung. Der Käufer muss sich innert der vertraglich ausbedungenen oder üblichen Frist entscheiden; behält er die Sache, nimmt er sie in Gebrauch oder leistet er einen Teil des Kaufpreises, so gilt der Vertrag als zustandegekommen. Innert dieser Annahmefrist ist der Käufer völlig frei, den Vertrag abzuschliessen oder nicht (Art. 223–225 OR). — *Kauf auf Probe*

Das OR regelt den Kaufvertrag in den Artikeln 184–236. Das Gesetz unterscheidet den Fahrniskauf (Kauf beweglicher Sachen), den Grundstückkauf, den Abzahlungs- und den Vor- — *Gesetzliche Regelung*

auszahlungsvertrag, den Kauf nach Muster und den Kauf auf Probe sowie die Versteigerung. Im gleichen Kapitel wird auch der Tauschvertrag behandelt (Art. 237 und 238 OR). Für sog. «Haustürgeschäfte» sind zusätzlich die Art. 40a – g OR, für Abzahlungsverträge die Verordnung über die Mindestanzahlung und die Höchstdauer beim Abzahlungsvertrag (SR 221.211.43) zu beachten. Auf internationale Kaufverträge ist in den meisten Industriestaaten heute das «Wiener Kaufrecht» anwendbar (SR 0.221.211.1).

Vorlage 1 für einen Kaufvertrag über Waren

Herr *Hans Schmitt*, Vadianstrasse 34, St. Gallen, kauft hiermit bei der *Ordasin AG*, Usteristrasse 145, Winterthur, 200 kg Neusilberblech, 5 mm Stärke, zum Preis von Fr. ... per kg[1] zu folgenden Bedingungen:[2]

1. Die Ware ist am 1. Februar 19.. im Domizil des Käufers in St. Gallen franko abzuliefern, womit Nutzen und Gefahr übergehen.[3] Die Kosten der Übergabe werden ganz vom Käufer getragen.[4]

2. Sollte der Verkäufer mit der Lieferung in Verzug kommen, so verzichtet der Käufer auf nachträgliche Lieferung.[5] Er kann als Schadenersatz nur die Differenz zwischen Vertragspreis und Marktpreis zur Erfüllungszeit, wenn dieser höher ist, verlangen.[6]

3. Jede Haftung des Verkäufers für Entwehrung[7] und Mängel[8] wird wegbedungen.

4. Der Kaufpreis ist zahlbar 90 Tage nach Empfang der Ware.[9] Der Käufer verpflichtet sich, bei der Lieferung einen Wechsel in der Höhe des Kaufpreises auf die vertragliche Verfallzeit zu akzeptieren.[10]

St. Gallen, den 10. Januar 19.. sig. *Hans Schmitt*[11]

Vorlage 2 für einen Grundstückkaufvertrag

Frau *Marianne Zbinden*, wohnhaft Klostergasse 100, St. Gallen, als Verkäuferin und Herr *Josef Bremer*, Rosenberg, St. Gallen, als Käufer haben heute folgenden Vertrag abgeschlossen:[12, 13]

1. Herr Bremer kauft von Frau Marianne Zbinden das auf ihren Namen eingetragene Mehrfamilienhaus Klostergasse 100, St. Gallen, Grundbuchblatt ...[14]

2. Der Antritt der Liegenschaft mit Nutzen und Gefahr erfolgt auf den 1. April 19..[15] Die bestehenden Mietverträge sind dem Käufer bekannt und werden von ihm übernommen.[16]

3. Die von der Verkäuferin selbst bewohnte 3-Zimmerwohnung im 2. Stock kann von dieser bis zum 30. September 19.. ohne jede Entschädigung weiter bewohnt werden.[17]

4. Der Käufer räumt der Schwester der Verkäuferin, Frau Wwe. Anna Veraguth-Zbinden, ein lebenslängliches Wohnrecht an der Mansardenwohnung ein, das im Zeitpunkt der Eigentumsübertragung im Grundbuch einzutragen ist.[18]

5. Der Kaufpreis beträgt Fr. 1'250'000.– (eine Million zweihundertfünfzigtausend 0/00). Der Käufer übernimmt in Anrechnung daran die 1. Hypothek zugunsten der St. Galler Kantonalbank im Betrage von Fr. 60'000.– (sechzigtausend 0/00) samt Zinspflicht seit 15. November 19..[19] Die Gegenleistungen gemäss Ziff. 3 und 4 kommen im Wert von Fr. 64'000.– (vierundsechzigtausend 0/00) zur Anrechnung. Der Rest des Kaufpreises in Höhe von Fr. 1'126'000.– (eine Million einhundertsechsundzwanzigtausend 0/00) ist am Übernahmetag bar bzw. durch Bankcheck zu bezahlen.

Die bei Eigentumsantritt vorhandenen Heizölvorräte sind vom Käufer zum Einstandspreis zu übernehmen. Mit Bezug auf Versicherungsprämien, öffentlich-rechtliche Abgaben und Gebühren rechnen die Parteien ausseramtlich, Wert Antrittstag, ab.[20]

5. Jede Gewährleistungspflicht wird wegbedungen.[21] Hingegen haftet die Verkäuferin für die Bezahlung der Anstösserbeiträge an die Stadt St. Gallen im Zusammenhang mit dem neuerstellten Trottoir.

6. Beurkundungs- und Grundbuchkosten sowie die Handänderungssteuer übernimmt der Käufer. Die Grundstückgewinnsteuer bezahlt die Verkäuferin.

Ort, Datum und Unterschriften

(Es folgt die kantonale Beurkundungsformel)

Vorlage 3 für den Kauf eines Geschäftes verbunden mit der Vermietung der Werkstatträumlichkeiten

Arnold Hunziker, dipl. Maler- und Tapezierermeister, Bergstrasse 11, Uznach, nachfolgend Verkäufer, und *Beat Haltiner*, eidg. dipl. Malermeister, Ferrachstrasse 59, Rüti ZH, nachfolgend Käufer schliessen in der Absicht,[22] das seit 27 Jahren erfolgreich tätige Malergeschäft Hunziker weiterzuführen, die damit verbundenen Arbeitsplätze zu sichern und dem langjährigen Mitarbeiter und erfolgreichen Absolventen der Meisterprüfung eine gesunde Basis für seine künftige Geschäftstätigkeit als selbständiger Unternehmer zu ermöglichen, folgenden Vertrag:

1. Der Verkäufer überträgt dem Käufer mit Wirkung ab 1. April 19..[23] sein an der Rapperswilerstrasse 49 in Uznach betriebenes Malergeschäft mit Aktiven und Passiven.[24]

2. Der Verkauf des Malergeschäftes umfasst folgende Bestandteile:[25]

   a) Die gesamte Werkstatteinrichtung samt allen Werkzeugen gemäss Inventar 1 (Anhang 1);

   b) Die gesamte Büroeinrichtung gemäss Inventar 2 (Anhang 2);

   c) Das gesamte Materiallager gemäss Inventar 3 (Anhang 3);

   d) Die Fahrzeuge gemäss Inventar 4 (Anhang 4);

   e) Sämtliche Barmittel sowie Guthaben (Kassa, Post, Bank, WIR, Debitoren, angefangene Arbeiten) gemäss Zwischenbilanz per 28. Februar 19.. (Anhang 5);

   f) Sämtliche Ansprüche gegenüber den in Anhang 6 aufgeführten Versicherungseinrichtungen;

   g) ... (Anhang 7);

   h) Sämtliche Kreditoren gemäss Zwischenbilanz per 28. Februar 19.. (Anhang 5);

   i) ... (Anhang 8);

3. Der Kaufpreis beträgt Fr. . . . Er setzt sich zusammen aus dem Unternehmenswert gemäss Zwischenbilanz per 28. Februar 19 . ., die ihrerseits auf der dem Käufer bekannten, von der XY-Treuhand AG geführten Buchhaltung und der Auflösung der stillen Reserven beruht, sowie aus dem Goodwill in Höhe von Fr. . . .

Der Unternehmenswert gemäss Zwischenbilanz erfährt eine Korrektur durch die Berücksichtigung der Korrektur- bzw. Abgrenzungsposten gemäss Ziff. 4 hienach.

4. Als Korrekturposten gelten das Materiallager und Inventar-*fehlbestände* bei der Werkstatt- und der Büroeinrichtung sowie bei den Fahrzeugen. Korrekturen sind anhand der Schätzwerte gemäss dem jeweiligen Inventar vorzunehmen.

Als Abgrenzungsposten sind Veränderungen bei den Beständen von Kassa, Postcheck, Bank und WIR sowie bei den angefangenen Arbeiten, den Debitoren und den Kreditoren zu berücksichtigen. Werte, die nicht als Korrektur- oder Abgrenzungsposten definiert sind, gelten als vertraglich fest vereinbart und berechtigen zu keiner Preisänderung.

Verkäufer und Käufer bereinigen bis spätestens Ende Juni 19 . . die Korrektur- und Abgrenzungsposten per 1. April 19 . . gemeinsam. Bei Uneinigkeiten ziehen sie den Präsidenten des St. Galler Malermeisterverbandes als Schlichter bei; bei dessen Verhinderung hat ein vom Verbandspräsidenten bezeichneter ausgewiesener Fachmann zu amten. Die Kosten des beizuziehenden Schlichters tragen die Parteien je zur Hälfte.[26]

5. Der Kaufpreis gemäss Ziff. 3 wird im Umfang von 90% per 31. März 19 . . fällig, zahlbar auf das Konto Nr. . . . des Verkäufers bei der St. Galler Kantonalbank, Filiale Uznach. Der Restbetrag, wie er sich aufgrund der Berücksichtigung der Korrektur- und Abgrenzungsposten ergibt, ist in gleicher Weise per 30. Juni 19 . . zahlbar.

6. Der Verkäufer übergibt dem Käufer sämtliche Schlüssel zu den Geschäftsräumlichkeiten, Anlagen und zu den Fahrzeu-

gen. Ferner verpflichtet er sich, sämtliche zur Übertragung der Aktiven erforderlichen Erklärungen gegenüber Dritten abzugeben, insbesondere die erforderlichen Zessionen auszustellen.[27]

7. Der Verkäufer übernimmt folgende Gewährleistungen:

   a) Der Verkäufer steht dafür ein, dass dem Käufer die übertragenen Werte und Rechte nicht entwehrt werden.[28]

   b) Der Verkäufer haftet für die Einbringlichkeit der abgetretenen Debitoren.[29]

   c) Der Verkäufer hat dem Käufer alles zu erstatten, was dieser an Geschäftsgläubiger über die in der Zwischenbilanz unter Berücksichtigung der Abgrenzungsposten festgehaltenen Werte hinaus bezahlen muss.[30]

   Jede weitere Gewährleistung wird wegbedungen. Insbesondere besteht keine Haftung des Verkäufers für die Leistung von Garantiearbeiten aus den bereits erledigten oder im Zeitpunkt der Übertragung noch laufenden Werkverträgen.[31]

8. Der Verkäufer überlässt dem Käufer die Buchhaltung der letzten zehn Jahre samt den zugehörigen Belegen, sämtliche das Geschäft betreffenden Verträge sowie die Geschäftskorrespondenz der letzten zehn Jahre. Der Käufer verpflichtet sich, diese Urkunden gemäss den gesetzlichen Vorschriften sorgfältig aufzubewahren und dem Verkäufer bei Bedarf Einsicht zu gewähren.[32]

9. Der Käufer ist berechtigt, für die Dauer von fünf Jahren in der Geschäftsfirma auf das Nachfolgeverhältnis hinzuweisen.[33]

10. Der Käufer übernimmt ausdrücklich sämtliche Verträge, die mit dem Geschäftsbetrieb in Zusammenhang stehen, insbesondere alle Werk- und Arbeitsverträge[34] sowie alle bestehenden Versicherungen.

11. Der Verkäufer vermietet dem Käufer per 1. April 19.. die heutigen Werkstatt-, Lager- und Büroräumlichkeiten samt

Vorplatz und den 16 Autoabstellplätzen auf der Ostseite der Liegenschaft Rapperswilerstrasse 49 in Uznach zur Weiterführung des Malergeschäftes. Der Mietzins beträgt Fr. ... pro Jahr und ist vorschüssig vierteljährlich zu bezahlen, jeweils auf den 1. April, den 1. Juli, den 1. Oktober und den 1. Januar eines jeden Jahres. Der Mietzins beruht auf dem Index der Konsumentenpreise des Bundesamtes für Statistik, Stand Ende Dezember 19.. mit ... Punkten. Die jährliche Anpassung an die Indexveränderung erfolgt jeweils auf den 1. Januar eines jeden Jahres, ausgehend vom jeweiligen Indexstand per Ende November des Vorjahres, erstmals per 1. Januar .... Der neue Mietzins ist jeweils nach folgender Formel zu berechnen: Mietzins gemäss Vertrag mal neuer Index geteilt durch Basisindex von Ende Dezember 19.. mit ... Punkten.

Dieser Mietvertrag ist unter Einhaltung einer Kündigungsfrist von sechs Monaten auf Jahresende hin kündbar, erstmals in zehn Jahren. Unterbleibt eine Kündigung, verlängert er sich um jeweils weitere fünf Jahre.

Der Käufer ist berechtigt, diesen Mietvertrag auf eigene Kosten im Grundbuch vormerken zu lassen.

Die weiteren Einzelheiten dieses Mietverhältnisses regeln sich nach den Bestimmungen des Mietvertragsformulars für gewerbliche Liegenschaften des St. Gallischen Hauseigentümerverbandes, das die Parteien noch ausfüllen und ebenfalls unterzeichnen werden.[35]

12. Der Verkäufer verpflichtet sich, während fünf Jahren nach Geschäftsübertragung im Umkreis von fünfzig Kilometern von Uznach weder ein Malergeschäft zu eröffnen noch ein solches zu übernehmen oder sich an einem solchen direkt oder indirekt zu beteiligen, auch nicht als Berater oder Arbeitnehmer. Zur Absicherung dieser Konkurrenzenthaltungsklausel wird eine Konventionalstrafe in Höhe von Fr. ... für jede Verletzung vereinbart. Die Bezahlung der Konventionalstrafe enthebt den Verkäufer nicht von der künftigen Einhaltung des Konkurrenzverbotes.[36]

13. Sollten sich bei der Abwicklung dieses Vertrages Schwierigkeiten ergeben, die eine gerichtliche Auseinandersetzung unumgänglich werden lassen, so *unterwerfen sich die Parteien unter Verzicht auf den ordentlichen Gerichtsweg dem Urteil eines Einzelschiedsrichters mit Sitz in Uznach.* Dieser ist vom Präsidenten des Bezirksgerichtes See zu bezeichnen. Auf das Verfahren soll ausschliesslich das Interkantonale Konkordat über die Schiedsgerichtsbarkeit Anwendung finden. Streitigkeiten im Zusammenhang mit dem Mietvertrag unterstehen der ordentlichen Gerichtsbarkeit.[37]

14. Integrierende Bestandteile dieses Vertrages sind die Anhänge 1−8.

Ort, Datum und Unterschriften

Kaufvertrag

Vorlage 4 für den Kauf einer Aktienmehrheit

Hans Kummer, Viaduktstrasse 16, Basel (nachfolgend Verkäufer), und *Otto Krebs*, Steinenring 167, Basel (nachfolgend Käufer), schliessen in der Absicht[22], die vorhandenen Arbeitsplätze zu sichern und die Orion-K Aktiengesellschaft (nachfolgend OKAG) in baslerischem Besitz zu halten, folgenden Kaufvertrag:

1. Die Parteien stellen fest, dass die Orion-K Aktiengesellschaft über ein voll einbezahltes Aktienkapital von Fr. 200'000.– verfügt, das in zweihundert auf den Namen lautenden Aktien eingeteilt ist.

    Sämtliche Aktien sind im unbeschwerten Eigentum des Verkäufers.

2. Der Käufer erwirbt vom Verkäufer 150 Aktien (Zertifikate Nr. 1, 2 und 3) der OKAG im Nennwert von je Fr. 1'000.–. Die Übergabe der ordnungsgemäss indossierten und mit einem Genehmigungsvermerk bezüglich Übertragung versehenen Zertifikate[38] erfolgt am 1. April 19.. in den Räumen der ...-Bank, Filiale ..., Basel, Zug um Zug gegen Bezahlung des Kaufpreises von Fr. ....[39]

3. Der Verkäufer leistet für folgendes Gewähr:[40]

    a) Dass die Buchhaltung der OKAG in den vergangenen zehn Jahren unter Beachtung der gesetzlichen Vorschriften einwandfrei geführt worden ist;

    b) Dass die Bilanz vom 31. Dezember 19.. (vgl. Anhang) sämtliche Aktiven vollständig erfasst und dass alle diese Aktiven frei von Verpflichtungen sind, die nicht aus den Büchern ersichtlich wären;

    c) Dass die OKAG nach wie vor Eigentümerin aller in der Bilanz vom 31. Dezember 19.. aufgezeichneten Aktiven ist[28] und dass insbesondere mit Bezug auf die Grundstücke keine Belastungen absehbar sind, die deren Wert beeinträchtigen könnten, ausgenommen das Grundstück an der

... strasse 7 in Oberwil BL, hinsichtlich welchem der Käufer weiss, dass die Zonenplanung noch im Gange ist;

d) Dass keine Verpflichtungen der OKAG bestehen, die aus den Büchern nicht ersichtlich wären, insbesondere auch keine bedingten Verpflichtungen oder Eventualverpflichtungen aus Bürgschaften, Garantien etc.;

e) Dass am Bilanzstichtag seitens der Arbeitnehmerschaft keine Überstundenentschädigungen für mehr als zehn Stunden pro Person oder Ferienguthaben von mehr als fünf Wochen pro Person offen sind;[31]

f) Dass die Steuern, öffentlich-rechtlichen Abgaben jedweder Art sowie die Prämien aller privaten und öffentlich-rechtlichen Versicherungen per Stichtag vollständig berücksichtigt worden sind und dass für den Zeitraum vor dem Bilanzstichtag keine Nachforderungen irgendwelcher Art bestehen;

g) Dass die in der Bilanz vom 31. Dezember 19.. erfassten Debitoren mindestens bis zum Buchwert eingehen;

h) Dass die OKAG seit dem Bilanzstichtag bis zum Übernahmezeitpunkt keine neuen Arbeitsverträge, Abnahmeverpflichtungen o. ä. eingegangen ist, von denen der Käufer nicht Kenntnis erhalten hat und dass insbesondere die Konditionen der bestehenden Verträge seit dem Bilanzstichtag nicht verändert worden sind;

i) ...

Soweit die Gewährleistung durch Zahlung erfüllt werden kann, schuldet der Verkäufer diese dem Käufer in Höhe des Bruchteils, der seinem Anteil am Aktienkapital entspricht.[40]

4. Die Parteien vereinbaren, dass bis spätestens 30. April 19.. eine Generalversammlung der OKAG stattfinden soll, bei der den bisherigen Organen der Gesellschaft Décharge erteilt werden soll. Der Käufer verpflichtet sich, den Verkäufer für die Dauer von zwei Jahren als Mitglied des Verwaltungsrates zu wählen.

5. Beabsichtigt der Verkäufer, die ihm verbliebenen Aktien zu verkaufen, so verpflichtet er sich, diese dem Käufer anzudienen. Im übrigen räumt der Verkäufer dem Käufer ein Vorkaufsrecht zum Preis ein, der anteilmässig dem jeweiligen inneren Wert der gesamten Unternehmung entspricht. Die Bewertung soll nach den gleichen Grundsätzen erfolgen, wie der heute vereinbarte Kaufpreis bestimmt worden ist. Können sich die Parteien auf den Preis nicht einigen, *unterwerfen sich beide Parteien unter Ausschluss des ordentlichen Rechtsweges dem Urteil eines Einzelschiedsrichters mit Sitz in Basel*. Für die Ernennung und das Verfahren ist das Interkantonale Schiedsgerichtskonkordat anwendbar.[37]

Ort, Datum und Unterschriften

Vorlage 5 für einen Abzahlungsvertrag

1. Oskar Ochsenbein, Sunnmatt, 8340 Hinwil, verkauft heute, den 3. März 19.., an Karl-Heinz Hossli, Baumastrasse 14, 8344 Bäretswil, die aus dem Gegengeschäft mit der Treichler AG, Rüti, am 28. Februar 19.. erhaltene, ungebrauchte Stereoanlage, bestehend aus:
   - Tuner ...
   - Verstärker ...
   - ...

   zum Barpreis von Fr. 13'500.–. Hinzuzurechnen ist ein einmaliger Teilzahlungszuschlag für die Gewährung von Ratenzahlung (14 Monate) von Fr. 500.–, insgesamt somit Fr. 14'000.–.[41]

2. Die Parteien vereinbaren, dass der Kaufpreis wie folgt zu bezahlen ist:
   - Fr. 4'200.– zahlbar Zug um Zug gegen Übergabe der gesamten Stereoanlage an den Käufer;[41, 42]
   - Fr. 700.– zahlbar jeden Monat auf den Monatsletzten, erstmals per Ende April 19.. während 14 Monaten.[43]

   Kommt der Käufer mit zwei Raten in Verzug, ist der Verkäufer berechtigt, sofort alle noch ausstehenden Raten zu fordern, sofern der Käufer die ausstehenden Raten nicht innert 14 Tagen nach der schriftlichen Androhung des Verfalls aller Raten begleicht.[44]

3. Die Stereoanlage wird dem Käufer auf Kosten des Verkäufers 10 Tage nach Unterzeichnung dieses Vertrages und nach Leistung der Anzahlung an dessen Wohnort geliefert.[42] Die Installation und Justierung der Anlage ist Sache des Käufers.

4. Jede Gewährleistung für Mängel der Anlage wird wegbedungen, wobei die Parteien festhalten, dass sich der Käufer heute in der Wohnung des Verkäufers davon vergewissert hat, dass sämtliche Anlageteile funktionieren.

Kaufvertrag

5. Dieser Vertrag bedarf der schriftlichen Zustimmung der Ehefrau des Käufers, die indes dem Vertrag nicht als Solidarschuldnerin beitritt.[45]

6. Der Käufer ist berechtigt, innert 5 Tagen nach Unterzeichnung dieses Abzahlungsvertrages schriftlich den Rücktritt vom Vertrag zu erklären.[41, 46] Er bescheinigt hiermit gleichzeitig, das Doppel dieses beidseits unterzeichneten Vertrages heute erhalten zu haben.

Ort, Datum und Unterschriften

Schriftliche Zustimmungserklärung der Ehefrau des Käufers

Vorlage 6 für einen Tauschvertrag mit Aufzahlung

Oskar Schneider, Luegislandstrasse 342, Zürich, schliesst mit seinem Nachbarn *Peter Vontobel*, ebenda, folgenden Tauschvertrag ab:

1. Oskar Schneider ist Eigentümer eines zweitürigen Schrankes aus Nussbaum, ca. 1910. Peter Vontobel ist Eigentümer eines Toggenburger Bauernschrankes, abgelaugt, Alter unbekannt.

2. Oskar Schneider tauscht seinen Schrank gegen jenen von Peter Vontobel ein, wobei sich Peter Vontobel verpflichtet, ein Aufgeld[47] von Fr. 300.– zu bezahlen, zahlbar bei Übergabe.

3. Beide Parteien leisten keine Gewähr für Mängel irgendwelcher Art.

Ort, Datum und Unterschriften

Kommentar zu den Vorlagen 1—6

¹ Mit dieser Klausel sind Kaufsache und Kaufpreis, also das Wichtigste beim Kaufvertrag, bestimmt. Wäre hier kein bestimmter Preis angegeben, so würde vermutet, es sei der mittlere Marktpreis zur Zeit und am Ort der Erfüllung vereinbart (Art. 212 OR). Wenn der Vertrag über den Erfüllungsort nichts aussagt, ist er nach Art. 74 OR zu bestimmen. In der Regel sind Geldschulden sogenannte Bring-Schulden, Sachschulden dagegen Hol-Schulden.

² Angesichts der starken branchenmässigen Unterschiede in den üblichen Kaufverträgen wird hier nur eine einfache Vorlage über einen Handelskauf ohne jede Berücksichtigung von Branchenusanzen gegeben. Zu beachten ist, dass in den allgemeinen Lieferungsbedingungen meist von der gesetzlichen Regelung abgewichen wird.

³ Durch diesen Satz werden in Vorlage 1 eine Anzahl von gesetzlichen Regelungen abgeändert:
  – «1. Februar» setzt die Erfüllungszeit fest. Ohne eine Regelung über die Erfüllungszeit würde Art. 75 OR gelten, wonach sofortige Erfüllung verlangt werden kann.
  – «im Domizil des Käufers» ändert die gesetzliche Regelung über den Erfüllungsort (Art. 74 OR). Dort ist die Ware in Empfang zu nehmen und zu prüfen.
  – «franko» ändert die gesetzliche Regelung für die Tragung der Transportkosten so ab, dass sie nicht der Käufer, sondern der Verkäufer zu tragen hat (Art. 189 Abs. 1 und 2 OR und für den internationalen Verkehr Art. 189 Abs. 3 OR).
  – «womit Nutzen und Gefahr übergehen». Ohne diese Klausel wäre das im Moment des Vertragsabschlusses bzw. der Ausscheidung der Ware aus dem Lagerbestand und ihrer Versendung der Fall. Das Transportrisiko würde damit beim Käufer liegen.

⁴ Unter Übergabekosten werden die Kosten für Messen und Wägen, Beurkundung und Abnahme verstanden, die sonst teils vom Verkäufer, teils vom Käufer zu tragen sind (Art. 188 OR).

⁵ *Die gesetzliche Regelung in Art. 190 Abs. 1 OR stellt für den kaufmännischen Verkehr bei festem Lieferungstermin die Vermutung auf, dass bei Verzug des Verkäufers der Käufer ohne weiteres auf die Lieferung verzichte und Schadenersatz verlange, wobei er allerdings bei sofortiger Erklärung auch nachträgliche Lieferung (und Schadenersatz wegen Verspätung) verlangen kann. Hier wird das Wahlrecht wegbedungen. Die Klausel liegt nicht im Interesse des Käufers, vor allem nicht in einer Zeit des Rohstoffmangels.*

⁶ *Bei Verzicht auf Lieferung bestehen für die Berechnung des Schadenersatzes drei Möglichkeiten:*
 – *die abstrakte Schadenberechnung, wie sie hier im Vertrag verabredet wird, d. h. es wird die Preisdifferenz zwischen Vertrags- und Marktpreis am Erfüllungstag geschuldet, wenn dieser höher ist. Dafür ist eine tatsächliche Ersatzanschaffung nicht nötig (Art. 191 Abs. 3 OR);*
 – *die konkrete Schadenberechnung, d. h. es wird der tatsächlich beim Ersatzkauf bezahlte Preis bzw. die Differenz zum Vertragspreis verlangt (Art. 191 Abs. 2 OR);*
 – *es wird der durch die Nichtlieferung erlittene tatsächliche Schaden verlangt, der u. U. viel höher sein kann, vor allem wenn ein Ersatz nicht erhältlich ist und der Käufer nun selbst mit seinen Vertragsverpflichtungen gegenüber Dritten in Verzug kommt (Art. 191 Abs. 1 OR).*

Welche Berechnungsart anzuwenden ist, wird zum Teil durch Branchenusanzen geregelt. Sofern keine solche Übung besteht, hat der Käufer das Wahlrecht, sofern er nicht im Vertrag, wie in Vorlage 1, darauf verzichtet und sich auf eine bestimmte Berechnungsart festlegt.

 Ausserhalb des kaufmännischen Verkehrs gilt ohne entsprechende Abrede allein die Berechnungsart gemäss Art. 191 Abs. 1 OR.

⁷ *Der Verkäufer hat dem Käufer von Gesetzes wegen Gewähr zu leisten, dass ihm die gekaufte Sache nicht von einem Besserberechtigten entzogen (entwehrt) wird (z. B. weil dieser an der Kaufsache ein Pfandrecht hat). Diese Haftung kann vertraglich*

ganz oder teilweise wegbedungen werden. Ein solcher Verzicht des Käufers ist aber ungültig, wenn der Verkäufer das Recht des Dritten auf die Sache dem Käufer arglistig verschwiegen hat (Art. 192 Abs. 3 OR). Über das Verfahren und für die Ansprüche des Käufers, soweit eine Haftung besteht, geben die Art. 193–196 OR Auskunft.

[8] *Der Verkäufer haftet von Gesetzes wegen für alle Mängel, die den Wert oder die Tauglichkeit der Kaufsache zum vorausgesetzten Gebrauch aufheben oder erheblich vermindern, und zwar auch dann, wenn er diese Fehler selbst nicht kannte. Ausserdem haftet er dafür, dass Eigenschaften, die er besonders zugesichert hat, wirklich vorhanden sind.*

Diese Mängelhaftung kann durch vertragliche Abrede ganz oder teilweise wegbedungen werden mit der Einschränkung, dass ein Verzicht soweit nicht gültig ist, als der Verkäufer die Mängel arglistig verschwiegen hat (Art. 199 OR). Die Mängelrüge hat sofort nach der übungsgemässen Prüfung der Ware zu erfolgen (Art. 201 OR). Bei absichtlicher Täuschung durch den Verkäufer gilt die längere Frist von Art. 203 OR oder Art. 28 OR.

Der Käufer kann ohne entsprechende Abmachung zwischen Wandelung (d. h. Rückgabe der Sache) und Minderung (d. h. er behält die Sache, lässt sich aber deren Minderwert ersetzen) wählen (Art. 205–210 OR).

[9] *Ohne eine solche Abmachung wäre der Kaufpreis sofort bei Lieferung (Zug um Zug) resp. nach Branchenusanz (z. B. 30 Tage netto) zu zahlen (Art. 213 Abs. 1 OR).*

[10] *Eine derartige Vereinbarung ist im Handelsverkehr häufig anzutreffen. Dadurch sichert der Verkäufer sein Guthaben ab. Ferner erhält er durch die Akzeptierung eines Wechsels die Möglichkeit, den Kaufpreis bei einer Bank durch Diskontierung sofort ausbezahlt zu erhalten. Oft wird auch versucht, durch einen angemessenen Skonto bei sofortiger Bezahlung den gleichen Effekt zu erzielen.*

[11] *Der Vertragsschluss erfolgt hier durch einseitige Bestellung, wohl bei einem Vertreter des Verkäufers. Ob die Bestellung nur dann*

als angenommen gilt, wenn der Verkäufer sie ausdrücklich bestätigt, oder auch dann, wenn er sie nicht sofort ablehnt, hängt von der Branchenübung und der betreffenden Firma (regelmässige Kontakte) ab. Wurden frühere Bestellungen einfach ohne Bestätigung ausgeführt, so gilt Art. 6 OR. Kaufmännischer Anstand erfordert in jedem Fall sofortige Mitteilung, wenn man die Bestellung nicht annehmen will. Bei einer ersten Bestellung ist bei einem solchen Vorgehen zu empfehlen, eine Frist zur Annahme anzusetzen, nach deren Ablauf man wieder frei sein will.

12 Für den Grundstückkaufvertrag ist öffentliche Beurkundung nötig. Die dafür erforderlichen Formeln sind von Kanton zu Kanton verschieden und werden hier weggelassen.

13 Art. 169 ZGB macht die Veräusserung einer Familienwohnung von der Zustimmung des Ehegatten abhängig. Grundsätzlich ist die Zustimmung erst erforderlich, wenn der Grundbucheintrag erfolgen soll. Es rechtfertigt sich indes, dieser durch das neue Eherecht geschaffenen Rechtslage rechtzeitig Beachtung zu schenken. Verweigert der andere Ehegatte die Zustimmung willkürlich, kann der Eheschutzrichter an seiner Stelle zustimmen.

Der verheiratete Verkäufer muss die Zustimmung seines Ehegatten auch dann beibringen, wenn nur ein Miteigentumsanteil verkauft wird. Befindet sich eine Familienwohnung aber in einem Nachlassvermögen, bedarf weder die Erbteilung noch der Verkauf durch die Erbengemeinschaft der Zustimmung des Ehegatten des betreffenden Miterben.

14 Die Beschreibung des Grundstückes muss dieses eindeutig bestimmbar machen. Regelmässig werden auch die darauf haftenden Lasten und die ihm zustehenden Rechte erwähnt.

15 Im Gegensatz zum gewöhnlichen Kauf (Art. 185 OR) wird bei Grundstücken vermutet, dass Nutzen und Gefahr erst mit dem für die Übernahme verabredeten Zeitpunkt auf den Käufer übergehen (Art. 220 OR). Vorlage 2 übernimmt diese Regelung ausdrücklich.

16 Seit der Revision des Mietrechtes gehen Mietverträge von Gesetzes wegen auf den Käufer über (Art. 261 Abs. 1 OR). Ohne die im Vertrag vereinbarte Übernahme der laufenden Mietverträge könnte der Käufer aber bei dringendem Eigenbedarf bei Wohn- und Geschäftsräumen auf den nächsten ortsüblichen Termin hin kündigen, sofern die Verträge nicht im Grundbuch vorgemerkt sind (Art. 261 Abs. 2 lit. a bzw. Art. 261b OR). Wenn mit dieser ausserordentlichen Kündigungsmöglichkeit eine vertraglich längere Kündigungsfrist unterschritten wird bzw. auf einen viel früheren Termin, als vertraglich vorgesehen gekündigt wird, bleibt einem Mieter lediglich die Möglichkeit der Schadenersatzklage gegen den Verkäufer. Mit der in Vorlage 2 vorgeschlagenen Klausel kann sich der Verkäufer schützen, weil sich der Käufer durch die Übernahme der bestehenden Mietverträge zur Einhaltung der vereinbarten Kündigungsfristen und Termine verpflichtet.

[17] Ohne diese Bestimmung müsste die Verkäuferin ab 1. April Miete bezahlen, da die Nutzung des Grundstücks ab diesem Zeitpunkt dem Käufer zusteht. In der Vorlage ist die vorübergehende unentgeltliche Nutzungsmöglichkeit Vertragsbestandteil und wurde bei der Preisbemessung berücksichtigt. Vgl. aber auch die anders gestaltete Möglichkeit in Ziff. 4 von Vorlage 2.

[18] Hier handelt es sich um eine sogenannte persönliche Dienstbarkeit (vgl. Art. 776–778 ZGB), auf welche die Grundsätze der Nutzniessung zur Anwendung gelangen. Wird wie hier ein Wohnrecht nur an einem Teil eines Gebäudes gewährt, so besteht ohne weiteres ein Mitbenutzungsrecht an den gemeinsamen Hausteilen (Art. 777 Abs. 3 ZGB), z. B. am Treppenhaus und an der Waschküche. Der Nutzen, den der Käufer aus der Liegenschaft ziehen kann, wird durch dieses Wohnrecht geschmälert, was sich in einer Reduktion des Kaufpreises niederschlägt.

[19] Es kommt häufig vor, dass der Erwerber mit dem Grundstück verbundene Schulden übernimmt. Das Gesetz vermutet die Zustimmung des Gläubigers, sofern er nicht innert Jahresfrist das Gegenteil erklärt (Art. 832 und 846 ZGB).

[20] Mit dieser Bestimmung soll erreicht werden, dass die Verkäuferin vorausbezahlte Prämien, Gebühren etc. zurückverlangen kann;

mit Beträgen, mit welchen sie im Rückstand wäre, müsste sie den Käufer schadlos halten.

²¹ *Der Verkäufer einer Alt-Liegenschaft wird stets die Gewährleistungspflicht für Mängel wegbedingen. Dem Kauf geht die eingehende Besichtigung voraus; Mängel, die der Käufer bei der gebotenen Sorgfalt dabei feststellen kann, berechtigen ihn ohnehin nicht zu Gewährleistungsansprüchen (Art. 200 OR). Über bekannte Mängel, die dem Käufer bei gewöhnlicher Aufmerksamkeit entgehen können, hat der Verkäufer allerdings von sich aus zu informieren, ansonst die Wegbedingung der Gewährleistungspflicht wirkungslos bleibt.*

²² *In vielen Fällen rechtfertigt es sich, in einer meist als «Präambel» bezeichneten, vorgestellten Bestimmung kurz und präzis zu sagen, was mit dem Vertrag bezweckt werden soll. Oftmals lassen sich aus derartigen Umschreibungen bei späteren Unklarheiten Auslegungshilfen gewinnen.*

²³ *Die Festlegung des Zeitpunktes, auf welchen hin das Geschäft auf den Übernehmer übergehen soll, ist von grosser Bedeutung, namentlich für den Beginn und die Dauer der Haftung (vgl. Kommentar-Note 24). Bei allen Mitteilungen der Geschäftsübertragung ist unbedingt zu erwähnen, auf welchen Zeitpunkt die Übernahme erfolgt.*

²⁴ *Die Übertragung eines Geschäftes vom früheren Inhaber auf einen Erwerber ist in Art. 181 OR geregelt. Diese Bestimmung sieht in Abweichung von den im übrigen Vertragsrecht geltenden Regeln der Schuldübernahme vor, dass der Übernehmer eines Geschäftes sofort mit der Mitteilung an die Gläubiger oder durch die Publikation in einer Zeitung voll für alle Geschäftsschulden haftbar wird. Er ist auf den gleichen Zeitpunkt hin auch sofort anstelle des Geschäft-Verkäufers allein berechtigt, dessen Geschäftsguthaben einzuziehen (vgl. aber Kommentar-Note 27).*

Der Verkäufer des Geschäftes seinerseits bleibt nur noch eine beschränkte Zeit lang haftbar für seine Geschäftsschulden. Für Forderungen, die im Zeitpunkt der Geschäftsübergabe bereits fällig sind, erlöscht seine solidarische Haftung, die ihn also neben jener des Übernehmers trifft, nach zwei Jahren. Bei Verpflichtungen, die er eingegangen ist, die aber bei der Geschäftsübergabe noch nicht fällig sind, beginnt die zweijährige Haftungsfrist für die Erfüllung der Schuld mit deren Fälligkeit (Art. 181 Abs. 2 OR).

[25] *Wie detailliert das Kaufobjekt umschrieben werden soll, ist anhand des Einzelfalles zu entscheiden. Es ist auch ohne weiteres möglich, die einzelnen Aktiven nur verbal zu umschreiben, ohne Inventar. Dieser Weg kann z. B. dann beschritten werden, wenn der Kaufpreis durch allfällige Veränderungen bis zum tatsächlichen Geschäftsübergang nicht mehr ändern soll. Werden jedoch viele Details schriftlich festgehalten, sollten zur Entlastung des eigentlichen Vertragstextes spezielle Inventare erstellt und diese, ebenfalls unterzeichnet, dem Vertrag als Anhänge beigefügt werden.*

[26] *In Vorlage 3 wird im Zusammenhang mit der Bereinigung der Inventare der Beizug eines Schlichters vereinbart. Damit wird der ordentliche Rechtsweg nicht ausgeschlossen. Will man dies, müsste eine eigentliche Schiedsgutachter- oder eine Schiedsgerichtsklausel vereinbart werden (vgl. Vorlage 3 Ziff. 13 und Kommentar-Note 37).*

[27] *Im Unterschied zu den Passiven gehen Forderungen nicht bereits durch die Mitteilung der Geschäftsübernahme auf den Erwerber über. Es braucht noch das sog. Verfügungsgeschäft, die Abtretung (Zession). Dies kann so geschehen, dass mit Bezug auf jede einzelne Forderung eine ausdrückliche Abtretungserklärung zuhanden des Schuldners erstellt wird. Der Verkäufer kann die Abtretung aber auch gesamthaft auf einer Aufstellung (Debitorenliste) vornehmen, die die einzelnen Guthaben hinsichtlich Höhe und Schuldner genau bezeichnet.*

Sowohl bei den Banken, der Post oder der Telefonverwaltung als auch bei den Versicherungsträgern sind oftmals spezielle Übertragungserklärungen abzugeben. Es genügt vollauf, die Mitwirkungspflicht in knapper Form zu erwähnen, denn sie ergibt sich bereits aus dem Vertrag; gegebenenfalls könnte die Mitwirkung gerichtlich erzwungen werden.

[28] *Der Verkäufer hat dafür einzustehen, dass z. B. ein verkauftes Lieferauto nicht von einer Leasingfirma zu Eigentum beansprucht wird. Bei Forderungen hätte er dafür einzustehen, dass nicht ein Dritter kommt und dem Käufer eine Abtretungserklärung des Verkäufers vorweist. Die sog. Rechtsgewähr ist in Art. 192 ff. OR geregelt.*

[29] *Art. 171 Abs. 2 OR lässt den Verkäufer einer Forderung nur dann für die Zahlungsfähigkeit des Schuldners haften, wenn er sich dazu gegenüber dem Käufer verpflichtet hat. Würde diese Haftung in Vorlage 3 nicht erwähnt, trüge der Käufer das Risiko der Zahlungsunfähigkeit des Geschäftsschuldners.*
In der Vorlage umfasst die Haftung die Einbringlichkeit des Werklohnes für die angefangenen Arbeiten nicht.

[30] *In Vorlage 3 wird der Kaufpreis aufgrund einer kaufmännischen Bilanz, die angesichts der angenommenen Geschäftsgrösse auf einer ordentlichen Buchhaltung basiert, bestimmt. Durch die Gewährleistungsbestimmung soll festgehalten werden, dass alle Verbindlichkeiten, die (fälschlicherweise) in der Bilanz nicht berücksichtigt worden sind, vom Verkäufer getragen werden müssen, selbst wenn der Käufer aufgrund von Art. 181 OR direkt belangt worden ist. Derartige Verbindlichkeiten können z. B. auf Nachforderungen von Sozialversicherungsprämien, Steuern oder Zöllen oder auf Garantien etc. beruhen. Zu denken ist auch an Ferien- oder Überstundenguthaben von Arbeitnehmern.*

[31] *In Vorlage 3 kann ein derartiger Haftungsausschluss des Verkäufers deshalb gerechtfertigt sein, weil der Käufer ein langjähriger Mitarbeiter ist und er sich deshalb ein zuverlässiges Bild über das Risiko machen kann, das er hier eingeht. Gerade bei Bauarbeiten ist daran zu denken, dass die Haftung für versteckte Mängel an Gebäuden fünf Jahre seit der Abnahme besteht (Art. 371 Abs. 2 OR). Zu denken ist aber auch an möglicherweise bestehende Überstunden- und Ferienguthaben von Arbeitnehmern. Unter Umständen sind risikoträchtige Fälle speziell zu regeln. Mit Bezug auf die Arbeitnehmeransprüche ist vorgängig Klarheit zu schaffen, wobei zu beachten ist, dass z. B. Ferienansprüche*

nicht durch Geld abgegolten werden dürfen (Art. 329d Abs. 2 OR).

[32] *Art. 962 OR verpflichtet buchführungspflichtige Betriebe zur Aufbewahrung während zehn Jahren. Dem Nachfolger können gewisse Dokumente noch nützlich sein, sodass in Vorlage 3 vorgesehen ist, dass diese Bürounterlagen in den Besitz des Käufers übergehen, der sich allerdings zur gesetzmässigen Aufbewahrung verpflichten muss.*

[33] *Bei Einzelfirmen ist zwingend der Name des Eigentümers in der Firma zu nennen (Art. 945 OR). Art. 953 OR sieht vor, dass mit Zustimmung des Geschäftsverkäufers auf das Nachfolgeverhältnis hingewiesen werden darf, z. B. mit dem Zusatz «Nachfolger von Arnold Hunziker».*

[34] *Die Betriebsübergabe an einen Käufer führt nicht automatisch zum Übergang der Arbeitsverträge. Art. 333 Abs. 1 OR bestimmt, dass die Übernahme ausdrücklich vereinbart werden müsse. Tut dies der Verkäufer nicht, könnte er Arbeitnehmern schadenersatzpflichtig werden, wenn sie vom Käufer nicht weiterbeschäftigt werden. Die Arbeitnehmer haben überdies die Möglichkeit, ihrerseits die Übernahme des Arbeitsvertrages durch den Käufer abzulehnen; diesfalls wird der Vertrag, ungeachtet der vertraglichen Kündigungsfrist, auf den gesetzlich möglichen nächsten Termin hin aufgelöst.*

Mit der Übernahme von Arbeitsverhältnissen wird der Käufer auch für allenfalls aufgelaufene Überzeit- oder Ferienguthaben haftbar. Auch überall dort, wo das Arbeitsvertragsrecht an die Dauer des Arbeitsverhältnisses anknüpft, wird die Zeit unter dem Vorgänger mitgerechnet.

[35] *Vorlage 3 geht vom häufigen Fall aus, dass die Liegenschaft im Eigentum des Verkäufers bleibt, der Käufer aber vorderhand das Geschäft in den bisherigen Räumen weiterführen möchte.*

Beschränkt man sich auf die wesentlichsten Punkte, kann der Mietvertrag über die Geschäftslokalitäten gleich in den Kaufvertrag eingebaut werden. Hier ist die Bestimmung so gefasst, dass alle wichtigen Punkte (Umfang, Zins, Dauer, Kündi-

gungsfrist) direkt im Kaufvertrag geregelt sind, während für alle weiteren Einzelheiten auf einen separat auszufertigenden Formularvertrag verwiesen wird. Dieser Formularvertrag kann auch dem Kaufvertrag angefügt werden.

Bei Geschäftsübertragungen hat der Käufer alles Interesse, sich die Benützung der Räumlichkeiten auch gegenüber einem späteren Erwerber der Liegenschaft zu sichern. Er muss deshalb seinen Mietvertrag im Grundbuch vormerken lassen. Gelegentlich wird man auch ein eigentliches Kauf- oder wenigstens Vorkaufsrecht vereinbaren, wobei die entsprechenden Formvorschriften zu beachten sind (vgl. dazu die Kommentierung zum Mietvertrag und die am 1. Januar 1994 in Kraft getretene Änderung der Art. 216 Abs. 2 und 3 bzw. Art. 216a–e OR).

[36] *Ein Konkurrenzverbot sichert den Käufer vor der Konkurrenzierung durch den Veräusserer. Selbst wenn der Verkäufer seinen Betrieb aus Altersgründen aufgibt, ist die Aufnahme einer entsprechenden Klausel zu empfehlen.*

Die territoriale und zeitliche Umschreibung des Verbots ist präzis zu regeln. Im Unterschied zum Arbeitsvertrag gibt es aber keine speziellen Einschränkungen. Die allgemeinen Vorschriften des Zivilrechtes (Art. 19 und 20 OR sowie Art. 27 ZGB) legen aber auch hier eine gewisse Zurückhaltung nahe. So wird z. B. eine weite territoriale Umschreibung durch eine kurze zeitliche Beschränkung ausgeglichen oder umgekehrt. Zieht sich der Verkäufer aus Altersgründen zurück, kann die Einschränkung weiter gehen als bei einem jungen Mann.

[37] *Für Bewertungsdifferenzen ist in Ziff. 4 von Vorlage 3 lediglich ein Schlichtungsverfahren vorgesehen. Führt dieses nicht zur Einigung, müsste das vertraglich vorgesehene Schiedsgerichtsverfahren eingeleitet werden. Der Verzicht auf die staatliche Gerichtsbarkeit muss ausdrücklich erfolgen. Die Praxis verlangt, dass entsprechende Klauseln unmittelbar vor den Unterschriften stehen und sich vom übrigen Text deutlich abheben. Für Mietstreitigkeiten kann von Gesetzes wegen nicht ein derartiges Schiedsgericht vorgesehen werden.*

³⁸ Lauten Aktien auf den Inhaber, so werden sie durch einfache Übergabe auf den Käufer übertragen. Handelt es sich aber wie in Vorlage 4 um Namenaktien (in Form von Einzelpapieren oder von Zertifikaten) oder sind keine Titel ausgestellt worden, so braucht es eine schriftliche Abtretungserklärung des früheren Eigentümers; soweit sie auf Wertpapieren erfolgen, spricht man von Indossament (vgl. Art. 683—685g OR). Die Gesellschaftsstatuten können vorsehen, dass die Übertragung von Namenaktien nur mit Zustimmung der Gesellschaft möglich sei. Auf diesen Fall nimmt die Vorlage Bezug, wenn verlangt wird, dass diese Genehmigung rechtzeitig eingeholt werden müsse.

³⁹ Der Kaufpreis für den Kauf eines Aktienpaketes beruht stets auf der Bewertung der gesamten Unternehmung. Theorie und Praxis haben sich eingehend mit der Problematik auseinandergesetzt. Grundsätzlich ist man sich darin einig, dass der Unternehmenswert dem sog. Barwert aller dem Käufer in Zukunft zufliessenden Nettoeinnahmen entspricht. Angesichts der grossen Schwierigkeiten in der Anwendung dieses theoretisch richtigen Bewertungsverfahrens stellt die Praxis auf unterschiedliche, vereinfachende Verfahren ab. Es ist hier nicht der Ort, um diese Problematik näher abzuhandeln. In der Vorlage ist deshalb vorausgesetzt, dass beide Parteien in ihrer Bewertung zum gleichen Ergebnis gelangt sind.

Liegt zwischen Vertragsabschluss und Eigentumsübertragung eine grössere Zeitspanne oder liegt der preisbildende Buchhaltungsabschluss schon länger zurück, entsteht das Bedürfnis, per Übernahmetag Berichtigungen vornehmen zu können. Ein Beispiel für eine diesbezügliche Regelung findet sich in Vorlage 3 Ziff. 3 und 4.

⁴⁰ Der Sicherung der Gewährleistungsansprüche ist beim Kauf von Aktiengesellschaften besondere Beachtung zu schenken. Die Gewährleistung bezieht sich in erster Linie auf die Verschaffung der Titel und in zweiter Linie auf die dadurch verkörperten Werte. Es empfiehlt sich daher, präzis aufzulisten, welche Werte der Käufer garantiert haben möchte bzw. welche möglichen Passiven er nicht übernehmen will. Bei den Passiven ist vor allem an Verbindlichkei-

ten zu denken, die oft verspätet zu Tage treten, wie z. B. Nachsteuerforderungen, Nachforderungen von Sozialversicherungsprämien, namentlich der Personalfürsorge. Zunehmend von Bedeutung sind Haftungsansprüche aus vertraglichen Garantien, aber auch aus der sogenannten Produktehaftpflicht oder verborgene Risiken (z. B. «Altlasten» aus Verunreinigungen an Grundstücken).

Tritt ein Gewährleistungsfall ein, hat der Verkäufer zu haften, muss die Bewertung also korrigiert werden. Der Käufer erhält damit den seinem Aktienkapital-Anteil entsprechenden Minderwert vom Verkäufer vergütet.

[41] Art. 226a OR sieht für den Abzahlungsvertrag Bestimmungen vor, ohne die der Vertrag ungültig wäre. Wird er vom Verkäufer gewerbsmässig abgeschlossen, erhöht sich die Zahl der zwingend aufzunehmenden Bestimmungen.

Vorlage 6 ist ein Gelegenheitsvertrag, auf den nur ein Teil der Sondervorschriften anwendbar ist. Der Vertrag muss indes schriftlich sein, muss den Kaufgegenstand genau bezeichnen, den Barkaufpreis und den Gesamtkaufpreis angeben. Es darf auch der Hinweis auf das Rücktrittsrecht nicht fehlen.

[42] Gestützt auf die gesetzliche Regelung gilt heute für alle Abzahlungsverträge die Vorschrift, dass der Käufer spätestens bei der Übergabe der Kaufsache eine Anzahlung von mindestens 30% des Kaufpreises leisten müsse (Möbel 25%). Der Verkäufer kann nicht darauf verzichten. Unzulässig ist auch die Fingierung eines höheren Kaufpreises, um indirekt die Anzahlung mit Raten zu begleichen (Art. 226d Abs. 4). Wegen des Rücktrittsrechtes ist die Übergabe der Kaufsache und die Leistung der Anzahlung zeitlich von der Vertragsunterzeichnung zu trennen.

[43] Die Laufzeit von Abzahlungsverträgen ist heute auf zwei Jahre (30 Monate bei Möbelkäufen) limitiert. Raten, die für einen späteren Zeitraum versprochen worden sind, sind nicht geschuldet (Art. 226d Abs. 3 OR).

[44] Die Art. 226h–k OR regeln ausdrücklich die Verzugsfolgen. Verhältnismässig einfach ist die Situation bei der Anzahlung. Der

Verkäufer darf die Kaufsache erst nach Erhalt der Anzahlung (bzw. Zug um Zug) übergeben, ansonst fingiert wird, er habe die Anzahlung erhalten (Art. 226d Abs. 3 OR). Bei Verzug des Käufers kann der Verkäufer ohne weitere Voraussetzung vom Vertrag zurücktreten und Schadenersatz verlangen. Dies wird ihm erleichtert, wenn eine Konventionalstrafe vereinbart worden ist; sie darf maximal 10% des Barkaufpreises betragen (Art. 226i Abs. 2 OR).

Ist der Käufer mit Teilzahlungen säumig, muss der Verkäufer warten, bis mindestens zwei Raten verfallen sind. Aber auch dann darf er noch nicht sofort zurücktreten oder sofort den ganzen Restkaufpreis einfordern; vielmehr muss er dem Käufer eine 14tägige Nachfrist ansetzen (Art. 226h Abs. 3 OR).

Tritt der Verkäufer dann vom Vertrag zurück, kann er einen «angemessenen Mietzins» für den Gebrauch der Sache durch den Käufer in Rechnung stellen (Art. 226i Abs. 1 OR). Eine ausserordentliche Abnützung muss ebenfalls entschädigt werden. Einzigartig ist die Vorschrift, dass gegebenenfalls der Richter Zahlungserleichterungen verfügen kann (Art. 226k OR, allerdings eine Bestimmung ohne jede praktische Relevanz).

[45] *Weil Abzahlungsverträge im Zusammenhang mit Konsumgütern bei Zahlungsschwierigkeiten immer auch die Familie des Käufers stark belasten, verlangt das Gesetz in Art. 226b Abs. 1 OR die Zustimmung des Ehegatten, solange die Eheleute zusammenleben und sobald der Kaufpreis Fr. 1'000.— übersteigt. Mit der Zustimmung wird der Ehepartner nicht zum Solidarschuldner, kann also für den Kaufpreis nicht selber haftbar gemacht werden. Vorlage 6 hält dies ausdrücklich fest.*

[46] *Das Recht des Käufers, von einem Abzahlungsvertrag innert 5 Tagen nach Unterzeichnung zurückzutreten, war bis zum Inkrafttreten des 7-tägigen Rücktrittsrechtes bei Haustürgeschäften (Art. 40a—40g OR) eine einmalige Erscheinung im schweizerischen Vertragsrecht. Das Gesetz bestimmt sogar, dass diese Frist erst mit Zustellung des gegengezeichneten Vertragsdoppels an den Käufer in Gang gesetzt wird. Die Rücktrittserklärung muss schriftlich erfolgen, wobei die Postaufgabe am letzten Tag der Frist genügt (Art. 226c Abs. 1 OR).*

Diese Frist kann nur abgekürzt werden, wenn der Verkäufer sofort (gegen Leistung der Anzahlung!) liefert und der Käufer die Kaufsache sogleich benützt; das Gesetz lässt in diesem Fall die Frist nur weiterlaufen, wenn die Benützung des Käufers nicht weiter geht als zur Prüfung auf Mängelfreiheit erforderlich. Verboten ist die Vereinbarung eines Reuegeldes für den Fall des Rücktrittes innert 5 Tagen seit Unterzeichnung.

[47] *Der Tauschvertrag ist eine blosse Unterart des Kaufvertrages, also ebenfalls ein entgeltlicher Veräusserungsvertrag. Beide Parteien übertragen das Eigentum an einer Sache, einem Recht oder an einem Grundstück. Sind die beiden zum Tausch gelangenden Gegenstände nach Beurteilung beider Parteien von gleichem Wert, ist kein Aufgeld geschuldet. Besteht eine Differenz, ist sie durch das Aufgeld auszugleichen, das zur Sachleistung der einen Partei hinzutritt.*

Der Tauschvertrag wird in den Artikeln 237 und 238 OR geregelt. Dabei verweist das Gesetz auf den Kaufvertrag. Für die Wandelung sieht das Gesetz ausdrücklich das Recht des Zurückgebenden vor, zwischen der Rücknahme der ehemals eigenen Sache und Schadenersatz zu wählen.

Tauschverträge sind als Gelegenheitsgeschäfte zwischen Privatpersonen keine Seltenheit. Sie werden praktisch immer sofort vollzogen, ohne dass das Vereinbarte auch schriftlich fixiert würde. Im Grundstückhandel und namentlich im Automobilhandel sind schriftliche Tauschverträge auch heute häufig anzutreffen. Regelmässig gibt in solchen Fällen der Käufer eines Neuwagens sein bisheriges Fahrzeug «an Zahlung». Rechtlich gesehen schliesst er mit dem Verkäufer einen Tauschvertrag ab, wobei er sich verpflichtet, dem Verkäufer den alten Wagen zu übergeben und ein Aufgeld zu bezahlen. Bei Grundstücken dienen Tauschverträge oft der Grenzbegradigung. Je nach Zonenlage kommen dann bei benachbarten Grundstücken unterschiedliche Quadratmeterpreise zur Anwendung, wobei nur noch die Differenz im Tauschvertrag als Aufgeld erscheint.

Der Alleinvertriebsvertrag

Das Wichtigste in Kürze

Der Alleinvertriebsvertrag schafft zwischen einem Lieferanten und einem auf eigene Rechnung tätigen Verkäufer eine partnerschaftliche Beziehung. Der Lieferant, oft der Hersteller einer Ware, sichert sich mit einem Netz von Vertretern eine kostengünstige Absatzorganisation.

Der Alleinvertriebsvertrag ist ein Dauerschuldverhältnis, das formlos begründet werden kann. Meist werden aber detailreiche schriftliche Verträge abgeschlossen.

Eine gewisse Verwandtschaft besteht zum Verhältnis des Handelsreisenden und zum Agenturvertrag. Der erstere ist blosser Arbeitnehmer. Der Agent ist zwar selbständig erwerbstätig, doch schliesst er die Verträge nicht in eigenem Namen und auf eigene Rechnung ab wie der Alleinvertreter.

	Alleinvertriebsvertrag
Wesen des Alleinvertriebsvertrages	Der Alleinvertriebsvertrag wird zwischen einem Lieferanten und einem Wiederverkäufer abgeschlossen. Normalerweise verpflichtet sich der Lieferant, den Abnehmer in einem genau bezeichneten Gebiet als Einzigen mit einer bestimmten Ware zu beliefern. Der Wiederverkäufer ist verpflichtet, die Ware nur bei seinem Vertragspartner zu beziehen und den Absatz im Vertragsgebiet nach Kräften zu fördern.
Typische Regelungen	Alleinvertriebsverträge sind stark auf den Einzelfall zugeschnitten. Sie werden regelmässig schriftlich abgeschlossen, ohne dass dies Gültigkeitsvoraussetzung wäre. Folgende Regeln sind in unterschiedlichen Kombinationen häufig anzutreffen: – Mindestbezug als Anreiz zur gewünschten Absatzförderung – Werbeverpflichtung des Lieferanten – Gewährleistung des Kundendienstes (Garantie) – Lagerhaltungspflicht – Vertriebsbindungen: Verpflichtungen des Abnehmers, nur an bestimmte Wiederverkäufer zu liefern, Exportverbot usw. – Preisbindungsklauseln – Gewährleistung des Gebietsschutzes – Konkurrenzierungsverbot – keine Kundschaftsentschädigung bei Vertragsende
Dauerschuldverhältnis	Der Alleinvertriebsvertrag ist ein Dauerschuldverhältnis. Beide Parteien sind in der Regel an einer langen Vertragsdauer interessiert. Allgemein wird angenommen, dass ohne spezielle Regelung die gesellschaftsrechtliche Kündigungsmöglichkeit mit sechsmonatiger Frist zulässig sei.
Kartellrecht	Im Normalfall besteht kein Anlass zu prüfen, ob ein Alleinvertriebsvertrag mit dem Kartellrecht vereinbar sei. Ist der Lieferant oder der Abnehmer jedoch als marktmächtige Organisation aufzufassen, so ist abzuklären, ob der Vertrag als betriebswirtschaftlich gerechtfertigte Abrede zur Absatzförderung betrachtet werden kann oder sich als gegen Konkurrenten gerichtete wettbewerbsbehindernde Vorkehr entpuppt.
Gesetzliche Regelung	Der Alleinvertriebsvertrag ist gesetzlich nicht geregelt. Die Anwendbarkeit der Bestimmungen über den Agenturvertrag wird allgemein abgelehnt. Soweit Gewährleistungsfragen auftauchen,

ist Kaufvertragsrecht direkt anwendbar. Im Verhältnis mit dem Ausland ist auch der ausländischen Rechtsordnung Beachtung zu schenken; im EWR-Raum ist z. B. die Alleinvertriebsrichtlinie anwendbar.

Vorlage für einen Alleinvertriebsvertrag

Zwischen der *Geschirrfabrik Schaffhausen AG* und der *Mixator AG* Zürich ist heute folgender Alleinvertriebsvertrag abgeschlossen worden:

1. Die Mixator AG übernimmt die Alleinvertretung der Geschirrfabrik Schaffhausen AG für die Kantone Zürich, Aargau, Schwyz, Zug und Glarus.

2. Sie verpflichtet sich, in diesen Kantonen den Absatz der Produkte der Geschirrfabrik Schaffhausen AG möglichst zu fördern, die in Betracht fallende Kundschaft regelmässig zu besuchen und mit dem ihr von der Geschirrfabrik Schaffhausen kostenlos zur Verfügung gestellten Werbematerial zu bedienen. Sie verpflichtet sich ferner, keine Lieferungen ausserhalb des Vertragsgebietes auszuführen. Die Geschirrfabrik Schaffhausen AG andererseits wird jährlich für mindestens Fr. . . . Inserate, Spots usw. in den im Vertragsgebiet präsenten Medien erscheinen lassen. Über deren zeitliche und örtliche Publikation und über deren Inhalt wird sie sich vorher mit der Mixator AG verständigen.

3. Die Mixator AG verpflichtet sich, während der Dauer dieses Vertrages in keiner Form gleichartige Produkte wie diejenigen der Geschirrfabrik Schaffhausen AG in den in Ziff. 1 dieses Vertrages genannten Gebieten zu vertreiben. Die Geschirrfabrik Schaffhausen AG ihrerseits unterlässt jede Direktlieferung ins Vertragsgebiet und verpflichtet ihre übrigen Vertreter, Lieferungen ins Vertragsgebiet der Mixator AG zu unterlassen. Ihr zugehende Bestellungen leitet sie der Mixator AG weiter. Bei Nichteinhaltung dieser Konkurrenzenthaltungsklausel verfällt für jede Übertretung eine Konventionalstrafe von Fr. 5'000.– zugunsten der anderen Vertragspartei. Die Zahlung der Konventionalstrafe entbindet nicht von der Konkurrenzenthaltungsabrede.[1, 2]

4. Die Mixator AG verpflichtet sich zu einem Mindestumsatz[3] von Fr. . . . pro Jahr, berechnet nach den Brutto-Wiederver-

kaufspreisen. Diese Verpflichtung beginnt nach einer Anlaufszeit von ... Monaten, somit am ... Sollte dieser Mindestumsatz nicht oder dereinst nicht mehr erreicht werden, so ist die Geschirrfabrik Schaffhausen AG berechtigt, diesen Vertrag unter Einhaltung einer Kündigungsfrist von drei Monaten vorzeitig zu kündigen.

5. Die Mixator AG kauf die Waren von der Geschirrfabrik Schaffhausen AG und verkauft sie in eigenem Namen und auf eigene Rechnung.[4]

6. Die Mixator AG verpflichtet sich, beim Verkauf die vom Fabrikanten festgesetzten Preise[5] einzuhalten und lediglich Rabatte von ...% für Barzahler und ...% für Grossabnehmer zu gewähren. Sie erwirbt die Waren von der Geschirrfabrik Schaffhausen AG zu einem Preis, der ...% unter dem Detailpreis liegt, Lieferung franko Station ..., Verpackung zulasten von ..., zahlbar innert ... Tagen. Bei Preisänderungen sind für die von der Mixator AG bereits bezogenen Waren noch die alten Preise massgebend.

7. Dieser Vertrag wird, vorbehältlich Ziff. 4, auf eine Dauer von ... Jahren abgeschlossen, beginnend am 1. Januar 19.. Wird er nicht sechs Monate vor Ablauf gekündigt, so gilt er jeweils automatisch für ein weiteres Jahr.

8. Nach Ablauf der Kündigungsfrist gemäss Ziff. 7 bzw. der Frist für die vorzeitige Kündigung gemäss Ziff. 4 darf die Mixator AG keine Warenlieferung mehr ausführen.[6] Noch nicht erledigte Käufe werden nach diesem Termin direkt von der Geschirrfabrik Schaffhausen AG aus erfüllt und fakturiert; sie vergütet der Mixator AG nach Eingang des Kaufpreises die ihr gemäss Ziff. 6 dieses Vertrages zustehende Differenz.

Die im Zeitpunkt der Vertragsbeendigung bei der Mixator AG lagernden, von der Geschirrfabrik Schaffhausen AG früher bezogenen Waren nimmt letztere zu folgenden Preisen zurück:

- seit der Kündigung des Vertrages bezogene Waren zum vollen, an die Lieferantin bezahlten Preis;
- in den letzten ... Monaten vor der Kündigung bezogene Waren mit ...% Abzug auf dem von der Mixator AG bezahlten Preis;
- ältere Ware mit ...% Abzug auf dem von der Mixator AG bezahlten Preis.

9. Nach Auflösung des Vertrags wird die Mixator AG der Geschirrfabrik Schaffhausen AG eine vollständige Liste der von ihr während der Vertragsdauer mit Waren belieferten Kunden zustellen, und zwar unter Angabe der jeweiligen in den letzten 12 Monaten vor Vertragsende erzielten Umsätze. Die Geschirrfabrik Schaffhausen AG vergütet der Mixator AG für die ihr so übertragene Kundschaft ...% des Umsatzes der letzten 12 Monate vor Vertragsende.[7]

Variante zu Ziff. 9:[7]

Nach Vertragsbeendigung sind beide Parteien vollständig frei. Für die von der Mixator AG geworbene Kundschaft schuldet die Geschirrfabrik Schaffhausen keine Entschädigung.

Ort, Datum und Unterschriften

Kommentar zur Vorlage

1 Es rechtfertigt sich, die Konkurrenzenthaltung beidseitig vertraglich vorzusehen. Der Vertreter soll in der Regel nicht gleichzeitig mit Konkurrenzprodukten handeln; auf der anderen Seite soll der Vertreter sicher sein, dass sich der Lieferant in seinem Vertragsgebiet nicht durch Direktlieferungen die «dicken Fische» angelt.

2 Ohne die Verabredung von Konventionalstrafen muss der Geschädigte stets nachweisen, dass ihm durch die Vertragsverletzung ein konkreter Schaden entstanden ist. Bei entgangenen Gewinnen ist dies meist mit grossen Schwierigkeiten verbunden. Die Vereinbarung einer in der Höhe angemessenen Konventionalstrafe entbindet den Geschädigten vom Nachweis eines Schadens. Es genügt, wenn er die Vertragsverletzung beweisen kann.

3 Weil der Alleinvertriebsvertrag ein Instrument der Absatzförderung ist, ist der Lieferant bestrebt, derartige Bestimmungen in den Vertrag aufzunehmen. Im Unterschied zur Vorlage könnte die Bestimmung auch als zwingende Abnahmeverpflichtung formuliert werden; damit ist aber nicht viel gewonnen, wenn es dem Vertreter nicht gelingt, genügend Kunden zu finden. Darum wird in der Vorlage die vorzeitige Kündigung als Sanktion vorgesehen.

4 Der entscheidende Unterschied zum Agenturvertrag liegt im Umstand, dass der Alleinvertreter die Kaufverträge mit seiner Kundschaft in eigenem Namen und auf eigene Rechnung abschliesst, während der Abschlussagent dies als Vertreter seines Auftraggebers und auf dessen Rechnung tut.

5 Die Preisbindung ist für den Vertreter verbindlich, solange nicht aus kartellrechtlichen Gründen von einer nichtigen Vertragsklausel ausgegangen werden muss. Die Preisbindungsverpflichtung kann kartellrechtlich nur nichtig sein, wenn sie schwergewichtig eine gegen Dritte gerichtete Vorkehr zur Behinderung des Wettbewerbes ist. Normalerweise werden solche Abreden jedoch aus-

schliesslich aus betriebswirtschaftlichen Gründen getroffen und sind zulässig.

⁶ *Mit dieser Bestimmung soll eine klare und rasche Liquidation des Verhältnisses erreicht werden. Diese ist nötig, da der Fabrikant ja von diesem Termin an einen anderen Vertreter hat oder selbst direkt verkaufen wird. Es liegt im wohlverstandenen Interesse beider Parteien, keine einseitige Regelung zu vereinbaren.*

⁷ *In der Regel profitiert nach Auflösung eines solchen Vertrages der Lieferant nicht von der geworbenen Kundschaft, da er sie ja nicht kennt. Andererseits nützt die Kundschaft nachher dem Vertreter oft nichts mehr, wenn es sich um eine Ware handelt, die er sich nach Auflösung des Vertrages nicht mehr anderweitig verschaffen kann, z. B. weil es sich um Markenware handelt. In diesem Fall ist es zweckmässig, wenn er dem Lieferanten die Kundenliste zur Verfügung stellt und dafür entschädigt wird, ähnlich wie dies beim Agenturvertrag der Fall ist.*

Am einfachsten erscheint eine Prozentvergütung für die Umsätze während einer bestimmten Periode. Das Abstellen auf Mehrumsätze oder ähnliche Berechnungsarten bietet bei dieser Art von Vertragsverhältnis gewisse Schwierigkeiten. Je einfacher die Berechnungsart, desto besser.

Die Variante entspricht der herrschenden Auffassung in Lehre und Rechtsprechung. Zunehmend wird aber auch die Meinung vertreten, der scheidende Alleinvertreter habe Anspruch auf Entschädigung der von ihm geworbenen Kundschaft. Es lohnt sich angesichts dieser zunehmenden Unsicherheit, diesen Punkt ausdrücklich im Vertrag zu regeln.

Der Schenkungsvertrag

Das Wichtigste in Kürze

Die Schenkung ist ein Vertrag und nicht ein einseitiges Rechtsgeschäft. Der Schenker überträgt einen Vermögenswert; der Beschenkte erklärt (u. U. stillschweigend) Annahme der Zuwendung. Die Zuwendung dieses Vermögenswertes ist für den Beschenkten unentgeltlich.

Schenkungen erfolgen meist durch Übergabe einer Sache an den Beschenkten, also von Hand zu Hand. Die entsprechenden Willenserklärungen erfolgen stillschweigend.

Seltener sind die sogenannten Schenkungsversprechen. Das Gesetz schreibt für sie die Schriftform vor. Schenkungen von Todes wegen sind in der Form von Erbverträgen zu vereinbaren.

Häufig sind Schenkungen mit entgeltlichen Geschäften vermischt; z. B. wird eine Liegenschaft für beide Parteien erkennbar zu einem Freundschaftspreis veräussert. Soweit der Vertrag eine Schenkung enthält, d. h. in Bezug auf den ohne Gegenleistung erbrachten Teil der Leistung, untersteht er den Vorschriften über die Schenkung.

Wesen des Schenkungsvertrages	Die Schenkung ist ein zweiseitiger Vertrag, der für den Beschenkten unentgeltlich ist. Die Zuwendung eines Vermögenswertes kann durch Eigentumsverschaffung, durch Einräumung eines Rechtes wie z. B. einer Nutzniessung, durch Zession, durch Schulderlass oder durch Vertrag zugunsten eines Dritten bewirkt werden.
Schenkungsversprechen	Das Schenkungsversprechen ist schriftlich abzufassen. Sofern es Grundstücke und dingliche Rechte an solchen betrifft, ist öffentliche Beurkundung nötig. Formbedürftig ist nur die Erklärung des Schenkers, nicht die Annahmeerklärung des Beschenkten. Das Schenkungsversprechen wird erst später vollzogen, nicht sofort wie bei der Schenkung von Hand zu Hand. Im Unterschied zur Schenkung von Hand zu Hand kann das Schenkungsversprechen widerrufen werden, wenn sich die Vermögensverhältnisse oder die familienrechtlichen Lasten des Schenkers erheblich geändert haben. Wird gegen ihn ein Verlustschein ausgestellt oder der Konkurs eröffnet, erlischt das Schenkungsversprechen von Gesetzes wegen (Art. 250 OR).
Rückforderung des Geschenks	Das Geschenk kann zurückgefordert und das Schenkungsversprechen widerrufen werden, wenn der Beschenkte gegen den Schenker oder dessen Angehörige ein schweres Verbrechen begangen oder wenn er die ihm obliegenden familienrechtlichen Pflichten schwer verletzt hat. Ein Widerruf ist auch zulässig, wenn die mit der Schenkung verbundenen Auflagen nicht erfüllt worden sind. Der Schenker muss sofort handeln, denn das Widerrufsrecht verjährt innert eines Jahres seit Kenntnis, kann aber innerhalb dieses Jahres auch noch von den Erben des Schenkers ausgeübt werden.
Rückfall der Schenkung	Meist ist die Schenkung auf eine einzige Person bezogen. Die Parteien können deshalb vereinbaren, dass das Geschenk an den Schenker zurückfällt, wenn der Beschenkte vor ihm sterben sollte.
Auflagen und Bedingungen	Schenkungen können mit Auflagen und Bedingungen versehen sein. Es gibt Auflagen, die der Schenker oder u. U. die zuständige Behörde gemäss Art. 246 OR einklagen können. Andere haben einen Wunsch des Schenkers zum Inhalt, der nicht klagbar ist.

Ein Beispiel für den ersten Fall ist die Schenkung einer Statue mit der Auflage, sie auf dem Hauptplatz der Stadt aufzustellen. Wird die Schenkung angenommen, entsteht dem Schenker ein klagbarer Anspruch auf Aufstellung. Macht hingegen der Schenker seinem Neffen die Auflage, künftig das Rauchen zu unterlassen, kann er bei Nichterfüllung der Auflage nur die Schenkung zurückfordern, aber keinen weiteren Zwang ausüben.

Von einer Bedingung spricht man, wenn die Wirksamkeit der Schenkung vom Eintritt eines bestimmten Ereignisses abhängt. So kann der Rückfall der Schenkung vereinbart werden, wenn sich der Beschenkte scheiden lässt. Oder der Vater verspricht seinen Kindern, er werde der erstgeborenen Enkelin eine kostbare Brosche aus dem Familienbesitz schenken.

Schenkung ist gleichbedeutend mit Verminderung des Vermögens zu Lebzeiten des Schenkers. Wenn die Vollziehbarkeit ausschliesslich auf den Tod des Schenkers abstellt, sind die erbrechtlichen Formen (Erbvertrag) zu wahren. In Zweifelsfällen empfiehlt es sich, die Formen des Erbvertrages sicherheitshalber einzuhalten.

Schenkungen auf den Tod des Schenkers hin

Die Schenkung wird in Art. 239 – 252 OR geregelt. Die meisten Vorschriften betreffen die seltenen Fälle der Auflagen und Bedingungen oder die Widerrufsmöglichkeiten und den Rückfall. Zu beachten ist, dass fast ausnahmslos aufgrund kantonaler Steuergesetze Schenkungssteuern zu entrichten sind, die entweder beim Schenker oder beim Beschenkten erhoben werden.

Gesetzliche Regelung

Vorlage 1 für einen Schenkungsvertrag mit aufschiebender Bedingung und einer Auflage

Adolf Meier, Burgdorferstrasse 40, Bern, als Schenker, und *Hans Kuhn*, Bielerstrasse 24, Aarberg, als Beschenkter, haben heute folgenden Schenkungsvertrag abgeschlossen:

1. Adolf Meier verspricht seinem Patenkind Hans Kuhn, ihm einen Lieferwagen Marke . . ., Modell . . ., zu schenken für den Fall, dass Hans Kuhn tatsächlich das Baugeschäft in Aarberg in den nächsten 6 Monaten übernehmen kann.[1] Der Wagen wird ihm, Lieferungsmöglichkeiten vorbehalten,[2] auf den Zeitpunkt der Geschäftsübernahme zur Verfügung gestellt.

2. Mit der Schenkung wird die Auflage verbunden, dass Hans Kuhn den Wagen auf Verlangen seinem Paten während zweier Jahre jeweils am Mittwochnachmittag zur Verfügung stellt. Der Dieselverbrauch für diese Fahrten wird vom Schenker getragen.[3]

3. Hans Kuhn nimmt diese Schenkung an[4] und verpflichtet sich, die damit verbundene Auflage pünktlich zu erfüllen.

Ort, Datum und Unterschriften

Vorlage 2 für ein Schenkungsversprechen mit Auflage und Rückfall beim Tod des Beschenkten

Ich, *Hans-Peter Keller*, Kaufmann, wohnhaft Sihlstrasse 136, Zürich, verpflichte mich hiermit, meiner Schwester, Frau *Annemarie Meier-Keller*, wohnhaft Seestrasse 245 in Meilen, auf den 1. März 1995[5] das mir gehörende Grundstück in der Gemeinde Meilen (folgt die genaue Beschreibung des Grundstückes: Parzelle, Ausmass, usw.) schenkungsweise zu Eigentum zu überlassen.[6]

Diese Schenkung erfolgt unter der Auflage, dass der darauf stehende Hühnerstall samt Hühnerhof weiterhin durch den Schenker unentgeltlich benützt werden darf. Dieses Recht ist nicht vererblich.[7]

Sollte meine Schwester vor mir sterben, so soll das geschenkte Grundstück wieder an mich zurückfallen. Dieses Rückfallrecht ist bei der Eigentumsübertragung im Grundbuch vorzumerken.[8]

Zürich, den 23. August 1988   sig. *Hans-Peter Keller*

(Es folgt die kantonale Beurkundungsformel)[6]

Kommentar zu den Vorlagen 1 und 2

¹ *Hier haben wir es mit einer aufschiebenden Bedingung zu tun. Die Schenkung wird nur und erst dann wirksam, wenn die Bedingung erfüllt ist (Art. 151 ff. OR). Es wäre auch eine sogenannte auflösende Bedingung möglich, z. B. dass die Schenkung dahinfällt und dass der Lieferwagen dem Schenker zurückgegeben werden muss, wenn der Beschenkte das Baugeschäft wieder aufgibt.*

² *Der Vorbehalt der Lieferungsmöglichkeit soll den Schenker vor allfälligen Schadenersatzansprüchen wegen verspäteter Lieferung bewahren. Denn weil die Schenkung ein beidseitig verbindlicher Vertrag ist, ist die Schenkung nach Abschluss des Vertrages geschuldet. Das Gesetz sieht die Haftung des Schenkers allerdings nur bei grober Fahrlässigkeit oder absichtlicher Schädigung vor (Art. 248 OR).*

³ *Der Schenker kann den Vollzug der Auflage durch gerichtliches Vorgehen erzwingen. Auch dies ist eine Folge des Umstandes, dass die Schenkung ein zweiseitiger Vertrag ist. Würde die in der Auflage geschuldete Leistung einen erheblichen Umfang erreichen, läge ein gemischter Vertrag vor (gemischt aus Schenkung und Kauf).*

⁴ *Wo Auflagen gemacht werden, ist ein eigentlicher Schenkungsvertrag zweckmässig, der die ausdrückliche Annahmeerklärung des Beschenkten enthält.*

⁵ *Wird kein Termin für den Vollzug des Schenkungsversprechens genannt, so ist die Schenkung sofort fällig, sobald das Versprechen vom Beschenkten angenommen wird, es sei denn, dass sich aus den Umständen etwas anderes ergibt (Art. 75 OR). Würde z. B. die Schenkung eines Hochzeitskleides versprochen, dürfte aus den Umständen hervorgehen, dass Erfüllung erst bei konkreter Heiratsabsicht der Beschenkten verlangt werden könnte.*

⁶ *Im vorliegenden Fall muss das Schenkungsversprechen öffentlich beurkundet werden, weil es eine Liegenschaft betrifft. Würde das*

Schenkungsversprechen so formuliert, dass es erst auf den Tod des Schenkers wirksam würde, müsste gar die Form des Erbvertrages eingehalten werden. Weil in der Vorlage ein Grundstück betroffen ist, ist die Formulierung des Schenkungsversprechens an die jeweiligen kantonalen Grundstückbeschreibungsformen anzupassen. Die Urkundsperson wird den Vertrag schliesslich noch mit der kantonal vorgeschriebenen Beurkundungsformel ergänzen.

7 *Zur Absicherung des Schenkers können Auflagen bei Liegenschaften durch Begründung von Dienstbarkeiten gesichert werden. Unabhängig davon bleibt dem Schenker oder allenfalls der zuständigen Behörde das Recht, die Erfüllung der Auflage klageweise durchzusetzen (Art. 246 OR).*

8 *Das Rückfallsrecht kann bei Liegenschaften, wie es hier im Beispiel geschehen ist, ebenfalls im Grundbuch vorgemerkt werden. Damit ist der Schenker auch geschützt, falls der Beschenkte das Grundstück in der Zwischenzeit weiterverkauft (Art. 247 Abs. 2 OR; vgl. auch Art. 959 ZGB).*

Der Mietvertrag

Das Wichtigste in Kürze

Der Mietvertrag gibt dem Mieter das Recht, das Mietobjekt gegen Entgelt zu nutzen. Er kommt mündlich zustande, sobald man sich über das Mietobjekt und den Zins einig geworden ist. Für Wohnungen kann in einzelnen Kantonen die Verwendung eines speziellen Formulars und damit ein schriftlicher Vertrag vorgeschrieben sein.

Der Vermieter muss den Mietgegenstand in gebrauchsfähigem Zustand erhalten. Der Mieter hat das Mietobjekt so zurückzugeben, wie er es übernommen hat; er haftet aber nicht für die normale Abnützung.

Bei Wohnungen und Geschäftsräumen sind eine grosse Zahl zusätzlicher Vorschriften zu beachten, die durch den Vertrag nicht zum Nachteil des Mieters abgeändert werden dürfen (Mieterschutz).

Bei Mängeln an gemieteten Räumen kann der Mieter den Mietzins bei einer staatlichen Stelle einzahlen, wenn der Vermieter nicht bereit ist, die Mängel zu beheben. Er darf also nicht einfach den Mietzins kürzen, sonst kann der Vermieter kurzfristig die Auflösung des Vertrages bewirken, weil der Mieter den Mietzins ganz oder teilweise schuldig bleibt.

Die Kündigung des Vermieters kann bei Wohnungen oder Geschäftsräumen angefochten werden, wenn sie gegen Treu und Glauben verstösst oder wenn sie der vorgeschriebenen Form nicht genügt. In Härtefällen können Mietverträge über Wohnungen oder Geschäftsräume durch das Gericht verlängert werden, wenn der Mieter das innert 30 Tagen nach der Kündigung verlangt.

Wesen des Mietvertrages	Beim Mietvertrag überlässt der Vermieter dem Mieter Räume (z. B. eine Wohnung, ein Gebäude, ein Ladenlokal) oder eine beliebige, bewegliche Sache (z. B. ein Auto, ein Klavier) zum Benützen. Der Mieter schuldet für dieses Benützendürfen (sogenannte Gebrauchsüberlassung) einen Mietzins. Müsste er kein Entgelt leisten, würde es sich um eine Leihe handeln (Art. 305 OR). Stünde ihm das Nutzungsrecht nicht nur gegenüber seinem Vertragspartner zu, sondern gegenüber dem jeweiligen Eigentümer der Sache oder des Gebäudes, spräche man von einer Nutzniessung oder gegebenenfalls von einem Wohnrecht (Art. 745 ff. ZGB).
Mängel	Die Hauptpflicht des Vermieters besteht darin, das vereinbarte Mietobjekt in gebrauchstauglichem Zustand zu übergeben. Während der Mietdauer muss er auf seine Kosten dafür sorgen, dass es gebrauchstauglich bleibt (Art. 256 OR). War das Objekt schon vorher einmal vermietet, kann der neue Mieter das Rückgabeprotokoll einsehen (Art. 256a OR). Zeigt sich an gemieteten Wohn- oder Geschäftsräumen ein Mangel, der den vorausgesetzten Gebrauchswert vermindert, kann der Mieter dessen Beseitigung verlangen. Er muss dem Vermieter dafür eine angemessene Frist ansetzen. Er kann aber auch bloss die Herabsetzung der Miete oder allenfalls Schadenersatz verlangen (Art. 259a OR). Geht der Vermieter darauf nicht ein, kann bei gewichtigen Mängeln fristlos gekündigt werden. Allenfalls kann der Mieter die Beseitigung auf Kosten des Vermieters durchführen (Art. 259b OR). Am sichersten geht der Mieter allerdings vor, wenn er in solchen Fällen den nächsten und die folgenden Mietzinse bei einer vom Kanton bezeichneten Stelle hinterlegt und sofort an die Schlichtungsbehörde gelangt, die dann über seine Rügen und Ansprüche in einem kostenlosen Verfahren entscheidet (Art. 259g – 259i OR).
Mietzins	Die Hauptpflicht des Mieters besteht in der Zahlung des Mietzinses. Bei Wohnungen und bei Geschäftsräumen kann der Mieter verlangen, dass ihm der Vermieter den Mietzins des Vormieters bekannt gibt (Art. 256a OR). Will der Vermieter den Mietzins erhöhen, kann er dies unter Verwendung eines amtlich genehmigten Formulars tun, wenn er es dem Mieter spätestens 10 Tage vor Beginn der nächsten Kündigungsfrist mitteilt und dieser darauf nicht reagiert. Alsdann gilt die Erhöhung ab dem Kündigungstermin.

Gerät der Mieter mit der Zahlung von Mietzinsen oder Nebenkosten ganz oder teilweise in Rückstand, kann ihm der Vermieter eine letzte Zahlungsfrist von mindestens 30 Tagen ansetzen. Läuft diese Frist unbenützt ab, kann mit dreissigtägiger Frist auf das nächste Monatsende gekündigt werden. Bei der Miete von Sachen oder bei der Miete von Ferienwohnungen kann der Vertrag sogar nach Ablauf einer zehntägigen Zahlungsfrist fristlos aufgelöst werden (Art. 257d i. V. m. 253a OR).

Bei der Miete von Wohn- oder Geschäftsräumen kann sich der Mieter gegen missbräuchliche Vermieterforderungen zur Wehr setzen. Innert 30 Tagen seit der Wohnungsübernahme kann er dies tun, wenn er sich aus einer Notlage heraus zum Vertragsabschluss geradezu gezwungen sah. Ferner kann er den Mietzins auch anfechten, wenn der Vermieter gegenüber dem letzten Mieter einen massiven Aufschlag gemacht hat (Art. 270 OR; der Vermieter ist auskunftspflichtig; Art. 256a Abs. 2 OR). *Missbräuchlicher Mietzins*

Während der Dauer des Mietverhältnisses kann der Mieter eine Herabsetzung verlangen, wenn er geltend machen will, der Vermieter erziele z. B. wegen einer Kostensenkung einen übersetzten Ertrag (Art. 270a OR).

Viel häufiger sind allerdings die Fälle, in denen der Vermieter den Mietzins erhöhen will. Bei einer gewöhnlichen Miete könnte er dies mit einer sog. Änderungskündigung auf den nächsten Kündigungstermin hin tun. Bei Wohn- und Geschäftsräumen dagegen darf der Wunsch nach Anpassung des Mietzinses jedoch nicht mit einer Kündigungsdrohung verbunden werden. Der Vermieter muss in diesem Fall ein spezielles Formular ausfüllen und es dem Mieter mit einer detaillierten Begründung für die Erhöhung spätestens 10 Tage vor Beginn der nächsten Kündigungsfrist zustellen. Jede Mietzinserhöhung, die ohne Formular mitgeteilt wird, ist unwirksam (Art. 269d OR). Das gilt auch bei Indexklauseln, die ohnehin nur bei mindestens fünfjährigen Verträgen gültig sind oder bei Staffelmietzinsen (Art. 269b und 269c OR).

Ist der Wohnungs- oder Geschäftsmieter mit dem verlangten neuen Mietzins nicht einverstanden, kann er sich innert 30 Tagen seit Erhalt der Erhöhungsmitteilung an die Schlichtungsbehörde wenden. Diese hat dann zu prüfen, ob eine missbräuchliche Forderung vorliegt.

Kündigung	Wird z. B. ein Klavier oder sonst eine Sache vermietet, kann ohne spezielle Abmachung auf drei Tage gekündigt werden (Art. 266f OR). Speziell geregelt sind die Kündigungsmöglichkeiten bei Wohn- und Geschäftsräumen. Wohnungen oder unmöblierte Zimmer können auf drei Monate, Geschäftsräume auf sechs Monate hinaus gekündigt werden. Wurde kein Kündigungstermin vereinbart, gelten ortsübliche Termine. Nur für möblierte Zimmer gilt eine zweiwöchige Kündigungsfrist (Art. 266b–266e OR). Im Unterschied zum Arbeitsvertragsrecht dürfen für die Parteien unterschiedliche Kündigungsfristen vereinbart werden. Der Vermieter kann die Kündigung von Wohn- und Geschäftsräumen gültig nur mit einem amtlich genehmigten Kündigungsformular aussprechen. Aber auch der Mieter muss wenigstens schriftlich kündigen, wenn auch ohne Formular (Art. 266l OR). Die verheiratete Mieterpartei muss gar die ausdrückliche Zustimmung des Ehepartners vorlegen können. Wenn dies nicht möglich ist, muss der Eheschutzrichter entscheiden, ob der Mieter bzw. die Mieterin die Familienwohnung kündigen darf (Art. 266m OR). Der Vermieter kann einem verheirateten Mieter nur gültig kündigen, wenn er das Kündigungsformular in getrennten Briefen jedem Ehegatten zustellt (Art. 266n OR), am besten eingeschrieben mit dem Vermerk: Persönlich aushändigen.
Anfechtung der Kündigung	Mieter oder Vermieter können verlangen, dass eine Kündigung schriftlich begründet wird. Die Kündigung des Vermieters kann angefochten werden, wenn sie gegen Treu und Glauben verstösst, z. B. wenn sie aus Rache erfolgt, nachdem sich der Mieter anständig für seine Rechte gewehrt hat, oder wenn der Vermieter den Kauf der Wohnung durch den Mieter oder wenigstens eine Mietzinserhöhung erzwingen will. Während eines Gerichtsverfahrens oder wenn sich der Mieter in oder ausserhalb eines Verfahrens mit dem Vermieter über strittige Forderungen geeinigt hat, ist die Kündigung in der Regel drei Jahre lang nicht möglich (Art. 271 Abs. 1 und 2 OR; Ausnahmen Abs. 3). Der Ehegatte eines Mieters kann die Kündigung auch allein anfechten; sicherheitshalber sollten allfällige Vereinbarungen im Zusammenhang mit Kündigungen von beiden Ehegatten abgeschlossen werden (Art. 273a OR).

Stellt sich im Verfahren heraus, dass die Kündigung doch gültig ist, ist von Amtes wegen zu prüfen, ob eine Erstreckung nötig ist (Art. 274e OR).

Bei Wohn- und Geschäftsräumen kann das Mietverhältnis maximal um vier (Wohnungen) bzw. um sechs Jahre (Geschäftsräume) erstreckt werden (Art. 272b OR). Nach ausgesprochener Kündigung können sich Vermieter und Mieter auch ohne behördliche Mitwirkung auf eine Erstreckung beliebig einigen. Handelt es sich um die Familienwohnung, müssen beide Ehepartner zustimmen. Zulässig ist insbesondere auch der Verzicht auf eine zweite Erstreckung (Art. 272b, 273a OR).   *Erstreckung des Mietverhältnisses*

Der verheiratete Ehegatte eines Mieters kann neben dem Mieter, aber auch ohne ihn, Erstreckung verlangen, wenn es um die Familienwohnung geht. Ob und allenfalls wie lange Erstreckung gewährt wird, muss sich aus der Abwägung der gegenseitigen Interessen ergeben. Grundsätzlich ausgeschlossen ist die Erstreckung nur in einigen wenigen Sonderfällen (schwere Pflichtverletzung des Mieters, Konkurs des Mieters oder wenn die Miete ausdrücklich auf den Beginn von Bauarbeiten befristet worden war). Insbesondere genügt der Eigenbedarf des Vermieters noch nicht für die Verweigerung der Erstreckung (Art. 272, 272a OR). Ausgeschlossen ist die Erstreckung auch, wenn der Mieter nicht selber betroffen ist, sondern z. B. sein Untermieter. Deshalb können mittelfristig zum Abbruch bestimmte Wohnungen z. B. an einen Verein für Not- oder Jugendwohnungen vermietet werden, die ihrerseits die Wohnungen so lange in Untermiete abgeben können, bis mit den Abbrucharbeiten auch wirklich begonnen wird.

Überall in der Schweiz bestehen Schlichtungsbehörden, denen beratende, schlichtende und entscheidende Funktionen anvertraut sind. Von Gesetzes wegen müssen darin Vermieter und Mieter vertreten sein. Neben der beratenden Tätigkeit kommt vor allem der Schlichtung aller Streitigkeiten bei Wohnungs- oder Geschäftsmieten grosse Bedeutung zu. Die Parteien müssen alle notwendigen Unterlagen vorlegen; die Schlichtungsbehörde kann auch eigene Abklärungen veranlassen, muss aber rasch und in einem einfachen Verfahren handeln. Das Verfahren ist kostenlos.   *Schlichtungsbehörde*

Können sich die Parteien nicht auf einen Vergleich einigen, entscheidet die Schlichtungsbehörde oder stellt allenfalls bloss fest, dass die Schlichtung erfolglos war. Die unterlegene Partei muss dann innert 30 Tagen das Mietgericht anrufen, wenn sie ihre Ansprüche weiterverfolgen will.

Gesetzliche Regelung	Die gesetzliche Regelung des Mietvertrages findet sich in den Art. 253 bis 274g des revidierten OR in der Fassung vom 15. Dezember 1989 (in Kraft seit 1. Juli 1990). Weitere wichtige Einzelheiten finden sich in der Verordnung über die Miete und Pacht von Wohn- und Geschäftsräumen (VMWG) vom 9. Mai 1990. Insbesondere finden sich dort Bestimmungen wie, dass der Mieterschutz für luxuriöse Wohnungen und Einfamilienhäuser mit sechs oder mehr Wohnräumen oder für subventionierte Wohnungen nicht beansprucht werden kann. Detaillierte Bestimmungen zu den Nebenkosten, zu den Faktoren der Mietzinsberechnung oder zum notwendigen Inhalt der Formulare finden sich ebenfalls in dieser Verordnung. Bei der Eidg. Drucksachen- und Materialzentrale des Bundes (3000 Bern) kann eine amtliche Ausgabe bezogen werden, die Gesetz und Verordnung enthält.

Mietvertrag

Vorlage 1 für die Miete beweglicher Sachen

Zwischen *Pascal Schneider*, TV-Center, Wassbergweg 7, Wallisellen, als Vermieter und *Louis Indergand*, Bergli 17a, Opfikon, als Mieter ist heute folgender Vertrag abgeschlossen worden:

1. Der Vermieter überlässt dem Mieter einen fabrikneuen, originalverpackten TV-Apparat, Marke Telstar, Modell 19../ CMX, zur Benützung.[1] Der Mieter bescheinigt mit seiner Unterschrift unter diesen Vertrag den Empfang des vorgenannten Geräts, das in seiner Anwesenheit probeweise in Betrieb genommen worden ist.[2]

    Es ist dem Mieter untersagt, das Mietobjekt weiterzuvermieten.[3]

    Variante:

    Der Vermieter überlässt dem Mieter ... (die Sache XY) für die Dauer eines Jahres zum entgeltlichen Gebrauch. Der Vermieter liefert das Mietobjekt spätestens innert 3 Wochen ab heute an der Wohnadresse des Mieters ab, unter rechtzeitiger Vorankündigung. Eine allfällige Mängelrüge hat der Mieter innert 5 Tagen ab Ablieferung des Mietobjektes schriftlich beim Vermieter anzubringen. Geht innert Frist keine solche Rüge ein, gilt das Mietobjekt als in einwandfreiem Zustand empfangen.[2]

2. Das Mietverhältnis beginnt heute und wird fest abgeschlossen für die Dauer von 12 Monaten.[4] Danach kann das Mietverhältnis von jeder Vertragspartei schriftlich unter Einhaltung einer einmonatigen Kündigungsfrist[5] auf ein Monatsende hin gekündigt werden.

3. Der Mietzins beträgt Fr. 50.– pro Monat, zahlbar monatlich im voraus, erstmals bei Übergabe des Mietobjektes. In diesem Mietzins sind während der ganzen Dauer des Vertrages die Kosten der Behebung allfälliger Störungen einschliesslich des

Ersatzes der Bildröhre und der übrigen elektronischen Teile inbegriffen. Der Transport des Geräts in die Werkstatt und zurück geht hingegen zulasten des Mieters.[6, 7]

Zusatz für Sicherheitsleistung:[6]

Der Mieter leistet innert 30 Tagen nach Unterzeichnung dieses Vertrages, jedenfalls aber vor der Übergabe des Mietobjektes, eine Barkaution von Fr. ... Der Vermieter ist berechtigt, offene Forderungen aus diesem Vertrag damit zu verrechnen.[8] Die Kaution ist bei Rückgabe des Mietobjektes zurückzuerstatten. Bis zur Rückgabe des Mietobjektes wird auf dieser Kaution kein Zins geschuldet.

Zusatz betr. Versicherung:[9]

Der Mieter verpflichtet sich, die Mietsache auf eigene Kosten während der ganzen Mietdauer zum Neuwert von Fr. ... gegen Feuer, Diebstahl und Wasserschaden zu versichern.

4. Der Vermieter ist berechtigt, das Bestehen des vorliegenden Vertrages dem jeweiligen Wohnungsvermieter des Mieters, zur Zeit Herr Hanspeter Gurtner, Glattbrugg, anzuzeigen. Der Mieter verpflichtet sich, Herrn Schneider, TV-Center, Wallisellen, spätestens 14 Tage vor einem allfälligen Umzug Namen und Adresse des neuen Wohnungsvermieters bekanntzugeben.[10] Der Mieter orientiert Herrn Schneider überdies unverzüglich, wenn das Mietobjekt amtlich beschlagnahmt werden sollte (Pfändung oder Konkurs, Retention, Arrest).[11]

Ort, Datum und Unterschriften

**Vorlage 2 für die Miete eines Geschäftslokals
ev. zusammen mit einer Wohnung**

Kaspar Hauser, Bernerstrasse 20, 4500 Solothurn, Eigentümer der Liegenschaft Bernerstrasse 20 in Solothurn, Vermieter, und *Hanspeter Krämer-Ott*, Unterdorfstrasse 3a, 4500 Solothurn, Mieter, schliessen heute folgenden *Mietvertrag* ab:

1. Herr Hauser vermietet an Herrn Krämer das im Erdgeschoss der Liegenschaft Bernerstrasse 20, Solothurn, gelegene Ladenlokal mit Nebenraum, Kellerabteil Ost und Toilette. Das Ladeninventar gemäss Liste im Anhang wird mitvermietet.[12]

   Ferner vermietet Herr Hauser Herrn Krämer separat[13] die im 3. Stock links gelegene 4-Zimmerwohnung als Familienwohnung.[14, 16]

   Variante betr. Inventar:

   Der Vermieter verkauft dem Mieter die im Anhang mit Schätzpreisen aufgeführten Inventargegenstände pauschal zum Preis von Fr. 25'700.– (Franken fünfundzwanzigtausendsiebenhundert 0/00), zahlbar bei Antritt der Miete. Der Vermieter verpflichtet sich, diese Inventargegenstände, vermehrt um allfällige Ersatz- oder Neuanschaffungen, soweit diese im Rahmen des Übernommenen liegen und für den Betrieb notwendig sind, nach Beendigung des Mietverhältnisses selber zum dannzumaligen Betriebswert zurückzukaufen oder diese Verpflichtung einem allfälligen Nachfolgemieter zu überbinden. Für die Bezahlung des Kaufpreises haftet der Vermieter auch bei Kauf des Inventars durch den Nachfolger solidarisch. Der Betriebswert soll das Alter, den Zustand, die Verwendbarkeit und den Wiederbeschaffungspreis berücksichtigen.[15]

2. Der Mieter verpflichtet sich, während der ganzen Mietdauer im Geschäftslokal ausschliesslich ein Elektronik-Fachgeschäft zu führen.[16, 17, 18]

Ergänzung durch Konkurrenzverbot:[17]

Die Parteien verpflichten sich gegenseitig, während der Dauer des Mietverhältnisses betr. das Ladengeschäft im Umkreis von zwei Kilometern kein Konkurrenzgeschäft zu betreiben oder sich in irgendeiner Weise an einem derartigen Konkurrenzbetrieb direkt oder indirekt zu beteiligen. Der Mieter übernimmt diese Verpflichtung auch für ein weiteres Jahr über die Beendigung des Mietverhältnisses hinaus.

Bei Verletzung dieses Konkurrenzverbotes wird eine Konventionalstrafe in Höhe der letzten Jahresmiete sofort zur Zahlung fällig. Die Zahlung der Konventionalstrafe befreit nicht von der weiteren Einhaltung des Konkurrenzverbotes. Ausserdem steht der verletzten Partei das Recht zu, gerichtlich die sofortige Beseitigung des vertragswidrigen Zustandes zu verlangen.

Ergänzung betr. öffentlich-rechtliche Bewilligungen:[18]

Der Mieter sorgt auf eigene Kosten vor Betriebsaufnahme dafür, dass alle erforderlichen öffentlich-rechtlichen Bewilligungen vorliegen. Auf Wunsch des Vermieters hat er sich darüber auszuweisen.

Wird eine für den vorgesehenen Betrieb unerlässliche Bewilligung ohne Verschulden des Mieters definitiv nicht erteilt, kann der Mieter innert 30 Tagen nach Vorliegen des behördlichen Bescheids auf den nächsten ortsüblichen Kündigungstermin hin von diesem Vertrag zurücktreten, ohne über den bis zum Kündigungstermin fälligwerdenden Mietzins hinaus eine Entschädigung zu schulden.

3. Der Mietzins für die Geschäftsräume und das Inventar beträgt Fr. 28'000.– pro Jahr und ist in vierteljährlichen Raten jeweils im voraus auf das Ende eines Kalenderquartals zu bezahlen.[19]

Der Mietzins für die Wohnung beträgt Fr. 1'500.– pro Monat und ist monatlich im voraus zu bezahlen.[19]

Die Kosten für Heizung und Warmwasser sind vom Mieter anteilmässig innert 30 Tagen nach Vorliegen der Heizkostenabrechnung zusätzlich zu bezahlen.[20]

Ergänzung durch Indexklausel:

Die beiden vorerwähnten Mietzinse beruhen auf dem Landesindex der Konsumentenpreise des Bundesamtes für Statistik, Stand Ende November 19.. Die Anpassung an die Indexveränderung erfolgt jeweils auf den 1. Januar eines jeden Jahres, ausgehend vom jeweiligen Indexstand per Ende November des Vorjahres, erstmals per 1. Januar 19.. Der Wohnungszins ist allerdings nur im Umfang von jeweils 80% der zwischenzeitlichen Teuerung anzupassen. Der Vermieter hat die Teuerungsanpassung jedesmal mit dem amtlich genehmigten Formular mitzuteilen.[21]

4. Beide Mietverträge beginnen am 1. April 19.. und dauern bis 31. März 19.. Wird von keiner Partei unter Einhaltung einer sechsmonatigen Kündigungsfrist auf das Vertragsende hin schriftlich gekündigt, so werden beide Verträge um jeweils weitere fünf Jahre verlängert.[4] Zur Beendigung ist auch nach einer Verlängerung eine sechsmonatige Kündigungsfrist vor Ablauf der Verlängerungszeit einzuhalten.

Variante mit Option:[4]

Nach Ablauf der festen Mietdauer von ... Jahren hat der Mieter das ... malige Optionsrecht auf Verlängerung des Mietverhältnisses betr. die Geschäftsräume um weitere fünf Jahre. Der Mieter hat spätestens 6 Monate vor Ablauf der festen Vertragsdauer schriftlich zu erklären, ob er die Option ausüben will oder nicht.

5. Allfällige Mängel am Mietobjekt sind vom Mieter dem Vermieter schriftlich bis spätestens 1. Mai 19.. mitzuteilen. Der Mieter bestätigt, dass er die Übergabeprotokolle der Vormieter erhalten hat.[2]

6. Der Mieter übernimmt alle laufenden Kleinreparaturen und Ausbesserungen in den gemieteten Ladenlokalitäten, soweit

sie im Einzelfall den Betrag von Fr. 100.– nicht übersteigen. Reparaturen und Ausbesserungen an der Ladeneinrichtung gemäss Liste im Anhang gehen ohne Rücksicht auf die Höhe der Reparaturkosten ganz zulasten des Mieters. Soweit es die Wohnung betrifft, sind nur tropfende Hahnen, verstopfte Leitungen, Beleuchtungskörper und die Storengurten auf Kosten des Mieters instandzuhalten.[7]

Der Mieter verpflichtet sich ferner, während der Dauer des Mietverhältnisses die Ladeneinrichtung gemäss Liste im Anhang zum vollen Inventarwert gegen Feuer, Diebstahl und Wasserschaden zu versichern. Der Vermieter ist berechtigt, die Vorlage der Police und der Prämienquittungen zu verlangen.[9]

7. Untermiete und Übertragung der Miete auf einen Dritten ist nur mit vorgängiger schriftlicher Zustimmung des Vermieters zulässig.[3, 22]

8. Der Mieter ist berechtigt, den vorliegenden Mietvertrag auf eigene Kosten im Grundbuch vormerken zu lassen. Der Vermieter ermächtigt hiermit den Mieter zur alleinigen Anmeldung dieser Vormerkung beim zuständigen Grundbuchamt.[23]

Zusatz für Vorkaufsrecht an der Liegenschaft:

Der Vermieter räumt dem Mieter für die Dauer des Mietverhältnisses (unter Einschluss allfälliger Verlängerungen) das Vorkaufsrecht an seiner Liegenschaft Bernerstrasse 20, Solothurn (Kat. Nr. 5427) ein und ermächtigt ihn hiermit, dieses Vorkaufsrecht im Grundbuch vormerken zu lassen.[24]

9. Die Parteien vereinbaren Solothurn als Gerichtsstand für alle Streitigkeiten aus diesem Vertrag.[25]

Ort, Datum und Unterschriften

Anhang: Liste des mitvermieteten Inventars

Vorlage 3 für eine aussergerichtliche Erstreckung des Mietverhältnisses

1. Die Parteien des am 20. Februar 19.. geschlossenen Mietvertrages über die 4-Zimmerwohnung im Haus Stockstrasse 5 in Uzwil stellen fest, dass Herr Müller (Vermieter) fristgerecht und formgültig auf Ende September 19.. gekündigt hat.[26]

2. Familie José Garcia und Irène Holdener Garcia (Mieterin) möchten der Kinder wegen unbedingt weiterhin in Uzwil wohnhaft bleiben. Seit Erhalt der Kündigung hat sie aber noch keinen neuen Mietvertrag abschliessen können.

3. Die Parteien einigen sich darauf, das Mietverhältnis ein erstes Mal um ein halbes Jahr, d. h. bis Ende März 19.., zu erstrecken. Die Möglichkeit einer allfälligen zweiten Erstreckung bleibt ausdrücklich vorbehalten. Die entsprechenden gesetzlichen Vorschriften sind zu beachten.[27]

Variante:

Die Parteien vereinbaren im Sinne einer *letztmaligen Erstreckung*, dass die vom Vermieter fristgerecht per 30. September 19.. ausgesprochene Kündigung auf 31. März 19.. Wirkung entfalten soll. Die Mieterin verzichtet verbindlich auf die Möglichkeit einer weiteren Erstreckung.[28]

4. Sollte es Familie Garcia möglich sein, schon vorher zu zügeln, kann das Mietverhältnis von der Mieterin unter Einhaltung einer einmonatigen Kündigungsfrist auf jedes Monatsende hin beendigt werden.[29]

5. Die Parteien vereinbaren, dass sich der heutige Mietzins wegen der auf den 1. Oktober 19.. angekündigten Hypothekarzinssenkung der St. Galler Kantonalbank ab dem gleichen Zeitpunkt um Fr. 50.– pro Monat reduzieren wird. Allfällige

Zinsanpassungen aufgrund von Kostensteigerungen bleiben nach Massgabe der gesetzlichen Möglichkeiten vorbehalten.
Familie Garcia ist damit einverstanden, dass sie während der Erstreckungsdauer das Kellerabteil IV benützt, da ihr bisheriges Abteil als Materialmagazin für die Renovationsarbeiten an den beiden Nachbarblöcken benötigt wird.[30]

Uzwil, den . . . .

Der Vermieter: . . . . Die Mieterin: . . . .

Der zustimmende Ehepartner: . . . .

Mieterseits müssen beide Eheleute unterzeichnen, wenn es sich um die Wohnung der Familie handelt! (Art. 273a Abs. 2 OR)!

Kommentar zu den Vorlagen 1—3

1 *Der Mieter einer Sache erscheint im Rechtsverkehr als Eigentümer dieser Sache. Es ist daher wichtig, dass der Vermieter durch eine möglichst präzise Bezeichnung des Mietobjektes sicherstellt, jederzeit sein (vermietetes) Eigentum wieder identifizieren zu können (z. B. durch Angabe der Gerätenummer, genauer Typenbezeichnung, Farbe usw.). Werden mehrere Gegenstände oder solche mit vielfältigem Zubehör vermietet, kann auf ein Inventar, das beide Parteien unterzeichnen, verwiesen werden (vgl. auch Kommentar-Note 12).*

2 *Kann das Mietobjekt bei Vertragsabschluss nicht sogleich übergeben und geprüft werden, empfiehlt es sich, diese Punkte ausdrücklich zu regeln. Vgl. die entsprechende Variante zu Ziff. 1 in Vorlage 1.*

Die im alten Mietrecht noch ausdrücklich ausgesprochene Vermutung, ohne Mängelrüge sei davon auszugehen, der Mieter habe das Mietobjekt in einwandfreiem Zustand erhalten, fehlt heute. Stellt der Vermieter bei der Rückgabe Mängel fest, muss er unverzüglich rügen (Art. 267 und 267a OR). Der Mieter hat neu das Recht, vom Vermieter bei der Übergabe des Mietobjektes ein allenfalls vorhandenes Rückgabeprotokoll des Vormieters einzusehen (Art. 256a OR).

3 *Art. 262 OR schreibt heute zwingend vor, dass der Mieter das Mietobjekt einem Dritten zur entgeltlichen Nutzung (Untermiete) überlassen darf, wenn der Vermieter zustimmt (ohne besondere Regelung im Vertrag genügt auch eine stillschweigende Zustimmung, z. B. durch Duldung). Der Vermieter darf allerdings seine Zustimmung nur in drei Fällen verweigern, nämlich wenn der Mieter über die Untermiete keine Auskunft geben will, wenn er an seinen Untermieter missbräuchliche Forderungen stellt oder wenn dem Vermieter durch die Weitergabe wesentliche Nachteile entstehen. Der Mieter haftet dafür, dass der Untermieter vom Mietobjekt keinen anderen Gebrauch macht, als er ihm selbst vertraglich gestattet ist. Obwohl zwischen Ver-*

mieter und Untermieter keine vertragliche Bindung besteht, besteht ein direktes Weisungsrecht (Art. 262 Abs. 3 OR; vgl. die andere Situation bei der Übertragung der Geschäftsmiete, Kommentar-N 22).

Ein vertragliches Verbot der Untervermietung ist bei der Vermietung von Sachen empfehlenswert. Das revidierte Mietrecht sieht allerdings in Art. 262 OR für bewegliche Sachen keine Ausnahmen vor.

4 In der Regel bedeutet der erste Gebrauch einer Sache eine erhebliche Werteinbusse. Die Vereinbarung einer festen Vertragsdauer, an die beide Parteien gebunden sind, ermöglicht es dem Vermieter, diese Anfangsentwertung auf eine genügend lange Zeitspanne zu verteilen.

Wird der Vertrag nach Ablauf der vereinbarten Mietdauer stillschweigend weitergeführt, gilt er als auf unbestimmte Zeit verlängert und kann nun nach den jeweils anwendbaren gesetzlichen Kündigungsbestimmungen aufgelöst werden (Art. 266 – 266f OR). Die Parteien können aber auch vorsehen, dass sich der Vertrag jeweils um eine bestimmte Periode verlängere, z. B. um jeweils ein Jahr. Bei Geschäfts- und Wohnungsmieten muss gar eine jeweils fünf Jahre umfassende Verlängerungsperiode vereinbart werden, wenn eine Indexklausel weiterhin anwendbar bleiben soll (Art. 269b OR).

Mietverträge können das Ende auch mit Datumsangabe regeln. Beispiel: Die 3-Zimmer-Ferienwohnung im ersten Stock der «Sunnmatt» wird für die Wintersaison 19../.. vermietet. Die Saison beginnt am 1. Dezember und endet am 15. April 19..

Vor allem bei Geschäftsmieten kann es im Interesse des Mieters liegen, dass er nach Ablauf einer ersten, festen Vertragsdauer einen unabdingbaren Anspruch auf Verlängerung hat; gleichwohl möchte er sich aber bei Vertragsschluss die Möglichkeit offen lassen, darauf zu verzichten (Option). Als Variante ist in Vorlage 2 bei Ziff. 4 ein Beispiel aufgeführt.

5 Vereinbaren die Parteien bei einer beweglichen Sache weder eine feste Vertragsdauer noch eine Kündigungsfrist, dann kann mit einer Frist von drei Tagen auf einen beliebigen Zeitpunkt gekün-

digt werden. Eine Ausnahme gilt dann, wenn es sich um Sachen handelt, die der Vermieter zusammen mit Wohn- oder Geschäftsräumen zum Gebrauch überlässt (Art. 253a OR); in diesen Fällen sind die längeren Kündigungsfristen für Wohn- und Geschäftsräume zu beachten.

6 Ist das Mietobjekt wertvoll, bringt der Vermieter dem Mieter mit der Gebrauchsüberlassung ein beachtliches Vertrauen entgegen. Um sich abzusichern, kann vereinbart werden, dass der Mieter eine Sicherheit zu leisten hat (vgl. den möglichen Vertragszusatz in Vorlage 1 unter Ziff. 3). Bei Wohnungsmieten dürfen maximal drei Monatszinsen als Sicherheit verlangt werden. Überdies ist für Wohn- und Geschäftsmieten vorgeschrieben, dass geleistete Sicherheiten auf den Namen des Mieters bei einer Bank zinstragend zu deponieren sind (Art. 257e OR). Bei der Miete beweglicher Sachen können die Parteien bezüglich Sicherheitsleistung beliebige Regelungen vereinbaren.

7 Der Vermieter ist verpflichtet, das Mietobjekt so zu unterhalten, dass es zum vorausgesetzten Gebrauch tauglich bleibt. Störungen usw. hat der Vermieter deshalb auf eigene Kosten zu beheben, es sei denn, der Mieter habe Schäden durch vertragswidrige Benutzung selbst verursacht. Die Unterhaltspflicht kann dem Mieter in einem individuell ausgehandelten Vertrag überbunden werden, nicht jedoch in einseitig vorformulierten Allgemeinen Geschäftsbedingungen oder bei Wohn- und Geschäftsmieten (Art. 256 OR).

Stellt der Mieter einen Mangel fest, hat er ihn unverzüglich dem Vermieter anzuzeigen. Er kann eine Frist zur Behebung ansetzen. Kommt der Vermieter der Aufforderung nicht nach, kann der Mieter zwischen verschiedenen Vorgehensvarianten wählen; er kann z. B. die Reparatur auf Kosten des Vermieters veranlassen, eine Herabsetzung des Mietzinses oder Schadenersatz verlangen und allenfalls sogar fristlos kündigen (Art. 259–259f OR); bei Wohn- und Geschäftsräumen kann der Mietzins hinterlegt werden (Art. 259g OR).

Bei Wohn- und Geschäftsmieten ist die Abgrenzung zwischen der «für den gewöhnlichen Unterhalt erforderlichen Reinigung» bzw. den «Ausbesserungen», die vom Mieter vorzunehmen sind (Art. 259 OR) und den gewöhnlichen Instandstellungsarbeiten und Renovationen oftmals schwierig. Es ist zulässig, im Vertrag entweder Kleinreparaturen betragsmässig zu umschreiben oder einzelne konkret aufzuzählen (z. B. Herdplatten, Sanitär-Reparaturen wie tropfende Hahnen oder Douchenschläuche, Storengurten etc.).

[8] *Bestimmungen, die das Verrechnungsrecht des Mieters ausschliessen, dürfen nicht im voraus vereinbart werden (Art. 265 OR).*

[9] *Bei wertvollen Mietobjekten kann es sich rechtfertigen, dass das Diebstahls-, Glasbruch-, Feuer- oder Wasserschadenrisiko durch eine Versicherung abgedeckt wird. Vorlage 2 enthält in Ziff. 6 ein Beispiel für die Geschäftsmiete. Bei Raummieten kann eine separate Versicherung unter Umständen unterbleiben, wenn z. B. die Ladeneinrichtung als Zugehör zur Liegenschaft im Grundbuch vorgemerkt (Art. 644 und 946 Abs. 2 ZGB) und in die Gebäudeversicherung eingeschlossen ist. Wieweit der jeweilige Versicherungsschutz geht, hängt u. a. von der entsprechenden kantonalen Regelung ab. Das Diebstahls- oder das Glasbruchrisiko bei Schaufenstern wird jedoch bei Bedarf stets separat abzusichern sein.*

[10] *Seit der Revision steht dem Vermieter nur noch bei der Geschäftsmiete ein Retentionsrecht zu (Art. 268 OR). Dieses gesetzliche Pfandrecht umfasst alle beweglichen Sachen, die sich in den vermieteten Geschäftsräumlichkeiten befinden und zu deren Einrichtung oder Benutzung gehören. Wenn die Sachmiete dem Geschäftsvermieter vor der Auslieferung der Mietsache an den Mieter mitgeteilt wird, kann die vermietete Sache nicht retiniert werden. Werden die Eigentumsverhältnisse erst später mitgeteilt, muss der Geschäftsvermieter kündigen, sonst verliert er das Retentionsrecht für künftige Mietzinsen (Art. 268 – 268b OR).*

[11] *Der Mieter hat bei einer amtlichen Beschlagnahme (Aufnahme einer Retentionsurkunde, Pfändungs- oder Arrestvollzug) je-*

weils anzugeben, ob ein bestimmter Gegenstand einem Dritten gehöre (sog. Drittmannsgut). Sobald das Betreibungs- oder Konkursamt wissen, dass eine beim Schuldner vorgefundene Sache nicht diesem selber gehört, ist dem Dritten Gelegenheit zu geben, seine Ansprüche geltend zu machen (Art. 107 und 242 des Schuldbetreibungs- und Konkursgesetzes). Der Dritte kann auch von sich aus solche Ansprüche erheben, wenn der Mieter verschwiegen hat, dass ein Dritter Eigentümer der gepfändeten Sache ist.

[12] *Die genaue Bezeichnung des Mietobjektes und die Angabe, was alles dazugehört, ist wichtig. Die Räume als Hauptsache werden im Vertragstext selbst, das Inventar dagegen besser in einem Anhang aufgeführt. Auch ein Anhang sollte immer beidseits unterzeichnet werden.*

Wird eine Laden-Einrichtung mitvermietet, empfiehlt es sich, den Anschaffungswert oder den aktuellen Übernahmewert im Anhang festzuhalten. Das kann namentlich wichtig sein für die allfällige Versicherung der Inventargegenstände.

Bei langjährigen Mietverhältnissen wird der eine oder andere Inventargegenstand zu ersetzen sein. Dies ist jedoch Sache des Vermieters. Der Mieter kann nicht ohne Zustimmung z. B. eine neue Registrierkasse oder eine hochmoderne Telefonanlage kaufen und am Schluss erwarten, dass ihm der Vermieter diese abkauft.

Bei Geschäftsmieten kommt es häufig vor, dass das zum Betrieb gehörende Inventar dem Mieter bei Vertragsbeginn verkauft wird. Für das Vertragsende wird dann eine Rückkaufs- oder Überbindungspflicht vereinbart (vgl. die entsprechende Vereinbarung in Vorlage 2 zu Ziff. 1).

[13] *Wenn jede Partei berechtigt sein soll, einen Teil der Mietgegenstände separat zu kündigen, sollte dies klargestellt werden. Allgemein gilt sonst die Vermutung, dass ein einheitlicher Vertrag vorliegt; diesfalls könnte z. B. die Wohnung nicht gekündigt werden, solange die Geschäftsräume weiter vermietet bleiben. Auch bei Nebenräumen, Parkplätzen oder Garagen gilt das (vgl. auch Art. 253a OR und Art. 1 der Verordnung).*

¹⁴ Es besteht die Möglichkeit, dass in einzelnen Kantonen die Verwendung amtlich genehmigter Formulare für Wohnungen vorgeschrieben wird, in denen der Vermieter bei Abschluss des Vertrages den früheren Mietzins nennen und begründen sowie auf die Anfechtungsmöglichkeit hinweisen muss (Art. 270 OR; Art. 19 der Verordnung).

¹⁵ Hier handelt es sich nicht etwa um ein Koppelungsgeschäft im Sinne Art. 254 OR. Art. 3 der Verordnung über die Miete und Pacht von Wohn- und Geschäftsräumen sagt dazu, dass Vereinbarungen als verbotene Kopplungsgeschäfte gelten, die den Mieter verpflichten, die Mietsache, Möbel oder Aktien zu kaufen oder einen Versicherungsvertrag abzuschliessen. Von Koppelungsgeschäften kann man insbesondere dann sprechen, wenn sich der Mieter den Abschluss des Vertrages mit der anderen Verpflichtung regelrecht erkaufen musste. Die im Muster vorgesehene Regelung liegt aber im Interesse beider Parteien und steht in engstem Zusammenhang mit dem Hauptvertrag.

¹⁶ Im allgemeinen besteht bei der Miete im Gegensatz zur Pacht keine Verpflichtung, die Mietsache auch tatsächlich zu benützen, sofern der Mietzins gleichwohl bezahlt wird. Bei einem Geschäftslokal, vor allem wenn es für eine bestimmte Branche eingerichtet ist, kann aber ein konkretes Interesse des Vermieters daran bestehen, dass das Geschäft auch tatsächlich betrieben wird (z. B. Drogerie, Lebensmittelladen, Buchhandlung etc.). Es bestünde sonst die Gefahr, dass die Kundschaft verloren geht und ein Konkurrenzbetrieb entsteht. Damit würde die spätere Vermietbarkeit des eigenen Ladens erschwert oder gar gefährdet.

Der Vermieter kann auch ein konkretes Interesse daran haben, dass das Mietobjekt nur in einem bestimmten Sinn verwendet wird, z. B. nur als Wohnung und nicht als Büroraum.

¹⁷ Zum Schutz der bisherigen Verwendungsmöglichkeit kann auch ein Verbot vereinbart werden, das dem Mieter nach Vertragsende verbietet, in unmittelbarer Nähe ein Konkurrenzgeschäft zu eröffnen. Der Mieter kann während der Vertragsdauer seinerseits daran interessiert sein, dass ihn der Vermieter nicht konkur-

renziert. In Vorlage 2 findet sich nach Ziff. 2 eine entsprechende Klausel.

[18] Gelegentlich beabsichtigt der Mieter eine neue Nutzung gemieteter Räume. Oft sind hierfür spezielle Bewilligungen erforderlich, z. B. der Feuer-, Gesundheits- oder Baupolizei. Es empfiehlt sich, diesbezügliche Fragen eindeutig zu regeln (vgl. das Beispiel in Vorlage 2 nach Ziff. 2).

[19] Die Gegenleistung des Mieters muss hinsichtlich Betrag und Zahlungszeitpunkt genau bestimmt sein. Ist der Zahlungszeitpunkt nicht bestimmt und ist kein Ortsgebrauch nachweisbar, hat der Mieter den vereinbarten Zins erst im nachhinein zu bezahlen, spätestens bei Ende der Mietzeit (Art. 257c OR). Heute wird üblicherweise monatliche Vorauszahlung vereinbart. In der Vorlage werden für die Geschäfts- und die Wohnungsmiete nur zur Veranschaulichung unterschiedliche Zahlungsmodi gewählt, was in der Praxis kaum zu empfehlen wäre.

[20] Der Mieter muss Nebenkosten nur dann separat vergüten, wenn dies ausdrücklich vereinbart worden ist (Art. 257a OR). Allenfalls muss eine Vertragsänderung vereinbart werden, z. B. wenn das Haus an ein Kabelnetz angeschlossen wird.

[21] Alle nach 1. Juli 1990 abgeschlossenen Mietverträge dürfen nur noch Indexklauseln enthalten, die auf den Landesindex der Konsumentenpreise abstellen (Art. 269b OR). Die früher bei Geschäftsmieten gebräuchlichen Mischklauseln (je hälftige Anpassung an den Hypothekarzins- bzw. an den Teuerungsverlauf) sind nur noch in den alten Verträgen gültig. Bei Wohnungen ist zudem zu beachten, dass die Verordnung in Art. 17 bestimmt, dass die Teuerung nur zu 80% weitergegeben werden darf; ferner ist auch die Anpassung bei einer allfälligen Senkung des Indexes bei Wohnungen vorgeschrieben.

Indexklauseln sind zudem nur verbindlich, wenn der Vertrag für mindestens fünf Jahre unkündbar vereinbart worden ist (Art. 269b OR). Soll die Indexklausel auch nach Ablauf von fünf Jahren noch gelten, dann muss ausdrücklich vorgesehen werden, *dass sich der Vertrag ohne Kündigung automatisch um weitere fünf Jahre verlängere. Ohne eine solche Ergänzung kann der Vermieter nach Ablauf der ersten fünf Jahre nur innerhalb der gesetzlichen Schranken (Art. 269, 269a OR) aufgrund der allgemeinen Anpassungsbestimmung (vgl. Art. 269d OR) vorgehen.*

Auch wenn der Mietvertrag die Indexklausel ausdrücklich erwähnt, verlangt die Gerichtspraxis seit langem die Verwendung des Formulars. Allerdings ist der Mieter bei Verträgen, die nach dem 1. Juli 1990 abgeschlossen worden sind, nur noch befugt, die rechnerische Überprüfung der Klausel durchzusetzen (Art. 270c OR).

22 *Die Übertragung der Miete auf einen Nachfolger ist bei Geschäftsräumen ausdrücklich vorgesehen. Das Gesetz verlangt zwar die Zustimmung des Vermieters, doch darf sie dieser nur aus «wichtigen Gründen» verweigern. Stimmt der Vermieter zu oder erklärt der Richter die Übertragung für zulässig, so haftet der alte Mieter nur noch bis zur nächsten Kündigungsmöglichkeit, längstens aber noch zwei Jahre lang (Art. 263 OR). In dieser Möglichkeit zur gänzlichen Haftungsbefreiung des alten Mieters liegt der eine, entscheidende Unterschied zur blossen Untermiete; der andere besteht im Umstand, dass der Untermieter gegenüber dem Hauptvermieter keinerlei Ansprüche stellen kann, während der neue Mieter bei der Übertragung sofort volle Mieterstellung erwirbt.*

Mit dem Hinweis auf die verlangte Schriftlichkeit kann die bloss stillschweigende Zustimmung, die namentlich hinsichtlich der Dauer der zweijährigen Haftungsfrist Unklarheiten schaffen könnte, ausgeschlossen werden. Allerdings wird der Vermieter reagieren müssen und Klarstellung verlangen, wenn er feststellt, dass ein Dritter die vermieteten Räume nutzt.

23 *Die Revision gab den überlieferten Rechtssatz «Kauf bricht Miete» auf und statuiert neu, dass das Mietverhältnis mit dem Eigentum an der Sache auf den Erwerber übergeht (Art. 261 Abs. 1 OR). Dieser Grundsatz gilt nicht nur für Grundstücke, sondern allgemein. Der Erwerber kann aber unter Beachtung der für die jeweiligen Mietverhältnisse im Gesetz vorgesehenen Kün-*

digungsfristen auf den nächstmöglichen Termin kündigen, bei Wohn- und Geschäftsräumen allerdings nur, wenn er für sich oder nahe Angehörige dringenden Eigenbedarf geltend machen kann. Verpasst er diesen Termin, stehen auch dem Erwerber nur die vertraglichen Auflösungsmöglichkeiten offen. Der Mieter muss sich im Fall der zulässigen vorzeitigen Kündigung mit Schadenersatzansprüchen gegenüber seinem bisherigen Vermieter zufrieden geben. Der Vermieter kann sich gegen derartige Schadenersatzansprüche absichern, indem er vom Käufer im Kaufvertrag den Verzicht auf das gesetzliche Kündigungsrecht des Erwerbers verlangt.

Der Mieter kann sich vor solchen Überraschungen nur schützen, wenn der Mietvertrag im Grundbuch vorgemerkt ist. Dann muss sich jeder neue Eigentümer den Inhalt des Mietvertrages entgegenhalten lassen (Art. 261b OR).

24 *Vor allem bei langfristigen Mietverträgen vereinbaren die Parteien gelegentlich das Recht des Mieters, im Falle eines Verkaufs die Liegenschaft selber zu erwerben. Im Vertrag wird dann ein Vorkaufsrecht vereinbart (vgl. die entsprechende Klausel in Vorlage 2 bei Ziff. 8). 1993 hat der Bundesrat eine Gesetzesrevision angekündigt, wonach Mietern ein Vorkaufsrecht gewährt würde. Das Vorkaufsrecht könnte ausgeübt werden, sobald ein Kaufvertrag abgeschlossen wäre. Der Vorkaufsberechtigte könnte an die Stelle des Käufers in den Vertrag eintreten, müsste also den gleichen Preis wie dieser zahlen.*

Die Parteien können das Vorkaufsrecht auch betragsmässig limitieren, indem sie im Vertrag festhalten, der Mieter sei berechtigt, das Vorkaufsrecht zu einem bestimmten Preis auszuüben. Vorausgesetzt ist dann nur, dass der Vermieter effektiv verkaufen will. Wieviel ein Dritter zahlen würde, spielt bei einer solchen Variante keine Rolle. Am 1. Januar 1994 trat eine Änderung von Art. 216 OR in Kraft, wonach für betragsmässig limitierte Vorkaufsrechte an Grundstücken neu ebenfalls öffentliche Beurkundung verlangt wird. Ferner dürfen Vorkaufsrechte neu nur noch für maximal 25 Jahre, eigentliche Kaufrechte sogar nur für längstens 10 Jahre vereinbart werden (Art. 216a revOR).

Zu beachten ist, dass der Handwechsel bei Erbschaft oder Erbvorbezug kein sog. Vorkaufsfall ist. Ferner schützt nur die

Vormerkung des Vorkaufsrechts im Grundbuch den Käufer tatsächlich davor, dass der Vermieter die Liegenschaft nicht doch an einen Dritten verkaufen kann. Beachtet der Vermieter nämlich das vereinbarte Vorkaufsrecht nicht, würde er nur schadenersatzpflichtig, der Verkauf an einen Dritten wäre jedoch gültig.

Legt der Mieter Wert darauf, nicht nur im Fall des bevorstehenden Verkaufs an einen Dritten die Liegenschaft an sich zu ziehen, sondern diese auch sonst zu einem ihm passenden Zeitpunkt erwerben zu können, so muss er sich statt eines Vorkaufsrechts ein Kaufsrecht einräumen lassen. Ein solches Recht muss aber öffentlich beurkundet werden, damit es gültig ist. Es kann auch im Grundbuch vorgemerkt werden.

[25] *Normalerweise sind Forderungen am Wohnort des Schuldners gerichtlich durchzusetzen. Bei Streitigkeiten aus dem Mietverhältnis über bewegliche Sachen ist dieser Gerichtsstand im voraus nicht verzichtbar, wenn es um Miete von Gegenständen zum privaten Gebrauch geht und der Vermieter die Vermietung gewerbsmässig betreibt. Bei Wohnräumen gilt eine analoge Regelung, dass nämlich im voraus nicht auf den Gerichtsstand am Mietort verzichtet werden kann (Art. 247b OR). Bei Wohnungsmietverträgen sind auch keine Schiedsgerichtsklauseln zulässig (Art. 274c OR; Ausnahme, wenn die Schlichtungsbehörde damit betraut wird).*

[26] *Eine derartige Erklärung schafft primär Klarheit über die Zulässigkeit der Kündigung. Der Mieter kann die Kündigung innert 30 Tagen nach Empfang anfechten, wenn er der Auffassung ist, sie verstosse gegen Treu und Glauben (Art. 273 in Verbindung mit Art. 271 und 271a OR). Keine Anfechtung ist nötig, wenn die Kündigung des Vermieters ohne Verwendung des Kündigungsformulars oder bei Familienwohnungen nicht beiden Ehepartnern gesondert zugestellt worden ist (Art. 266l und 266n OR); in diesen Fällen ist sie nichtig (Art. 266o OR) und entfaltet keinerlei Wirkung.*

[27] *Die Erstreckung des Mietverhältnisses ist nur möglich bei einer Kündigung des Vermieters. Der Mieter (bei Familienwohnungen*

auch sein Ehepartner, ohne dass er Vertragspartner sein müsste) kann die Kündigung anfechten und namentlich Erstreckung verlangen (Art. 273a OR). Das Begehren muss innert 30 Tagen ab Empfang der Kündigung gestellt werden. Wird nur die Kündigung angefochten, erweist sich die Anfechtung aber als unbegründet, wird von Amtes wegen geprüft, ob eine Erstreckung gewährt werden muss (Art. 274e OR).

Die Erstreckung des Mietverhältnisses setzt voraus, dass die Kündigung für den Mieter oder seine Familie eine Härte zur Folge hätte, die durch die Interessen des Vermieters nicht gerechtfertigt wäre (Art. 272 OR). Ob das Mietverhältnis zu erstrecken ist, ergibt sich erst aus der im Einzelfall heiklen Interessenabwägung. Ein genereller Ausschluss, wie er im bisherigen Recht für einzelne Tatbestände noch gegeben war, fehlt heute bis auf vier Spezialfälle (Zahlungsrückstand, schwere Pflichtverletzung des Mieters, sein Konkurs und Mietverträge, die ausdrücklich bis Bau- bzw. Umbaubeginn befristet abgeschlossen worden sind; Art. 272a OR). Theoretisch kann der Vermieter die Erstreckung auch durch das Angebot eines gleichwertigen Ersatzes abwenden.

Das Gesetz sieht heute bei Wohnräumen eine maximale Erstreckung um vier, bei Geschäftsräumen gar um sechs Jahre vor. Im Unterschied zum alten Recht kann die entscheidende Behörde die Dauer der ersten Erstreckung im Rahmen der Maximaldauer frei wählen; sie bleibt aber nach wie vor auf zwei Erstreckungen beschränkt (Art. 272b OR). Das entsprechende zweite Begehren muss der Mieter 60 Tage vor Ablauf der ersten Erstreckung einreichen (Art. 273 OR), selbst dann, wenn das Gerichtsverfahren für die erste (z. B. kurze) Erstreckung noch hängig ist. Der Mieter muss beim zweiten Begehren intensive Suchbemühungen nachweisen (Art. 272 Abs. 3 OR).

[28] *Die Parteien sind nach ausgesprochener Kündigung frei, eine längere Erstreckung als gesetzlich möglich zu vereinbaren. Ferner kann der Mieter verbindlich auf eine weitere Erstreckung verzichten (Art. 272b OR). Es kann durchaus auch im Interesse des Vermieters liegen, wenn er genau weiss, wann die Wohnung oder die vermieteten Geschäftsräume tatsächlich frei werden.*

Allerdings gilt es zu beachten, dass Vereinbarungen über die Erstreckung bei Familienwohnungen nur verbindlich sind, wenn sie mit beiden Ehegatten abgeschlossen werden.

[29] *Wenn die Parteien die Modalitäten eines vorzeitigen Auszuges nicht selber regeln, kann der Mieter bei Erstreckungen bis zu einem Jahr mit einmonatiger Kündigungsfrist auf jedes Monatsende hin gehen; bei längerdauernder Erstreckung ist er ungeachtet der ehemaligen vertraglichen Fristen und Termine berechtigt, unter Einhaltung einer dreimonatigen Frist auf einen gesetzlichen Termin (vgl. dazu Art. 266c—266e OR) zu kündigen (Art. 272d OR).*

[30] *Im gerichtlichen Verfahren können beide Parteien beantragen, dass der Vertrag für die Dauer der Erstreckung den geänderten Verhältnissen angepasst wird. Auch die gesetzlichen Anpassungsmöglichkeiten bleiben den Parteien in der Erstreckungsfrist gemäss ausdrücklicher Gesetzesbestimmung (Art. 272c OR) zur Verfügung.*

Der Pachtvertrag

Das Wichtigste in Kürze

Pacht und Miete sind nah miteinander verwandt. Zum Recht auf den Gebrauch der Mietsache tritt bei der Pacht die Befugnis zum Bezug der natürlichen Früchte hinzu. Diesem Nutzungsrecht steht die zusätzliche Pflicht des Pächters gegenüber, für die Aufrechterhaltung der Ertragsfähigkeit des Pachtgegenstandes zu sorgen.

Pacht ist meist nur bei Grundstücken gegeben. In selteneren Fällen kann auch ein nutzbares Recht Gegenstand des Pachtvertrages sein, z. B. ein Fischereirecht oder das Ausbeutungsrecht an einem Steinbruch. Schliesslich kann auch eine ganze Unternehmung verpachtet werden, also die Gesamtheit von Räumen, Gerätschaften, Rechten und Pflichten.

Landwirtschaftliche Pachtverhältnisse sind heute durch das Bundesgesetz über die landwirtschaftliche Pacht geregelt, das allerdings teilweise wieder auf das OR verweist.

Die neue Mieterschutzgesetzgebung findet weitgehend auch auf das Pachtverhältnis Anwendung, speziell soweit es um die gleichzeitige Überlassung von Wohn- und Geschäftsräumen geht. Auch im Pachtrecht sind heute viele Formvorschriften strikte zu beachten.

Wesen des Pachtvertrages	Der Verpächter überlässt seinem Vertragspartner den Pachtgegenstand nicht nur zum blossen Gebrauch, sondern auch zur Bewirtschaftung. Durch dieses Bewirtschaftungsrecht unterscheidet sich der Pacht- vom Mietvertrag. Der Pächter kann die sogenannten natürlichen Früchte ziehen, ja er muss sie sogar ziehen. Denn im Unterschied zur Miete ist der Pächter verpflichtet, tätig zu werden (Art. 283 Abs. 1 OR). Ein verpachtetes Ladengeschäft muss weitergeführt werden, um die Kundschaft zu erhalten. Eine Wiese muss gemäht und Obstkulturen müssen gepflegt werden, verpachtete Kühe sind zu melken. Vernachlässigt der Pächter diese Pflichten, wird er schadenersatzpflichtig.
Anwendbarkeit mietrechtlicher Bestimmungen	Pacht- und Mietvertrag sind sich derart ähnlich, dass bereits das Gesetz vielfach mietrechtliche Bestimmungen für anwendbar erklärt. Oft wird auf den Ortsgebrauch verwiesen, den die Kantone teilweise in Einführungsgesetzen fixiert haben. Weil Pacht und Miete sehr ähnlich sind, wird die Darstellung hier knapp gehalten. Der Benutzer dieses Buches konsultiere somit auch das Kapitel über den Mietvertrag (Seiten 91–116).
Unterhalt	Im Unterschied zur Miete trägt der Pächter die Kosten des laufenden Unterhaltes (Art. 284 OR). Nur die Hauptreparaturen gehen zulasten des Verpächters (Art. 279 OR), wobei der Pächter verpflichtet ist, seinen Vertragspartner bei Bedarf sofort zu informieren. Ist er unaufmerksam, kann er dem Verpächter schadenersatzpflichtig werden (Art. 286 OR).
Verkauf des Pachtgegenstandes	Mit der Revision ist auch für das gesamte Pachtrecht der überlieferte Grundsatz aufgegeben worden, wonach Kauf die Pacht «breche». Das revidierte Gesetz erklärt in Art. 290 OR die Regelung des Mietrechtes für sinngemäss anwendbar.
Beendigung der Pacht	Die unbefristete Pacht kann mit einer Kündigungsfrist von sechs Monaten gekündigt werden (Art. 296 OR). Nach Ablauf einer festen Vertragsdauer wird die Pacht im Gegensatz zur Miete um jeweils ein ganzes Jahr fortgesetzt und kann mit einer ebenfalls sechsmonatigen Frist auf das Ende eines Pachtjahres gekündigt werden (Art. 295 OR). Bei der Kündigung der Pacht über Wohn- und Geschäftsräume ist ergänzend Mietrecht zu beachten (z. B. Formularzwang, Erstreckungsmöglichkeiten etc.).

Der Pachtvertrag wird in den Artikeln 275–304 OR sowie im Bundesgesetz über die landwirtschaftliche Pacht vom 4. Oktober 1985 geregelt (SR 221.213.2). Die Festlegung des Pachtzinses für landwirtschaftliche Grundstücke ist in der Verordnung über die Bemessung des landwirtschaftlichen Pachtzinses geordnet (SR 221.213.221). Kantonale Einführungsgesetze zum Pachtrecht enthalten teilweise Angaben über den sog. Ortsgebrauch.

<small>Gesetzliche Regelung</small>

Vorlage für einen Pachtvertrag für ein Geschäft

Karl Brenner, Zofingerstrasse 33, Olten, und *Jürg Girsberger*, Solothurnerstrasse 51, Olten, haben heute folgenden Pachtvertrag vereinbart:

1. Karl Brenner verpachtet auf 1. Januar 19.. an Jürg Girsberger das ihm gehörende Sattler- und Tapeziergeschäft im Hause Zofingerstrasse 33 in Olten mit den dazugehörigen Maschinen, Werkzeugen, Transportmitteln, Geschäftsbüchern, Lieferanten- und Kundenlisten und den gegenwärtig dafür benützten Verkaufs-, Werkstatt- und Lagerräumen.

2. Auf den Übergabetag wird der Verpächter in zwei Exemplaren ein genaues Inventar aller zum Geschäft gehörenden Maschinen, Werkzeuge und sonstigen Einrichtungsgegenstände sowie aller vorhandenen Roh-, Halbfertig- und Fertigwaren erstellen.[1] Das Inventar soll auch den Verkehrswert der vom Pächter übernommenen Sachen enthalten, und zwar Maschinen, Werkzeuge und Einrichtungsgegenstände zum Einstandspreis, abzüglich der branchenüblichen Abschreibungen und allfälliger ausserordentlicher Wertverminderung infolge Beschädigung, die Fabrikate zum Einstands- bzw. Herstellungswert oder zum Tageswert, wenn dieser niedriger ist.

   Verpächter und Pächter werden bei der Übergabe gemeinsam die Richtigkeit von Inventar und Bewertung feststellen und die beiden Exemplare dann unterzeichnen. Können sie sich über die Bewertung einzelner Sachen nicht einigen, so unterwerfen sie sich dem Schiedsgutachten des Präsidenten des Solothurner Sattler- und Tapeziermeisterverbandes, dessen Bewertung die Parteien als verbindlich anerkennen.[2]

3. Die am Übergabetag vom Verpächter noch nicht völlig ausgeführten Kundenaufträge werden vom Pächter zur Vollendung übernommen. Er vergütet dem Verpächter die von diesem darauf bisher geleistete Arbeit und das verwendete Material abzüglich allfälliger vom Kunden bereits bezogener Anzah-

lungen. Auch hier unterwerfen sich die Parteien für die Bewertung gegebenenfalls der Beurteilung durch den vorgenannten Schiedsgutachter. Die Parteien halten fest, dass die bei Pachtantritt ausstehenden Debitoren vollumfänglich dem Verpächter zustehen und dass dieser auch allein für bestehende Kreditoren haftet.

4. Der dem Pächter obliegende ordentliche Unterhalt umfasst alles, was sich an Reparaturen in einem derartigen Betrieb ergibt, und zwar ohne Rücksicht auf die im Einzelfall entstehenden Kosten. Als vom Verpächter zu tragende Hauptreparaturen im Sinne von Art. 279 OR gelten nur solche Aufwendungen, welche eine erhebliche Wertvermehrung des Pachtobjektes mit sich bringen, wie Ersatz alter Maschinen durch neue und dergleichen.[3] Ausserdem ist der Pächter verpflichtet, Einrichtung und Waren gegen Feuer, Diebstahl und Wasserschaden zu versichern.

5. Der Pachtzins beträgt Fr. . . . . jährlich. Er ist vierteljährlich je auf Ende eines Kalenderquartals zu entrichten.[4]

6. Der Pachtvertrag wird auf drei Jahre fest abgeschlossen. Wird er nicht sechs Monate vor Ablauf von der einen Seite gekündigt, so gilt er jeweils für ein weiteres Jahr[5], wobei die Kündigungsfrist wiederum sechs Monate beträgt.

7. Jürg Girsberger ist nicht berechtigt, das Pachtverhältnis auf einen Dritten zu übertragen. Für den Betrieb nicht benötigte Lagerräume dürfen dagegen untervermietet werden.[6]

8. Karl Brenner verpflichtet sich, während der Dauer dieses Pachtverhältnisses in Olten kein Konkurrenzgeschäft zu betreiben oder sich in irgend einer Weise an einem derartigen Konkurrenzbetrieb zu beteiligen.[7]

9. Bei Beendigung des Pachtvertrages gelten sinngemäss die Bestimmungen der Ziff. 2 und 3 dieses Vertrages.[8]

Möglicher Zusatz:[9]

Wird der vorliegende Pachtvertrag nach mindestens zehn Jahren Dauer beendigt, so verpflichtet sich der Verpächter zur pauschalen Abgeltung des durch den Pächter erarbeiteten Goodwills. Dieser Goodwill beträgt 20% des durchschnittlichen Nettogewinnes nach Abschreibungen der letzten fünf Geschäftsjahre vor Vertragsende. Er ist zahlbar innert 90 Tagen seit Vertragsende.

Der Pächter verpflichtet sich als Gegenleistung, nach Vertragsbeendigung während der Dauer von drei Jahren von jeder Konkurrenzierung des Verpächters oder eines allfälligen Geschäftsnachfolgers auf dem Gebiet der Stadt Olten abzusehen. Verletzt der Pächter dieses Konkurrenzverbot, so steht dem Verpächter eine Konventionalstrafe in Höhe der doppelten Goodwillzahlung zu.

10. Dieser Pachtvertrag kann vom Pächter auf eigene Kosten im Grundbuch vorgemerkt werden. Der Verpächter ermächtigt den Pächter, die dafür notwendige Erklärung gegenüber dem Grundbuchamt abzugeben.[10]

11. Soweit in diesem Vertrag nicht der Entscheid durch einen Schiedsgutachter vorgesehen ist, unterwerfen sich die Parteien der Rechtsprechung der ordentlichen Gerichte am Pachtort.[11]

Ort, Datum und Unterschriften

Kommentar zur Vorlage

[1] *Art. 277 OR verpflichtet die Parteien des Pachtvertrages, an der Erstellung eines schriftlichen Inventars und an einer gemeinsamen Schätzung mitzuwirken, wenn Geräte, Vieh oder Vorräte mit in Pacht gegeben werden. Ein möglichst genaues Aufzeichnen ist nötig; ebenso sollte besonders vermerkt werden, wenn der Zustand einzelner Gegenstände vom Durchschnitt abweicht, z. B. indem einzelne ganz neu oder andere beschädigt oder sehr stark abgenützt sind. So lassen sich bei Beendigung der Pacht Differenzen vermeiden.*

[2] *Umfang und Wert des Inventars im Zeitpunkt des Pachtbeginns soll zwischen den Parteien sofort endgültig abgeklärt werden. Aus diesem Grund ist in der Vorlage eine Schiedsgutachterklausel vorgesehen. Die Wahl eines Funktionärs des betreffenden Berufsverbandes ist bei einer solchen Aufgabe das Richtige. Man bezeichne ihn nicht mit Namen, da die Träger derartiger Ämter oft rasch wechseln. Es rechtfertigt sich, beim Verband anzufragen, ob die betreffenden Funktionäre in der Regel solche Aufträge annehmen. Für den Fall, dass der vorgesehene Schiedsgutachter nicht tätig werden kann, ist in Ziff. 11 der Vorlage die ersatzweise Ernennung durch den Obergerichtspräsidenten vorgesehen. Würde eine solche Bestimmung fehlen, müssten die ordentlichen Gerichte entscheiden.*

[3] *Es wird hier eine Abgrenzung zwischen den gemäss Art. 279 OR dem Verpächter obliegenden Hauptreparaturen und dem gemäss Art. 284 OR vom Pächter zu tragenden laufenden Unterhalt versucht. Dabei wird von der besonderen Art des verpachteten Betriebes ausgegangen, der kaum Gebäude umfasst, sondern vorwiegend aus Maschinen und Werkzeugen besteht. Bei Gebäulichkeiten liegt der Unterschied etwa dort, wo bei der Miete eines ganzen Hauses die Grenze zwischen Unterhaltspflicht des Mieters und des Vermieters verläuft. Immerhin ist diese Regel nicht starr anzuwenden, denn sie ist stark vom Ortsgebrauch abhängig.*

Zu beachten ist, dass der Pächter die schriftliche Zustimmung des Verpächters einzuholen hat, wenn er das Pachtobjekt selber erneuern oder erheblich verändern will (Art. 289a OR).

4 Ohne eine solche Abmachung gilt Art. 286 Abs. 2 OR, wonach der Pachtzins am Ende eines Pachtjahres zu bezahlen ist. Wie im Mietrecht besteht bei Zahlungsrückständen die Möglichkeit, das Pachtverhältnis kurzfristig aufzulösen (Art. 282 OR).

5 Im Unterschied zum Mietvertrag wird die Pacht nach Ablauf der festen Vertragsdauer um jeweils ein weiteres Jahr verlängert, wenn die Parteien nichts Abweichendes vereinbaren (Art. 295 OR; bezüglich Kündigungsfristen und Terminen vgl. Art. 296 OR).

6 Die Revision hat mit der früheren Regelung gebrochen, wonach der Pächter nicht berechtigt war, die Nutzung einem anderen zu überlassen. Neu sind nun die Unterverpachtung und die Untervermietung mit Zustimmung des Verpächters möglich. Wie im Mietrecht darf der Verpächter die Zustimmung nur verweigern, wenn sich der Pächter weigert, die Vertragsbedingungen bekanntzugeben oder wenn er einen übersetzten Ertrag erzielen würde oder wenn dem Verpächter wesentliche Nachteile erwachsen würden (Art. 291 OR). Der Pächter bleibt aber weiterhin Vertragspartner und haftet dafür, dass der Unterpächter oder der Mieter die Sache nicht anders benützt, als ihm dies selber gestattet wäre.

Davon zu unterscheiden ist die Übertragung der gesamten Pacht auf einen Dritten. Das würde die Abtretung des Vertragsverhältnisses und damit die Befreiung des Pächters von den eingegangenen Verpflichtungen bedeuten. Das revidierte Pachtrecht sieht eine solche Abtretung nur für die Pacht von Geschäftsräumen vor (Art. 292 OR).

7 In der Regel wird ein Geschäft als Gesamtheit nur verpachtet, wenn der Verpächter das Gewerbe nicht mehr selber betreiben will. Dann ist die Wahrscheinlichkeit, dass er konkurrenzierend tätig werden könnte, meist gering. Gleichwohl empfiehlt sich die

Aufnahme einer solchen Klausel zur Klarstellung. Bei Bedarf kann sie verschärft werden durch Formulierungen, wie sie in Arbeitsverträgen Anwendung finden.

8 *Mit der Revision des Pachtrechtes ist die Stellung des Pächters bei Vertragsende verbessert worden. Unangemessene Amortisationsklauseln bezüglich übernommener Inventarwerte sind nunmehr nichtig. Das Pachtobjekt und das zugehörige Inventar kann der Pächter in dem Zustand zurückgeben, in welchem es sich zum Zeitpunkt der Rückgabe befindet. Ist bei Vertragsschluss eine gemeinsame Schätzung gemacht worden, so muss auch am Ende eine Schätzung veranlasst werden. Ergibt sich danach ein Minderwert, so hat der Pächter diesen zu ersetzen. Der Verpächter hat einen allfälligen Mehrwert zu vergüten, soweit dieser nachweislich auf die Aufwendungen oder die Arbeit des Pächters zurückgeht oder durch Erneuerungen oder Veränderungen verursacht wurde, denen der Verpächter schriftlich zugestimmt hat (Art. 299 Abs. 2 OR; Art. 299b Abs. 3 OR). Fehlende Inventargegenstände muss der Pächter nur dann nicht ersetzen, wenn er nachweist, dass der Verlust vom Verpächter verschuldet worden oder der Untergang auf höhere Gewalt zurückzuführen ist (Art. 299b OR).*

9 *Es kann motivierend sein, dem Pächter eine besondere Vergütung für den sogenannten Goodwill, d.h. für von ihm bewirkte Umsatz- und Ertragssteigerung in Aussicht zu stellen. Da gerade bei gewerblichen Betrieben aber die persönliche Tüchtigkeit des jeweiligen Inhabers eine sehr grosse Rolle spielt, ist keineswegs sicher, ob die Ertragssteigerung auch dem neuen Geschäftsinhaber erhalten bleiben wird.*

Sicher gerechtfertigt ist eine Goodwill-Vereinbarung, wenn nach Vertragsende verhindert werden soll, dass der scheidende Pächter in unmittelbarer Nähe sein Geschäft in neuen Räumen weiterführt. Ein Beispiel ist als möglicher Zusatz in der Vorlage formuliert. Zur Verstärkung des Konkurrenzverbotes ist eine Konventionalstrafe zu vereinbaren. Im Beispiel ist die Formulierung so gewählt, dass der Pächter mit Leistung der Konventionalstrafe frei wird, das Konkurrenzverbot dann also künftig nicht mehr einhalten muss (Art. 160 Abs. 1 OR).

¹⁰ Wie beim Mietvertrag gewährleistet die Vormerkung des Pachtvertrages im Grundbuch den Bestand des Vertrages auch bei Handänderungen absolut. Der neue Eigentümer ist an den Pachtvertrag gebunden; ebenso der alte Eigentümer und bisherige Verpächter. Art. 290 OR verweist insoweit auf Art. 261b OR.

¹¹ Um bei berufs- und geschäftsspezifischen Fragen sofort die Schlichtung durch einen Fachmann gewährleisten zu können, ist in der Vorlage die Einsetzung eines Schiedsgutachters vorgesehen. Im Pachtrecht gelten im übrigen die gleichen zwingenden Bestimmungen zum Gerichtsverfahren wie im Mietrecht (Art. 301 OR).

Der Darlehensvertrag

Das Wichtigste in Kürze

Beim Darlehensvertrag übergibt der Darleiher dem Borger Geld, selten andere vertretbare Sachen. Der Borger hat später eine gleiche Menge gleicher Sachen zurückzugeben.

Häufig, aber nicht immer, hat der Borger einen Zins zu bezahlen.

Der Darlehensvertrag ist mit wenigen Ausnahmen formlos gültig. Aus Beweisgründen empfiehlt sich in jedem Fall eine schriftliche Vereinbarung.

Darlehensvertrag

Wesen des Darlehensvertrages

Der Darlehensvertrag verpflichtet den Darleiher, dem Borger eine bestimmte Menge vertretbarer Sachen zu übereignen. Meist, aber nicht immer, handelt es sich dabei um einen bestimmten Geldbetrag. Umgekehrt ist der Borger zur Rückleistung gleicher Sachen in gleicher Menge verpflichtet. Der Borger muss, im Unterschied zur Leihe und zur Miete, also nicht die geborgten Noten, Münzen oder Sachen wieder zurückgeben. Vielmehr geht das Geborgte zur freien Verwendung in sein Eigentum über.

Zinspflicht

Soll für das Darlehen ein Zins geschuldet sein, so muss dies unter Nichtkaufleuten speziell verabredet werden. Für das kaufmännische Gelddarlehen wird die Zinspflicht vermutet (Art. 313 OR).

Unterlassen es die Vertragsparteien, die Höhe des Zinsfusses zu vereinbaren, so gilt der für die betreffende Darlehensart übliche Zinsfuss (Art. 314 Abs. 1 OR). Zinsvereinbarungen, die den kantonalen Höchstzinsfuss von meist 18% Jahreszins übersteigen, sind nichtig. Für Schuldbriefe gelten spezielle Vorschriften.

Versprechen von Zinseszinsen sind ausserhalb des Bank- und übrigen Kontokorrentgeschäftes ungültig (Art. 314 Abs. 3 OR).

Vertragsdauer, Kündigung

Die Parteien sind frei, welche Laufzeit oder welche Kündigungsfrist sie vertraglich festsetzen. Spezielle Vorschriften gelten wiederum beim Schuldbrief.

Wurde über den Zeitpunkt der Rückzahlung nichts verabredet, kann das Darlehen mit einer Kündigungsfrist von sechs Wochen auf einen beliebigen Termin hin gekündigt werden (Art. 318 OR).

Verjährung

Das Recht des Borgers auf Auszahlung des Darlehens verjährt sechs Monate nach dem Zeitpunkt, in welchem der Darleiher in Verzug geraten ist (Art. 315 OR).

Das Rückforderungsrecht des Darleihers verjährt zehn Jahre nach Fälligkeit (Art. 127 und 130 Abs. 1 OR). Wurde kein Fälligkeitstermin verabredet, tritt die Verjährung zehn Jahre nach dem Zeitpunkt ein, auf den frühestens hätte gekündigt werden können (Art. 130 Abs. 2 OR). Haben die Parteien über den Zeitpunkt der Rückzahlung nichts vereinbart, kann der Borger also nach zehn Jahren (Verjährungsfrist) und sechs Wochen (früheste Kündigungsmöglichkeit) die Rückzahlung wegen Verjährung verweigern.

Durch Grundpfand gesicherte Darlehen sind unverjährbar (Art. 807 ZGB).

Gewährt eine Bank Kredite, ist sie Darleiherin. Nimmt sie Spareinlagen entgegen, ist sie Borgerin. Oft werden Sparkonten von der Rechtspraxis zwar fragwürdigerweise als Hinterlegung von Geld behandelt. Normalerweise spielt diese Kontroverse aber keine Rolle, da Einlage- wie Kreditgeschäft durch die Banken in sogenannten Allgemeinen Vertragsbedingungen ausführlich geregelt sind. Diese Bestimmungen haben vor der gesetzlichen Regelung Vorrang.

Bankdarlehen

Das Kontokorrent charakterisiert sich entgegen der landläufigen Auffassung nicht durch die Darlehensgewährung. Vielmehr führen beim Kontokorrent zwei Geschäftspartner für ihre gegenseitigen Forderungen eine laufende Rechnung. Die gegenseitigen Forderungen werden darin fortwährend zur Verrechnung gebracht.

Häufig anzutreffen sind Verbindungen von Kontokorrent- und Darlehensgewährung, so z. B. bei den Baukrediten, wo bis zum Erreichen der Kreditlimite fortlaufende Darlehensbezüge getätigt werden.

Der Darlehensvertrag ist in den Art. 312–318 OR geregelt. Daneben bestehen Form- und Höchstzinsvorschriften auf kantonaler Ebene (Art. 73 Abs. 2 OR). Neun Kantone (BE, ZG, FR, SH, VD, VS, NE, GE, JU) sind einem interkantonalen Konkordat (SR 221.121.1) beigetreten, welches eine maximale Jahresentschädigung in Form von Zins und nachgewiesenen Auslagen von zusammen 18% festsetzt. Nebst diesen Zinsen und Auslagen muss in den Konkordatskantonen der übergebene Kapitalbetrag sowie Höhe und Fälligkeit der einzelnen Rückzahlungen in einem schriftlichen Vertrag festgehalten sein.

Gesetzliche Regelung

Vorlage 1 für ein einfaches Gelddarlehen mit Quittierung

Frank Conley, Überlandstrasse 140, 8600 Dübendorf, *Darleiher*, und *Hans Egger*, Kirchgasse 2, 8344 Bäretswil, *Borger*, schliessen folgenden *Darlehensvertrag*:

1. Der Darleiher verpflichtet sich, dem Borger auf den 30. Juni 1990[1] ein Darlehen von Fr. 30'000.–[2] zu gewähren.

2. Der Borger verpflichtet sich, das Darlehen in drei jährlichen Raten zu Fr. 10'000.– bis zum 30. Juni 1994 zurückzuzahlen.[3]

3. Der jeweils ausstehende Betrag ist mit 6%[4] zu verzinsen.[5] Zinstermine sind der 30. Dezember und der 30. Juni.

Dübendorf, 28. November 1989   Unterschriften

Den Darlehensbetrag erhalten zu haben bestätigt:

Datum und Unterschrift des Borgers.[6]

Variante: (bei sofortiger Darlehensauszahlung und einfachen Vertragsbedingungen kann der Darlehensvertrag auch in die Form einer Quittung gekleidet werden):

Ich bestätige hiermit, heute von Herrn *Frank Conley*, ..., ein Darlehen von Fr. 10'000.– erhalten zu haben und verpflichte mich, dieses samt 5% Zins am 30. Juni 19 . . zurückzuzahlen.

Ort, Datum und Unterschrift des Borgers

Vorlage 2 für einen Darlehensvertrag mit Leistung einer Sicherheit

Darlehens- und Pfandvertrag

Elsa Waechter, von Founex VD, geb. 1941, wohnhaft Rue Chabrey 48, 1201 Genf, *Darlehensgeberin/Gläubigerin*, und
1. *Elisabeth Waechter Dürst*, von Dürnten ZH, geb. 1969,
2. *Martin Dürst*, von Dürnten ZH, geb. 1969,
beide wohnhaft Goldweg 16, 8600 Dübendorf, *Darlehensnehmer/Solidarschuldner*[7]

schliessen die folgende Vereinbarung:

1. *Darlehen*
Die Gläubigerin gewährt den Schuldnern auf den 1. April 19.. ein Darlehen von Sfr. 250'000.–. Die Darlehenssumme wurde bereits ausbezahlt.[6]

2. *Zins- und Rückzahlungsbestimmungen*
Die Schuld ist zum jeweiligen Zinssatz für erste Hypotheken der Zürcher Kantonalbank zu verzinsen, bei einem Maximalzinsfuss von 9%. Zinstermine sind der 31. März und der 30. September jeden Jahres. Die Zinspflicht beginnt am 1. April 19..
Eine periodische Abzahlung der Schuld ist nicht vorgesehen. Für die gegenseitige Kündigung gelten die den Parteien bekannten Bestimmungen der beiden nachgenannten Schuldbriefe.[8]
Die Schuldner haften für den Darlehensbetrag samt Zinsen und Kosten solidarisch.[7]

3. *Sicherheit*[9]
Die Schuldner räumen der Gläubigerin für die Darlehensforderung samt laufendem und verfallenen Jahreszinsen ein Faustpfandrecht ein an den Inhaberschuldbriefen Nr. 1314 im zweiten Rang sowie Nr. 1315 im dritten Rang, beide lastend

auf der Liegenschaft GB Dübendorf Kat. Nr. 2101, Plan Nr. 32 (Wohnhaus mit drei Garagen). Die Schuldbriefe sind verpfändet mit Kapital (Fr. 150'000.– für Nr. 1314, Fr. 100'000.– für Nr. 1315) zuzüglich laufendem und drei verfallenen Jahreszinsen, je zu 9% p. a. gerechnet. Zinstermine sind der 31. März und der 30. September jedes Jahres.

Die Gläubigerin ist berechtigt, aber nicht verpflichtet, die in den beiden Schuldbriefen verurkundeten Forderungen mittels Betreibung auf Grundpfandverwertung direkt geltend zu machen.[10]

Die beiden Pfandtitel wurden der Pfandgläubigerin bereits übergeben. Diese verpflichtet sich, die zu Pfand gegebenen Schuldbriefe weder zu Pfand noch zu Eigentum weiter zu begeben und sie sicher aufzubewahren.[11]

Ort, Datum und Unterschriften

Kommentar zu den Vorlagen 1 und 2

1. *Wird dem Darleiher in Vorlage 1 nach Vertragsabschluss bekannt, dass der Borger zahlungsunfähig ist, kann er die Auszahlung des Darlehens am 30. Juni 1990 verweigern (Art. 316 OR).*

2. *Statt Geld kann auch jede andere vertretbare Sache Gegenstand eines Darlehens sein. So trifft man etwa an: Heizöl und Lebensmittel unter Nachbarn, Rohstoffe unter Fabrikanten, Heu unter Bauern.*

3. *Wenn der Schuldner sich nicht an die Ratenzahlungspflicht hält, kann der Gläubiger nur die bereits fälligen Raten in Betreibung setzen. Will er sich für diesen Fall vorsehen, ist eine sog. Verfallklausel in den Vertrag aufzunehmen:*

   «Kommt der Darlehensnehmer mit einer Rate um mehr als 30 Tage in Verzug, so wird das gesamte, noch ausstehende Darlehen sofort zur Rückzahlung fällig.»

4. *Zins wird mangels einer anderen Abmachung immer als Jahreszins verstanden (Art. 314 Abs. 2 OR).*

5. *Wird statt des Zinses oder zum Zins hinzu ein Anteil am Gewinn des mit dem Kredit verbundenen Geschäftes versprochen, liegt ein sogenanntes* partiarisches Darlehen *vor. Besonders wichtig ist bei solchen Geschäften, dass die Abgrenzung zum Gesellschaftsverhältnis klar ist. Wird der Kreditgeber aufgrund ungeschickter vertraglicher Abmachungen zum Gesellschafter, so wird das vermeintliche Darlehen zur Geschäftseinlage. Dies bedeutet, dass der «Darleiher» im Falle eines Verlustes diesen mitzutragen hat und sein «Darlehen» nicht zurückfordern kann. Tritt er gar nach aussen für die Gesellschaft auf, haftet er sogar für deren Schulden.*

   Annäherungen an ein Gesellschaftsverhältnis ergeben sich vor allem dann, wenn sich der Kreditgeber Kontroll- und Mitspracherechte im Geschäftsbereich sichern will, keine feste Ver-

tragsdauer vorliegt und das Geschäft von der Interessenlage her ein gemeinsames Geschäft der Vertragsschliessenden ist.

6 *Die Quittierung ist für den Darlehensgeber wichtig, weil er im Streitfall den Beweis für die Übergabe des Geldes und die Rückzahlungspflicht des Borgers zu führen hat. Ein zahlungsunwilliger Darlehensnehmer wird nämlich oft Schenkung behaupten.*

7 *Verpflichten sich mehrere Schuldner solidarisch, so kann der Gläubiger bis zur Tilgung seiner Forderung jeden von ihnen nach seiner Wahl auf die ganze Schuld oder eine Teilschuld belangen (vgl. zur Solidarschuldnerschaft Art. 143 – 149 OR).*

Die Verteilung der Schuld im internen Verhältnis unter den Solidarschuldnern richtet sich nach deren Absprachen. Fehlen solche Absprachen, hat jeder gleichviel zu übernehmen (Art. 148 Abs. 1 OR). Bezahlt ein Solidarschuldner mehr als seinen Teil, so steht ihm für den Mehrbetrag ein Rückgriff auf seine Mitschuldner zu (Art. 148 Abs. 2 OR).

Würde der Vertrag mehrere Schuldner nennen, ohne sie als Solidarschuldner zu bezeichnen, läge sogenannte Teilschuldnerschaft vor. Jeder Schuldner wäre dann nur für seinen Kopfanteil zahlungspflichtig.

8 *Der Schuldbrief ist ein Wertpapier (vgl. Art. 842 – 846 und 854 – 874 ZGB). Er verurkundet eine grundpfändlich gesicherte Forderung, deren ursprünglicher Rechtsgrund nicht unbedingt in einem Darlehen liegen muss. Im vorliegenden Fall hat die im Schuldbrief verurkundete Forderung nichts mit der Darlehensforderung des Vertrages zu tun. Der Schuldbrief dient nur zur Sicherung der Darlehensforderung.*

Im seltenen Fall, dass Schuldbriefe keine Rückzahlungs- und Kündigungsbestimmungen enthalten, wären diese in Ziff. 2 der Vorlage 2 anzufügen.

9 *Nebst dem hier vorliegenden Faustpfandvertrag kann eine Forderung auch direkt mit einem Grundpfandrecht abgesichert werden. Pfandbesteller kann in beiden Fällen auch ein Dritter sein. Weitere Sicherungsmöglichkeiten sind die (fiduziarische) Siche-*

rungsübereignung und die Abtretung sicherheitshalber (z. B. beim Zessionskredit), Bürgschaft, Garantievertrag und Schuldbeitritt. Für Sicherungsgeschäfte sind im Unterschied zum Darlehen meist spezielle Formvorschriften zu beachten.

[10] Normalerweise wird ein Faustpfandrecht an einem Schuldbrief durch Betreibung auf Faustpfandverwertung mit nachfolgender Versteigerung des Schuldbriefes realisiert. Mit gewissen Einschränkungen könnten die Parteien sodann ein privates Verwertungsrecht des Gläubigers verabreden, ein Recht, das sich häufig Banken ausbedingen.

Im gewählten Beispiel wird der Gläubiger jedoch berechtigt, mittels einer Betreibung auf Grundpfandverwertung direkt auf das Grundstück zu greifen. Er tritt damit in die Stellung eines Grundpfandgläubigers ein und kann als Inhaber des Schuldbriefes im Verwertungsverfahren sämtliche Rechte geltend machen, die einem Grundpfandgläubiger zustehen würden (siehe z. B. Art. 806, 808 ff. und 822 ZGB). Mit diesem Vorgehen wird auch ein zweimaliges Verwertungsverfahren für Faustpfand und Grundpfand vermieden.

Diese Einziehungsbefugnis ist nicht etwa eine Bevollmächtigung, welche die Schuldner frei widerrufen könnten, sondern eine verpflichtende Erweiterung des Pfandrechts.

[11] Ein gutgläubiger Dritterwerber könnte die im Inhaberschuldbrief verurkundete Forderung gegenüber dem Grundeigentümer auch dann geltend machen, wenn das Papier dem Faustpfandgläubiger abhanden kommt oder von diesem veruntreut wird (siehe Art. 933 und 935 ZGB). Dagegen muss sich der Pfandbesteller schützen, ansonsten er zweimal zahlungspflichtig werden könnte: einmal aus dem Schuldbrief gegenüber dem Dritten, der diesen im Vertrauen auf die darin verurkundete Forderung erworben hat und ein zweites Mal gegenüber dem Gläubiger aus dem Darlehensvertrag für das empfangene Darlehen. Auch die im Vertragsmuster gewählte Formulierung gibt natürlich nur eine beschränkte Sicherheit. In allen Fällen ist die Hinterlegung des Schuldbriefes in einem Bankdepot angezeigt.

Der Arbeitsvertrag

Das Wichtigste in Kürze

Mit dem Arbeitsvertrag verpflichtet sich der Arbeitnehmer zur Leistung von Arbeit gegen Lohn im Dienste des Arbeitgebers. Der Arbeitsvertrag kann befristet oder unbefristet abgeschlossen werden.

Der Lohn wird aufgrund einer bestimmten Zeitperiode (Zeitlohn) oder aufgrund einer bestimmten Leistung (Akkordlohn) berechnet.

Der Arbeitsvertrag kann auch mündlich gültig abgeschlossen werden (ausser der Lehrvertrag, für den Schriftform vorgeschrieben ist). Der Arbeitsvertrag gilt auch als abgeschlossen, wenn der Arbeitgeber ohne irgendwelche vertraglichen Abreden jemanden für sich arbeiten lässt; es ist der für solche Arbeiten übliche Lohn geschuldet.

Mit dem Arbeitsvertrag entstehen verschiedene Pflichten des Arbeitgebers, die unabänderlich sind oder von denen jedenfalls nur zugunsten des Arbeitnehmers abgewichen werden kann.

Wesen des Arbeitsvertrages	Wie der Auftrag und der Werkvertrag ist auch der Arbeitsvertrag ein Dienstleistungsvertrag. Beim Werkvertrag steht der Erfolg im Vordergrund, nicht das zeitliche Zurverfügungstehen. Der Beauftragte bestimmt selbständig, wie er seine Tätigkeit gestaltet. Der Arbeitnehmer ist demgegenüber an Weisungen gebunden, wie, wann und wo die Arbeit auszuführen sei. Hauptunterscheidungsmerkmal ist also das Mass der Unterordnung, die Bestimmung der Arbeitsausführung und ihre Überwachung durch einen Dritten.
Lohn	Die Hauptleistung des Arbeitgebers besteht in der Entrichtung des vereinbarten Lohnes. Fehlt eine Vereinbarung, ergibt sich der geschuldete Lohn allenfalls aus einem Normal- oder Gesamtarbeitsvertrag oder er entspricht dem üblichen Ansatz für die betreffende Arbeit (Art. 322 OR).
	Teil der Entlöhnung können auch Gewinn- und Umsatzbeteiligungen sowie Provisionen sein, ferner die vereinbarte Zahlung von Gratifikationen oder eines 13. Monatslohnes (Art. 322a – 322d OR). Auf letzteren hat der Arbeitnehmer einen festen Anspruch, und zwar selbst bei Kündigung unter dem Jahr (dann pro rata temporis), auf Gratifikationen in der Regel nur, wenn das speziell so vereinbart wurde.
Lohnfortzahlungspflicht des Arbeitgebers	Wenn Arbeitnehmer oder Arbeitnehmerinnen ohne eigenes Verschulden wegen Krankheit, Unfall, Militär- oder Zivilschutzdienst oder Schwangerschaftsbeschwerden nicht arbeiten können, haben sie nach dreimonatiger Anstellung gleichwohl eine Zeitlang Anspruch auf Lohn (Art. 324a/b OR). Der Lohn ist auch während der Ferien ungekürzt geschuldet.
Schutz der Persönlichkeit	Der Arbeitgeber hat die Persönlichkeit der Arbeitnehmerin und des Arbeitnehmers zu achten und zu schützen. Dazu gehört zunächst der Gesundheitsschutz, aber auch der Schutz vor sexueller Belästigung im Betrieb oder im Zusammenhang mit der Bearbeitung personenbezogener Daten der Angestellten (Art. 328 – 328b OR).
Nebenpflichten des Arbeitnehmers	Auch der Arbeitnehmer hat Pflichten, die über die reine Arbeitsleistung hinausgehen. Er muss die Anordnungen des Arbeitgebers getreulich befolgen. Er hat konkurrenzierende Schwarzar-

beit zu unterlassen und wenn nötig Überstunden zu leisten. Er hat dem Arbeitgeber über seine Tätigkeit Rechenschaft abzulegen usw. (s. Art. 321a – 321e OR). Sogar nach Beendigung der Anstellung können Pflichten bestehen, so wenn schriftlich ein Konkurrenzverbot (vgl. Art. 340 – 340c OR) vereinbart wurde.

Wer weniger als die im Betrieb üblichen Arbeitsstunden leistet, ist in Teilzeit angestellt. Teilzeit- und Vollzeit-Anstellungen sind bezüglich Ferien, Lohnzahlung bei Krankheit, Kündigungsschutz usw. rechtlich gleichgestellt. *Teilzeit- und Temporärarbeit*

Von Teilzeitarbeit zu unterscheiden ist die Temporär- oder Leiharbeit, bei welcher der Arbeitnehmer in einem Vertragsverhältnis zu einer Temporärfirma steht, welche seine Arbeitsleistung Dritten zur Verfügung stellt, den Arbeitnehmer also gewissermassen ausleiht. Das Bundesgesetz über die Arbeitsvermittlung und den Personalverleih (SR 823.11) enthält zahlreiche Sonderbestimmungen zum Temporärarbeitsverhältnis.

Befristete Arbeitsverträge enden mit dem Ablauf der vereinbarten Zeitdauer; wird die Arbeit stillschweigend darüber hinaus fortgesetzt, entsteht ein unbefristetes Arbeitsverhältnis. Unbefristete Arbeitsverhältnisse werden durch Kündigung aufgelöst, wobei für Arbeitnehmer und Arbeitgeber gleich lange Kündigungsfristen gelten müssen. Diese betragen nach Ablauf der maximal dreimonatigen Probezeit mindestens einen Monat (s. Art. 335 – 335c OR). *Kündigung*

Beide Parteien können eine schriftliche Begründung der Kündigung verlangen. Das Gesetz erklärt gewisse Kündigungsgründe für missbräuchlich und sieht in solchen Fällen Entschädigungszahlungen von bis zu sechs Monatslöhnen vor (Art. 336 – 336b OR). Gleich hoch kann die Entschädigung bei ungerechtfertigter fristloser Entlassung ausfallen; daneben ist der entgangene Lohn während der Kündigungsfrist zu ersetzen (Art. 337c OR). Die Kündigung selbst kann jedoch nicht aufgehoben oder für ungültig erklärt werden. *Kündigungsschutz*

Nach Ablauf der Probezeit darf der Arbeitgeber während einer bestimmten Frist nicht kündigen, wenn Angestellte z. B. krank oder im Militärdienst sind oder die Arbeitnehmerin schwanger ist. Wird der Arbeitnehmer nach der Kündigung *durch den Arbeitgeber* während der Kündigungsfrist z. B. krank, muss er in den Militärdienst oder wird die Arbeitnehmerin schwanger, verlängert sich die Kündigungsfrist entsprechend (vgl. für die genauen Details Art. 336c OR). Kündigungsschutz heisst aber nicht in jedem Fall, dass der Arbeitnehmer dann auch Lohn zugut hat.

Obligatorische 2. Säule

Sobald ein Arbeitnehmer mehr als einen bestimmten Minimallohn verdient (1993 Fr. 22'560.– pro Jahr), untersteht er dem Gesetz über die berufliche Vorsorge (BVG). Erreicht er diese Summe durch zwei Teilzeitstellen, kann er sich für das gesamte Einkommen bei einem seiner Arbeitgeber versichern. Der Arbeitgeber hat mindestens die Hälfte der Prämien zu übernehmen.

Gesamtarbeitsverträge

Von grosser praktischer Bedeutung sind die rund 1400 Gesamtarbeitsverträge (GAV, s. Art. 356–358 OR), die in der Schweiz in Kraft stehen. GAV werden von einzelnen Arbeitgebern oder Arbeitgeberorganisationen auf der einen Seite, Zusammenschlüssen von Arbeitnehmern im Betrieb (sog. Hausverbände) oder Gewerkschaften auf der anderen Seite abgeschlossen. Sie regeln meist zahlreiche Detailfragen des Arbeitsverhältnisses für die beteiligten Arbeitgeber und Arbeitnehmer verbindlich. Mehrheitlich enthalten sie eine absolute Friedenspflicht, also den Verzicht auf Streik und Aussperrung während der ganzen Gültigkeitsdauer des Vertrages. Einige GAV wurden durch den Bundesrat oder einzelne Kantone allgemeinverbindlich erklärt, so dass sie auch für Aussenseiter gelten, welche den vertragsschliessenden Verbänden nicht angehören.

Gesetzliche Regelung

Das Arbeitsvertragsrecht wird in den Art. 319–362 OR geregelt. Wichtige öffentlich-rechtliche Vorschriften z. B. über Höchstarbeitszeiten und Gesundheitsschutz finden sich im Arbeitsgesetz und im Unfallversicherungsgesetz samt dazugehörigen Verordnungen. Im Bereich der beruflichen Vorsorge ist nebst den Art. 331–331c OR das Gesetz über die berufliche Vorsorge zu konsultieren (SR 831.40).

Vorlage 1 für einen Arbeitsvertrag mit einem Arbeitnehmer in verantwortlicher Stellung[1]

Mattmüller Elektro AG, Elektro- und Radiogeschäft in Aarau, und Herr *Martin Landolt*, eidg. dipl. Elektroinstallateur, Oltenerstrasse 300, Schönenwerd, schliessen heute folgenden Anstellungsvertrag:

1. M. Landolt tritt am 1. Februar 19.. in die Mattmüller Elektro AG als Leiter der Abteilung Hausinstallationen ein. Er ist direkt dem Geschäftsführer unterstellt und hat nach dessen Weisungen die Offertstellung und die Abrechnung für Hausinstallationen zu besorgen, ihre Ausführung zu leiten und das Lager an Installationsmaterial zu verwalten.[2]

2. M. Landolt verpflichtet sich, die Interessen seiner Arbeitgeberin in jeder Hinsicht zu wahren und über die Geschäftsbeziehungen der Firma Mattmüller Elektro AG während der Dauer des Vertrages und nach seinem Austritt aus der Firma gegenüber jedermann Stillschweigen zu bewahren.[3]

3. Die Arbeitszeit von M. Landolt ist im allgemeinen die gleiche wie diejenige des ihm unterstellten Installationspersonals.[4] Allfällige Überstunden sind durch das Monatsgehalt abgegolten und werden nicht zusätzlich entschädigt.[5]

4. M. Landolt erhält eine beschränkte Handlungsvollmacht in dem Sinne, dass er zur Einstellung und Entlassung von Arbeitnehmern der Installationsabteilung im Rahmen des bewilligten Stellenplans, zur Bestellung von Installationsmaterial und zur Abgabe von Offerten bis zum Höchstbetrag von Fr. 50'000.– ermächtigt wird.[6]

5. M. Landolt erhält ein festes Monatsgehalt von Fr. .... Ausserdem wird ihm nach Abschluss des Geschäftsjahres ein Betrag von .....% vom Umsatz der Installationsabteilung ausgerichtet.[7]

6. Das Gehalt wird M. Landolt auch während des Militärdienstes voll ausgerichtet, wogegen die Erwerbsausfallentschädigungen an die Arbeitgeberin fallen.[8] Bei Unfall erhält M. Landolt die Leistungen der Unfallversicherung. Die Prämien für die Betriebsunfallversicherung bezahlt ausschliesslich die Arbeitgeberin, jene für die Nichtbetriebsunfallversicherung der Arbeitnehmer. Für die Karenztage erhält der Arbeitnehmer den vollen Lohn. Bei Krankheit bezahlt die Arbeitgeberin den Lohn während zwei Monaten voll. Von dann an erhält der Arbeitnehmer die von der Taggeldversicherung zu erbringenden Leistungen, in der Regel 80% des Lohnes während maximal 720 Tagen. Die Prämien tragen Arbeitgeberin und Arbeitnehmer je hälftig.[9]

7. Der Beitritt zu der von der Sammelstiftung der «Winterthur»-Versicherung geführten Personalvorsorgeeinrichtung der Mattmüller Elektro AG ist obligatorisch, sofern der Jahresverdienst die maximal einfache AHV-Altersrente übersteigt. M. Landolt wird im Rahmen des BVG versichert, mit hälftiger Beteiligung an den Prämien.[10] Es steht M. Landolt frei, zur Versicherung des über das BVG-Maximum hinausgehenden Lohnes der ebenfalls bei der «Winterthur»-Versicherung geführten Bel-étage-Kaderversicherung der Mattmüller Elektro AG beizutreten, woran ihm die Arbeitgeberin die Hälfte der Prämien zahlt.[11]

8. M. Landolt hat jährlich Anspruch auf vier Wochen bezahlte Ferien, die er nach Übereinkunft mit dem Arbeitgeber während der stillen Geschäftszeit der Installationsabteilung zu beziehen hat.[12]

9. Soweit der Arbeitnehmer an der Hervorbringung von Erfindungen mitwirkt oder sie in Ausübung seiner dienstlichen Tätigkeit und in Erfüllung seiner vertraglichen Pflichten macht, gehören diese unabhängig von ihrer Schutzfähigkeit der Arbeitgeberin.[13] Die Arbeitgeberin ist berechtigt, jene Erfindungen zu erwerben, welche der Arbeitnehmer bei Ausübung seiner dienstlichen Tätigkeit, aber nicht in Erfüllung

seiner vertraglichen Pflichten gemacht hat. Von solchen Erfindungen hat der Arbeitnehmer der Arbeitgeberin schriftlich Kenntnis zu geben, worauf letztere ihm innert sechs Monaten schriftlich mitteilt, ob sie die Erfindung erwerben will. Will sie die Erfindung erwerben, so wird die Vergütung nach den Grundsätzen von Art. 332 Abs. 4 OR festgesetzt.[14]

Sämtliche Urheber- und Eigentumsrechte an urheberrechtlich geschützten Werken, insbesondere Computerprogrammen, welche M. Landolt während der Dauer des Arbeitsverhältnisses bei Ausübung dienstlicher Tätigkeiten oder in Erfüllung vertraglicher Pflichten schafft oder an deren Erschaffung er mitwirkt, gehören der Mattmüller Elektro AG.[15]

10. Dieser Vertrag kann beidseitig mit dreimonatiger Kündigungsfrist auf Ende eines Monats aufgelöst werden.[16] Auf eine Probezeit wird verzichtet.[17]

11. M. Landolt verpflichtet sich, nach seinem Ausscheiden aus der Mattmüller Elektro AG während drei Jahren in keinem anderen Geschäft der gleichen Branche in Aarau oder einer Entfernung von zwanzig Kilometern davon tätig zu sein.[18, 19] Für den Fall der Zuwiderhandlung verpflichtet er sich zur Zahlung einer Konventionalstrafe von Fr. . . . . (. . . tausend Franken)[20] für jeden Übertretungsfall. Die Bezahlung der Konventionalstrafe enthebt ihn nicht von der Einhaltung des Verbots.[21, 22]

Variante zu Ziff. 11:[23]

M. Landolt ist verpflichtet, während der Dauer dieses Vertrages und noch zwei Jahre nach Ablauf dieses Vertrages jegliche Konkurrenzierung zu unterlassen, insbesondere
– weder eine Firma, die ganz oder teilweise den gleichen Zweck wie die Mattmüller Elektro AG verfolgt, zu gründen, noch sich an einer solchen zu beteiligen, noch eine Stellung in einer solchen anzunehmen;

- für keine solche Firma Leistungen irgendwelcher Art zu erbringen;
- weder bestehende noch potentielle Kundschaft der Mattmüller Elektro AG abzuwerben.

Das Konkurrenzverbot erstreckt sich auf das Gebiet der gesamten deutschprachigen Schweiz. Bei Zuwiderhandlung gegen das Konkurrenzverbot schuldet der Arbeitnehmer eine Konventionalstrafe in der Höhe von Fr. 30'000.–. Die Bezahlung der Konventionalstrafe befreit den Arbeitnehmer nicht von der weiteren Einhaltung des Konkurrenzverbotes. Auch bei Bezahlung der Konventionalstrafe kann die Mattmüller Elektro AG weiterhin die Einhaltung des Konkurrenzverbotes bzw. die Beseitigung des vertragswidrigen Zustandes sowie den Ersatz weiteren Schadens verlangen.

12. Dieser Vertrag tritt nur in Kraft, wenn sämtliche zum Arbeitsantritt erforderlichen fremdenrechtlichen Bewilligungen erteilt werden.[24]

Aarau, 20. November 19 . .   (Unterschriften)

Arbeitsvertrag 145

Vorlage 2 für die Anstellung eines Arbeitnehmers, für den ein Gesamtarbeitsvertrag (GAV) gilt[25]

1. Herr Piotr Biskei tritt am 1. September 19.. als Möbelschreiner in die Dienste der Schreinerei Bucheli in Aadorf.

2. Sein Anfangslohn beträgt Fr. 25.50 pro Stunde.

3. Nach Vollendung des 50. Altersjahr steht Herrn Biskei eine bezahlte 6. Ferienwoche zu.[26]

4. Im übrigen untersteht der Arbeitsvertrag dem am 1. April 1991 in Kraft getretenen GAV für das Schreinergewerbe bzw. dessen jeweils gültiger Version[27] und ergänzend den Art. 319–362 OR.

Ort, Datum und Unterschriften

Vorlage 3 für die Anstellung eines Arbeitnehmers in einem grösseren Betrieb mit detailliertem Anstellungsreglement[28]

1. Herr Peter Döbeli, ... wird als Mechaniker in der Abteilung Maschinenbau der Gross AG angestellt.

2. Er tritt die Stelle am 4. Januar 19.. an.

3. Sein Anfangsgehalt beträgt Fr. .... brutto.

4. Bezüglich aller übrigen Punkte gilt das Anstellungsreglement[29] der Gross AG, das Herrn Döbeli bekannt ist und mit dem er durch Unterzeichnung eines Exemplars sein ausdrückliches Einverständnis erklärt. Ein Exemplar wird zudem anlässlich der Vertragsunterzeichnung Herrn Döbeli ausgehändigt, wofür dieser hiermit quittiert.[30]

Ort, Datum und Unterschriften

Vorlage 4 für einen Teilzeitangestellten[31]

1. Die Firma Gross AG stellt Herrn André Birkenmaier halbtags als Portier an.

2. Der Arbeitnehmer versieht seinen Dienst täglich von 07.30 bis 11.45 Uhr an der Pforte. Bei vorübergehendem Mehreinsatz wird der Normallohn ohne Überstundenzuschlag ausbezahlt.[32]

3. Der Arbeitnehmer erhält einen Monatslohn von Fr. 1'950.– brutto.[33]

4. Ergänzend gelten Art. 319–362 OR und das Reglement der Personalvorsorgestiftung der Gross AG.

Ort, Datum und Unterschriften

Vorlage 5 für eine Aushilfe auf Abruf

Herr *André Birkenmaier* ist per 31. März 19.. nach 27 Dienstjahren altershalber aus den Diensten der *Gross AG* ausgeschieden. Er ist bereit, bei Bedarf im Betrieb in seinem angestammten Tätigkeitsgebiet als Mechaniker auszuhelfen, soweit es ihm persönlich jeweils möglich ist. Die Parteien halten fest, dass damit ein neues Arbeitsverhältnis begründet wird und die alte Vollzeitanstellung definitiv geendet hat.[34] Sie vereinbaren folgendes:

1. Die Gross AG stellt Herrn André Birkenmaier als Aushilfe auf Abruf für ihre mechanische Werkstätte an.

2. Herr Birkenmaier kommt auf Abruf vorbehältlich seiner Verfügbarkeit immer dann zum Einsatz, wenn ein anderer Mechaniker wegen Krankheit, Unfall, Militärdienst, Ferien usw. ausfällt. Er arbeitet dann maximal 30 Stunden pro Woche.[35]

    Ein Anspruch auf Beschäftigung besteht nicht. Herr Birkenmaier ist berechtigt, einen Einsatz ohne Grundangabe abzulehnen.[36]

3. Herr Birkenmaier erhält einen Stundenlohn von Fr. 30.– brutto. Darin inbegriffen sind 8.33% Ferienlohn, d.h. Fr. 27.70 sind Arbeitslohn und Fr. 2.30 sind Ferienlohn.[37]

4. Herr Birkenmaier hat Anrecht auf Lohnfortzahlung bei Krankheit, Unfall und anderer unverschuldeter Verhinderung an der Arbeitsleistung gemäss Art. 324a OR (Berner Skala). Der bei solchen Arbeitsverhinderungen geschuldete Lohn entspricht dem Durchschnittslohn der letzten drei vollen Kalendermonate vor dem Eintritt der Arbeitsverhinderung.[38]

5. Der Arbeitnehmer nimmt zur Kenntnis, dass er im Rahmen der beruflichen Vorsorge nicht versichert ist.[39]

6. Die allgemeinen Anstellungsbedingungen der Gross AG werden im übrigen sinngemäss angewendet. Der Arbeitnehmer hat sie zur Kenntnis genommen und quittiert hiermit, ein Exemplar davon ausgehändigt erhalten zu haben.

Ort, Datum, und Unterschriften

Kommentar zu den Vorlagen 1 bis 5

¹ *Vorlage 1 lässt sich — mit den entsprechenden Anpassungen — für jede Art von leitenden Angestellten verwenden, für den Kaufmann und Prokuristen so gut wie für den Werkstattchef. Vor allem bei manuellen Berufen spielen oft Gesamtarbeitsverträge mit hinein, deren Bestimmungen zu berücksichtigen sind. Ob solche bestehen und ob sie anwendbar sind, kann bei den Branchenverbänden erfragt werden.*

² *In einem Arbeitsvertrag sollte in allgemeiner Form gesagt werden, für welche Aufgaben der Arbeitnehmer eingestellt wird. Oft wird das am besten mit einem Pflichtenheft gemacht. Daraus lässt sich gegebenenfalls erkennen, ob eine bestimmte Arbeit für ihn zumutbar ist oder nicht. Dabei sollte man sich allerdings hüten, allzusehr in Einzelheiten zu gehen.*

³ *Vielfach wird in einem Arbeitsvertrag auch das Versprechen pünktlicher und sorgfältiger Erledigung der Arbeiten und dergleichen aufgenommen. Das ist aber überflüssig, denn es ergibt sich aus der ganzen Natur des Vertrages und ausdrücklich aus Art. 321a OR. Wenn dagegen — wie hier auf das Einhalten der an sich schon aus der Treuepflicht des Angestellten folgenden Schweigepflicht — auf den einen oder andern Punkt besonders Gewicht gelegt wird, kann er auch besonders angeführt werden.*

⁴ *Im allgemeinen wird es sich erübrigen, bei leitendem Personal die Arbeitszeit besonders zu regeln, soweit sie sich aus Gesamtarbeitsvertrag oder betrieblicher Übung ergibt. Hier ist eine Regelung deshalb aufgenommen worden, weil im Geschäft der Mattmüller Elektro AG drei verschiedene Arten von Anstellungen bestehen, deren Arbeitszeiten nicht notwendigerweise miteinander übereinstimmen müssen, nämlich Büro, Laden und Installationsbetrieb. Die Arbeitszeit des Leiters des Installationsbetriebs muss sich derjenigen des ihm unterstellten Personals anpassen, obwohl ein Teil seiner Arbeit auf dem Büro zu leisten ist.*

⁵ *Art. 321c OR sieht für Überstunden einen Anspruch auf Freizeit oder Lohnzuschlag vor, der aber schriftlich wegbedungen werden*

kann. Bei leitenden Angestellten wird von dieser Möglichkeit zweckmässigerweise Gebrauch gemacht. Vielfach wird dafür eine entsprechend angesetzte Entlöhnung nebst Gratifikation oder Gewinnbeteiligung ausbezahlt. Die verbreitete Meinung, leitende Angestellte hätten ohnehin keinen Anspruch auf Überstundenentschädigung, ist irrig. Dies trifft nur zu, wenn sie keine feste Arbeitszeit haben und über ihre Zeiteinteilung frei verfügen können.

6 *Die Handlungsvollmacht wird hier ausdrücklich auf solche Handlungen beschränkt, die sich aus dem laufenden Betrieb der Installationsabteilung ergeben. Für Dritte ist dies nur verbindlich, wenn sie davon Kenntnis haben.*

7 *Wird wie hier eine Umsatzbeteiligung vorgesehen, so ist zu beachten, dass dies dem Arbeitnehmer ein Einsichtsrecht in die Bücher gibt (Art. 322a OR). Bei einer Beteiligung am Reingewinn müssen ihm alle Einzelheiten gezeigt werden, einschliesslich der Abschreibungen und Rückstellungen, weil diese ja den ausgewiesenen Gewinn einschränken. Um dies und die sich unter Umständen daraus ergebenden Diskussionen (der Reingewinn wird oft nach fiskalischen Überlegungen festgelegt!) zu vermeiden, wurde hier ein Prozentsatz des Umsatzes der vom Betreffenden geleiteten Abteilung festgelegt, den er ja in der Regel ohnehin schon kennt.*

8 *«Für eine beschränkte Zeit» (Art. 324a OR) hat der Arbeitnehmer Anspruch auf volle Lohnzahlung bei unverschuldeter Verhinderung an der Arbeitsleistung. Darunter fällt auch die Leistung von obligatorischem Militärdienst. Die Dauer der beschränkten Zeit hängt massgeblich von der Anstellungsdauer ab. Die Gerichte haben dafür Skalen entwickelt (s. Kommentar Note 9). Schriftlich dürfen abweichende Regelungen getroffen werden, die aber für den Arbeitnehmer mindestens gleichwertig sein müssen.*

9 *Auch bei Krankheit und Unfall ist vom OR eine volle Gehaltszahlung während einer beschränkten Zeit vorgeschrieben, soweit nicht aufgrund einer obligatorischen Versicherung der Arbeitneh-*

mer 80% des Lohnes erhält (Art. 324b OR). Bei Unfällen, für welche eine obligatorische Unfallversicherung für Arbeitnehmer vorgeschrieben ist, erhält dieser während einer langen Zeit 80% des Lohnes. Anders bei Krankheit. Hier ist der Arbeitgeber nur verpflichtet, den vollen Lohn während drei Wochen im ersten Dienstjahr und während einer langsam steigenden Frist danach zu bezahlen (Berner, Basler und Zürcher Skala, vgl. Streiff/von Kaenel, Leitfaden zum Arbeitsvertragsrecht, 5. Aufl., S. 153). Viele GAV und Einzelarbeitsverträge gehen stark darüber hinaus, indem sie eine Lohnfortzahlung von 80% während 720 Tagen vorsehen; solche Zusagen basieren auf Taggeldversicherungen. Dauert die Lohnfortzahlungspflicht der Versicherungsgesellschaft deutlich länger als das OR vorschreibt, so ist eine Beteiligung des Arbeitnehmers an den Prämien angemessen, da er damit ja die Kosten für eine eigene Taggeldversicherung erspart. Wichtig ist, dass der Arbeitgeber nicht Mehrleistungen oder Leistungen für Fälle verspricht, die von der Versicherung nicht abgedeckt sind. Am besten wird dies durch Beschränkung auf die Versicherungsleistungen erreicht.

[10] Seit dem Inkrafttreten des BVG ist dieser Teil der Versicherung obligatorisch. Die Obergrenze lag im Jahre 1993 bei Fr. 67'680.– Jahreslohn, wovon Fr. 22'560.– durch die AHV und die Differenz von Fr. 45'120.– (sog. koordinierter Lohn) gemäss BVG versichert sind. Auch die mindestens hälftige Prämienübernahme durch den Arbeitgeber ist obligatorisch. Hier wird ein Beispiel mit genauer Anwendung des BVG (ohne Mehrleistungen) gegeben. Die Mehrzahl der Arbeitgeber hat sich zur Trennung der BVG-Versicherung von der freiwilligen Personalvorsorge entschieden.

[11] Für den über das BVG-Maximum hinausgehenden Lohnanteil sind verschiedene Versicherungslösungen denkbar. Einzelne Kassen versichern ihn zusammen mit dem Obligatorium, andere errichten dafür einen separaten Versicherungsträger. Auch private Versicherungslösungen durch den Arbeitnehmer, an die der Arbeitgeber einen Beitrag zahlt, sind anzutreffen. Oft sind sie aber aus steuerlichen Gründen nicht zu empfehlen.

¹² *Der Arbeitgeber bestimmt den Zeitpunkt der Ferien, doch hat er dabei auf die Wünsche des Arbeitnehmers soweit Rücksicht zu nehmen, als dies mit den Interessen des Betriebes zu vereinbaren ist (Art. 329c Abs. 2 OR). Es obliegt dem Arbeitgeber, für den Bezug der Ferien zu sorgen. Die früher häufigen Verfallklauseln bei unterlassenem Bezug während des Kalenderjahres sind unwirksam, jedenfalls, soweit kein eigentlicher Rechtsmissbrauch vorliegt.*

¹³ *Diese Bestimmung ist sinnvoll bei Forschern und Entwicklungsleitern. Sie entspricht Art. 332 Abs. 1 OR.*

¹⁴ *Erfolgen Erfindungen mehr zufällig, durch Arbeitnehmer, die nicht dafür angestellt sind, dann ist der Arbeitnehmer zur Abtretung nur verpflichtet, wenn er dies schriftlich zugesagt hat. Er hat dafür eine Entschädigung zugut (Art. 332 Abs. 2 und 4 OR).*

¹⁵ *Die Klausel über das Urheberrecht ist notwendig, weil das neue Urheberrechtsgesetz die Rechte an urheberrechtlich geschützten Werken, selbst wenn sie am Arbeitsplatz hervorgebracht werden, nicht vorbehaltlos dem Arbeitgeber zuweist. Besonders wichtig kann dies für Software-Entwickler sein.*

¹⁶ *Bei leitendem Personal empfiehlt es sich im beidseitigen Interesse, über die in Art. 335c OR vorgesehenen Fristen hinauszugehen. Das ist ohne weiteres zulässig, doch müssen die Fristen für beide Vertragspartner gleich sein.*

¹⁷ *Ist das Arbeitsverhältnis nicht für eine bestimmte Zeit eingegangen und geht eine solche auch nicht aus dem angegebenen Zweck der Arbeit hervor, so gilt gemäss Art. 335b OR der erste Monat als Probezeit. Während dieser Zeit kann jederzeit mit sieben Tagen Kündigungsfrist gekündigt werden. Soll die Probezeit auf maximal drei Monate verlängert oder ganz abgeschafft werden, so hat dies schriftlich zu geschehen (Art. 335b Abs. 2 OR). Die Probezeit verlängert sich um effektive Verkürzungen z. B. durch Krankheit, nicht aber durch Ferien.*

¹⁸ *Bei leitendem Personal ist eine derartige Konkurrenzklausel ohne weiteres zulässig und auch zweckmässig. Über die Voraussetzungen siehe Art. 340 OR.*

19 *Gemäss Art. 340a OR darf das Konkurrenzverbot kein unbillige Erschwerung des wirtschaftlichen Fortkommens des Arbeitnehmers mit sich bringen. Daran ist bei der Abfassung zu denken, da der Richter sonst die Abrede nicht schützen wird. Vor allem darf das Verbot zeitlich nicht zu lang dauern und sachlich und räumlich nicht zu weit gehen. Je höher man in einer Beziehung geht, desto mehr muss man sich in der anderen Richtung beschränken. Hier wird zeitlich ziemlich weit gegangen, um dem Nachfolger den Kontakt mit der Kundschaft ungestört zu sichern, während das Gebiet auf die Ortschaften beschränkt wird, in denen die Hauptkunden des Geschäftes wohnen. Der austretende Angestellte kann sich also in einer andern Branche auch in Aarau betätigen oder dann in der gleichen Branche in einem grossen Teil der deutschen und in der ganzen welschen Schweiz.*

20 *Auch die Konventionalstrafe darf nicht unangemessen hoch sein, ansonst sie vom Richter herabgesetzt werden kann. Siehe Art. 163 Abs. 3 OR. Mehr als 3–6 Monatslöhne sind nur in Ausnahmefällen angemessen.*

21 *Würde diese Bestimmung nicht aufgenommen, so könnte sich der das Verbot übertretende Angestellte durch die Zahlung der Konventionalstrafe vom Verbot befreien (s. Art. 340 Abs. 2 OR).*

22 *Auch das an sich angemessene Konkurrenzverbot – siehe dazu N 18 – ist nicht verbindlich, wenn der Arbeitgeber kein Interesse mehr daran hat (z. B. weil sich seine Geschäftstätigkeit seither geändert hat) oder wenn der Arbeitsvertrag ohne vom Arbeitnehmer zu verantwortenden Grund aufgehoben wurde. Das ist dann der Fall, wenn der Arbeitgeber ihn gekündigt hat, ohne dass ihm der Arbeitnehmer begründeten Anlass dazu gegeben hätte, oder wenn der Arbeitgeber seinerseits dem Arbeitnehmer berechtigten Anlass zu einer Kündigung gegeben hat (Art. 340c OR).*

23 *Die Variante zu Ziff. 11 der Vorlage fasst das Verbot viel deutlicher. Ferner wird vorgesehen, dass der Richter auch angerufen werden darf, um dem Arbeitnehmer die Fortführung seiner konkurrenzierenden Tätigkeit sofort zu verbieten. Einem solchen*

Arbeitsvertrag

Begehren wird aber nur in krassen Fällen entsprochen, wo praktisch die Existenz des früheren Arbeitgebers auf dem Spiel steht.

[24] *Dieser Vorbehalt ist bei ausländischen Arbeitnehmern, die noch keine Arbeitsbewilligung haben, unbedingt notwendig. Da die Beschaffung der fremdenrechtlichen Bewilligung vom Bundesgericht als Vorbereitungshandlung des Arbeitgebers eingestuft wird, können sonst unliebsame Schadenersatzansprüche entstehen.*

[25] *Wann ein GAV gilt, wurde am Schluss der Einführung in den Arbeitsvertrag kurz dargelegt. Oft gelten im gleichen Betrieb mehrere GAV nebeneinander, z. B. jene für Bodenleger, Schreiner, Zimmerleute und kaufmännische Angestellte.*

[26] *In Vorlage 2 wird unterstellt, dass Herr Biskei gemäss dem gültigen GAV Anspruch auf 5 Wochen Ferien hätte, wenn er über 50 Jahre alt und seit mehr als 20 Jahren im Betrieb wäre. Hier soll auf letztere Bedingung verzichtet und zudem um eine Ferienwoche über den GAV hinausgegangen werden. Darum muss dies im Anstellungsvertrag ausdrücklich fixiert werden.*

[27] *Viele GAV regeln den Inhalt und die Beendigung des Arbeitsverhältnisses sehr ausführlich, so dass kaum noch ein Bedarf für weitere Bestimmungen besteht. Einzelne GAV sind allgemeinverbindlich erklärt worden, so dass von ihnen auch zwischen nicht am GAV Beteiligten jedenfalls nicht zuungunsten des Arbeitnehmers abgewichen werden darf.*

[28] *Solche Reglemente dürfen vom Arbeitgeber nicht mehr einseitig geändert werden. Der Arbeitnehmer muss Änderungen ausdrücklich zustimmen. Dies gilt jedenfalls bei Verschlechterungen des Vertrages, während bei eindeutigen Verbesserungen die Zustimmung des Arbeitnehmers vermutet werden darf.*

Will der Arbeitgeber eine Änderung des Reglementes einführen, die nicht eine Verbesserung für den Arbeitnehmer darstellt, so kann er sich mit einer Änderungskündigung behelfen. Darunter versteht man eine Kündigung, die mit dem Vorschlag auf eine

Fortsetzung des Arbeitsverhältnisses auf geänderter Basis verbunden ist. Will der Arbeitnehmer die vorgeschlagenen Vertragsänderungen nicht annehmen, so verlässt er die Stelle auf Ende der Kündigungsfrist, wobei bis dahin der alte Vertrag in Kraft bleibt. Ist er mit der Änderung einverstanden, gilt ab Ablauf der Kündigungsfrist der neue Vertrag. Die Parteien können sich auch auf ein früheres Inkrafttreten des neuen Vertrages einigen.

[29] Für grössere Betriebe dürfte eine Kombination zu den besten Resultaten führen: Ein Vertrag ordnet die wesentlichen und die individuellen Punkte, ein allgemeines Anstellungsreglement regelt standardisierte und eher unwichtige Punkte wie Feiertage, übliche freie Tage, Lohnauszahlungsverfahren, Sozialversicherungen usw.

[30] Will man, dass ein Anstellungsreglement Vertragsinhalt wird, so ist der anderen Vertragspartei ein Exemplar auszuhändigen und richtigerweise auch ein Exemplar von ihr zum Zeichen ihres Einverständnisses unterzeichnen zu lassen. Dieses Vorgehen ist vor allem für Vereinbarungen wichtig, für die das Gesetz Schriftform vorschreibt.

[31] Teilzeitangestellter ist jeder Arbeitnehmer, der laut Vertrag weniger als die üblichen Stunden des Betriebes arbeitet.
Davon zu unterscheiden ist die Temporärarbeit, wo jemand von einer Temporärfirma angestellt und zur Arbeitsleistung einer anderen Firma ausgeliehen wird; keine Rolle spielt dabei, ob die Beschäftigung voll- oder teilzeitig erfolgt. Die Ausübung des Temporärgewerbes ist heute bewilligungspflichtig.

[32] Bei einem Teilzeitangestellten gilt jede Stunde, die er über die vertraglich vereinbarte Zeit hinaus arbeitet, als Überstunde. Will der Arbeitgeber verhindern, dass er den Überstundenzuschlag von 25% nach Art. 321c OR bezahlen muss, sollte eine Klausel wie in Ziff. 2 der Vorlage 4 eingefügt werden.

[33] Sehr oft wird Teilzeitarbeit im Stundenlohn entlöhnt. Bei zum voraus fixierter Arbeit gibt es aber keine Gründe, die gegen einen Monatslohn sprechen.

34 Der Abschluss eines neuen Arbeitsvertrages beim selben Arbeitnehmer führt in der Regel nicht zur Annahme eines neuen Arbeitsverhältnisses, da sonst die von den Dienstjahren abhängigen Rechte des Arbeitnehmers wie Krankenlohn, Kündigungsfristen etc. allzu leicht umgangen werden könnten. In Ausnahmefällen wie in Vorlage 5 muss der Neubeginn des Arbeitsverhältnisses jedoch zulässig sein. Um dies klarzumachen, empfiehlt es sich, die Gründe, welche zu dieser Lösung geführt haben, kurz zu erläutern.

35 Die Stundenbegrenzung trägt nur der beschränkten Belastbarkeit des bereits älteren Arbeitnehmers Rechnung. Sie ist keineswegs begriffsnotwendig für den Abrufvertrag. Indessen darf nicht ein Abrufvertrag abgeschlossen werden, nur um dem Arbeitnehmer die Vorteile einer normalen Anstellung vorzuenthalten. Wird ein Arbeitnehmer mehr oder weniger regelmässig beschäftigt, liegt ungeachtet des Vertragswortlautes ein normales Arbeitsverhältnis vor.

36 Dass der Arbeitnehmer im Abrufverhältnis keinen Anspruch auf Zuweisung von Arbeit und damit auf regelmässigen Lohn hat, ist zwar naheliegend, doch sollte dies ausdrücklich gesagt werden, um unerwünschte Lohnansprüche z. B. in der Kündigungsfrist zu vermeiden. Umgekehrt sollte der Klarheit halber auch gesagt werden, dass den Arbeitnehmer im Abruffall keine Einsatzpflicht trifft.

37 Nur bei sehr unregelmässiger Arbeit darf der Ferienlohn im Stundenlohn inbegriffen sein. Diesfalls ist der Anteil, der auf den Ferienanteil entfällt, in jeder Lohnabrechnung frankenmässig separat auszuweisen, damit der Arbeitnehmer weiss, was er für die Ferien zurückzulegen hat. Einzelne Autoren halten es sogar für generell ausgeschlossen, den Ferienlohn durch den laufenden Lohn abzugelten.

38 Die Leistung von Lohnfortzahlung bei Krankheit etc. ist in Abrufverhältnissen nicht zwingend. In Vorlage 5 wird über das Gesetz hinausgegangen. Für die Dauer der Lohnfortzahlung wird

auf die Berner Skala verwiesen (s. dazu Kommentar Note 9 oben). Sie hängt damit stark vom Dienstalter des Arbeitnehmers ab. Grundsätzlich ist dabei ungeachtet von Funktionswechseln, Vertragserneuerungen etc. auf den ersten Anstellungszeitpunkt zurückzugreifen, oftmals auf den Lehrantritt. Bei einem Pensionierten, der bereits Altersleistungen bezieht, dürfte jedoch eine Ausnahme angebracht sein. Für die Höhe der Lohnfortzahlung wird als Massstab auf die Entlöhnung vor Eintritt der Arbeitsverhinderung zurückgegriffen.

[39] *Im Bereich des BVG-Obligatoriums ist eine Versicherung nicht mehr möglich, sobald die AHV-Altersgrenze erreicht ist. Im Rahmen der ausserobligatorischen Versicherung bestimmt das Reglement die maximale Versicherungsdauer.*

Der Werkvertrag

Das Wichtigste in Kürze

Mit dem Werkvertrag verpflichtet sich der Unternehmer, für den Besteller ein ganz bestimmtes Werk herzustellen und abzuliefern. Der Unternehmer schuldet nicht allein eine Dienstleistung, sondern er muss auch für den Erfolg seiner Bemühungen einstehen.

Der Werkvertrag kann formlos abgeschlossen werden. Er kommt auch zustande, wenn sich die Parteien über den Werklohn nicht einigen. Der Werklohn wird dann nach dem Wert der geleisteten Arbeit und des verwendeten Materials berechnet.

Wenn nicht ausdrücklich etwas anderes vereinbart ist, muss der Besteller das ihm abgelieferte Werk sofort prüfen. Unterlässt er die Prüfung oder teilt er festgestellte Mängel nicht sofort dem Unternehmer mit, verliert er seine Mängelrechte. Bei beweglichen Sachen ist eine Gewährleistung für Mängel ganz ausgeschlossen, wenn das Werk vor mehr als einem Jahr abgeliefert worden ist. Bei Gebäuden beträgt die Frist fünf Jahre.

Wesen des Werkvertrages	Der Werkvertrag gehört zu den Dienstleistungsverträgen. Der Unternehmer verpflichtet sich, dem Besteller ein bestimmtes Werk gegen Entgelt zu erstellen und abzuliefern. Der Unternehmer muss nicht bloss tätig werden wie der Beauftragte, sondern er muss das Werk abliefern. Er haftet für den Erfolg seiner Arbeit. Im Alltag werden sehr viele Werkverträge abgeschlossen; so z. B. der Bau eines Hauses oder Reparaturaufträge an einen Schuhmacher oder Garagisten.
Material	Für den Werkvertragsabschluss spielt es keine Rolle, wer das Material für das zu erstellende Werk liefert. Bringt der Besteller dem Schreiner das Holz eines alten Kirschbaums, um sich daraus einen Tisch schreinern zu lassen, dann hat der Unternehmer mit aller Sorgfalt zu verfahren und den Rest des Holzes dem Besteller zurückzugeben. Erweist sich das gelieferte Material als mangelhaft, muss der Unternehmer sofort rügen, ansonst er für das mangelhafte Werk Gewähr zu leisten hat, als ob er das Material geliefert hätte.
Mängel	Der Besteller hat sofort nach der Lieferung das Werk zu prüfen. Stellt er Mängel fest, hat er sie unverzüglich beim Unternehmer detailliert zu rügen. Die rechtzeitige Prüfung und sofortige detaillierte Mängelrüge sind unabdingbare Voraussetzungen für die Geltendmachung von Mängelrechten. Der Besteller hat, sofern nicht etwas anderes vereinbart worden ist, die Wahl, welche Ansprüche er aus dem Vorliegen von Mängeln ableiten will. Bei untergeordneten Mängeln, welche die Tauglichkeit des Werkes zum vorausgesetzten Gebrauch nicht grundsätzlich in Frage stellen, ist er berechtigt, nach seiner Wahl entweder Nachbesserung oder Ersatz des Minderwertes zu verlangen. Nur wenn sich das Werk als völlig mangelhaft erweist, kann er vom Vertrag zurücktreten (Wandelung). Mängelrechte stehen dem Besteller nach Ablieferung nur ein Jahr lang zu; bei Bauwerken fünf Jahre.
Werklohn	Der Besteller schuldet dem Unternehmer Zug um Zug gegen Ablieferung des Werkes den vereinbarten Lohn. Fehlt es an einer ausdrücklichen Vereinbarung oder ist der Preis nur ungefähr bestimmt worden, so wird er nach Massgabe des Wertes der Arbeit und der Aufwendungen des Unternehmers festgesetzt. Oft

kommen dabei hilfsweise Tarife von Berufsverbänden zur Anwendung. Zu Vetragsbestandteilen werden sie aber nur, wenn die Parteien dies ausdrücklich so vereinbaren.

Liegt ein Kostenvoranschlag vor, darf ihn der Unternehmer nur in begründeten Fällen um maximal 10−20% überschreiten.

Haben die Parteien den Werklohn im voraus fix bestimmt, dann kann keine Partei eine Änderung verlangen, es sei denn, aussergewöhnliche Umstände rechtfertigen eine angemessene Erhöhung. Zu beachten ist indes, dass eine Werklohnvereinbarung hinfällig werden kann, wenn die Bestellung geändert wird.

Der Werkvertrag wird in den Art. 363−379 OR geregelt. Im Baugewerbe vereinbaren die Parteien oft die Anwendung der SIA-Norm 118, die das Verhältnis zwischen Bauherr und Unternehmer ausführlich und teilweise abweichend vom Gesetz regelt. Solche Normenwerke sind allerdings nicht Ausdruck einer Branchenübung und gelten nicht automatisch, sondern müssen von den Parteien ausdrücklich übernommen werden.   Gesetzliche Regelung

Vorlage 1 für einen Werkvertrag mit Materiallieferung durch den Besteller

Herr *Hans-Ulrich Burkhard*, Schlosshalde 13, Bern, und Herr *Gottfried Stuber*, Schnitzer, Brienz, haben heute folgendes vereinbart:

1. Herr Stuber übernimmt es, einen ihm heute von Herrn Burkhard gelieferten rohen Lehnstuhl aus Nussbaumholz[1] gemäss der vom ihm ausgearbeiteten Skizze 1:5 vom 13. Januar 19.. zu schnitzen und zu beizen.[2]

2. Die Arbeit soll bis Ende März 19.. fertig sein.[3] Herr Burkhard wird den Stuhl auf vorgängige Anzeige von Herrn Stuber in Brienz abholen.[4]

3. Der bei Ablieferung[5] zahlbare Werklohn für die Arbeit und für die Zeichnung der Schnitzerei beträgt Fr. 1'350.– netto.

Variante zu Ziff. 3:[5]

Der Werklohn ist in drei gleich hohen Raten zu bezahlen. Die erste Rate ist innert 10 Tagen seit Vertragsunterzeichnung fällig; die zweite Rate innert 10 Tagen nach Mitteilung, die Schnitzarbeiten seien ausgeführt, und die letzte Rate innert 10 Tagen nach Abholung.

Ort, Datum und Unterschriften

Werkvertrag

Vorlage 2 für einen Werkvertrag mit einem Bauunternehmer

Oskar Häusler, im Zentrum 41, Volketswil, beauftragt hiermit die Firma *Giovanni Muraro, Gutenswil*, mit folgenden Maurerarbeiten auf seiner Liegenschaft Sunneblick 3 in Freudwil:

1. 1. Baustelleninstallation
   2. Eisenbetonarbeiten ...
   3. ...[6]

2. Der Werklohn für die in Ziff. 1 aufgeführten Arbeiten wird gemäss Offerte vom 22.2.19 .. pauschal auf Fr. 55'000.– ohne jeden Abzug festgesetzt.[7]

Ergänzung zu Ziff. 2:[7]

Änderungen sind vor der Ausführung schriftlich zu offerieren, unter Angabe allfälliger Mehr- oder Minderpreise. Erfolgt keine vorgängige schriftliche Offerte im Sinne dieser Bestimmungen, gilt als vereinbart, dass die Änderung den Unternehmer zu keiner Mehrforderung berechtigt.

3. Der Unternehmer verpflichtet sich, folgende Termine einzuhalten:[3]
   ...
   ...

4. Die Parteien übernehmen hiermit ausdrücklich die Bestimmungen der SIA-Norm 118 (Ausgabe 1977/1991), die beiden Parteien im Wortlaut bekannt ist. Der Unternehmer verpflichtet sich ferner, die speziellen Bedingungen und Messvorschriften des SIA für Maurerarbeiten in allen Teilen einzuhalten.[8]

Ort, Datum und Unterschriften

Vorlage 3 für einen Werkvertrag mit einem Generalunternehmer für die Erstellung eines Einfamilienhauses

Peter Reiser, Weststrasse 145, Kloten, als Besteller, schliesst heute mit der *GU-Sunneberg AG*, Bassersdorf, als Generalunternehmerin folgenden Werkvertrag ab:

1. Der Besteller beauftragt die GU-Sunneberg AG mit der schlüsselfertigen Erstellung[9] eines Einfamilienhauses gemäss den baubewilligten Plänen von Architekt Bodmer vom 4.9.19.. (vgl. Anhang) auf der ihm gehörenden Parzelle Kat. Nr. 764, Waldweg 7 in Bassersdorf.

2. Das Einfamilienhaus ist nach Massgabe der im Anhang beiliegenden Pläne zu erstellen. Der Ausbau und die zu verwendenden Materialien sind im detaillierten Baubeschrieb vom ... festgehalten und dürfen ohne schriftliche Zustimmung des Bestellers nicht geändert werden.[6]

    Änderungswünsche des Bestellers sind der Generalunternehmerin rechtzeitig mitzuteilen. Die Generalunternehmerin erstellt eine schriftliche Offerte, wobei die Änderung nur vorgenommen werden darf, wenn die Offerte schriftlich vom Besteller angenommen worden ist. Die Offerte hat den Mehr- oder Minderpreis anzugeben; ein Generalunternehmerhonorar von 5% darf auf Fremdleistungen hinzugerechnet werden.[7]

3. Der Werkpreis für das schlüsselfertige, vertragsgemäss erstellte Einfamilienhaus beträgt einschliesslich indirekten Steuern pauschal Fr. 749'500.– netto.[7] In diesem Preis sind sämtliche Arbeiten und Leistungen irgendwelcher Art inbegriffen, die zu einer wirklich einwandfreien, soliden Ausführung gemäss Plänen und Baubeschrieb gehören. Inbegriffen sind auch sämtliche Honorare und Entschädigungen an Dritte für Leistungen im Zusammenhang mit der Erstellung des Bauerwerkes. Inbegriffen sind ferner sämtliche Versicherungskosten bis zur Übergabe der schlüsselfertigen Baute. Nicht inbegriffen

sind Anschlussgebühren für Wasser, Elektrizität, Abwasser, Antenne sowie sämtliche Bewilligungs- und Abnahmegebühren.[9]

4. Der Pauschal-Werkpreis von Fr. 749'500.– ist wie folgt zahlbar[5] auf das Treuhandkonto[10] Nr. ... bei der ...-Bank in Zürich:
   – Fr. 50'000.– bei Vertragsunterzeichnung
   – Fr. 200'000.– innert 30 Tagen nach Fertigstellung der Kellerdecke
   – Fr. 350'000.– innert 30 Tagen nach Rohbauvollendung
   – Rest innert 30 Tagen nach erfolgter Behebung der bei der Abnahme festgestellten Mängel bzw. bei mängelfreier Übergabe innert 30 Tagen nach Übergabe und Zug um Zug gegen Aushändigung der Bank- oder Versicherungsgarantie gemäss Ziff. 7 Abs. 2 hienach.

5. Die GU-Sunneberg AG verpflichtet sich, dafür besorgt zu sein, dass keine Bauhandwerkerpfandrechte[10] eingetragen werden. Sie verpflichtet sich ohne jede Einschränkung zur Ablösung jedes provisorisch oder definitiv eingetragenen Pfandrechtes innert 10 Tagen seit dem Eintrag im Grundbuch durch die Stellung einer unbefristeten Garantie einer schweizerischen Grossbank, vorausgesetzt der Besteller ist mit seinen Zahlungen nicht im Rückstand.
   Wird ein Bauhandwerkerpfandrecht eingetragen, ist der Besteller berechtigt, die zwischen der Generalunternehmerin und dem Subunternehmer vereinbarte Vergütung mit befreiender Wirkung und in Anrechnung auf den geschuldeten Werkpreis gemäss Ziff. 3 hievor direkt an den Subunternehmer zu zahlen.[11] Bestreitet die Generalunternehmerin die Forderung des Subunternehmers, ist der Besteller berechtigt, mit gleicher Wirkung den strittigen Betrag bei der ...-Bank zu hinterlegen.

6. Der Besteller ist berechtigt, jederzeit den Baufortschritt zu überwachen; er kann von der Generalunternehmerin jederzeit

Auskunft verlangen. Er ist jedoch nicht ermächtigt, den am Bau beteiligten Personen irgendwelche Weisungen zu erteilen. Allfällige Wünsche oder Beanstandungen hat er direkt an die Generalunternehmerin zu richten.

7. Die Generalunternehmerin garantiert dem Besteller fachgemässe Konstruktion und einwandfreie Ausführung. Bei der Übergabe des schlüsselfertigen Hauses besichtigen die Parteien gemeinsam das Werk und halten die festgestellten Mängel in einem Abnahmeprotokoll fest. Mit der Zustellung dieses Protokolls setzt eine einheitliche zweijährige Garantiefrist für alle Bauteile und Apparate ein. Innerhalb der Garantiefrist kann der Besteller Mängel jeder Art jederzeit rügen.[12]

Die Generalunternehmerin verpflichtet sich, die gerügten Mängel unverweilt und ohne Kostenfolge für den Besteller beheben zu lassen. Im übrigen verweisen die Parteien auf die entsprechenden Bestimmungen der SIA-Norm 118 (Ausgabe 1977/1991).[8] Namentlich verpflichtet sich die Generalunternehmerin, für die Dauer der Garantiefrist eine Bank- oder Versicherungsgarantie in Höhe von 10% des Werkpreises beizubringen.

8. Nach Bauvollendung übergibt die Generalunternehmerin dem Besteller einen Satz revidierter Pläne, alle Installationsschemata, Betriebsanleitungen von Anlagen etc. sowie ein vollständiges Unternehmerverzeichnis.

9. Die Generalunternehmerin garantiert dem Besteller als spätesten Übergabetermin des schlüsselfertigen Hauses den 30. September 19..

Verzögert sich die Übergabe um mehr als zehn Tage, verfällt die Generalunternehmerin für jeden weiteren Tag der Verspätung in eine Konventionalstrafe von Fr. 1'000.– pro Tag. Die Bezahlung der Konventionalstrafe entbindet die Generalunternehmerin nicht von der Erfüllung ihrer Schuldpflicht. Mit Bezug auf die Gartenarbeiten treffen die Generalunternehmerin mit Wirkung ab 31. Oktober 19.. die gleichen Verzugsfolgen.

10. Die Parteien vereinbaren als *ausschliesslichen Gerichtsstand Bülach*.[13]

Ort, Datum und Unterschriften

Anhänge:
- Plansatz vom ...
- detaillierter Baubeschrieb vom ...

Kommentar zu den Vorlagen 1–3

¹ *Zeigen sich im Holz des gelieferten Stuhls Fehler, so hat der Unternehmer sofort zu rügen. Stellt der Unternehmer erst während der Ausführung einen solchen Mangel fest, hat er den Besteller unverzüglich zu benachrichtigen. Erwächst dem Unternehmer wegen eines Mangels des gelieferten Materials Mehrarbeit, hat er selbstverständlich dafür auch ein Entgelt zugut.*

² *Im Beispiel in Vorlage 1 ist aus der Natur der übertragenen Arbeit ohne weiteres zu folgern, dass der Unternehmer persönlich tätig werden muss. Würde der Unternehmer einer eigenen Werkstatt vorstehen, müsste allerdings ausdrücklich vereinbart werden, dass der Meister selber zu schnitzen habe. Sonst darf er einen Angestellten mit der Ausführung unter seiner Verantwortung betrauen.*

³ *Vereinbaren die Parteien über den Zeitpunkt der Erfüllung nichts, so hat der Unternehmer sich sofort an die Ausführung des Werkes zu machen. Zeichnet sich eine wesentliche Verspätung ab, so kann der Besteller unter Umständen vom Vertrag zurücktreten (Art. 366 Abs. 1 OR). Im Normalfall wird der Besteller indes dem Unternehmer eine angemessene Nachfrist ansetzen; erst nach deren unbenütztem Ablauf kann er vom Vertrag zurücktreten.*

Beansprucht die Ausführung des Werkes geraume Zeit und lässt sich der Arbeitsgang in einzelne Etappen gliedern, kann für die jeweilige Etappe ein Termin vereinbart werden (vgl. Vorlage 2).

⁴ *Wenn die Parteien im Werkvertrag nichts Abweichendes vereinbaren, bestimmt sich der Erfüllungsort nach der allgemeinen Bestimmung von Art. 74 OR. In der Regel wird dies der Ort der Werkausführung sein.*

⁵ *In vielen Werkverträgen wird die gesetzliche Regelung, wonach der Werklohn Zug um Zug mit Übergabe des Werkes geschuldet*

ist, abgeändert. Das hat oft seinen Grund darin, dass der Unternehmer vielfach das gesamte Material für das zu erstellende Werk selber liefern muss. Einzelne Bestandteile wird er z. B. von Dritten kaufen müssen. Eine häufig praktizierte Regelung, die Dreiteilung der Fälligkeit, findet sich als Variante zu Vorlage 1.

Auch im Baugewerbe wird regelmässig vereinbart, dass der Werklohn im Verhältnis des Baufortschrittes sukzessive fällig wird. Soweit die SIA-Norm 118 anwendbar ist, sind jeweils 90% der erbrachten Leistung durch Akontozahlungen zu begleichen. 10% gelten — auch bei der «Schlusszahlung» nach Ablieferung — als Garantierückbehalt.

6 *Die vom Unternehmer zu erbringenden Leistungen sind im Werkvertrag im Detail zu nennen. In der Praxis erarbeitet der vom Besteller beauftragte Architekt den Leistungsbeschrieb, das sogenannte Devis. Es enthält, unter Hinweis auf Pläne, stichwortartig die Art und den mutmasslichen Umfang der auszuführenden Arbeiten. Dieses Devis wird interessierten Unternehmern zur Offertausarbeitung zugestellt. Der Unternehmer fügt meistens die von ihm kalkulierten Einheitspreise ein. Kommt er für die Ausführung in Betracht, wird der allenfalls bereinigte Leistungsbeschrieb direkt in den Werkvertrag integriert. In Vorlage 2 ist dies einleitend angedeutet.*

Eine andere Form der Werkumschreibung findet sich in Vorlage 3. In der Praxis kommen auch Generalunternehmerverträge vor, bei denen das Projekt nur sehr vage, meist nur in der äusseren Form, umschrieben ist. Der Ausbaustandard wird in solchen Fällen wenig präzis definiert. Es rechtfertigt sich aber, hier ins Detail zu gehen; namentlich sind auch für einzelne Leistungen die vorgesehenen Kosten einzeln auszusetzen (z. B. m^2-Preis bei Boden- und Wandbelägen usw.).

7 *Der Vereinbarung des Werklohnes ist besondere Aufmerksamkeit zu schenken. Im Baugewerbe bilden Pauschalofferten eher die Ausnahme. Normalerweise wird zwar auf den Vertragsurkunden die Offertsumme aufgeführt, doch ist in den meisten Fällen aufgrund des Zustandekommens des Vertrages davon auszugehen, dass die erbrachte Leistung am Bau auszumessen und nach*

Massgabe der offerierten Einheitspreise zu entschädigen ist. Das sogenannte Vorausmass, das der Architekt anhand der Pläne errechnet und im Devis festhält, ist im Normalfall für den Bauherrn wie für den Unternehmer nicht verbindlich.

Wird klar und unmissverständlich ein fixer Pauschal-Werklohn vereinbart, steht diese Vereinbarung unter dem stillschweigenden Vorbehalt, dass der Besteller keine nachträglichen Änderungswünsche anbringt. Da nachträgliche Änderungswünsche eher die Regel als die Ausnahme sind, empfiehlt es sich, eine Regelung vorzusehen, wie sie als Ergänzung zu Ziff. 2 in Vorlage 2 enthalten ist.

8 *Im Baugewerbe wird praktisch in allen schriftlichen Werkverträgen die SIA-Norm 118 für anwendbar erklärt (Bezugsquelle: Schweiz. Ingenieur- und Architektenverein, Postfach, 8039 Zürich). Sie enthält allgemeine Bedingungen für die Ausführung von Hochbauarbeiten. Abweichend zur gesetzlichen Regelung wird die Fälligkeit des Werklohnes gestaffelt (jeweils 90% der erbrachten Leistung ist auf Akontogesuche hin zu zahlen). Ebenfalls abweichend geregelt ist das Gewährleistungsrecht. Zwei Jahre lang nach Abnahme des fertigen Werkes kann der Besteller rügen; er ist von der sofortigen Prüfungspflicht entbunden. Er kann allerdings nicht zwischen Ersatz des Minderwerts und Nachbesserung wählen, sondern der Unternehmer darf auf jeden Fall nachbessern. Nur wenn der Unternehmer den Mangel nicht behebt, kann der Besteller über die Gewährleistungsart entscheiden.*

Neben der erwähnten Norm 118 existiert eine grosse Zahl Spezialnormen, die im wesentlichen technische Einzelheiten normieren. Sie sind vielfach Ausdruck der in einer Branche allgemein vorausgesetzten Standards. Ohne ausdrückliche Übernahme der SIA-Normen kann nicht davon ausgegangen werden, dass diese Bestimmungen gelten.

9 *Der Generalunternehmer verpflichtet sich, dem Besteller eine schlüsselfertige Baute zu erstellen. In der Praxis kommen Fälle vor, in denen der Generalunternehmer nur die eigentlich handwerklichen Arbeiten zur Ausführung übernimmt, der Besteller für die Planung und Bauleitung sich aber direkt an Spezialisten*

wendet. Solche Ausnahmen sind im Vertrag möglichst genau zu umschreiben. Denn der Generalunternehmervertrag ist nicht ein präzis definierter Vertrag; er ist auch gesetzlich nicht eigens geregelt.

[10] *Art. 837 Ziff. 3 ZGB gewährt jedem Bauhandwerker einen Anspruch auf Eintragung eines Bauhandwerkerpfandrechtes. Der Unternehmer kann dieses Pfandrecht unmittelbar nach Abschluss des Werkvertrages bis drei Monate nach Beendigung seiner Arbeit im Grundbuch eintragen lassen, unabhängig davon, ob er in einem direkten Vertragsverhältnis zum Grundeigentümer steht oder nicht. Auf dieses gesetzliche Pfandrecht kann er erst nach Vertragschluss gültig verzichten, also nicht bereits in der Werkvertragsurkunde.*

Lässt sich ein Grundeigentümer ein Haus durch einen Generalunternehmer erstellen, dann sind die einzelnen am Bau beteiligten Unternehmer ausschliesslich Vertragspartner des Generalunternehmers. Wird dieser zahlungsunfähig oder weigert er sich, den Werklohn zu bezahlen, kann der Subunternehmer ein Bauhandwerkerpfandrecht eintragen lassen. Der Bauherr läuft so Gefahr, dass er für dieselbe Leistung doppelt bezahlen muss.

Einen absoluten Schutz gegen die Eintragung von Bauhandwerkerpfandrechten gibt es nicht. In der Praxis haben sich jedoch Absprachen eingespielt, an denen neben dem Bauherrn auch der Generalunternehmer und eine Bank beteiligt sind. Die Bank übernimmt dabei eigentliche Treuhandfunktion, indem sie darüber wacht, dass die Zahlungen des Bauherrn nicht in der Tasche des Generalunternehmers verschwinden, sondern vorrangig den am Bau beteiligten Unternehmern direkt zukommen.

[11] *Der Besteller kann sich auch wie in Ziff. 5 Abs. 2 der Vorlage 3 das Recht einräumen lassen, statt an den General- direkt an die Bauunternehmer zu zahlen. Ohne eine solche ausdrückliche Ermächtigung ist dieses Vorgehen des Bestellers aber nicht zulässig. Ohne eine entsprechende Abrede ist der Besteller auch nicht zur gerichtlichen Hinterlegung ermächtigt, denn seine Schuld hat er gegenüber dem Generalunternehmer begründet und es geht ihn nichts an, wie sich dieser mit seinen Subunternehmern auseinandersetzt.*

¹² Nach der gesetzlichen Ordnung hätte der Besteller das Werk sofort nach der Lieferung zu prüfen. Stellt er Mängel fest, hätte er sie unverzüglich beim Unternehmer zu rügen. Die rechtzeitige Prüfung und Mängelrüge sind unabdingbare Voraussetzungen für die Geltendmachung von Mängelrechten.

Der Besteller hat, sofern nicht etwas anderes vereinbart worden ist, die Wahl, welche Ansprüche er aus dem Vorliegen von Mängeln ableiten will. Bei untergeordneten Mängeln, die die Tauglichkeit des Werkes zum vorausgesetzten Gebrauch nicht grundsätzlich in Frage stellen, ist er berechtigt, nach seiner Wahl entweder Nachbesserung oder Ersatz des Minderwertes zu verlangen. Nur wenn sich das Werk als völlig mangelhaft erweist, kann er vom Vertrag zurücktreten (Wandelung). Mängelrechte stehen dem Besteller nur ein Jahr lang nach Ablieferung zu; bei Bauwerken während fünf Jahren.

Die Parteien können diese gesetzliche Ordnung der Mängelrechte abändern. Dies geschieht z. B. durch die Übernahme der SIA-Norm 118 (Ausgabe 1977/1991) oder durch eine Vereinbarung, wie sie sich in Vorlage 3 Ziff. 7 findet.

Der Generalunternehmer hat darauf zu achten, dass seine Mängelrechte gegenüber seinen Unternehmern und Lieferanten von Apparaten etc. mit jenen des Bauherrn übereinstimmen. Ohne spezielle Regelung wird nämlich davon ausgegangen, dass die Garantiefrist für jeden Bauteil mit dessen Ablieferung zu laufen beginnt. Ferner bestehen für dem Generalunternehmer gelieferte Apparate in der Regel nur einjährige Gewährleistungsfristen gemäss Kaufrecht und Pflichten zu sofortiger Prüfung und Rüge nach Lieferung.

¹³ Normalerweise sind Forderungen am Wohnort des Schuldners gerichtlich durchzusetzen. Soll davon abgewichen werden, haben dies die Parteien schriftlich zu vereinbaren. Eine Gerichtsstandsklausel in einem Vertrag muss vom normalen Text durch Fettdruck oder Unterstreichung hervorgehoben werden und sollte stets unmittelbar vor den Unterschriften stehen.

Der Auftrag

Das Wichtigste in Kürze

Der Beauftragte verpflichtet sich, jemandem eine bestimmte Dienstleistung zu erbringen. Der Auftrag ist ein zweiseitiges, entgeltliches oder unentgeltliches Rechtsverhältnis.

Der Beauftragte schuldet nicht einen bestimmten Erfolg, sondern ein Tätigwerden. Der Anwalt beispielsweise muss den Prozess führen; dass er ihn auch zu gewinnen hat, liegt ausserhalb seiner vertraglichen Verpflichtung.

Der Auftrag kann jederzeit einseitig widerrufen werden.

Wesen des Auftrages	Der Auftrag ist ein sogenannter Geschäftsbesorgungsvertrag. Der Auftraggeber überlässt die Art und Weise der Erledigung weitgehend dem oft spezialisierten Beauftragten. Nach schweizerischem Recht ist der Auftrag nicht automatisch ein entgeltlicher Vertrag, wenn auch nicht zu verkennen ist, dass die im Geschäftsleben erteilten Aufträge praktisch ausschliesslich gegen Entgelt ausgeführt werden. Das Auftragsverhältnis ist die typische Rechtsform, in welcher die sogenannten freien Berufe (Arzt, Anwalt, teilweise Architekt usw.) tätig sind.

Anders als beim Arbeitsvertrag besteht beim Auftrag kein Unterordnungsverhältnis. Vom Werkvertrag unterscheidet den Auftrag, dass nicht ein bestimmtes Resultat, sondern nur sorgfältiges Tätigwerden geschuldet ist. Aber auch andere Dienstleistungen wie z. B. EDV-Beratung, Software-Support, Treuhand, Schulung etc. unterstehen weitgehend dieser Rechtsform. |
Unterarten	Vom Auftrag sind eine ganze Zahl anderer Verträge abgeleitet, so der Mäklervertrag, der Agenturvertrag (s. separates Kapitel), die Kommission und der Frachtvertrag. Bei allen diesen Verträgen gelten die Gesetzesbestimmungen über den Auftrag, sofern nicht besondere Bestimmungen der betreffenden Vertragsart existieren.
Form	Der Auftrag ist formlos gültig. Trotzdem empfehlen sich schriftliche Vereinbarungen. Gerade beim Mäklervertrag, aber selbstverständlich auch bei den übrigen Unterarten des Auftrages, lassen sich durch klare schriftliche Regelung Auseinandersetzungen vermeiden.
Übernahme von vorgeformten Vertragsbestimmungen	Speziell im Bereich des Architektenvertrages besteht die verbreitete Meinung, die vom Schweizerischen Ingenieur- und Architektenverein herausgegebene SIA-Norm 102 bringe eine allgemeine Usanz zum Ausdruck. Das ist indes klar nicht der Fall. Die SIA-Norm 102 wie auch andere vorgeformte Geschäftsbedingungen gelten nur, wenn und soweit sie zum Vertragsbestandteil erhoben worden sind. Allerdings genügt auch die mündliche Übernahme, ja sogar die stillschweigende Übernahme kann in Frage kommen. Auch hier ist es empfehlenswert, durch eine schriftliche Einigung Klarheit zu schaffen.

Der Auftraggeber hat dem Beauftragten alle Auslagen zu ersetzen, die diesem in richtiger Auftragserfüllung entstanden sind. Soweit verabredet oder üblich, schuldet er ihm zudem ein Entgelt.

Pflichten des Auftraggebers

Das Auftragsverhältnis ist ohne gegenseitiges Vertrauen nicht denkbar. Das Gesetz sieht deshalb vor, dass jede Partei das Vertragsverhältnis ohne Grundangabe jederzeit mit sofortiger Wirkung auflösen kann (Art. 404 OR). Es ist nicht zulässig, für den Fall der Kündigung eine Konventionalstrafe zu vereinbaren. Nur wenn die Kündigung zur Unzeit erfolgt, ist Schadenersatz geschuldet, der indes nie den entgangenen Gewinn, sondern nur den dadurch entstandenen Schaden deckt. Kündigt der Beauftragte zur Unzeit, kann der Schaden allerdings sehr hoch sein, so z. B. wenn ein Anwalt sein Mandat unmittelbar vor Fristablauf niederlegt und der Klient keinen neuen Vertreter mehr mit der Interessenwahrung beauftragen kann.

Jederzeitige Kündigung

Der einfache Auftrag wird in Art. 394–406 OR geregelt, die Sonderformen Kreditbrief und Kreditauftrag in Art. 407–411 OR, Mäklervertrag in Art. 412–418 OR sowie der Agenturvertrag (s. separates Kapitel) in Art. 418–418v OR. Für weitere, dem einfachen Auftrag verwandte Verträge finden sich Spezialregelungen in den Art. 425–438 (Kommission), 439 (Speditionsvertrag) und 440–457 OR (Frachtvertrag).

Gesetzliche Regelung

Vorlage 1 für einen Auftrag zur Erledigung einer Beanstandung (in Korrespondenzform)[1]

Herrn Paul Hofmann
Treuhandbüro
Luzern

Sehr geehrter Herr Hofmann

Bezugnehmend auf unsere telefonische Besprechung[1] von heute erteile ich Ihnen hiermit den Auftrag, meine Interessen gegenüber der Firma Mitchau AG, Luzern, wahrzunehmen. Sie finden beiliegend das Dossier über die von der Firma beanstandete Lieferung, dem Sie alles weitere entnehmen können.[2] Ich bin überzeugt, dass Sie mit mir der Ansicht sind, dass die Beanstandung zu Unrecht erfolgt ist und dass meine Forderung voll und ganz berechtigt ist. Hoffentlich gelingt es Ihnen, die baldige Bezahlung meiner Forderung ohne Zuhilfenahme des Gerichtes zu bewirken. Gleichzeitig bestätige ich noch Ihre telefonische Erklärung, dass Sie Ihre Bemühungen nach der aufgewendeten Zeit berechnen werden und dabei von einem Stundenansatz von Fr. 120.– ausgehen.[3]

Mit freundlichen Grüssen

Vorlage 2 für einen Auftrag zur laufenden Besorgung der Buchhaltung und des Inkassos

Herr *Josef Gut*, Kaufmann, Littaustrasse 334, Luzern, und Herr *Paul Hofmann*, Treuhandbüro, Grendelgasse 22, Luzern, vereinbaren, dass Herr Gut dem Treuhandbüro Hofmann das Führen seiner Geschäftsbuchhaltung und das Inkasso seiner Debitoren nach Massgabe folgender Bestimmungen überträgt:

1. Die Buchhaltung verbleibt in den Geschäftsräumen des Herrn Gut. Jeden Montag wird Herr Hofmann entweder selbst[4] in das Geschäft des Herrn Gut kommen oder einen absolut vertrauenswürdigen, fachkundigen Mitarbeiter schicken, um die Buchführung für die vergangene Woche zu besorgen. Die Monatsabschlüsse sind jeweils direkt im Anschluss an die Buchungen für die letzte Woche des Monats zu erstellen, der Jahresabschluss bis Ende Januar des folgenden Jahres.

2. Der Inkassoauftrag umfasst alle diejenigen Forderungen, welche nicht innert der Verfallzeit oder auf erste Mahnung hin binnen Monatsfrist eingehen. Herr Hofmann wird zunächst versuchen, durch geeignete Mittel diese Forderungen gütlich einzubringen. Gelingt dies binnen dreier Monate nicht, so ist er beauftragt, die nötigen Betreibungshandlungen und gegebenenfalls die gerichtlichen Schritte einzuleiten und durchzuführen. Herr Gut erteilt ihm insoweit Vollmacht, auf Kosten von Herrn Gut nötigenfalls einen Anwalt beizuziehen.[5] Besondere Instruktionen im Einzelfall über rascheres Vorgehen oder längere Stundung oder über Vornahme oder Unterlassung rechtlicher Schritte bleiben vorbehalten.

3. Für seine Tätigkeit steht dem Treuhandbüro Hofmann folgendes Honorar zu:
   – Für das Führen der Buchhaltung gemäss Ziff. 1 eine Monatspauschale von Fr. ... zuzüglich Fr. ... für den Jahresabschluss. Sind im Jahr mehr als total ... Buchungen auszuführen, so ist nach Erstellen des Jahresabschlusses für je

... zusätzliche Buchungen eine Nachzahlung von Fr. ... zu leisten.
- Für das Überwachen der Debitoren monatlich ein fester Betrag von Fr. ..., ferner von allen zum Inkasso übernommenen Forderungen,[6] ohne Rücksicht auf ihren tatsächlichen Eingang, 5% der Forderungen zuzüglich die Barauslagen für Betreibungskosten, Porti, Telefon und Wegspesen. Allfällige Anwaltsrechnungen sind von Herrn Gut direkt zu bezahlen.

Über Honorar und Spesen und die einkassierten Beträge rechnet das Treuhandbüro Hofmann monatlich ab.[7]

4. Die Tätigkeit des Treuhandbüros Hofmann beginnt am 1. Januar 19.. Dieser Vertrag wird auf unbestimmte Zeit abgeschlossen und kann jederzeit von einer Vertragspartei auf drei Monate gekündigt werden.[8]

Ort, Datum und Unterschriften

Vorlage 3 für einen Mäklervertrag für den Verkauf einer Liegenschaft

Herr *Oskar Gut*, Berglieweg 3, Othmarsingen, und *Remigius Pfister*, Immobilientreuhand, Brugg, vereinbaren hiermit was folgt:

1. Herr Gut beauftragt Herrn Pfister, ihm für seine Liegenschaft Burchstrasse 34 in Luzern Käufer zu vermitteln.

2. Herr Pfister hat die Vertragsverhandlungen zu führen mit dem Ziel, den bestmöglichen Preis zu erzielen. Der Mindestverkaufspreis beträgt Fr. . . . Handänderungs- und Fertigungskosten soll der Käufer tragen, die Grundstückgewinnsteuer geht zu Lasten des Verkäufers.

3. Der Auftrag wird auf ein Jahr von heute an gerechnet fest erteilt.[8, 9] Kommt in dieser Zeit ein Verkauf zustande, so erhält Herr Pfister eine Provision von 2% auf den Mindestverkaufspreis und 10% von einem allfälligen Mehrerlös.[10] Diese Abrede gilt auch dann, wenn das Haus innert dieser Frist von Herrn Gut ohne Mitwirkung des Herrn Pfister, verkauft wird.[11] Lehnt Herr Gut einen ihm von Herrn Pfister vermittelten zahlungsfähigen Käufer ab, so hat er ihm in jedem Fall die Aufwendungen für die Gewinnung dieses Käufers zu vergüten.[12]

Ort, Datum und Unterschriften

Vorlage 4 für einfache Nachweismäkelei

Herr *Oskar Gut*, Bergliweg 3, Othmarsingen, verspricht hiermit Herrn *Remigius Pfister*, Immobilientreuhand, Brugg, eine Provision von 2% des Verkaufspreises zu zahlen, wenn der Verkauf der Liegenschaft Burchstrasse 34 in Luzern an einen von Herrn Pfister nachgewiesenen Käufer zustande kommt. Wurde der Käufer auch von weiteren Mäklern nachgewiesen oder vermittelt, gegenüber denen Herrn Gut eine Provisionspflicht trifft, so reduziert sich der Provisionsanspruch entsprechend der Anzahl provisionsberechtigter Mäkler auf einen Bruchteil von 2% des Verkaufspreises.[13] Die Provision wird fällig innert 10 Tagen nach Übertragung des Eigentums an den nachgewiesenen Käufer.[9]

Othmarsingen, den ...   sig. Oskar Gut

Vorlage 5 für eine Verkaufskommission

Kaspar Finger, Goldschmied, Sempach und *Rosy Mayer*, Boutique 41, Emmenbrücke, schliessen folgenden Vertrag ab:

1. Kaspar Finger stellt seit Jahren nach eigenen Entwürfen Modeschmuck aus verschiedensten Materialien her. Rosy Mayer beabsichtigt, in der Boutique 41 in separaten, von ihr gestellten Vitrinen Schmuckstücke auszustellen und zu verkaufen.

2. Kaspar Finger beauftragt hiermit Rosy Mayer, von ihm laufend gelieferte Schmuckstücke der Preislage Fr. 500.– bis Fr. 3'000.– pro Stück in Kommission zu nehmen und sie auf seine Rechnung zu verkaufen.[14]

3. Rosy Mayer hat die jeweils auf den Schmuckstücken angegebenen Preise einzuhalten.[15] Verkäufe auf Kredit sind ihr untersagt.[16]

4. Kaspar Finger vergütet Rosy Mayer eine Provision[17] von ...% des erzielten Umsatzes. Damit sind alle Bemühungen von Frau Mayer im Rahmen dieses Vertrages abgegolten.[18] Die gleiche Provision steht ihr auch bei Eigenbezügen zu.[19]

5. Rosy Mayer verpflichtet sich, den bestehenden Versicherungsschutz gegen Feuer und Diebstahl auf eigene Kosten[17] um Fr. 20'000.– zu erhöhen. Ferner verpflichtet sie sich, monatlich über die Verkäufe abzurechnen; dabei ist sie berechtigt, vom Verkaufserlös ihre Provision direkt in Abzug zu bringen. Die Abrechnung und die Überweisung des verbleibenden Verkaufserlöses ist bis zum 10. des jeweiligen Folgemonats vorzunehmen.[7]

6. Die in der Boutique 41 zur Ausstellung gelangenden Schmuckstücke bleiben bis zum Verkauf im Eigentum von Kaspar Finger. In jeder Vitrine ist ein von ihm geliefertes Namensschildchen gut sichtbar zu plazieren.[20]

Kaspar Finger ist berechtigt, dem Vermieter des Ladenlokals anzuzeigen, dass die ausgestellten Schmuckstücke Kommissionsgut sind. Frau Mayer verpflichtet sich überdies, bei einer allfälligen amtlichen Beschlagnahme (Pfändung, Konkursbeschlag, Arrest oder Retention) auf das Eigentumsrecht von Herrn Finger hinzuweisen und ihn umgehend von dieser Massnahme in Kenntnis zu setzen.[20]

7. Kaspar Finger oder sein von ihm beauftragter Treuhänder sind berechtigt, jederzeit die Richtigkeit und die Vollständigkeit der periodischen Abrechnung zu überprüfen.

Ort, Datum und Unterschriften

Aufträge

Kommentar zu den Vorlagen 1—5

1 *Aufträge werden oft in einem Brief oder mündlich erteilt. Auch ohne vorangehendes Telefongespräch kommt der Auftrag ohne förmliche Annahme zustande, wenn er einer Person erteilt wird, die sich gewerbsmässig mit Geschäften dieser Art befasst (Art. 395 OR).*

2 *Die genaue Umschreibung des Auftrages ist nicht immer einfach. In Vorlage 1 wird auf das Dossier verwiesen. Ohne eine weitere Instruktion wird der Treuhänder aber nicht auskommen. Der Beauftragte muss sich allerdings selber darum bemühen, dass die von ihm erkannten Unklarheiten ausgeräumt werden.*

3 *Das Honorar ist nicht etwa davon abhängig, ob die Anstrengungen des Beauftragten erfolgreich sind oder nicht. Es gibt allerdings Berufszweige, in denen ein volles Honorar nur für den Erfolgsfall vereinbart wird.*
   Im übrigen gilt, dass ein Honorar geschuldet ist, wenn es wie in Vorlage 1 vereinbart worden ist oder wenn die Honorierung für derartige Aufträge allgemein üblich ist (Art. 394 Abs. 3 OR). Das trifft namentlich für alle Geschäftsbesorgungen zu, die jemand gewerbsmässig übernimmt. Wird der Auftrag nach Prüfung der eingereichten Unterlagen nicht angenommen, kann der Treuhänder für seine Beurteilung (z. B. weil er zur Einsicht gelangt, der Fall sei hoffnungslos) gleichwohl ein Honorar verlangen. Ersatz für Barauslagen kann auch ohne spezielle Vereinbarung verlangt werden (Art. 402 Abs. 1 OR).

4 *Ohne die in Vorlage 2 vorgesehene ausdrückliche Ermächtigung, sich durch einen qualifizierten Mitarbeiter vertreten zu lassen, müsste Hofmann die Buchhaltung stets selber besorgen, denn bei einer derart vertraulichen Angelegenheit wie einer Buchhaltung kann eine Vertretung kaum als übungsgemäss betrachtet werden (s. dazu Art. 398 Abs. 3 und 399 OR).*

5 *Der Auftraggeber ist gehalten, die erforderlichen Instruktionen zu erteilen. Daran ist der Beauftragte gebunden; hält er sie für*

unzweckmässig, muss er den Auftraggeber darauf hinweisen. Der vorgesehene Beizug eines Anwaltes ist ein Anwendungsfall zulässiger Übertragung des Auftrages auf einen Dritten im Sinne von Art. 399 Abs. 2 OR.

6 *Das Honorar des Beauftragten ist unabhängig vom Erfolg seiner Bemühungen geschuldet. Deshalb sieht die Vorlage vor, dass das Honorar auf alle Debitoren geschuldet ist, die gemäss Ziff. 2 unter den Vertrag fallen, auch wenn sie schliesslich nicht eingetrieben werden können.*

7 *Der Beauftragte ist nach Gesetz verpflichtet, auf Verlangen jederzeit über seine Geschäftsführung abzurechnen. Die in Vorlage 2 getroffene vertragliche Regelung periodischer Abrechnung geht der allgemeinen Gesetzesbestimmung vor. Ferner ist er verpflichtet, einkassierte Gelder sofort abzuliefern, ansonsten er sie zusätzlich auch noch verzinsen muss (Art. 400 Abs. 2 OR). Soweit die einkassierten Gelder nicht mit dem Vermögen des Beauftragten vermischt werden, hat der Auftraggeber in dessen Konkurs ein Aussonderungsrecht (Art. 401 Abs. 3 OR).*

8 *Trotz einer Kündigungsfrist oder einer festen Vertragsdauer kann der Auftraggeber jederzeit den Auftrag widerrufen. Dies ist eine Konsequenz des besonderen Vertrauensverhältnisses, das dem Auftrag normalerweise zugrunde liegt. Oftmals ist es jedoch wünschbar, dass die Parteien freiwillig die vereinbarten Kündigungsfristen einhalten, damit der Vertragspartner neu disponieren kann. Erfolgt der Widerruf aber zur Unzeit und ohne dass der Beauftragte seine Pflichten verletzt hätte, so hat er ihm den daraus entstehenden Schaden zu ersetzen. Auch dem Beauftragten steht das Recht zum vorzeitigen Rücktritt zu, unter Umständen mit entsprechender Schadenersatzpflicht.*

9 *Es besteht keine Verpflichtung des Auftraggebers, den vom Mäkler vermittelten Käufer zu akzeptieren. Behält der Auftraggeber seine Liegenschaft, schuldet er auch keinen Mäklerlohn. Ohne entsprechende Zusicherung schuldet der Auftraggeber dem Mäkler namentlich auch keine Unkostenentschädigung. Der*

Auftraggeber kann sich allerdings nicht damit vor der Bezahlung der Provision drücken, indem er zuwartet, bis die vereinbarte Vertragszeit abgelaufen ist, um erst danach mit dem vom Mäkler vermittelten Käufer abzuschliessen.

Umgekehrt besteht auch keine Verpflichtung des Mäklers, überhaupt tätig zu werden. Anders nur beim Exklusivmäkler, der zufolge der Ausschliesslichkeitsabrede mit seiner Untätigkeit den Verkauf blockieren könnte.

[10] *Die üblichen Provisionssätze auf dem Liegenschaftenmarkt variieren stark je nach Objekt und Ort. Ein übersetzter Mäklerlohn kann vom Richter herabgesetzt werden (Art. 417 OR). Es ist aber durchaus zulässig, den Honoraranspruch wie in Vorlage 3 in zwei Schritten zu berechnen, denn der Auftraggeber hat alles Interesse daran, einen möglichst hohen Preis zu erzielen; dass er hiefür für den Mäkler einen besonderen Anreiz schafft, ist somit gerechtfertigt. Kaum richterlich herabgesetzt werden dürften Ansätze von 3% bei Bauland oder 2% bei überbauten Grundstücken. Geht es um geringe Beträge, so können höhere Ansätze gerechtfertigt sein.*

[11] *Diese Abrede ist im Interesse des Mäklers in den Vertrag aufgenommen worden. Von Gesetzes wegen (Art. 413 Abs. 1 OR) stehen dem Mäkler keine Ansprüche an den Auftraggeber zu, wenn der Auftraggeber selber oder über einen andern Mäkler einen Käufer findet. Oft unternimmt der Mäkler aber umfangreiche Bemühungen (z. B. Erstellen einer Dokumentation, Inserate), die sich bei einem Direktverkauf plötzlich als fruchtlos erweisen.*

[12] *Weil der Verkäufer seine volle Freiheit bewahrt, geht der Mäkler leer aus, wenn der Auftraggeber einen vermittelten Käufer nicht akzeptiert. In Vorlage 3 ist in Abänderung von Art. 413 Abs. 3 OR wenigstens ein Verwendungsersatz vorgesehen, damit der Mäkler seine Spesen decken kann.*

[13] *Ohne diese Klausel läuft der Auftraggeber Gefahr, gegenüber jedem Mäkler voll provisionspflichtig zu werden.*

14 Der Kommissionsvertrag ist eine Unterart des Auftrags. Gegenstand des zu besorgenden Geschäftes ist entweder ein Kauf oder ein Verkauf. Das Gesetz spricht dementsprechend von Einkaufs- und Verkaufskommission (Art. 425 OR).

Für das Kommissionsverhältnis ist charakteristisch, dass der Beauftragte (Kommissionär) in eigenem Namen handelt, aber auf Rechnung des Auftraggebers (Kommittent). Die Bank kauft an der Börse in eigenem Namen, aber ausschliesslich auf Risiko und Rechnung des auftraggebenden Kunden.

Kommission liegt auch vor, wenn ein Goldschmied in einer Kleiderboutique Schmuckstücke verkaufen lassen will. Der Boutiquebetreiber wird ihm regelmässig die Einzelkunstwerke nicht im voraus abkaufen und auf sein eigenes Risiko hin zu verkaufen suchen. Er wird sich aber bereit erklären, gegen Bezahlung einer Provision im Erfolgsfall Schmuckstücke auf Rechnung des Goldschmieds zu verkaufen. Vorlage 5 gibt hiefür ein Beispiel.

15 Typischerweise setzt der Auftraggeber bei der Verkaufskommission den Verkaufspreis fix fest. Es gibt aber auch Kommissionsverhältnisse, bei denen die Preisvorgabe des Auftraggebers lediglich als Minimalpreis zu verstehen ist, der nicht unterschritten werden darf. Der Mehrpreis ist dem Auftraggeber zu vergüten (Art. 428 Abs. 3 OR). Im Börsenhandel lautet der Auftrag regelmässig auf Abschluss zu den bestmöglichen Konditionen, meist verbunden mit einer Limite.

16 Dies entspricht Art. 429 OR. Danach ist der Kommissär mangels gegenteiliger Abrede oder Übung nicht befugt, bei der Verkaufskommission Kredit zu gewähren. Tut er dies gleichwohl, handelt er auf eigenes Risiko, und muss sofort nach dem (Kredit)-Verkauf den Verkaufspreis abzüglich der Provision abliefern, also dem Auftraggeber gegenüber selber bevorschussen.

17 Die Kommission ist ein entgeltlicher Auftrag. Die Provision ist geschuldet, wenn das entsprechende Geschäft zur Ausführung gekommen ist. Nur ausnahmsweise ist das Entgelt ganz oder teilweise auch dann geschuldet, wenn die Ausführung unterbleibt (vgl. Art. 432 OR).

[18] Als Auftragnehmer hat der Kommissionär Anspruch auf Ersatz seiner Auslagen, die er im Interesse des Auftraggebers hatte. Würde die Boutique-Inhaberin die Schmuckstücke gegen Diebstahl versichern, ohne dass sie durch den Vertrag dazu verpflichtet wäre (eine gesetzliche Versicherungspflicht besteht nicht, Art. 426 Abs. 2 OR), dann könnte sie die Versicherungsprämien als Auslagenersatz zusätzlich zu allfälligen Provisionsansprüchen verlangen. Das Gesetz schliesst allerdings ausdrücklich aus, dass Lohnkosten eigener Arbeitnehmer weiterbelastet werden dürfen (Art. 431 Abs. 2 OR).

[19] Wenn das Kommissionsgut einen festen Preis hat oder ein Markt- oder Börsenpreis besteht, dann ist der Kommissionär ohne gegenteilige Vereinbarung berechtigt, den Vertrag mit sich selber als Selbstkontrahent abzuschliessen (Art. 436 OR). Selbstkontrahieren ist aber wegen des Interessenkonflikts immer heikel. Es empfiehlt sich deshalb, diese Frage im Vertrag ausdrücklich zu regeln. Die Kommission ist auch beim Selbsteintritt geschuldet.

[20] Der Auftraggeber gibt sein Eigentum am Kommissionsgut mit dessen Übergabe an den Kommissionär nicht auf. In einer Zwangsvollstreckung gegen den Kommissionär kann er deshalb die Kommissionsware wieder an sich ziehen. Das Retentionsrecht des Vermieters kann er allerdings nur abwenden, wenn er diesen vor Lieferung des Kommissionsgutes an den Kommissionär benachrichtigt. In Vorlage 5 werden durch das Hinweisschild wenigstens im Ladenlokal die Eigentumsverhältnisse publik gemacht.

Im umgekehrten Fall der Einkaufskommission hat der Kommittent im Konkurs des Kommissionärs gestützt auf Art. 401 Abs. 3 OR ebenfalls ein Aussonderungsrecht.

Der Agenturvertrag

Das Wichtigste in Kürze

Der Agent vermittelt für einen Auftraggeber Geschäfte oder schliesst solche im Namen und auf Rechnung des Auftraggebers ab. Agent und Auftraggeber stehen in einem Dauerschuldverhältnis.

Der Agent ist selbständiger Kaufmann, nicht Angestellter oder Handelsreisender.

Der Auftraggeber schuldet dem Agenten für die vermittelten oder abgeschlossenen Geschäfte Provisionen. Der Agent ist verpflichtet, die Geschäfte des Auftraggebers möglichst zu fördern.

Der Agenturvertrag kann grundsätzlich formlos abgeschlossen werden. Zahlreiche Einzelbestimmungen sind indessen nur schriftlich gültig. Er kann nur unter Einhaltung einer Kündigungsfrist aufgelöst werden.

Wesen des Agenturvertrages	Mit dem Agenturvertrag verpflichtet sich der Agent, dauernd für einen Auftraggeber Geschäfte zu vermitteln (Vermittlungsagent) oder in dessen Namen und auf dessen Rechnung abzuschliessen (Abschlussagent), ohne aber Arbeitnehmer zu sein. Im Zweifel ist der Agent blosser Vermittlungsagent (Art. 418e OR). Im Unterschied zum Handelsreisenden ist der Agent nicht in eine fremde Betriebsorganisation eingegliedert, sondern selbständig tätig. Im Unterschied zum Mäkler ist er verpflichtet, aktiv zu werden und zwar bezüglich einer beliebigen Anzahl von Geschäften. Der Agenturvertrag ist stets auf Dauer angelegt. Der Kommissionär handelt im Unterschied zum Agenten im eigenen Namen (aber auf fremde Rechnung), der Alleinvertreter in eigenem Namen und auf eigene Rechnung.
Provision	Der Provisionsanspruch entsteht mit dem Abschluss des Geschäfts. Ohne gegenteilige schriftliche Abrede sind auch Folgegeschäfte mit einem vom Agenten geworbenen Kunden provisionspflichtig. Wurde dem Agenten ein Gebiet oder ein Kundenkreis exklusiv zugewiesen, ist die Provision auch auf Geschäften geschuldet, die ohne jedes Zutun des Agenten zustandekommen (Art. 418g OR).
	Ist ein Agent, der nur für einen Auftraggeber tätig sein darf, durch Krankheit o. ä. an seiner Tätigkeit verhindert, schuldet ihm der Arbeitgeber für eine verhältnismässig kurze Zeit angemessenen Provisionsersatz, sofern der Agent mindestens ein Jahr für ihn tätig war. Wird der Agent aus Verschulden des Auftraggebers an seiner Tätigkeit gehindert, ist ihm dieser zum Ersatz der entgangenen Provisionen verpflichtet (Art. 418m OR).
Pflichten des Agenten	Die Hauptpflicht des Agenten liegt in der Förderung der Geschäfte seines Auftraggebers. Dabei hat er die Interessen des Auftraggebers sorgfältig zu wahren. Dessen Geschäftsgeheimnisse darf er auch nach Vertragsbeendigung weder selbst verwerten noch anderen mitteilen. Im Unterschied zum Arbeitnehmer ist er nicht zu persönlicher Tätigkeit verpflichtet, sondern kann neben eigenen Angestellten auch selbständige Unteragenten einsetzen, soweit dies üblich ist (Art. 398 Abs. 3 OR).
Konkurrenzverbot	Die Parteien können entsprechend den Bestimmungen über den Arbeitsvertrag (Art. 340–340c OR) schriftlich ein Konkur-

Agenturvertrag

renzverbot vereinbaren. Im Unterschied zum Arbeitnehmer hat jedoch der Agent einen unabdingbaren Anspruch auf ein besonderes Entgelt, wenn er den Auftraggeber nach Beendigung des Vertrages nicht konkurrenzieren darf (Art. 418d Abs. 2 OR). Damit soll ihm in angemessener Weise der durch das Konkurrenzverbot verursachte Verdienstausfall ersetzt werden.

Ist der Agenturvertrag auf eine bestimmte Zeit abgeschlossen oder geht eine solche aus dem Vertragszweck hervor, endigt der Vertrag ohne Kündigung mit dem Zeitablauf. In allen anderen Fällen kann das Agenturverhältnis im ersten Jahr auf das Ende des nächsten Kalendermonats, danach unter Einhaltung einer Frist von zwei Monaten auf ein Quartalsende gekündigt werden (Art. 418q OR). Aus wichtigen Gründen kann wie beim Arbeitsvertrag jederzeit fristlos gekündigt werden (Art. 418r OR). *Vertragsbeendigung*

Der Agent hat bei Vertragsbeendigung einen unabdingbaren Anspruch auf eine angemessene Entschädigung, sofern er den Kundenkreis zum erheblichen Vorteil des Auftraggebers wesentlich erweitert und die Kündigung nicht selbst zu vertreten hat (Art. 418u OR). Ausnahmen sind allerdings möglich, wenn die Leistungen des Auftraggebers während des Vertragsverhältnisses besonders grosszügig waren. *Kundschaftsentschädigung*

Der Agenturvertrag ist in den Art. 418a–418v OR geregelt. Soweit sich dort keine besonderen Bestimmungen finden, sind auf den Vermittlungsagenten die Vorschriften über den Mäklervertrag (Art. 412–418 OR), auf den Abschlussagenten diejenigen über die Kommission (Art. 425–438 OR) und schliesslich auf beide diejenigen über den einfachen Auftrag (Art. 394–406 OR) anwendbar. *Gesetzliche Regelung*

Vorlage für einen Agenturvertrag

XENON AG, Appenzell, und *Joe's Neon Service*[1], Glarus, schliessen folgenden Agenturvertrag:

1. Agenturverhältnis
   XENON beauftragt Joe's Neon Service exklusiv[2] als Agent im Sinne der Art. 418a ff. OR mit dem Verkauf von Leuchtreklamen System «XENON» im Vertragsgebiet.

2. Vertragsgebiet
   Das Vertragsgebiet erstreckt sich auf die Kantone Glarus, Graubünden (ausgenommen die italienischsprachigen Südtäler und das Münstertal), Schwyz, Uri sowie auf den südlichen Teil des Kantons St. Gallen (in beiliegendem Kartenausschnitt rot schraffiert).

3. Geschäftsabschlüsse
   Der Agent ist berechtigt, im Namen der XENON Kaufverträge für Leuchtreklamen gemäss vorstehend Ziff. 1 abzuschliessen.[3] Er hält sich dabei an die jeweils gültigen Preislisten der XENON und macht deren Allgemeine Vertragsbedingungen zum Vertragsbestandteil der mit den Kunden abgeschlossenen Kaufverträge. Er ist berechtigt, auf den Listenpreisen maximal 5% Rabatt (Grosskunden mit einem Jahresumsatz über Fr. 10'000.– bis 10% Rabatt) sowie 2% Skonto bei Zahlung innert 30 Tagen zu gewähren. Hingegen ist er nicht berechtigt, Zahlungen entgegenzunehmen oder Zahlungsfristen einzuräumen.[4]

   Der Agent übermittelt die abgeschlossenen Verträge unverzüglich der Auftraggeberin, welche die Herstellung und Montage der Leuchtreklamen ohne Mitwirkung des Agenten ausführt.

Variante zu Ziff. 3 für den Vermittlungsagenten:

3. Vermittlungstätigkeit
   Der Agent ist lediglich zur Vermittlung von Geschäften und

nicht zum Vertragsabschluss im Namen der XENON ermächtigt. Er hält sich bei den Vertragsverhandlungen an die jeweils gültigen Preislisten, Maximalrabatte und Allgemeinen Vertragsbedingungen der XENON.

4. Pflichten des Agenten

a) Der Agent hat die Interessen der Auftraggeberin mit der Sorgfalt eines ordentlichen Kaufmanns zu wahren. Er fördert nach Kräften den Absatz der XENON-Produkte und befolgt im Rahmen dieses Vertrages die Weisungen der Auftraggeberin.[5]

b) Der Agent berichtet quartalsweise über die Geschäftsentwicklung, insbesondere über Verkaufszahlen, Kundensolvenz und -reaktionen, allfällige Produkteprobleme sowie die Markt- und Konkurrenzsituation.[5]

c) Der Agent verpflichtet sich, in seinem Vertragsgebiet in den lokalen Medien auf eigene Kosten Werbung mit einem Mindestbudget von Fr. .... pro Jahr zu betreiben, welche nach den Vorgaben der Auftraggeberin auf deren nationale Werbekampagnen abzustimmen ist. Er verpflichtet sich ferner, jährlich an mindestens vier Messen in seinem Vertragsgebiet mit einem Werbe- oder Verkaufsstand präsent zu sein.

d) Der Agent darf für maximal vier weitere Auftraggeber tätig sein, soweit deren Produkte diejenigen der Auftraggeberin nicht konkurrenzieren.[6]

e) Der Agent darf nur mit schriftlicher Zustimmung der Auftraggeberin Unteragenten einsetzen.[7]

f) Der Agent verpflichtet sich, Geschäftsgeheimnisse (wie Kundenlisten, Bezugsquellen, Kalkulationsgrundlagen, technisches Know-how etc.) der Auftraggeberin weder Dritten zugänglich zu machen noch ausserhalb dieses Vertrages zu seinem eigenen Vorteil zu verwerten. Diese Geheimhaltungspflicht gilt auch nach Beendigung dieses Vertrages. Der Agent ist dafür besorgt, dass seine allfälligen

Arbeitnehmer diese Geheimhaltungspflicht während und nach Beendigung des Arbeitsverhältnisses ebenfalls beachten. Jede Verletzung zieht je einzeln eine Konventionalstrafe von Fr. 30'000.– nach sich; der Ersatz weiteren Schadens bleibt vorbehalten.

g) Der Agent verpflichtet sich, für die von ihm abgeschlossenen und von der Auftraggeberin ordnungsgemäss erfüllten Geschäfte die ungedeckten Betreibungs- und Rechtsöffnungskosten zur Einbringung der Kundenforderungen sowie zu einem Anteil von 65% des Listenpreises die Delcredere-Haftung zu übernehmen.[8]

5. Pflichten der Auftraggeberin

a) Die Auftraggeberin verpflichtet sich, alles zu tun, um dem Agenten eine erfolgreiche Tätigkeit zu ermöglichen. Sie stellt ihm die dazu notwendigen Informationen, Unterlagen, Werbemittel und Musterkollektionen zur Verfügung und führt ihn sorgfältig in die Besonderheiten ihrer Produktepalette ein.

b) Die Auftraggeberin verpflichtet sich, dem Agenten für alle während der Vertragszeit mit Kunden seines Agenturgebietes abgeschlossenen Geschäfte eine Provision von 21.5% des Listenpreises zu bezahlen.[9] Geschäftsabschlüsse mit Kunden ausserhalb des Vertragsgebietes sind nur ausnahmsweise zu tätigen und grundsätzlich nicht provisionspflichtig, doch kann die Auftraggeberin bei besonderen Umständen Ausnahmen bewilligen und eine Teilprovision auszahlen.[10]

Variante für den Vermittlungsagenten ohne Exklusivagentur:

b) Die Auftraggeberin verpflichtet sich, dem Agenten für alle Geschäfte, die er während der Vertragszeit vermittelt hat, eine Provision von 23% auf den Listenpreisen (abzüglich vom Agenten ausgehandelte Rabatte) zu bezahlen. Rechnungszuschläge für Steuern, Fracht-, Zoll-, Versicherungs- und Montagekosten sowie vom Auftraggeber gewährte Skontoabzüge sind ausser Acht zu lassen.[10] Die Provision für Geschäfte, an deren Vermittlung oder Abschluss der Agent nicht mitgewirkt hat, wird auf 10% festgesetzt, auch wenn er den betreffenden Kunden ursprünglich angeworben hat.[11]

Der Provisionsanspruch entsteht, sobald das Geschäft mit dem Kunden rechtsgültig abgeschlossen ist. Die Provision wird auf das übernächste Monatsende ab Geschäftsschluss fällig.[12]

Die Auftraggeberin stellt dem Agenten auf jeden Fälligkeitstermin (Monatsende) eine Provisionsabrechnung, eine Aufstellung der von ihr direkt oder von Dritten im Agenturgebiet abgeschlossenen Geschäfte sowie eine Aufstellung der überfälligen Kundenforderungen sowie der entsprechenden Zwangsvollstreckungsmassnahmen zu.[13]

c) Die Auftraggeberin verpflichtet sich, dem Agenten für die Übernahme des Delcredere-Risikos eine Zusatzprovision von 2% des Listenpreises derjenigen Geschäfte zu leisten, für die er die Delcredere-Haftung übernommen hat. Entstehung und Fälligkeit dieser Zusatzprovision richten sich nach Ziff. 5 b) hievor.[8]

d) Der Agent hat keinen Anspruch auf Ersatz der ihm aus der Vertragserfüllung erwachsenden Kosten und Auslagen.[14]

Variante für den Alleinagenten:

e) Ist der Agent ohne eigenes Verschulden an seiner Tätigkeit verhindert, so verpflichtet sich die Auftraggeberin, ihm nach Ablauf eines Jahres ab Vertragsbeginn für eine angemessene Zeit 75% des Verdienstausfalls (Durchschnitt der Provisionszahlungen des letzten ganzen Kalenderjahres) zu ersetzen. Als angemessene Zeit gilt im zweiten Vertragsjahr eine Dauer von total vier Wochen, danach pro Vertragsjahr eine Woche mehr.[15]

6. Vertragsdauer und -beendigung

a) Dieser Vertrag tritt per 1.7.19.. in Kraft und kann mit einer Kündigungsfrist von 1 Jahr jeweils auf das Jahresende gekündigt werden, frühestens aber auf den 31.12.19.... Eine Kündigung aus wichtigen Gründen bleibt vorbehalten.[16]

b) Die Vertragsparteien verpflichten sich, bei Vertragsbeendigung der anderen Partei unter dem Vorbehalt des Retentionsrechtes gemäss Art. 418o OR alles herauszugeben, was sie von dieser oder von Dritten für deren Rechnung erhalten haben.[17]

c) Wird der Vertrag aus einem Grund aufgelöst, den nicht der Agent zu vertreten hat, so hat er unter den Voraussetzungen des Art. 418u OR bei Vertragsende Anspruch auf eine angemessene Entschädigung für die Kundschaft.[18]

7. Konkurrenzverbot
Der Agent verpflichtet sich, während zwei Jahren nach Beendigung dieses Vertrages im Agenturgebiet jede konkurrenzierende Tätigkeit zu unterlassen, sei es als Agent, Arbeitnehmer oder Beteiligter einer mit der Auftraggeberin im Beleuchtungsbereich in Konkurrenz stehenden Unternehmung. Bei Zuwiderhandlung gegen das Konkurrenzverbot verpflichtet sich der Agent zur Bezahlung einer Konventionalstrafe von Fr. 50'000.– für jede Übertretung je einzeln. Die Bezahlung der Konventionalstrafe befreit den Agenten nicht von der weiteren Einhaltung des Konkurrenzverbotes. Auch bei Bezahlung der Konventionalstrafe kann die Auftraggeberin weiterhin die Einhaltung des Konkurrenzverbotes einschliesslich der Beseitigung des vertragswidrigen Zustandes sowie den Ersatz weiteren Schadens verlangen.

Der Agent hat während der Dauer dieses Konkurrenzverbotes Anspruch auf eine Entschädigung im Umfange von 15% der im letzten Vertragsjahr bezahlten Provisionen. Weist der Agent nach, dass ihm das Konkurrenzverbot die Erzielung eines Ersatzverdienstes durch Ausübung einer zumutbaren anderen Erwerbstätigkeit verunmöglicht, so erhöht sich sein Entschädigungsanspruch angemessen bis maximal zu dem im letzten Vertragsjahr aus der Agentur erzielten Nettoeinkommen.[19] Die Auftraggeberin kann das Konkurrenzverbot mit einer Kündigungsfrist von drei Monaten jederzeit kündigen.[20]

8. Gerichtsstand
   Für Streitigkeiten aus diesem Vertrag sind *ausschliesslich die Gerichte am Geschäftssitz der Auftraggeberin zuständig*.[21]

Ort, Datum, Unterschriften

Anhang: Plan Agenturgebiet

Kommentar zur Vorlage

¹ Der Agent hat sich mit der Aufnahme seiner Tätigkeit unabhängig von der Höhe seiner Einnahmen im Handelsregister eintragen zu lassen (Art. 53 A. Ziff. 3 HRV; s. a. Art. 934 Abs. 1 OR und Art. 52 Abs. 2 und 54 HRV).

² Das Gesetz vermutet, dass ein dem Agenten zugewiesener Gebietsrayon oder Kundenkreis zu Exklusivität zugewiesen ist; etwas anderes müsste schriftlich vereinbart werden (Art. 418f Abs. 3 OR). Der Exklusivagent hat einen Provisionsanspruch auf allen Geschäften, die mit Kunden seines Gebietes oder Kundenkreises abgeschlossen werden (Art. 418g Abs. 2 OR). Durch schriftliche Vereinbarung könnte z. B. auch ein einzelner Grosskunde aus dem Agenturgebiet ausgeschieden werden.

³ Ohne eine besondere Vereinbarung ist der Agent blosser Vermittlungsagent. Soll er also den Auftraggeber durch den Abschluss von Geschäften direkt verpflichten können, muss dies vereinbart werden (Art. 418e Abs. 1 OR).

⁴ Der Ausschluss der Inkassovollmacht dient nur zur Klarstellung, da er vom Gesetz vermutet wird (Art. 418e Abs. 2 OR). Besorgt der Agent auch das Inkasso, hat er dafür eine besondere Inkassoprovision zugut, sofern nichts Gegenteiliges vereinbart oder üblich ist (Art. 418l OR).

⁵ Satz 1 entspricht der etwas altertümlichen Formulierung im Gesetz (Art. 418c Abs. 1 OR). Ein Weisungsrecht «im Rahmen dieses Vertrages» bedeutet auch «im Rahmen der Rechtsnatur des Agenturverhältnisses». Der Agent ist Selbständigerwerbender und die Weisungen sollen primär die Geschäftsabwicklung mit Kunden und nicht die konkrete Tätigkeit des Agenten wie etwa Reiseweg und Arbeitsmethoden betreffen. Auch die strikte Rapportpflicht bezüglich seiner Reisetätigkeit könnte z. B. das Vertragsverhältnis in die Nähe des Handelsreisendenvertrages rücken und es damit unter Umständen zum Arbeitsvertrag machen.

⁶ *Eine Einschränkung oder gar ein Verbot, für andere Auftraggeber tätig zu sein, ist selbständiger Erwerbstätigkeit eigentlich fremd und muss schriftlich vereinbart werden (Art. 418c Abs. 2 OR). Das Verbot der «Mehrfirmenagentur» löst zudem im überjährigen Vertragsverhältnis zwingend die Pflicht des Auftraggebers aus, dem Agenten bei unverschuldeter Verhinderung an seiner Tätigkeit «für verhältnismässig kurze Zeit» den Verdienstausfall angemessen zu entschädigen (Art. 418m Abs. 2 OR). Das Verbot, während bestehenden Agenturverhältnisses den Auftraggeber zu konkurrenzieren, ergibt sich bereits aus der allgemeinen Treuepflicht nach Art. 418c Abs. 1 OR.*

⁷ *Der Agent hat seine Tätigkeit persönlich auszuüben, sofern nicht eine gegenteilige Ermächtigung oder Übung besteht (Art. 398 Abs. 3 OR). Eine solche Übung kann bei grösseren Verkaufsagenturen, deren Gebiet oder Kundenkreis vernünftigerweise nicht ohne Unteragenten zu bewirtschaften ist, angenommen werden. Selbstverständlich kann der Agent eigene Arbeitnehmer beschäftigen, die unter seiner direkten Verantwortung tätig sind.*

⁸ *Die Übernahme des sog. Delcredere-Risikos, also der Gefahr ausbleibender Kundenzahlung durch den Agenten muss schriftlich vereinbart werden. Der Agent soll damit zu besonders sorgfältiger Abklärung der Kundenbonität animiert werden. Für diese Risikoübernahme ist ihm aber ein «angemessenes besonderes Entgelt» zu bezahlen, sei es in Form eines Fixums oder einer zusätzlichen Provision (Art. 418c Abs. 3 OR; s. Ziff. 5c des Vertragsmusters). Das zusätzliche Entgelt muss das übernommene Risiko über einen längeren Zeitraum gesehen bei sorgfältiger Geschäftsführung wirtschaftlich abdecken. Es differiert daher stark nach Branche, Kundenstruktur und Wirtschaftslage. Oft bewegen sich Delcredere-Provisionen zwischen 2 und 3% des Umsatzes.*

⁹ *Das Ausgehen von einer Nettobasis nach Abzug von Mehrwertsteuer, Fracht-, Versicherungs- und Montagekosten etc. mag zwar manchen Geschäftsverhältnissen angepasster sein, doch kompliziert es die Abrechnung und führt oft zu unliebsamen*

Auseinandersetzungen über die abzugsfähigen Kosten. Siehe das Beispiel in der Variante zu Ziff. 5b des Vertragsmusters.

[10] *Die Tätigkeitsgebiete verschiedener Agenten und deren Provisionsansprüche müssen klar voneinander abgegrenzt werden, um Konkurrenzierungen unter den eigenen Agenten und Doppelprovisionen zu vermeiden.*

[11] *Eine solche Reduktion der Provision für Folgegeschäfte bedarf der Schriftform (Art. 418g Abs. 1 OR). Die Missbrauchsmöglichkeiten für den Auftraggeber durch Direktgeschäfte werden dadurch gross.*

[12] *Schriftlich könnte z. B. auch vereinbart werden, dass der Provisionsanspruch erst mit vollständigem Eingang der Kundenzahlung entsteht (Art. 418g Abs. 3 OR). Das Gesetz sieht in Art. 418i OR in Abweichung zur hier getroffenen Lösung Fälligkeit der Provisionen auf das Kalenderhalbjahr vor.*

[13] *Die Abrechnungspflicht könnte durch schriftliche Abrede auch dem Agenten überbunden werden. Der Agent hat in jedem Fall Kontrollrechte in den Büchern und Belegen seiner Auftraggeberin (Art. 418k OR).*

[14] *Entspricht dem Status des Agenten als Selbständigerwerbendem und der gesetzlichen Lage (Art. 418n OR). Insbesondere rechnet er auch selber mit den Sozialversicherungen ab.*

[15] *Bezüglich Dauer und Höhe dieser für den Alleinagenten in Art. 418m Abs. 2 OR vorgeschriebenen Entschädigung gibt es keine gefestigte Praxis. Das Gesetz will dem Agenten den tatsächlichen Verdienstausfall angemessen sichern. Die im Vertragsmuster vorgeschlagenen 75% sollen die Anknüpfung an die einfach festzustellenden Provisionszahlungen erlauben, wobei die schwierige Festlegung der variablen Gewinnungskosten im Beispiel auf pauschal 25% veranschlagt wurden. Die Ermittlung des tatsächlichen Verdienstausfalles wäre sehr aufwendig.*

[16] *Siehe zu den gesetzlichen Kündigungsfristen Art. 418q OR, zu den wichtigen Gründen Art. 418r und 337 OR. Bei Verträgen mit*

Mindestlaufzeiten kann es angezeigt sein, bei einem krassen Misserfolg der Agentur eine vorzeitige Kündigungsmöglichkeit vorzusehen, z. B. bei Unterschreiten gewisser Provisions- oder Umsatzziele.

17 *Entspricht dem Gesetz, Art. 418v OR. Das Retentionsrecht kann aber nur an verwertbaren Sachen ausgeübt werden, nicht z. B. an Preislisten, Katalogen etc. (Art. 895 ff. ZGB).*

18 *Die Kundschaftsentschädigung ist unabdingbar und entsteht, wenn der Agent den Kundenkreis zum erheblichen Vorteil des Auftraggebers wesentlich erweitert und die Kündigung nicht selbst zu vertreten hat. Die Entschädigung beträgt höchstens ein Nettojahresverdienst. Was angemessen ist, legt der Richter nach seinem Ermessen fest, weshalb es wenig Sinn hat, deren Höhe im Vertrag zu umschreiben. Es kommt vor, dass eine Entschädigung schliesslich entfällt, weil die Kundschaftsentschädigung gewissermassen laufend durch eine Zusatzprovision oder eine Versicherungslösung (Altersvorsorge) abgegolten wurde, also schon vorher ein Gleichgewicht zwischen den Leistungen der Vertragspartner geschaffen worden ist.*

19 *Für das nur schriftlich gültige Konkurrenzverbot sind die arbeitsvertraglichen Vorschriften Art. 340–340c OR anwendbar, insbesondere auch diejenigen über Beschränkung und Wegfall des Verbots (siehe dazu Kapitel über den Arbeitsvertrag). Im Unterschied zum Arbeitnehmer hat jedoch der Agent einen zwingenden Anspruch auf ein «angemessenes besonderes Entgelt» für das Konkurrenzverbot (Art. 418d Abs. 2 OR). Was angemessen ist, hängt vor allem vom wirtschaftlichen Verlust des Agenten aufgrund des Betätigungsverbotes ab und kann nicht zum voraus abschliessend festgelegt werden.*

20 *Damit entfällt nicht nur das Konkurrenzverbot, sondern aufgrund der gewählten Formulierung auch die Pflicht zur weiteren Bezahlung des besonderen Entgelts dafür.*

21 *Bei internationalen Verträgen kann eine solche Gerichtsstandsklausel zu Lasten des Agenten je nach beteiligten Ländern ungül-*

tig sein. Dies trifft auch für eine (in internationalen Verhältnissen mit Vorteil vorzunehmende) Rechtswahl zu, soweit sie zwingenden Sozialschutzvorschriften am Ort der Agententätigkeit widerspricht. Gerichtsstandsklauseln sind immer durch Unterstreichung oder Fettdruck hervorzuheben und sollten jeweils direkt vor die Unterschriften zu stehen kommen.

Der Hinterlegungsvertrag

Das Wichtigste in Kürze

Der Hinterlegungsvertrag verpflichtet den Aufbewahrer zur sicheren Aufbewahrung der ihm vom Hinterleger übergebenen Sache.

Eine Vergütung ist ausser in kaufmännischen Verhältnissen nur geschuldet, wenn sie verabredet ist.

Der Hinterleger kann das hinterlegte Gut jederzeit zurückfordern, dies selbst vor Ablauf einer festen Vertragsdauer.

Der Hinterlegungsvertrag ist formfrei gültig und kann insbesondere auch durch stillschweigende Übereinkunft entstehen.

Hinterlegungsvertrag

Wesen des Hinterlegungsvertrages

Beim Hinterlegungsvertrag wird dem Aufbewahrer eine bewegliche Sache zur Verwahrung übergeben. Der Aufbewahrer hat sie im Interesse des Hinterlegers zu verwahren.

Im Normalfall bleibt das Eigentum am hinterlegten Gut beim Hinterleger. Dies hat zur Folge, dass es im Falle des Konkurses des Aufbewahrers nicht in dessen Konkursmasse fällt und vom Hinterleger herausverlangt werden kann.

Pflichten des Aufbewahrers

Der Aufbewahrer hat für die sichere Aufbewahrung der hinterlegten Sache zu sorgen (Obhutspflicht). Er hat die notwendigen Vorkehrungen zur Abwendung eines Schadens zu treffen. Auf einfachen Abruf hin hat er die hinterlegte Sache zurückzugeben, sofern ihm allfällige Auslagen ersetzt worden sind.

Ohne besondere Abmachung darf er die Sache nicht gebrauchen (Art. 474 OR).

Pflichten des Hinterlegers

Der Hinterleger hat dem Aufbewahrer die notwendigen Auslagen zu ersetzen (Art. 473 Abs. 1 OR). Für Aufwendungen, die über das Notwendige hinausgehen, aber noch nützlich sind, besteht allenfalls eine Ersatzpflicht aus Geschäftsführung ohne Auftrag, nicht jedoch aus Hinterlegungsvertrag.

Der Hinterleger haftet dem Aufbewahrer sodann für Schaden, den die hinterlegte Sache verursacht, sofern er nicht nachweist, dass ihn an der Schadensentstehung keine Schuld trifft (Art. 473 Abs. 2 OR).

Eine Vergütung für die Hinterlegung schuldet er nur, wenn sie vereinbart oder nach den Umständen zu erwarten war. Letzteres ist im Lagergeschäft (Art. 483 OR) und in kaufmännischen Verhältnissen immer der Fall.

Rückgabe

Wichtigster Grundsatz ist, dass dem Hinterleger unabhängig von der Vertragsdauer zwingend ein jederzeitiges Rückforderungsrecht zusteht (Art. 475 Abs. 1 OR). Eine «feste» Vertragsdauer führt nur dazu, dass eine dafür vereinbarte Vergütung grundsätzlich voll zu entrichten ist, wobei sich der Aufbewahrer immerhin seine Einsparungen durch die vorzeitige Rücknahme anrechnen lassen muss (Art. 475 Abs. 2 OR).

Der Aufbewahrer hingegen ist stärker an eine feste Vertragsdauer gebunden. Eine vorzeitige Rückgabe kommt für ihn nur in Frage, wenn bei Vertragsschluss nicht vorhersehbare Umstände ihn ausserstand setzen, das hinterlegte Gut weiterhin sicher oder ohne eigenen Nachteil aufzubewahren (Art. 476 Abs. 1 OR). Für Lagerhalter entfällt diese Möglichkeit ganz (Art. 486 Abs. 1 OR). Eine feste Vertragsdauer ist schon dann anzunehmen, wenn für den Aufbewahrer erkennbar war, dass es dem Hinterleger darum ging, die Sache für eine bestimmte Zeit zu hinterlegen.

Ort der Rückgabe ist mangels anderer Abrede der Ort, wo die Sache aufbewahrt wurde (Art. 477 OR).

Wenn der Aufbewahrer seiner Rückgabepflicht nicht nachkommt, ist ihm analog Art. 107 OR eine Nachfrist anzusetzen. Erfüllt der Aufbewahrer auch innert der Nachfrist nicht, kann der Hinterleger erklären, dass er auf Rückgabe verzichte und Schadenersatz verlangen. Der Aufbewahrer haftet auch für den weiteren Schaden, der dem Hinterleger durch die verspätete oder ausbleibende Rückgabe erwächst. Natürlich kann der Hinterleger seinen Rückgabeanspruch immer auch gerichtlich durchsetzen.

Verletzung der Rückgabepflicht

Der Aufbewahrer ist selbst dann zur sofortigen Rückgabe an den Hinterleger verpflichtet, wenn ein Dritter Ansprüche an das hinterlegte Gut anmeldet. Hingegen steht ihm unter Umständen nach Art. 895 ZGB ein eigenes Rückbehaltungs- oder Retentionsrecht für Forderungen gegenüber dem Hinterleger zu.

Irreguläre Hinterlegung, technisch depositum irregulare genannt, liegt vor, wenn die Parteien vereinbaren, dass nicht das hinterlegte Gut selbst, sondern ein gleiches Quantum gleicher Art und Qualität dieses Gutes zurückzugeben sei (Art. 481 OR). Dies ist natürlich nur bei vertretbaren Sachen möglich.

Irreguläre Hinterlegung

Im Unterschied zur gewöhnlichen Hinterlegung geht dabei das Eigentum an der Sache an den Verwahrer über, weshalb diese bei dessen Konkurs in die Konkursmasse fällt. Umgekehrt trägt der Aufbewahrer als Eigentümer die Gefahr für die hinterlegten Güter und bleibt auch bei deren zufälligem Untergang zur Rückleistung verpflichtet. Mit dem Eigentumsübergang fällt auch die klassische Pflicht des Aufbewahrers dahin, nämlich diejenige zur sicheren Aufbewahrung. Das depositum irregulare liegt denn auch näher beim Darlehen als bei der Hinterlegung.

Eine Verrechnung mit Forderungen des Aufbewahrers gegenüber dem Hinterleger zur Tilgung der Rückgabeverpflichtung ist ohne Zustimmung des letzteren nicht zulässig (Art. 125 Ziff. 1 OR).

Das depositum irregulare muss nach der ausdrücklichen Vereinbarung der Parteien gewollt sein. Nur bei der offenen Übergabe von Geld besteht eine gesetzliche Vermutung dafür (Art. 481 Abs. 2 OR).

Oft wird von der Rechtspraxis die Einlage von Geld auf ein Sparkonto als irreguläre Hinterlegung behandelt, doch weist dieser Vorgang überwiegend die Merkmale eines Darlehens (Interesse der Bank an der Einlage, Zins, kein beliebiges Rückforderungsrecht) auf.

Gesetzliche Regelung	Die hier interessierenden Arten des Hinterlegungsvertrages sind in den Art. 472–481 OR geregelt. Die Art. 482–486 OR betreffen das meist in Standardverträgen typisierte Lagergeschäft. Die Art. 487–491 OR befassen sich mit der kaum je schriftlich fixierten Haftung der Gast- und Stallwirte.

Vorlage 1 für einen gewöhnlichen Hinterlegungsvertrag

Aimée Reinhart, Tellstrasse 15, 8401 Winterthur, und *Oskar Kaufmann*, Inhaber der «Galerie Zauberberg», Baarerstr. 37, 6300 Zug, schliessen folgenden *Hinterlegungsvertrag*:

1. A. Reinhart übergibt O. Kaufmann die folgenden Kunstgegenstände (Bilder und Skulpturen) zur sicheren Aufbewahrung:
   - André Thomkins, Die Jahrhundert-Wender, Bleistift und Aquarell auf Papier 13,5 × 18 cm, 1970, Wert Fr. 4'600.–
   - Peter Meister, Kleiner Neptun, schwarzer Marmor, 1979, Wert Fr. 26'000.–.[1]
   - ...

2. Sämtliche Kunstgegenstände sind in tadellosem Zustand. O. Kaufmann verpflichtet sich, sie in abgedunkelten, fachgerecht klimatisierten Räumen seiner Galerie aufzubewahren.[2]

3. Der Vertrag gilt auf unbestimmte Dauer. Er kann auf einen beliebigen Termin hin von A. Reinhart ohne Einhaltung einer Frist und von O. Kaufmann unter Einhaltung einer Kündigungsfrist von zwei Monaten gekündigt werden.[3]

4. O. Kaufmann ist weder berechtigt, die hinterlegten Kunstgegenstände in seiner Galerie auszustellen oder vorzuzeigen noch diese anderweitig zu nutzen.[4]
   Die Leihgabe für Ausstellungen ist grundsätzlich möglich, doch bedarf sie gesonderter Absprache mit A. Reinhart.[5]

5. O. Kaufmann verpflichtet sich, die hinterlegten Kunstgegenstände mindestens zu den in Ziff. 1 angegebenen Werten gegen jede Form von Verlust oder Beschädigung (Diebstahl, Feuer, Elementarschäden usw.) zu versichern.[6] Der auf die hinterlegten Kunstgegenstände entfallende Prämienanteil an den Sachversicherungen von O. Kaufmann ist in der nachstehend vereinbarten Vergütung eingeschlossen und mit deren Bezahlung abgegolten.

6. A. Reinhart verpflichtet sich, O. Kaufmann für die Aufbewahrung der Kunstgegenstände eine Vergütung von jährlich Franken 1'450.– zu bezahlen, zahlbar jeweils jährlich zum voraus am 1. Juli 19..

7. O. Kaufmann bestätigt, sämtliche in Ziff. 1 genannten Kunstgegenstände heute erhalten zu haben.[7]

Zug, den 27. Juni 19..   Unterschriften

Vorlage 2 für die irreguläre Hinterlegung vertretbarer Sachen

Hans-Peter Imfeld, Obseestrasse, 6078 Lungern, und *Wilfried Müller*, Vermögensverwaltungen, Poststrasse 5, 6060 Sarnen, schliessen folgenden *Hinterlegungsvertrag*:

1. H.-P. Imfeld gibt W. Müller 12 Obligationen Schweizerische Eidgenossenschaft 1987 – 2012, 4¼%, Nennwert je Fr. 5'000.–, Nrn. C 386 – 397 samt Zinscoupons Nrn. ... zur Verwahrung.

2. Die hinterlegten Wertpapiere gehen ins Eigentum von W. Müller über. Dieser ist berechtigt, über die Wertpapiere zu verfügen.[8]

3. W. Müller verpflichtet sich, die Erträgnisse der Wertpapiere oder nach deren Veräusserung ein mindestens gleich hohes Ersatzeinkommen bei Fälligkeit einzuziehen und nach Verrechnung mit der geschuldeten Vergütung gemäss nachstehender Ziff. 5 auf das Konto von H.-P. Imfeld bei der Obwaldner Kantonalbank in Giswil zu überweisen.[9]

4. Auf Rückforderung der hinterlegten Wertpapiere hin ist W. Müller verpflichtet, diese H.-P. Imfeld sofort zurückzugeben.
   Hat er über sie verfügt, so muss die Rückgabe in mindestens zu 98% bewerteten Obligationen mit einem Zinsfuss von mindestens 4¼% und einem Gesamtnennwert von Fr. 60'000.– innert einer Woche erfolgen.[10]

5. H.-P. Imfeld verpflichtet sich, W. Müller für die Hinterlage der Wertpapiere und die Einziehung der Erträgnisse eine Vergütung von jährlich Fr. 100.– zu leisten.[11]

Ort, Datum und Unterschriften

W. Müller bestätigt, die in Ziff. 1 aufgeführten Wertpapiere erhalten zu haben.[7]

Datum und Unterschrift des Aufbewahrers

Kommentar zu den Vorlagen 1 und 2

[1] *Es ist notwendig, die hinterlegten Gegenstände genau zu beschreiben, auch was deren Zustand betrifft (siehe Vorlage 1 Ziff. 2).*
Oft empfiehlt sich eine Wertangabe aus versicherungstechnischen Gründen oder um im Schadenfall einen Anhaltspunkt über den Schadenersatz zu haben. Streng genommen bemisst sich dieser jedoch nach dem Wert der hinterlegten Sache im Zeitpunkt der Rückforderung.

[2] *Es ist nicht unbedingt notwendig, dem Aufbewahrer den Ort der Aufbewahrung vorzuschreiben, da flexible Lösungen für den Hinterleger nicht von Nachteil sein müssen. Hier will sich jedoch die Hinterlegerin in besonderem Mass ein jederzeitiges Besichtigungsrecht (Art. 483 Abs. 3 OR muss auch für die gewöhnliche Hinterlegung gelten) und ihre Befugnis zur sofortigen Rücknahme der Kunstgegenstände sichern. Zudem will sie sich, was bei wertvoller oder empfindlicher Ware sehr zu empfehlen ist, für eine fachgerechte Art der Aufbewahrung absichern.*

[3] *In Vorlage 1 endet mit der Kündigung durch Frau Reinhart nicht nur die Hinterlegung (Art. 475 OR), sondern auch sofort die Vergütungspflicht. Hätte nach Vertrag auch sie eine Kündigungsfrist zu beachten, hätte sie bis zu deren Ablauf trotz der sofortigen Rücknahme der Kunstgegenstände weiterhin die vereinbarte Vergütung zu entrichten. Offenbar sind die Parteien der für den Hinterlegungsvertrag typischen Meinung, die Vergütung sei primär als Entgelt für die Obhutpflicht und das damit verbundene Berufsrisiko des Galeristen (Diebstahl, Feuer) geschuldet. Läge die Betonung auf der Zurverfügungstellung des Platzes, würde sich das Vertragsverhältnis eher der Miete annähern.*
Wenn für den Verwahrer weder eine bestimmte Aufbewahrungszeit noch eine Kündigungsfrist bei Verträgen auf unbestimmte Dauer festgelegt würde, könnte auch er jederzeit zurückgeben (Art. 476 Abs. 2 OR). Bei bestimmter Vertragszeit oder Festsetzung einer Kündigungsfrist steht dem Aufbewahrer

nur die vorzeitige Rückgabemöglichkeit nach Art. 476 Abs. 1 OR zu.

Die Formulierung für eine bestimmte Vertragszeit könnte etwa lauten: «Die Hinterlegung erfolgt für die Dauer des Hausumbaus von A. Reinhart, längstens bis zum 30. Juni 19..».

4 Der Aufbewahrer hat schon von Gesetzes wegen kein Gebrauchsrecht (Art. 474 OR).

5 Hätte der Aufbewahrer Vermittlungspflichten für die Leihgabe an Ausstellungen oder gar Obliegenheiten zum Verkauf der Kunstgegenstände, läge ein mit Auftrag respektive Verkaufskommission gemischtes Geschäft vor.

6 Vielfach wird die Versicherung durch den Hinterleger gestellt. Der Aufbewahrer kann jedoch oft wegen seines Geschäftsumfanges eine günstigere Versicherung abschliessen.

7 Der Hinterleger wird Rückgabe nur durchsetzen können, wenn er Rückgabepflicht und Übergabe beweisen kann. Eine Quittierung der Sachübergabe ist daher sehr zu empfehlen.

8 Mit dieser Bestimmung wird die Hinterlegung zur irregulären: Als verfügungsberechtigter Eigentümer verliert der Aufbewahrer die klassische Pflicht des regulären Aufbewahrers, nämlich diejenige zur sicheren Verwahrung einer fremden Sache.

Hier zeigt sich der Unterschied zur sogenannten Sammelverwahrung, bei der vertretbare Sachen hinterlegt und mit gleichartigen Gütern vermengt werden, das Eigentum jedoch in Form eines Miteigentumsanteils an der Gesamtmenge beim Hinterleger bleibt. Der Aufbewahrer ist damit nicht verfügungsberechtigt, wohl aber darf er jedem Miteigentümer seinen Anteil ohne Mitwirkung der anderen herausgeben (vgl. für das Lagergeschäft Art. 484 OR).

9 Es lässt sich darüber streiten, ob diese Verpflichtung des Aufbewahrers noch als blosse Nebenpflicht im Rahmen des Hinterlegungsvertrages angesehen werden kann oder ob sie nicht einen

selbständigen Auftrag darstellt. Praktisch ist die Frage aber kaum von Bedeutung.

Das Fehlen eines festens Zinses markiert einen der kleinen Unterschiede zum Darlehen.

[10] *Hier zeigt sich nochmals der Unterschied zur regulären Hinterlegung. Die Wochenfrist dient zur Wiederbeschaffung an der Börse und wird von der Praxis trotz der zwingenden Natur des Art. 475 Abs. 1 OR (jederzeitiges Rückforderungsrecht) toleriert.*

Der Vertrag gilt auf unbestimmte Zeit, womit ihn auch der Aufbewahrer jederzeit durch Rückgabe der hinterlegten Sache beenden kann (Art. 476 Abs. 2 OR).

[11] *Die vom Hinterleger zu leistende Vergütung zeigt nochmals die im Vergleich zum Darlehen anders gelagerten Interessen: Bei der Hinterlegung primär Verwahrung im Interesse des Hinterlegers, bei Darlehen freie Nutzung des Geldes im Interesse des Borgers.*

Bürgschaft und Garantievertrag

Das Wichtigste in Kürze

Bürgschaft und Garantievertrag sind Sicherungsverträge. Vertragsparteien sind in beiden Fällen nur zwei Parteien, nämlich der Gläubiger und ein Bürge oder Garant. Nur indirekt beteiligt ist derjenige, dessen Schuld oder Leistung sichergestellt werden soll. Bei der Bürgschaft wird er Hauptschuldner genannt.

Die Bürgschaft ist nur gültig, wenn auch die verbürgte Hauptschuld existiert. Beim Garantievertrag liegt oft keine Hauptschuld vor.

Anders als beim Garantievertrag sind für die Bürgschaft immer Formvorschriften zu beachten.

Wesen der Bürgschaft	Durch Bürgschaft verspricht der Bürge dem Gläubiger, für die Erfüllung einer Verbindlichkeit des Hauptschuldners einzustehen (Art. 492 Abs. 1 OR). Die Bürgschaft ist grundsätzlich ein einseitiger, unentgeltlicher Vertrag.

Der Bürge macht also nicht wie beim Schuldbeitritt eine fremde zur eigenen Schuld. Er verspricht lediglich, für den Fall, dass der Hauptschuldner vertragswidrig nicht erfüllt, eine vereinbarte Haftungssumme zu bezahlen. Die verbürgte Leistung des Hauptschuldners kann dabei Geld-, Sach- oder auch Dienstleistung sein. Es kann eine bedingte oder zukünftige Forderung sein (Art. 492 Abs. 2 OR).

Die Bürgschaft hängt am Bestand der Hauptschuld. Sie ist mit ihr untrennbar verbunden (akzessorisches Recht). Es gilt: ohne Hauptschuld keine Bürgschaft (Art. 492 Abs. 2 OR).

In der Regel haftet der Bürge nur, wenn und soweit der Hauptschuldner nicht erfüllt. Zuerst ist also immer der Hauptschuldner zu belangen, erst nachher kann der Gläubiger auf den Bürgen greifen.

Wesen des Garantievertrages	Im Garantievertrag verspricht der Garant (Promittent), dass sein begünstigter Vertragspartner eine bestimmte Leistung eines Dritten erhält. Er verpflichtet sich zur Leistung von Schadenersatz an diesen Begünstigten (Promissar) für den Fall, dass diese Leistung ausbleibt. Der Dritte ist am Vertrag nicht beteiligt. Es erwachsen ihm daraus weder Rechte noch Pflichten.

Der Garant steht damit nicht ein für die Erfüllung einer fremden Schuld, sondern er verspricht selbst die Leistung eines anderen. Grund für ein solches Garantieversprechen ist der Wille des Garanten, den Begünstigten durch Übernahme des Risikos zu einem bestimmten Verhalten zu bringen. Konkret: Der Aktionär, der einen Dritten zum Kauf von Aktien veranlassen will, gibt Garantie für eine jährliche Dividende von mindestens 5%; die Gemeinde, der an kulturellen Aktivitäten gelegen ist, gibt eine Defizitgarantie für eine Konzertreihe.

Unterscheidung Bürgschaft/ Garantie	Der klassische Garantievertrag unterscheidet sich von der Bürgschaft dadurch, dass den Dritten keine Leistungspflichten gegenüber dem Begünstigten treffen, er also nicht als Hauptschuldner bezeichnet werden kann. In einer bürgschaftsähnlicheren, neueren Form des Garantievertrages wird für eine Drittleistung ga-

rantiert, die wenigstens teilweise vom Dritten geschuldet ist oder die in Zukunft dessen Schuld werden soll. Hier ergeben sich Abgrenzungsprobleme zur Bürgschaft.

Hauptsächliches Abgrenzungskriterium ist die Akzessorietät. Während die Bürgschaft zu einer Hauptschuld akzessorisch ist, deren Schicksal teilt und ihr als Nebenrecht folgt, will die Garantie als selbständiges Versprechen die Leistung eines Dritten unabhängig von dessen Verpflichtung sicherstellen. Für ein akzessorisches Recht und damit für Bürgschaft spricht, wenn sich das Sicherungsversprechen genau mit einer bestehenden Leistungspflicht des Dritten deckt. Gegen Bürgschaft kann sprechen, wenn der Garant im eigenen Interesse eine Leistung veranlassen und nicht bloss eine vorgegebene Forderung sicherstellen will. Starkes Indiz für Garantie ist schliesslich der Verzicht des Garanten auf Einreden, die dem Dritten gegenüber dem Begünstigten und damit auch einem Bürgen zustehen würden. Die Abgrenzung des Garantievertrags zur Bürgschaft ist deshalb von Bedeutung, weil nur für die Bürgschaft strenge Formvorschriften gelten. In Zweifelsfällen sollte daher die Form der Bürgschaft eingehalten werden.

Bei der einfachen Bürgschaft kann erst auf den Bürgen gegriffen werden, wenn der Hauptschuldner erfolglos belangt ist (Definitiver Verlustschein, Konkurs eröffnet, Nachlassstundung bewilligt; Art. 495 OR). Jede Bürgschaft, die nicht Solidarbürgschaft ist, ist eine einfache Bürgschaft.

Arten von Bürgschaften

Eine Unterform der einfachen Bürgschaft ist die sog. Schadlosbürgschaft. Der Bürge kann erst belangt werden, wenn der Konkurs oder das Nachlassverfahren abgeschlossen ist.

Die Solidarbürgschaft sichert zusätzlich die problemlose Einbringlichkeit der Forderung. Der Solidarbürge kann bereits belangt werden, wenn der Hauptschuldner mit seiner Leistung im Rückstand und erfolglos gemahnt worden ist (vgl. Art. 496 OR).

Mit einer Nachbürgschaft verbürgt sich der Nachbürge gegenüber dem Gläubiger für die Zahlungsfähigkeit des Vorbürgen (Art. 498 Abs. 1 OR). Er kann erst nach diesem an erster Stelle Bürgenden belangt werden. Nachbürgschaft existiert als einfache oder solidarische Bürgschaft.

Mit der Rückbürgschaft wird die Regressforderung abgesichert, die der zur Zahlung gezwungene Hauptbürge gegenüber dem Hauptschuldner hat. Der Gläubiger ist also nicht beteiligt; der Rückbürge verbürgt sich dem Bürgen. Auch die Rückbürgschaft kann als einfache oder solidarische Bürgschaft auftreten.

Bei der Teilbürgschaft steht der Teilbürge dafür ein, dass wenigstens ein bestimmter Teil der Schuld bezahlt wird. Ist dieser Teil bezahlt, wird er frei (Erwähnung in Art. 493 Abs. 6, 2. Satz OR). Normalfall und Gegenstück zur Teilbürgschaft ist die sog. Limitbürgschaft, bei der zwar der Bürge auch nur einen Teil der Schuld verbürgt, für diesen aber haftet, bis die ganze Schuld beglichen ist. Im Zweifel wird Limitbürgschaft vermutet, beide Bürgschaftsformen können als solidarische oder einfache Bürgschaften eingegangen werden.

Kompliziert sind die Verhältnisse bei Bürgschaften mehrerer Personen. Im Fall der Nebenbürgschaft bürgen verschiedene Bürgen unabhängig voneinander (Art. 497 Abs. 4 OR). Der Gläubiger kann wählen, auf welchen Bürgen er greifen will. Selbst wenn der zahlende Bürge von seinen Nebenbürgen nichts gewusst hat, steht ihm ein anteilsmässiger Rückgriff auf sie zu.

Geht ein Bürge eine Bürgschaft unter der Voraussetzung ein, dass ausser ihm noch andere bürgen, kann er dies als einfacher oder solidarischer Mitbürge tun. Einfache Mitbürgschaft liegt vor, wenn der Bürge zunächst nur für seinen Kopfanteil haftet. Für ein Mehr bis maximal zur vereinbarten Haftungssumme haftet er erst, wenn die Mitbürgen für ihre Kopfanteile ganz oder teilweise ausfallen, also wie ein Nachbürge (Art. 497 Abs. 1 OR). Solidarische Mitbürgschaft liegt vor, wenn zwar die Mitbürgen für die ganze Schuld haften und dafür grundsätzlich wie Solidarbürgen belangt werden können (s. Art. 496 OR), über ihren Kopfanteil hinaus jedoch erst, wenn gegen die anderen Mitbürgen Betreibung eingeleitet worden ist (Art. 497 Abs. 2 OR).

Wenig verwandt mit der Bürgschaft sind Wechsel- und Checkbürgschaft (Art. 1020–1022, 1098 und Art. 1114 OR).

Formvorschriften für die Bürgschaft

In allen Fällen muss in der Bürgschaftserklärung eine Haftungslimite genannt sein (Art. 493 Abs. 1; siehe auch Art. 499 OR).

Bürgen juristische Personen, Kollektiv- oder Kommanditgesellschaften oder handelt es sich um Bürgschaften zugunsten von Bund und Kantonen (Art. 493 Abs. 2 und 3 OR), so genügt einfache Schriftlichkeit. Natürliche Personen haben dagegen verschärfte Formerfordernisse zu beachten, ausgenommen bei

Bürgschaften zugunsten des Bundes oder eines Kantons. Die Bürgschaftsverpflichtung ist öffentlich zu beurkunden und ein allfälliger Ehegatte muss zustimmen. Ausnahmen:
- Übersteigt die Haftungssumme den Betrag von Fr. 2'000.– nicht, genügt es, wenn der Bürge persönlich den Haftungsbetrag und allenfalls den Hinweis auf eine Solidarbürgschaft handschriftlich in die Bürgschaftserklärung einsetzt.
- Die Zustimmung des Ehegatten ist dann nicht erforderlich, wenn der Bürge in bestimmten Funktionen im Handelsregister eingetragen ist.

Eine Umgehung von Formvorschriften, z. B. durch Aufteilung der Bürgschaft in kleinere Beträge, ist selbstverständlich nicht statthaft (Art. 493 Abs. 4 OR). Auch das Versprechen und die Vollmachtserteilung zum Eingehen einer Bürgschaft müssen den Formvorschriften für die Bürgschaft genügen (Art. 493 Abs. 6 OR).

Formerfordernisse müssen nur vom Bürgen und nicht auch vom Gläubiger eingehalten werden. Die Missachtung von Formerfordernissen macht die Bürgschaft ganz oder teilweise nichtig, z. B. ist die nicht öffentlich beurkundete Bürgschaft über Fr. 10'000.– im Betrag von Fr. 2'000.– gültig (Teilnichtigkeit).

Missachtung der Formvorschriften

Die Hauptforderung muss fällig sein (Art. 501 Abs. 1 OR). Ist eine Kündigung nötig, muss sie auch dem Bürgen mitgeteilt werden (Art. 501 Abs. 3 OR). Sodann gelten natürlich die für die einzelnen Bürgschaftsarten erwähnten besonderen Bedingungen, wie etwa erfolglose Mahnung des in Rückstand geratenen Bürgen bei der Solidarbürgschaft.

Belangung des Bürgen

Jeder Bürge kann den Eingriff in sein persönliches Vermögen zunächst dadurch abwenden, dass er Sicherheit leistet. Tut er dies, muss der Gläubiger zuerst alle Pfänder verwerten und gegen den Hauptschuldner einen definitiven Verlustschein erwirken. Erst danach kann er den Bürgen belangen (Art. 501 Abs. 2 OR).

Der Bürge hat ferner alle Abwehrmöglichkeiten, die auch der Hauptschuldner gehabt hätte, selbst wenn dieser darauf verzichtet hat (Art. 502 OR). Dies ist eine Folge des erwähnten Akzessorietätsprinzips. Die Leistungspflicht des Bürgen kann nie weitergehen als diejenige des Hauptschuldners bei Errichtung der Bürgschaft.

Versäumt es der Bürge, die dem Hauptschuldner zur Verfügung stehenden Einreden zu erheben, verliert er unter Umständen seinen Regressanspruch (Art. 502 Abs. 3 OR). Er hat sich vor der Zahlung beim Hauptschuldner über die tatsächliche Berechtigung der Gläubigerforderung zu informieren.

Auch den Gläubiger treffen gewisse Pflichten. Er hat den Bürgen zu benachrichtigen, wenn der Hauptschuldner mit Zahlungen mehr als sechs Monate in Rückstand gerät, in Konkurs fällt oder Nachlassstundung erhält. Er darf die Position des Bürgen durch Verminderung von Sicherheiten nicht verschlechtern (Art. 503 Abs. 1 und 4 OR). Er hat dem zahlenden Bürgen die nötigen Informationen und Beweismittel zu geben, damit dieser seine Rechte gegenüber dem Hauptschuldner wahrnehmen kann. Er hat ihm allfällige Sicherheiten zu übertragen (Art. 503 Abs. 3 OR).

Der Bürge kann höchstens für den in der Bürgschaftsurkunde angegebenen Haftungsbetrag belangt werden (Art. 499 Abs. 1 OR). Bei Bürgschaften natürlicher Personen verringert sich jedoch der Haftungsbetrag jährlich um 3%, bei Vorliegen grundpfändlicher Sicherheiten um 1% (Art. 500 Abs. 1 OR). Teilzahlungen des Hauptschuldners vermindern automatisch auch den Bürgschaftsbetrag um den gleichen Anteil, dies selbst dann, wenn nicht die ganze Hauptschuld verbürgt ist (Art. 500 Abs. 1 OR). Im Unterschied zur jährlichen Haftungsreduktion, die von den Parteien wegbedungen werden kann, ist dieser Reduktionsgrund zwingend. Ausnahmen gelten für beide Reduktionstatbestände bei Bürgschaften für gewisse öffentliche Verpflichtungen und für in der Höhe schwankende Hauptschulden (Art. 500 Abs. 2 OR).

Regress

Leistet der Bürge anstelle des Hauptschuldners, geht die getilgte Forderung des Gläubigers samt Sicherheiten von Gesetzes wegen auf den Bürgen über (Art. 507 Abs. 1 und 2 OR). Dieser Vorgang heisst Subrogation.

Der Bürge kann nun die Hauptschuld im Umfang seiner Leistung seinerseits gegen den Hauptschuldner geltend machen, «Rückgriff» oder «Regress» nehmen. Mehrere Bürgen haben nebst dem Regress auf den Hauptschuldner auch untereinander das Recht auf anteilmässigen Rückgriff (s. u. a. Art. 497 Abs. 2, 498, 507 Abs. 1 und 2 OR).

Aus dem Akzessorietätsprinzip folgt, dass die Bürgschaft durch das Erlöschen der Hauptschuld beendet wird (Art. 509 Abs. 1 OR). Dies gilt auch bei einem Schuldnerwechsel, wenn der Bürge diesem nicht schriftlich zugestimmt hat (Art. 493 Abs. 5 OR).

Beendigung der Bürgschaft

Ist die Bürgschaft auf unbestimmte Zeit eingegangen, fällt sie für natürliche Personen nach 20 Jahren dahin (Art. 509 Abs. 3 OR; beschränkte Verlängerungsmöglichkeiten Art. 509 Abs. 5 OR). Ist die Hauptschuld fällig geworden, kann der Bürge verlangen, dass der Gläubiger innert vier Wochen gegen den Hauptschuldner vorgeht, ansonsten die Bürgschaft dahinfällt (Art. 511 OR).

Bürgschaften auf bestimmte Zeit fallen nicht etwa schon mit Fristablauf, sondern erst dann dahin, wenn der Gläubiger nicht binnen vier Wochen danach seine Forderung geltend macht (Art. 510 Abs. 3 – 5 OR).

Ist die verbürgte Forderung noch nicht entstanden, das verbürgte Darlehen z. B. noch nicht bezogen, kann der Bürge zurücktreten, wenn die Vermögensverhältnisse des Hauptschuldners bedeutend schlechter sind oder geworden sind, als dies bei Eingehen der Bürgschaft angenommen wurde (Art. 510 Abs. 1 OR; s. aber Abs. 2).

Die Bürgschaft ist in den Art. 492 – 512 OR umfangreich und kompliziert geregelt. Daneben sind zahlreiche Einzelbestimmungen im Gesetz verstreut, von denen Art. 114, 121 und 178 OR wesentlich sind.

Gesetzliche Regelung

Mit dem Garantievertrag befasst sich das Gesetz nur in Art. 111 OR unter dem Titel «Vertrag zulasten eines Dritten».

Vorlage 1 für eine einfache Bürgschaft (mit Varianten Solidar- und Schadlosbürgschaft)

Bürgschaftserklärung[1]

1. Der Unterzeichnende, *Charles Suter*, Effingerstrasse 31, 3008 Bern, erklärt, für Erfüllung der aus dem Darlehensvertrag über Fr. 100'000.- vom 2. Juni 19.. gegenüber *Friedrich Czettler*, Flamatt, bestehenden Schulden[2] des *Karl Freiburghaus*, Laupen, als Bürge einstehen zu wollen.[3]

2. Suter haftet bis zum Höchstbetrag von Fr. 120'000.-[4] (in Worten: Franken hundertzwanzigtausend) für die jeweils ausstehende Darlehensschuld samt Zins und Kosten gemäss Art. 499 Abs. 2 OR.[5] Die in Art. 500 Abs. 1 OR vorgesehene Verringerung des Haftungsbetrages wird wegbedungen.[6]

3. Sollte Freiburghaus mit Amortisations- oder Zinszahlungen um mehr als einen Monat in Verzug geraten, hat der Gläubiger Czettler den Bürgen Suter sofort zu informieren. Im Unterlassungsfalle haftet er für den daraus entstehenden Schaden.[7]

4. Diese Bürgschaft wird auf unbestimmte Zeit eingegangen. Sie gilt bis zur vollständigen Rückzahlung der Schulden aus dem Darlehensvertrag vom 2. Juni 19.. durch Freiburghaus.[8]

Ort, Datum und Unterschrift des Bürgen und des Gläubigers[9]

(Kantonalrechtliche Beurkundungsformel)[10]

Frau Ariane Suter erklärt ihr Einverständnis zu der obenstehenden Bürgschaft ihres Ehemannes.[11]

Unterschrift der Ehefrau

Varianten:

- Zur Solidarbürgschaft wird die Bürgschaft durch einfache Umbenennung des Bürgen:
  «1. ... als *Solidarbürge*[12] einstehen zu wollen.»
- Zur Schadlosbürgschaft wird die Bürgschaft durch folgende Umformulierung der Ziff. 1 des Vertrages:
  «1. ... als *Bürge für den Ausfall* einstehen zu wollen.»
  oder
  «1. ... als Bürge Friedrich Czettler *schadlos zu halten.*»

Vorlage 2 für Nachbürgschaft

Der Unterzeichnende, *Markus Fritsche*, Kaufmann, Bernstrasse 41, Flamatt, verpflichtet sich gegenüber *Friedrich Czettler*, Flamatt, bis zum Höchstbetrag von Fr. 50'000.–[13] für die Erfüllung der am 30. August 19.. von Charles Suter, Bern, für *Karl Freiburghaus*, Laupen, eingegangenen Bürgschaftsverpflichtung als Nachbürge einzustehen.

Ort, Datum und Unterschrift des Nachbürgen.

(Öffentliche Beurkundungsformel)[14]

Vorlage 3 für solidarische Mitbürgschaft mit wechselnder Höhe der Hauptschuld

1. *Franz* und *Erika Burkhalter Maag*, Amriswil und *Josef Maag sen.*, Kreuzlingen, verpflichten sich gegenüber *Karl Schamberger*, Instrumentenbau, Konstanz, bis zum Höchstbetrag von Fr. 100'000.– für die Bezahlung der an die Burkhalter Musik AG, Amriswil, zu liefernden Musikinstrumente als Solidarbürgen[12] einzustehen.

2. Die Bürgen haften sowohl gegenüber Karl Schamberger[15] als auch unter sich solidarisch.[12, 16]

3. Die Solidarbürgen haften für Schulden der Burkhalter Musik AG aus Kauf, Miete und Reparatur von Musikinstrumenten[17] zuzüglich der in Art. 499 Abs. 2 Ziff. 1 und 2 OR genannten Nebenforderungen sowie eines aus dem Dahinfallen eines Vertrages entstehenden Schadens.[18]

4. Ist die Burkhalter Musik AG mit der Bezahlung ihrer Verbindlichkeiten um mehr als zwei Monate im Verzug, hat Karl Schamberger die Bürgen sofort zu informieren. Er haftet für den aus Unterlassung dieser Informationspflicht entstandenen Schaden.[7]

5. Die Bürgschaft ist befristet bis zum 30. Juni 19 . ... Sie erstreckt sich indessen noch auf an diesem Datum fällige Forderungen, die Karl Schamberger innert vier Wochen nach Ablauf der Bürgschaft auf dem Rechtsweg geltend macht und auf diesem ohne erhebliche Unterbrechung verfolgt.[19]

6. *Gerichtsstand* für Forderungen aus diesem Bürgschaftsvertrag ist *Amriswil*, anwendbar ist *schweizerisches Recht*.[20]

Ort, Datum und Unterschriften der Solidarbürgen und des Gläubigers.[9]

(Öffentliche Beurkundungsformel)[21]

Vorlage 4 für einen Garantievertrag

Pfister Apparatebau AG, Schöftland, und *Gretler Tank AG*, Turgi, schliessen folgenden Vertrag:

(1.–9. hier nicht interessierende Vereinbarungen über die Sukzessivlieferung von Systemen zur Tankfüllsicherung).[22]

10. Die Gretler Tank AG garantiert, dass die Messonde CR 2011 während der nächsten zehn Jahre von der Firma Gsell KG, Duisburg, BRD, im Sortiment geführt und zu einem Grosshandelspreis von nicht über Fr. 360.– in der Schweiz verkauft wird.[23]

Bei Eintritt des Garantiefalls wird eine Konventionalstrafe in Höhe von Fr. . . . . zur Zahlung fällig. Der Ersatz weiteren Schadens bleibt vorbehalten.[24]

Ort, Datum und Unterschriften der Vertragsparteien.

Kommentar

[1] *In diesem Titel kommt bereits zum Ausdruck, dass es sich bei der Bürgschaft um einen einseitigen, unentgeltlichen Vertrag handelt, in dem üblicherweise nur der Bürge vertragliche Verpflichtungen eingeht.*

[2] *Hier werden bestehende Schulden verbürgt, z. B. um eine Kündigung des Darlehens zu verhindern. Dies muss ausdrücklich gesagt werden, da das Gesetz vermutet, der Bürge wolle nur zukünftige Schulden sicherstellen (Art. 499 Abs. 3 OR). Generell ist zu empfehlen, die verbürgte Schuld genau zu umschreiben. Oft hat der Hauptschuldner im Rahmen von Geschäftsbeziehungen verschiedene Schulden beim Gläubiger.*

[3] *Wird eine Bürgschaft nicht ausdrücklich als Solidarbürgschaft gekennzeichnet, gilt sie als einfache Bürgschaft.*

[4] *Die Haftungssumme ist unabdingbarer Bestandteil jeder Bürgschaftserklärung. Bei Bürgschaften natürlicher Personen, die Fr. 2'000.– nicht übersteigen, muss sie vom Bürgen eigenhändig geschrieben werden, ausser für Bürgschaften, die zugunsten des Bundes oder eines Kantons eingegangen werden.*

  Da der Bürge in Vorlage 1 auch für Zinsen und Kosten haftet, übersteigt der Haftungsbetrag die Darlehenssumme von Fr. 100'000.–. Da immer ein fester Haftungsbetrag genannt werden muss, wäre es wirkungslos, «Fr. 100'000.– plus Zinsen und Kosten» zu schreiben.

[5] *Soll der Bürge auch für die Verpflichtungen des Hauptschuldners haften, die im Gesetz nicht erwähnt sind, muss dies speziell angeführt werden. Dazu gehört u. a. die Bürgenhaftung für eine Konventionalstrafe.*

[6] *Ohne diese Klausel würde sich die Haftung des Bürgen jedes Jahr um 3% verringern.*

[7] *Diese häufige Klausel, welche dem Bürgen rasche Reaktion sichern soll, bringt im Resultat eine Verkürzung der in Art. 505 OR festgehaltenen Halbjahresfrist.*

⁸ *Der gesetzliche Beendigungsgrund des Art. 509 Abs. 2 OR (Ablauf von 20 Jahren) gilt natürlich auch hier, doch ist es nicht nötig, dies zu erwähnen.*

⁹ *Die Unterschrift des Gläubigers ist nötig, wenn der Vertrag auch Verpflichtungen seinerseits wie etwa Mitwirkungspflichten oder eine Gerichtsstandsklausel enthält, ebenso, wenn der Gläubiger auf Rechte verzichtet, die ihm nach Gesetz zustehen. Anwendungsfälle sind die Vorlagen 1 und 3.*

¹⁰ *Da es sich um die Bürgschaft einer natürlichen Person handelt, die Fr. 2'000.– übersteigt und nicht gegenüber dem Bund oder einem Kanton erfolgt, ist die öffentliche Beurkundung nötig.*

¹¹ *Die Zustimmung der Ehefrau wäre nicht erforderlich, wenn der Bürge z. B. als Inhaber einer Einzelfirma (für die verschiedenen Fälle s. Art. 494 Abs. 2 OR) im Handelsregister eingetragen wäre. Da Schriftlichkeit für die Zustimmung genügt, muss diese nicht öffentlich beurkundet werden, sie muss aber vorgängig oder spätestens gleichzeitig mit der Unterschrift des Bürgen erklärt werden. Bei gerichtlicher Trennung ist die Zustimmung des Ehegatten nicht erforderlich. Die Zustimmung löst keine Haftung aus.*

¹² *Bei Bürgschaften natürlicher Personen, die nicht öffentlich beurkundet werden und nicht zugunsten des Bundes oder eines Kantons eingegangen werden, wäre das Wort Solidarbürge oder eine entsprechende Kennzeichnung des Vertrages als Solidarbürgschaft durch den Bürgen von Hand zu schreiben.*

¹³ *Markus Fritsche verbürgt nicht den ganzen Bürgschaftsbetrag aus Vorlage 1. Es handelt sich damit um eine Kombination von Nach- und Limitbürgschaft.*

    Rückbürgschaft läge vor, wenn sich Fritsche gegenüber Suter verpflichten würde, «für eine allfällige Regressforderung gegen Karl Freiburghaus als Rückbürge einzustehen».

¹⁴ *Die öffentliche Beurkundung ist trotz der Kaufmannseigenschaft und einem allfälligen Handelsregistereintrag des Bürgen nötig.*

Das Gesetz spricht in Art. 493 Abs. 2 OR von natürlichen Personen, wozu auch Kaufleute zählen.

[15] *Solidarische Haftung gegenüber dem Gläubiger bedeutet, dass dieser bereits nach erfolgloser Mahnung des rückständigen Schuldners auf den Bürgen greifen kann. Anders als bei der einfachen Mitbürgschaft (Art. 497 Abs. 1 OR) kann jeder Mitbürge über seinen Kopfanteil hinaus bereits bis zum Haftungslimit belangt werden, wenn gegen die Mitbürgen Betreibung eingeleitet werden musste (Art. 497 Abs. 2 OR).*

[16] *Da verschiedene Möglichkeiten der solidarischen Mitbürgschaft bestehen, sollte über die Qualifikation als Solidarbürgschaft in Ziff. 1 der Vorlage 3 hinaus klargestellt werden, ob die Mitbürgen nur unter sich, nur gegenüber dem Gläubiger oder in beiden Fällen solidarisch haften. Die Solidarhaftung unter sich betrifft die Regressforderung auf den Mitbürgen, wenn ein Mitbürge über seinen Kopfanteil hinaus Leistungen erbracht hat.*

Möglich wäre als Variante zu Ziff. 2 von Vorlage 3 auch die Abrede, wonach intern allein Burkhalter für Zahlungen zugunsten der AG aufzukommen habe:

«2. Die Bürgen haften gegenüber Karl Schamberger solidarisch, intern unter sich haften jedoch allein Franz und Erika Burkhalter, auf die Josef Maag sen. für allfällige Zahlungen aus dieser Bürgschaft vollumfänglich Rückgriff nehmen kann.»

Damit stünde Maag sogar voller Regress auf seine Mitbürgen zu. Ein Regress gegen die AG als Hauptschuldnerin besteht ohnehin immer, doch wird er ohne Erfolg sein, wenn schon der Gläubiger nicht bezahlt wurde.

[17] *Wegen des wechselnden Betrages der Schuldnerverpflichtung ist es hier nicht nötig, die jährliche Verringerung des Haftungsbetrages gemäss Art. 500 OR auszuschalten.*

[18] *Damit wird die gesetzliche Haftungsordnung des Art. 499 Abs. 2 OR leicht ausgedehnt. Insbesondere wird so der Fall mitumfasst, dass die Lieferfirma vom Vertrag zurücktritt und Schadenersatzansprüche nach Art. 109 OR hat.*

[19] *Entspricht der gesetzlichen Lage, Art. 510 Abs. 3 OR.*

[20] *Da der Gläubiger ausländischen Wohnsitz hat, sollten Gerichtsstand und anwendbares Recht klargestellt werden.*

[21] *Die Zustimmung des Ehegatten entfällt, weil beide Solidarbürgen als Verwaltungsräte der Burkhalter Musik AG im Handelsregister eingetragen sind.*

[22] *Garantieerklärungen treten selten isoliert auf. Meist sind sie, wie hier, Bestandteil eines umfassenderen Vertrages.*

[23] *In Vorlage 4 benötigt die Pfister Apparatebau AG gerade diese von einer Drittfirma hergestellte Sonde, um überhaupt Tankfüllsicherungen herstellen zu können. Sie will sich gegenüber der Tankfirma nur in einem langfristigen Vertrag binden, wenn die Lieferung dieses Bestandteils gesichert ist. Da zum ausländischen Hersteller keine direkten Geschäftsbeziehungen bestehen, welche den Abschluss eines entsprechenden Vertrages erleichtern würden, garantiert die interessierte Tankfirma dafür. Bestehen Zweifel darüber, ob nicht doch eine Bürgschaft vorliege, wären sicherheitshalber deren Formvorschriften einzuhalten.*

[24] *Garantieversprechen können mit einer Konventionalstrafenabrede verstärkt werden. Dies empfiehlt sich namentlich dort, wo der Schadensnachweis bei Ausbleiben des garantierten Ereignisses nur schwierig zu erbringen ist.*

Der Leasingvertrag

Das Wichtigste in Kürze

Leasing vermittelt im Unterschied zur Miete völlige Freiheit in der Nutzung des einem Dritten gehörenden Leasingobjektes. Der Leasingnehmer muss für den Unterhalt und die Wartung des Leasingobjektes sorgen und trägt auch das Risiko des zufälligen Unterganges.

Der Leasingnehmer schuldet während der Vertragsdauer periodisch eine Entschädigung. Auch wenn er während der Vertragsdauer das Leasingobjekt wirtschaftlich gesehen amortisiert, wird er nicht dessen Eigentümer. Er hat nicht die Sache «gekauft», sondern sich nur Nutzungs- und Gebrauchsrechte einräumen lassen.

Leasingverträge sind nicht gesetzlich geregelt. Je nach konkreter Ausgestaltung können als Leasingverträge bezeichnete Vereinbarungen rechtlich effektiv Miet-, Pacht- oder Kaufverträge darstellen. Echte Leasingverträge werden hauptsächlich von mietrechtlichen Bestimmungen beherrscht, soweit der Vertrag unvollständig ist.

In der Praxis schliessen Leasinggeber meist berufsmässig Leasingverträge. Sie verwenden stets stark ins einzelne gehende, vorformulierte Vertragsurkunden. Als Gelegenheitsverträge werden sie höchst selten abgeschlossen.

Wesen des Leasingvertrages	Durch Leasingvertrag wird, ähnlich wie bei Mietverträgen, die zeitweilige Überlassung einer Sache zum Gebrauch geregelt. Der Leasingvertrag verschafft dem Leasingnehmer die umfassende Nutzungsmöglichkeit an einer Sache. Charakteristisch ist, dass dem Leasingnehmer wirtschaftlich die Stellung eines Eigentümers des Leasingobjektes eingeräumt wird, indem ihm dessen Gebrauch samt allen wesentlichen Eigentümerrechten und -pflichten bis zum Ende der wirtschaftlichen Nutzungsdauer überlassen wird. Der Leasinggeber behält jedoch das Eigentum am Leasingobjekt zur Sicherung seiner Forderungen.

Am Leasingvertrag sind typischerweise drei Parteien beteiligt. Der Leasinggeber, der Leasingnehmer und der Lieferant. Der Leasinggeber überlässt dem Leasingnehmer gegen Entgelt das Leasingobjekt zum freien Gebrauch; dieses Leasingobjekt wird vom Lieferanten zur Verfügung gestellt, wobei zwischen Lieferant und Leasinggeber ein Werk- oder Kaufvertrag besteht. Es kommt vor, dass der Leasinggeber gleichzeitig auch Lieferant ist, also ein bereits ihm gehörendes Leasingobjekt anbietet. |
| Finanzierungsleasing | In seiner typischen Ausgestaltung ist das Leasinggeschäft eine Form der Finanzierung von Investitionsgütern. Der Benutzer muss nicht selber investieren, sondern kann seine Produktionseinrichtungen im nachhinein aus seinen laufenden Erträgen sukzessive finanzieren (pay as you earn). Er bezahlt dem Leasinggeber, der für ihn das Investitionsgut vom Lieferanten gekauft hat, den Gegenwert des Nutzens, den er aus dem Gebrauch der Sache ziehen kann. Er bleibt flexibler, weil die Laufzeit des Leasingvertrages kürzer sein kann als die Lebensdauer des Leasingobjektes. Er kann sein Kapital anderweitig einsetzen, statt es in Produktionsanlagen zu blockieren.

Eine Abart dieses sogenannten Finanzierungsleasings stellt das «Sale-and-lease-back-Verfahren» dar. Hier will sich ein Unternehmen Liquidität verschaffen. Es kann z. B. seine Produktionsanlagen dem Leasinggeber verkaufen und sich die Nutzungsmöglichkeit für die nächsten Jahre mit einem Leasingvertrag einräumen lassen. Der Verkaufserlös kann so anderweitig investiert werden; die Leasingraten können aus den laufenden Erträgen finanziert werden. |
| Direktes Leasing | In seiner atypischen Form ist das Leasinggeschäft eine Form der Absatzförderung. Der Hersteller von Investitionsgütern verkauft |

nicht, sondern er überträgt dem Kaufinteressenten für eine bestimmte Dauer den Gebrauch und die Nutzung gegen Entgelt. Während der Vertragsdauer hat er keine weiteren Leistungen mehr zu erbringen. Er ist daran interessiert, dass die Vertragsdauer möglichst mit der wirtschaftlichen Nutzungsdauer übereinstimmt. Der Lieferant übernimmt die Finanzierung direkt, ohne Zwischenschaltung einer Leasinggesellschaft.

Im Unterschied zur Miete oder Pacht ist der Leasingnehmer völlig frei, wie er das Leasingobjekt nutzen will. Dieser Nutzungsfreiheit steht seine Pflicht gegenüber, auf eigene Kosten für den Unterhalt aufzukommen. Der Leasingnehmer muss selber dafür besorgt sein, dass er während der ganzen Vertragsdauer vom Leasinggegenstand den gewünschten Gebrauch machen kann. Bei Vertragsende kann der Leasinggegenstand im dannzumaligen Zustand zurückgegeben werden, im Gegensatz zur Miete. Der Leasingnehmer kann also gewissermassen den Leasinggegenstand «verbrauchen». Rechte und Pflichten des Leasingnehmers

Leasingverträge sind immer auf eine minimale feste Vertragsdauer abgeschlossen. In der Regel entspricht die Vertragsdauer annähernd der technisch und wirtschaftlich möglichen Nutzungsdauer des Leasingobjektes. Nur in Ausnahmefällen wird die Vertragsdauer wesentlich kürzer angesetzt; man spricht dann von «non-full-pay-out-contracts» oder Operatingleasing. Beispiele finden sich beim Leasing von Autoflotten. In solchen Fällen übernimmt der Leasinggeber auch den Unterhalt und allfällige Reparaturen, um die Wiederverkäuflichkeit zu verbessern. Vertragsdauer

Während der festen Vertragsdauer sind Leasingverträge nicht kündbar, selbst bei zufälligem Untergang des geleasten Objektes nicht. Die fristlose Beendigung bei Verzug des Leasingnehmers ist allerdings zulässig.

Im Normalfall ist das Leasingobjekt neu. Es kann jedoch Mängel aufweisen, für die der Lieferant einstehen muss. Weil der Leasingnehmer zum Lieferanten nicht in einem Vertragsverhältnis steht, muss er sich die Mängelrechte, die dem Leasinggeber zustehen, im Leasingvertrag abtreten lassen. Gewährleistung bei Mängeln

Form	Leasingverträge sollten schriftlich abgeschlossen werden, obwohl keine Form vorgeschrieben ist.
Anwendbares Recht	Der Leasingvertrag ist im schweizerischen Recht nicht gesetzlich geregelt. Er wird allgemein unter die Gebrauchsüberlassungsverträge eingereiht. Soweit Konsumgüter zum Gegenstand von Leasingverträgen gemacht werden, ist stets zu prüfen, ob nicht eine Umgehung der strengen Formvorschriften des Abzahlungsrechtes vorliege (Art. 226a – 226m OR).

Der Leasingvertrag unterscheidet sich von Kaufverträgen (z. B. Kauf-Miet-Verträgen) darin, dass er dem Leasingnehmer weder bei Vertragsschluss noch bei vollständiger Bezahlung aller Raten das Eigentum am Leasingobjekt verschafft. Der Leasingnehmer bezahlt nicht den Kaufpreis in Raten, sondern er entschädigt die Überlassung der Sache zu freier Nutzung auf eigenes Risiko.

Von den Miet- und Pachtverträgen unterscheidet sich der Leasingvertrag durch die umfassende Nutzungsfreiheit und durch die in der Regel fehlende Pflicht des Leasinggebers, die Sache in gebrauchsfähigem Zustand zu erhalten.

Vorlage für einen direkten Leasingvertrag

Zwischen *Peter Ochsner*, Landmaschinenhandel, Landstrasse 5, Kloten, als Leasinggeber und *Fritz Baumann*, Auf der Halde 3, Bassersdorf, als Leasingnehmer wird heute folgender Vertrag abgeschlossen:

1. Der Leasinggeber überlässt die ...-Maschine (Typennr. 24 S 3289)[1], fabrikneu, dem Leasingnehmer für die Dauer von fünf Jahren[2] zum uneingeschränkten Gebrauch.[3] Das Eigentum an der Maschine verbleibt beim Leasinggeber.[4]

    Die Übergabe erfolgt am 1. März 19.. am Geschäftssitz des Leasinggebers in Kloten, wo die Maschine nach Vertragsablauf auch zurückzugeben ist.[5]

2. Der Leasingnehmer verpflichtet sich, dem Leasinggeber monatlich im voraus Leasinggebühren in Höhe von Fr. 530.– zu bezahlen, zahlbar erstmals per 1. März 19.. während der ganzen Vertragsdauer.[6]

    Die Leasinggebühr ist auch dann geschuldet, wenn die Maschine aus irgendwelchen Gründen nicht benützt werden kann.[7]

    Der Leasingnehmer ist berechtigt, das Leasingobjekt bei Vertragsende zum Preis von Fr. 1'000.– zu Eigentum zu erwerben.[4]

3. Nach der Übergabe trägt der Leasingnehmer während der ganzen Vertragsdauer die Gefahr für Beschädigung und Verlust des Leasingobjektes ohne Rücksicht darauf, ob der Schaden durch sein Verschulden, durch jenes seiner Angestellten, durch Dritte oder durch Zufall oder höhere Gewalt verursacht worden ist.

    Der Leasingnehmer sorgt auf eigene Kosten für die regelmässige Wartung der geleasten Maschine sowie für deren Einbezug in die Versicherungen betreffend Haftpflicht, Elementarschäden und Diebstahl.[7]

4. Der Leasingnehmer hat die gelieferte Maschine sofort auf Mängel hin zu prüfen. Später entdeckte Mängel hat er ebenfalls unverzüglich dem Leasinggeber anzuzeigen.[8]

Der Leasinggeber haftet nur für die Behebung rechtzeitig angezeigter Mängel, längstens für die Dauer von zwei Jahren seit Übergabe der Maschine. Die Haftung für Mangelfolgeschäden[9], insbesondere für Schäden wegen Betriebsunterbruch, wird wegbedungen.

Variante für Fälle mit drei Vertragsparteien:

Ansprüche wegen Mängeln des Leasingobjektes sind an den Lieferanten zu richten. Der Leasinggeber tritt hiermit seine sämtlichen Gewährleistungsansprüche gegenüber dem Lieferanten an den Leasingnehmer ab. Der Leasingnehmer haftet dem Leasinggeber für Schäden, die aus Unterlassungen bei der Geltendmachung von Gewährleistungsansprüchen entstehen.[8]

5. Der Leasingnehmer verpflichtet sich, dem Leasinggeber unverzüglich mitzuteilen, wenn die Maschine bei ihm gepfändet, verarrestiert, retiniert oder in Konkursbeschlag genommen wird.[10]

6. Nach Ablauf der festen Vertragsdauer hat der Leasingnehmer die Maschine in gereinigtem, vollständigem und ordnungsgemässem Zustand zurückzugeben.

Erfolgt die Rückgabe der Maschine nicht innert 10 Tagen seit Vertragsende, sind wesentliche Bestandteile erheblich beschädigt und bringt der Leasingnehmer die Maschine innert einer fünftägigen Nachfrist nicht in ordnungsgemässen und gereinigten Zustand, so gilt als vereinbart, dass der Leasingnehmer das Leasingobjekt zum Preis von Fr. 1'000.- kauft. Dieser Kaufpreis wird sofort zur Zahlung fällig.[11]

7. Dieser Leasingvertrag ist während der Vertragsdauer unkündbar. Kommt der Leasingnehmer jedoch mit mehr als drei

Monatsraten in Verzug, ist der Leasinggeber nach unbenütztem Ablauf eine zehntägigen Nachfrist berechtigt, den Vertrag mit sofortiger Wirkung für die Zukunft aufzuheben.[12] Verfallene Leasinggebühren bleiben geschuldet, ebenso ein allfälliger Schaden wegen Nichterfüllung.

8. Die Parteien vereinbaren als *ausschliesslichen Gerichtsstand Kloten*.

Ort, Datum und Unterschriften

Kommentar zur Vorlage

¹ Wie der Mieter erscheint auch der Leasingnehmer im Rechtsverkehr als Eigentümer der Sache. Es ist zur Sicherstellung des Leasinggebers als wirklicher Eigentümer wichtig, dass der Leasinggegenstand präzis bezeichnet wird (Angabe von Gerätenummern, genaue Typenbezeichnung, Masse, Farbe etc.). Demontierbare Bestandteile und Zubehörteile werden mit Vorteil einzeln aufgeführt. Droht die Beschreibung zu umfangreich zu werden, kann im Vertrag auf die Aufzählung in einer Vertragsbeilage verwiesen werden, die ebenfalls zu unterzeichnen ist.

² In der überwiegenden Zahl der Fälle ist der Leasingvertrag auf eine feste Dauer abgeschlossen. Die Vertragsdauer erreicht in der Regel rund 90% der wirtschaftlichen Nutzungsdauer.

³ Der Leasingnehmer ist ausschliesslich an der freien Nutzungsmöglichkeit interessiert, wie sie ihm als Eigentümer zustehen würde. Dem Leasinggeber, dem das Eigentum am Leasingobjekt im Grunde genommen nur als Sicherheit für sein investiertes Kapital dient, ist die Nutzungs- und Gebrauchsart gleichgültig. Er unterscheidet sich darin deutlich vom Vermieter, der die Nutzung regelmässig nur zu einem vertraglich genau bestimmten Zweck gestattet.

⁴ Die Regelung der Eigentumsverhältnisse muss klar aus dem Leasingvertrag hervorgehen. Sonst läuft der Leasinggeber im Konkurs des Leasingnehmers Gefahr, dass eingewendet wird, es handle sich um einen Kaufvertrag mit Ratenzahlung, bei welchem der Käufer bereits bei Vertragsschluss das Eigentum erwirbt. Eine klare Regelung ist speziell auch beim Konsumgüterleasing mit Privatpersonen entscheidend, weil sonst Gefahr besteht, dass die Vereinbarung als Abzahlungsvertrag den strengen Formvorschriften der Art. 226a–226m OR unterstellt wird.
   Wird dem Leasingnehmer am Ende der Vertragsdauer die Möglichkeit eingeräumt, den Leasinggegenstand zu Eigentum zu erwerben, so sollte hiefür klar ein Kaufrecht, am besten mit

Fixierung des Kaufpreises, vereinbart werden. Eine Klausel, die vorsehen würde, dass der Leasingnehmer die Sache bei Vertragsschluss behalten könne, würde den Leasingvertrag zum reinen Kaufvertrag mit Ratenzahlung machen.

Da der Leasingvertrag nicht Eigentum verschaffen will, hat es die Gerichtspraxis folgerichtig nicht zugelassen, dass der Leasinggeber sein Eigentum im Eigentumsvorbehaltsregister einträgt.

5 *Erfüllungszeit und Erfüllungsort sind immer dann ausdrücklich zu regeln, wenn die Anwendung der allgemeinen Regeln (Art. 74—84 OR) vermieden werden soll.*

6 *Die vom Leasingnehmer während der ganzen Vertragsdauer geschuldete Entschädigung setzt sich aus dem Kaufpreis und dessen angemessener Verzinsung (inkl. Gewinnanteil) sowie den Kosten allfälliger weiterer Leistungen des Leasinggebers zusammen. Die Parteien sind frei, wie sie die Bezahlung regeln wollen. Üblich sind monatliche Raten, die im voraus zu leisten sind. Würde nichts geregelt, käme wohl Mietrecht zur Anwendung, wonach der Mietzins im nachhinein zahlbar wäre (Art. 257c OR).*

7 *Es gehört zum typischen Inhalt eines Leasingvertrages, dass der «wirtschaftliche Eigentümer», eben der Leasingnehmer, auch alle Risiken, denen das Leasingobjekt unterworfen ist, selber zu tragen hat. Folgerichtig bleiben im Schadenfall die weiteren Leasinggebühren geschuldet, wie beim Abzahlungsvertrag die weiteren Raten. Dies gilt in der Regel auch bei Untergang des Leasingobjekts infolge Zufalls oder höherer Gewalt, doch muss dies ausdrücklich so vereinbart sein (vgl. Art. 119 OR). Formularverträge sehen oft vor, dass der Leasingnehmer dieses Risiko durch Versicherungen abzudecken hat. Da das Leasingobjekt im Eigentum des Leasinggebers steht, kann auch die Haftpflichtversicherung des Leasinggebers zum Tragen kommen.*

Wenn dem Leasingnehmer das Verlustrisiko überbunden wird, ist es naheliegend, dass er als «wirtschaftlicher Eigentümer» auch für den Unterhalt und die Instandhaltung selber aufzukommen hat. Nur bei den Sonderfällen mit kurzer Vertrags-

dauer oder bei wartungsintensiven Anlagen (z. B. Computer) übernimmt der Leasinggeber auch die Instandhaltung. Die Entschädigung für diese Dienstleistung wird in diesen Fällen in die Leasinggebühr eingerechnet.

[8] *Der Leasingvertrag verschafft dem Leasingnehmer den Gebrauch einer Sache, die sich unter Umständen als mängelbehaftet herausstellen kann. Beim Finanzierungsleasing will sich der Leasinggeber regelmässig nicht mit Fragen der Gewährleistung befassen. Er verweist deshalb den Leasingnehmer an den Lieferanten des Leasingobjektes. Damit der Leasingnehmer aus eigenem Recht diese Ansprüche ausüben kann, müssen sie ihm ausdrücklich im Leasingvertrag abgetreten werden. Der Leasinggeber kann den Leasingnehmer haftbar machen, wenn er die Mängelrechte nicht oder nicht richtig ausübt; der Vertrag muss dies aber ausdrücklich so vorsehen. Beim direkten Leasing haftet der Leasinggeber unmittelbar für Mängel, es sei denn, diese Haftung würde wegbedungen.*

[9] *In unserer arbeitsteiligen Wirtschaft kann eine mangelhafte Anlage nicht nur vorübergehend ausfallen, sondern als Kettenreaktion kann ein grosser Folgeschaden entstehen. Der Leasinggeber wird gut daran tun, diese Haftung klar wegzubedingen, denn er kann die Gefahren im Umfeld des Leasingnehmers in aller Regel nicht ausreichend überblicken.*

[10] *Bei einer amtlichen Beschlagnahme, sei es Pfändung, Retention, Arrestvollzug oder Konkursbeschlag, hat der Betroffene jeweils anzugeben, ob ein bestimmter Gegenstand einem Dritten gehöre (sogenanntes Drittmannsgut). Sobald das Betreibungs- oder Konkursamt vom Eigentumsrecht eines Dritten weiss, gibt es diesem Dritten Gelegenheit, seine Ansprüche geltend zu machen. Der Dritte kann auch von sich aus solche Ansprüche erheben (Art. 107, 242 SchKG).*

[11] *Die Rückgabepflicht ist ebenfalls ein wesentliches Unterscheidungsmerkmal zum Kaufvertrag. Weil der Leasingnehmer nicht Eigentum am Leasingobjekt erworben hat, muss er es bei Ver-*

tragsende zurückgeben. Er darf es jedoch (im Unterschied zum Mietvertrag) in dem Zustand zurückgeben, in dem es sich nach dieser Nutzungsdauer befindet. Anschaulich ist schon formuliert worden, der Leasingnehmer sei zum «ratenweisen Verzehr» des Leasingobjektes berechtigt.

[12] *Der Leasingvertrag ist normalerweise ein unkündbares Dauerschuldverhältnis. Der Leasinggeber kann dem Leasingnehmer die Sache nicht kurzerhand entziehen, wenn dieser mit seinen Zahlungen in Rückstand gerät. Der Leasinggeber müsste ohne spezielle Vereinbarung jede einzelne Monatszahlung in Betreibung setzen und könnte den Leasinggegenstand nicht vor Vertragsende zurückfordern und anderweitig verleasen. Die Verfallklausel gibt ihm das Recht zur Vertragsaufhebung mit Wirkung für die Zukunft.*

Die Verzugsfolgen sollten hier der Klarheit halber ausdrücklich geregelt werden. Das Mietrecht sieht z. B. in Art. 257d OR eine vorzeitige Auflösungsmöglichkeit nach Ansetzung einer 30tägigen Nachfrist vor. Das Pachtrecht schreibt in Art. 282 OR eine Nachfrist von 60 Tagen vor. Ferner bestimmt Art. 297a OR, dass der Konkurs über den Pächter den Pachtvertrag auflöse, wenn nicht Sicherheit geleistet werde. Nach den Kaufrechtsregeln wäre ein Vertragsrücktritt wegen Zahlungsverzuges nur bei ausdrücklicher Abrede zulässig (Art. 214 Abs. 3 OR; das Abzahlungsvertragsrecht sieht in Art. 226h OR noch weitere Möglichkeiten vor).

Der Lizenzvertrag

Das Wichtigste in Kürze

Die Funktion des Lizenzvertrages besteht darin, dem Lizenznehmer die Benutzung eines Gutes (Immaterialgüterrecht oder Knowhow) zu ermöglichen, das ihm sonst aus rechtlichen Gründen nicht zur Verfügung stünde oder das ihm faktisch verschlossen wäre. Der Lizenznehmer kann dank der Lizenz an der privilegierten Stellung des Lizenzgebers teilhaben.

Der Lizenznehmer erwirbt das Benutzungsrecht nur auf Zeit; er schuldet praktisch immer ein Entgelt, die Lizenzgebühr.

Lizenzverträge sollten unbedingt von Fachleuten redigiert werden, insbesondere in den Fällen, wo es um die Nutzung von nicht absolut geschützten Rechten geht (Knowhow).

Wesen des Lizenzvertrages	Durch den Lizenzvertrag ermöglicht der Lizenzgeber dem Lizenznehmer die Benutzung von Patenten, Marken, Mustern oder Modellen, Urheberrechten einschliesslich solchen an Computersoftware, Fabrikationsgeheimnissen, Betriebserfahrungen (Knowhow). Der Lizenznehmer schuldet dafür eine Lizenzgebühr. Der Lizenzvertrag weist grosse Ähnlichkeiten mit einem Pachtvertrag auf. Je nach der konkreten Regelung des Einzelfalles rückt das Vertragsverhältnis auch in die Nähe der einfachen Gesellschaft.
Einfache Lizenz	Der Lizenznehmer ist im Gegensatz zur sogenannten ausschliesslichen Lizenz nicht davor geschützt, dass der Lizenzgeber noch anderen Konkurrenten Lizenzen erteilt. Er geniesst namentlich keinen Gebietsschutz. Bei einfachen Lizenzen sollte eine Meistbegünstigungsklausel vereinbart werden, die besagt, dass der Lizenznehmer jedenfalls nicht schlechter gestellt sein darf als allfällige spätere Lizenznehmer.
Ausschliessliche Lizenz	Bei einer ausschliesslichen Lizenz geniesst der Lizenznehmer je nach Vertrag in zeitlicher oder gegenständlicher Hinsicht Schutz vor Konkurrenten. Ausschliessliche Lizenzen sind meist mit einem Nutzungszwang gekoppelt, denn der Lizenzgeber hat alles Interesse, dass sein Vertragspartner im Schutzgebiet aktiv ist. Dieser Nutzungszwang wird zum Teil durch die Vereinbarung einer grundsätzlich zwar umsatzabhängigen, aber in minimaler Höhe fest vereinbarten periodischen Entschädigung sichergestellt.
Unterlizenz	Die Zulässigkeit der Unterlizenz, also der ganzen oder teilweisen Abtretung seiner durch den Vertrag erworbenen Rechte durch den Lizenznehmer, ist aus dem Lizenzvertrag selber zu beurteilen. Zweckmässigerweise ist eine entsprechende Klausel im Vertrag aufzunehmen. Schweigt sich der Vertrag aus, so ist die Erteilung einer Unterlizenz in Fällen unzulässig, in denen es dem Lizenzgeber erkennbar wesentlich auf die Person des Lizenznehmers ankommt.
Dauer	Lizenzverträge sind Dauerschuldverhältnisse. Es hängt wesentlich vom jeweiligen Vertragsgegenstand ab, für wie lange der Vertrag gelten soll. Ist das nutzbare Recht nur noch beschränkte Zeit geschützt, dauert auch der Lizenzvertrag im Zweifel nicht

länger. Verträge über Knowhow-Nutzung sind regelmässig von kurzer Dauer, denn das Risiko des allgemeinen Bekanntwerdens des Verfahrens muss berücksichtigt werden. Allgemein wird angenommen, dass beim Vorliegen wichtiger Gründe der Lizenzvertrag unter Einhaltung einer sechsmonatigen Kündigungsfrist einseitig auflösbar sein muss.

Der Lizenzvertrag ist gesetzlich nicht geregelt. Wo der Vertrag unvollständig ist, wird hauptsächlich Pachtrecht angewendet. Das Bundesgesetz über die Erfindungspatente erwähnt in Art. 34 die Berechtigung des Patentinhabers, einen anderen zur Benützung der Erfindung zu ermächtigen. Ebenso geht das Urheberrechtsgesetz vom 9. Oktober 1992 von der Möglichkeit der Lizenzerteilung aus. — Gesetzliche Regelung

Vorlage für einen Patentlizenzvertrag

Die *Inventa AG*, Holzweg 5, 8003 Zürich, nachfolgend Lizenzgeber genannt, schliesst mit *Theophil Müller*, Hammerstrasse 1, 8008 Zürich, nachfolgend Lizenznehmer genannt, folgenden Lizenzvertrag ab:

Präambel

Der Lizenzgeber führt in seinen Laboratorien seit Jahren Versuche zur Verbesserung herkömmlicher ... durch und hat dabei bedeutende Entwicklungsarbeiten geleistet. Er ist Inhaber des CH-Patentes Nr. 308 413 für die Herstellung ... Der Lizenznehmer ist Produzent und Verkäufer von ... und bestätigt, dass er kein ähnlich hergestelltes ... kennt. Er hat sich von der Ausführbarkeit der Erfindung gemäss Patent überzeugt und erklärt, dass das patentierte ... bedeutend ... ist als die herkömmlichen und im Gegensatz zu den bisher bekannten nicht ...[1]

1. Gegenstand dieses Lizenzvertrages ist die technische Lehre gemäss Ch-Patent Nr. 308 413. Das Vertragsgebiet umfasst die Schweiz und das Fürstentum Liechtenstein.[2]

2. Der Lizenzgeber gewährt dem Lizenznehmer am CH-Patent Nr. 308 413 im Vertragsgebiet eine ausschliessliche Lizenz,[3] ... gemäss dem patentierten Verfahren herzustellen und zu vertreiben. Der Lizenzgeber wird innerhalb von 30 Tagen nach Gegenzeichnung dieses Vertrages die Eintragung dieser Lizenz im schweizerischen Patentregister auf eigene Kosten veranlassen.

Variante zu Ziff. 2:

Der Lizenzgeber gewährt dem Lizenznehmer am CH-Patent Nr. 308 413 im Vertragsgebiet eine einfache Lizenz,[3] ... gemäss dem patentierten Verfahren herzustellen und zu verkaufen. Falls er über den Vertragsgegenstand weitere Lizenzverträge im Vertragsgebiet abschliesst, gibt er davon dem Lizenznehmer innert vier Wochen nach Abschluss Kenntnis. Sollten späteren Lizenznehmern günstigere Bedingungen zugestanden werden, ist dieser Vertrag im Sinne der Meistbegünstigung entsprechend anzupassen.[4]

3. Die Lizenz ist beschränkt auf die Fabrikation in den Betriebsanlagen des Lizenznehmers. Die Ausführung in anderen Anlagen sowie die Gewährung von Unterlizenzen bedarf der vorgängigen schriftlichen Zustimmung des Lizenzgebers.[5]

4. Der Lizenzgeber verpflichtet sich, auf eigene Kosten alle Anstrengungen[6] zu unternehmen, um die Aufrechterhaltung und den Schutz des Patentes gewährleisten zu können. Der Lizenznehmer hat den Lizenzgeber sofort zu informieren, wenn er von Patentverletzungen erfährt.

Der Lizenzgeber bestätigt, dass ihm keine Mängel am CH-Patent Nr. 308 413 bekannt sind. Sollten Dritte gleichwohl konkurrierende Ansprüche stellen können, hält er den Lizenznehmer während der ganzen Vertragsdauer schadlos.[6]

5. Der Lizenzgeber verpflichtet sich, während der Vertragsdauer dem Lizenzgeber alle Erfahrungen und Verbesserungen bezüglich CH-Patent Nr. 308 413 zur Verfügung zu stellen.[7]

Der Lizenznehmer verpflichtet sich, die überlassenen Mitteilungen auch nach Vertragsauflösung geheimzuhalten und seine Arbeitnehmer dementsprechend zu verpflichten. Er haftet dem Lizenzgeber für allfällige Schäden aus der Geheimnispflichtverletzung auch ohne Verschulden.[8]

6. Der Lizenznehmer zahlt innert 10 Tagen seit Unterzeichnung des Vertrages durch beide Parteien den Betrag von Fr. 100'000. . Diese Pauschalzahlung stellt das Entgelt für die zur Verfügung gestellten Entwicklungsergebnisse dar und kann in keinem Fall zurückverlangt werden.

Der Lizenznehmer zahlt ferner eine Lizenzgebühr von Fr. ... pro ... hergestelltem ..., zahlbar alle drei Monate, erstmals per 1. Januar 19 . . Der Lizenznehmer zahlt unabhängig von der Grösse seiner Produktion in Anrechnung auf die Stücklizenzgebühr alle drei Monate mindestens Fr. 5'000.–.[9]

7. Falls die Gültigkeit des CH-Patentes Nr. 308 413 angefochten wird, zahlt der Lizenznehmer ab Rechtshängigkeit einer allfälligen Klage nur noch die Mindestlizenzgebühr. Wird durch den Ausgang des Rechtsstreites Bestand und Gültigkeit des CH-Patentes Nr. 308 413 nicht tangiert, zahlt der Lizenznehmer rückwirkend unter Anrechnung der Mindestlizenzgebühr die volle Stücklizenz; wird Bestand und Gültigkeit des CH-Patentes Nr. 308 413 tangiert, so zahlt der Lizenznehmer inskünftig noch die Mindestlizenzgebühr.[10] Das Recht zur fristlosen Kündigung gemäss Art. 11 dieses Vertrages bleibt vorbehalten.

8. Der Lizenznehmer verpflichtet sich, über die Produktion und den Verkauf von ... gemäss CH-Patent Nr. 308 413 nach kaufmännischen Grundsätzen Buch zu führen. Die betreffende Buchhaltung ist dem Lizenzgeber auf das Ende eines jeden Kalenderjahres hin vorzulegen. Der Lizenzgeber ist berechtigt, einmal jährlich auf eigene Kosten die Bücher des Lizenznehmers von einem von ihm ernannten Buchexperten dahingehend prüfen zu lassen, ob die Buchführung über Produktion und Verkauf des Lizenzgegenstandes korrekt und vollständig erfolgt ist. Der Experte hat striktes Stillschweigen über seine Wahrnehmungen einzuhalten, soweit es nicht den Lizenzgegenstand betrifft.[11]

9. Der Lizenznehmer verpflichtet sich hiermit, das CH-Patent Nr. 308 413 weder selbst anzufechten noch einen Angriff Dritter in irgendeiner Form zu unterstützen.[12]

10. Dieser Vertrag tritt am 1. Dezember 19 . . in Kraft und wird auf unbestimmte Zeit abgeschlossen. Vorbehältlich Ziff. 11 dieses Vertrages sind beide Parteien berechtigt, diesen Vertrag auf das Ende eines Kalenderjahres zu kündigen, erstmals auf den 31. Dezember 19 . .[13] Spricht keine Partei spätestens sechs Monate vor Ablauf eine Kündigung aus, verlängert sich der Vertrag jeweils stillschweigend um eine Periode von zwei Jahren.

11. Jede Partei ist zur fristlosen Kündigung des Vertrages berechtigt, wenn die andere Partei einen Nachlassvertrag abschliesst oder wenn über sie der Konkurs eröffnet wird.

    Der Lizenzgeber ist zur fristlosen Kündigung berechtigt, wenn der Lizenznehmer trotz schriftlicher Mahnung mit der Zahlung von Lizenzgebühren sechs Monate in Verzug ist.

    Der Lizenznehmer ist zur fristlosen Kündigung berechtigt, falls das CH-Patent Nr. 308 413 eingeschränkt oder ungültig erklärt wird.[14]

12. Der Lizenznehmer ist berechtigt, noch innerhalb eines Jahres nach Auflösung des Vertrages seine gemäss patentiertem Verfahren hergestellten ... zu vertreiben.[15]

13. *Für allfällige Streitigkeiten aus diesem Vertrag sind die Gerichte am Geschäftssitz des Lizenzgebers in der Schweiz ausschliesslich zuständig.* Anwendbar ist schweizerisches materielles Recht.[16]

Ort, Datum und Unterschriften

Kommentar zur Vorlage

[1] Die Präambel hält die Grundlagen des Vertrages fest, insbesondere bezüglich Ausführbarkeit, Stand der Technik im fraglichen Gebiet und technischem Fortschritt, den das Patent bringt. Damit kann die Präambel der Vertragsauslegung dienen, namentlich wenn darin die Vorgeschichte zum Ausdruck kommt.

[2] Der Verweis auf die Umschreibung der technischen Lehre in der Patenturkunde entlastet den Vertrag. Zugleich ist damit gewährleistet, dass der Schutzbereich und der Lizenzgegenstand übereinstimmen. Umfasst das Vertragsgebiet mehrere Staaten, sind sie einzeln aufzuführen, namentlich wenn der Lizenzvertrag nicht für alle Länder mit Patentschutz gelten soll. Soweit der Lizenznehmer auch ausserhalb der Schweiz tätig sein darf, ist auf die jeweiligen Kartellgesetze zu achten.

[3] Es ist wichtig, dass in jedem Lizenzvertrag klar zum Ausdruck kommt, ob die Lizenz eine ausschliessliche oder eine einfache ist.

[4] Mit diesem Zusatz soll die Stellung des Lizenznehmers verbessert werden. Gewährt der Lizenzgeber später Konkurrenten seines Vertragspartners ebenfalls einfache Lizenzen ohne Gebietsschutz, dann könnten günstigere Konditionen in den neuen Verträgen zu unbilligen Wettbewerbsvorteilen führen. Solche werden verhindert durch die Gewährleistung der Meistbegünstigung. Auf den Vertrag kommt also die jeweils günstigste Behandlung eines weiteren Lizenznehmers zur Anwendung.

[5] Einschränkende Bestimmungen bezüglich der Benutzung des durch die Lizenz eingeräumten Rechtes drängen sich vor allem bei nur schlecht geschützten Rechten auf, also namentlich bei blossen Fabrikations- oder Geschäftsgeheimnissen, die nicht absoluten Schutz geniessen wie Patente oder geschützte Muster und Modelle.
Die Zulässigkeit der Unterlizenz sollte unbedingt im Vertrag geregelt werden. Die Unterlizenz kann auch gänzlich ausgeschlossen werden.

⁶ Der Lizenzgeber hat dafür einzustehen, dass das zur Nutzung übertragene Recht unangefochten erhalten bleibt. Er muss deshalb alles Zumutbare unternehmen, was der Aufrechterhaltung des Patentes dient, denn im Vertrauen auf dessen Bestand hat der Lizenznehmer den Vertrag abgeschlossen. Der Lizenzgeber muss auch prozessual aktiv werden, denn der Lizenznehmer darf nach bisheriger Praxis selbst bei einer ausschliesslichen Lizenz das Stammrecht nicht in eigenem Namen verteidigen.

Es bestehen verschiedene Möglichkeiten zur Regelung des Verhaltens der Vertragsparteien gegenüber Ansprüchen Dritter. Die hier wiedergegebene Möglichkeit ist sehr einfach und für den Lizenznehmer am günstigsten. Wegen der hohen Kosten der Patentverteidigung kommen aber auch oft wesentlich differenziertere Lösungen vor.

⁷ Es gehört mit zu den Nebenpflichten des Lizenzgebers in diesem Dauerschuldverhältnis, dass er Verbesserungen und Weiterentwicklungen dem Lizenznehmer unentgeltlich weiterzugeben hat. Oft verpflichtet sich auch der Lizenznehmer dazu, seine Erfahrungen dem Lizenzgeber zugänglich zu machen.

⁸ Diese Klausel ist sehr wichtig im Hinblick auf Kündigungen von Arbeitnehmern des Lizenznehmers, da diese u. U. am neuen Arbeitsort Fabrikationsgeheimnisse preisgeben könnten, ohne dass den Lizenznehmer ein Verschulden trifft.

⁹ Oft wird die Lizenzgebühr umsatzabhängig berechnet. Daneben tritt oft die Pauschalzahlung zu Beginn des Vertrages und zur Absicherung gegen Untätigkeit des Lizenznehmers eine minimale periodische Lizenzgebühr. Zu beachten ist, dass eine Einmalzahlung allein den Lizenzvertrag zu einem blossen Kaufvertrag machen kann, wenn damit der Wert des Gutes praktisch auf einen Schlag entschädigt wird, also wenn z. B. die Lizenz für die ganze noch verbleibende Schutzdauer gewährt wird.

¹⁰ Diese Bestimmung stellt eine Schutzklausel für den Lizenznehmer dar. Wird der Angriff auf das Patent abgeschlagen, so soll der volle Betrag nachbezahlt werden. Wird das Patent geschmä-

lert, so soll es bei der Zahlung der Mindestlizenzgebühr sein Bewenden haben. Selbst beim Wegfall des Patentes bliebe dem Lizenznehmer das Knowhow und der zeitliche Vorsprung gegenüber der Konkurrenz, wie sich aus der Präambel ergibt. So erscheint es als gerechtfertigt, dass beim Wegfall des Patentes nicht automatisch jede Leistung aufhört, wenn der Lizenznehmer deswegen nicht den Vertrag überhaupt aufheben will (vgl. dazu Ziff. 11 der Vorlage, wo dieses Kündigungsrecht vorgesehen ist).

[11] *Der Lizenzgeber ist bei umsatzabhängigen Entschädigungen darauf angewiesen, wirksame Kontrollen ausüben zu können. Angesichts der praktisch immer gegebenen Buchführungspflicht ist die ordnungsgemäss geführte Buchhaltung ein taugliches Kontrollinstrument. Auf der anderen Seite hat der Lizenznehmer häufig ein schützenswertes Interesse, dass der Einblick des Lizenzgebers zu Kontrollzwecken sich auf das Notwendige beschränkt. Die konkrete Ausgestaltung ist im Einzelfall sorgfältig abzuklären.*

[12] *Diese Klausel schwächt die Stellung des Lizenznehmers gegenüber dem Lizenzgeber nach dem Vertragsabschluss sehr stark, muss er doch ohne Anfechtungsmöglichkeit die Lizenzgebühr weiterzahlen, selbst wenn er nachträglich zur Überzeugung gelangt, das Patent wäre anfechtbar. Umgekehrt hat diese Klausel regelmässig zur Folge, dass der Lizenznehmer vor Vertragsabschluss die Patentwürdigkeit seriös überprüft. Dank ihrer Eindeutigkeit verhindert sie ferner den Ausbruch von Streitigkeiten über diesen Punkt zwischen den Parteien. Sie ist auch dann stets aufzunehmen, wenn über die Lizenzeinräumung hinaus wesentliche Zusatzinformationen (z. B. Produktions-Knowhow, Bezugsquellen, technische Einweisung, Ausbildung usw.) preisgegeben werden.*

[13] *Dauerschuldverhältnisse, die auf eine im voraus bestimmte Dauer abgeschlossen worden sind, bleiben weiterhin in Kraft, wenn keine Partei kündigt. Wenn der Vertrag darüber nichts aussagt, ist er jederzeit unter Einhaltung der im Vertrag vorgesehenen Kündigungsfrist kündbar. Ist keine Kündigungsfrist vorgesehen, wendet die Gerichtspraxis regelmässig die gesellschaftsrechtliche Sechsmonatsfrist an.*

14 Alle Dauerschuldverhältnisse sind grundsätzlich der allgemeinen Regel der sogenannten clausula rebus sic stantibus unterworfen. Wenn die Grundlage des Vertrages entfallen ist, kann sich jede Partei von einem sie übermässig belastenden Vertrag ganz oder teilweise befreien. Die Anwendung dieses allgemeinen Grundsatzes ist von anspruchsvollen Voraussetzungen abhängig. Wenn die Parteien einzelne Tatbestände, die zur Vertragsaufhebung berechtigen sollen, bereits im Vertrag nennen, räumen sie damit die Gefahr weitgehend aus dem Weg, dass der Richter im Streitfall anders entscheiden würde.

15 Eine solche Klausel ermöglicht es dem Lizenznehmer, selber für die Liquidierung seiner Vorräte zu sorgen. In Frage käme statt dessen eine Abnahmeverpflichtung des Lizenzgebers für die verbliebenen Vorräte. Diesfalls wäre der Rücknahmepreis zu definieren; ferner die maximale Menge, die zurückgenommen werden muss.

16 Die Vereinbarung eines Gerichtsstandes ist nicht unbedingt erforderlich, gerade aber im internationalen Verhältnis üblich. Gerichtstandsklauseln müssen am Schluss des Vertrages stehen, am besten direkt vor den Unterschriften, und sollten sich vom gewöhnlichen Text abheben.

Sobald die Anwendbarkeit zweier verschiedener staatlicher Rechte in Betracht kommt, sollten sich die Parteien unbedingt über das zur Anwendung gelangende, materielle Recht einigen.

Der Franchisevertrag

Das Wichtigste in Kürze

In einer anschaulichen Umschreibung kann der Franchisevertrag als «System-Pacht» bezeichnet werden. Der Franchisegeber gestattet dem Franchisenehmer gegen Entgelt, sein Vertriebs- oder Dienstleistungssystem unter Verwendung der gleichen Kennzeichnungen zu benützen.

Der Betrieb des Franchisenehmers ist rechtlich völlig selbständig, obwohl er für Aussenstehende wie eine Filiale wirkt. Der Franchisevertrag beruht auf der gemeinsamen Nutzung des guten Rufes des Franchisegebers, an dessen Wahrung beiden Vertragspartnern gelegen ist. Beide Parteien müssen daher während der ganzen Vertragsdauer aktiv sein (Schulung, Beratung, Weiterentwicklung, Werbung usw; Nutzungspflicht des Franchisenehmers, Entgeltlichkeit).

Der Franchisenehmer geniesst typischerweise einen Gebietsschutz. Er selber darf keinen Unterfranchisevertrag abschliessen, darf das System also nicht an Dritte weitergeben.

Der Franchisenehmer ist zu strikter Systemtreue verpflichtet. Die Kontrollbefugnis des Franchisegebers geht sehr weit, beschränkt sich aber auf die Überwachung der Systemtreue, denn innerhalb des Systems ist der Franchisenehmer in seiner wirtschaftlichen Betätigung absolut selbständig.

Wesen des Franchisevertrages	Durch den Franchisevertrag erreicht der Franchisegeber die Vergrösserung seiner Marktpräsenz ohne zusätzlichen Kapitaleinsatz, während der Franchisenehmer sich als Selbständigerwerbender einem bewährten Vertriebs- oder Dienstleistungssystem anschliessen kann. Der Franchisegeber muss ihm die Nutzung dieses Systems mit allen Nebenrechten (Benützung von Zeichen, Marken usw.) gestatten. Der Franchisenehmer verpflichtet sich, strikte im Sinne des Systems tätig zu sein. Er kann auf den Erfahrungen anderer aufbauen, aber er muss sich auch weitgehende Kontrollen gefallen lassen, die der Franchisegeber ausübt, um die Systemwahrung sicherzustellen.
	Der Franchisevertrag ist ein sogenanntes Dauerschuldverhältnis. Die Pflichten beider Parteien sind im konkreten Vertrag festgehalten. Der Franchisenehmer hat periodisch eine Entschädigung zu bezahlen, die weitgehend auf dem Erfolg seiner Geschäftstätigkeit basiert.
	Franchiseverträge haben erst seit den 70er Jahren in der Schweiz eine grössere Verbreitung gefunden. Bekannte ausländische Systeme sind z. B. McDonald's, Holiday Inn oder Sight & Sound; schweizerische Beispiele sind USEGO, Dropa oder Silberkugel.
Gebietsschutz	Typischerweise gewährt der Franchisegeber seinem Vertragspartner einen Gebietsschutz. Er verpflichtet sich damit, im Schutzgebiet keine weiteren Franchiseverträge abzuschliessen und auch nicht selber tätig zu werden. Der Gebietsschutz ist das Gegenstück zur Vertragspflicht des Franchisenehmers, das System intensiv zu benutzen.
Benützungszwang	Da der Franchisegeber innerhalb eines bestimmten Gebietes die Nutzung des von ihm geschaffenen Systems nur seinem Partner gestattet, muss sich der Franchisenehmer dazu verpflichten, dieses System auch wirklich tatkräftig zu nutzen. Der vertragsgemässe Gebrauch des Systems und die Vergütung sind somit die beiden wesentlichen Gegenleistungen des Franchisenehmers.
Kundschaftsentschädigung	Der Franchisenehmer erwirbt das Recht, während der Dauer des Vertrages ein bereits bewährtes Absatzsystem nutzen zu können. Insoweit nutzt er ein Marktpotential, das der Franchisegeber geschaffen hat. Aus dieser Überlegung steht dem Franchiseneh-

mer nach Vertragsbeendigung keine Entschädigung für die Kundschaft zu.

Der Franchisevertrag könnte formlos abgeschlossen werden. In der Praxis werden jedoch stets umfangreiche, meist individuell angepasste Verträge geschaffen.

Formvorschriften

Der Franchisevertrag ist nicht gesetzlich geregelt. Er weist Elemente des Lizenz- und des Alleinvertriebsvertrages auf. Der Regelung des Verhältnisses im konkreten Vertrag kommt besondere Bedeutung zu.

Gesetzliche Regelung

Von Franchising kann nur gesprochen werden, wenn dem Franchisenehmer eine verhältnismässig grosse wirtschaftliche Selbständigkeit zusteht. Fehlt diese Selbständigkeit, rückt das Verhältnis in die Nähe des Agentur- oder gar des Arbeitsvertrages.

Vorlage für einen Franchisevertrag

Die *Delta-AG*, Baden, als Franchisegeberin schliesst mit *Frank Bitterli*, Spreitenbach, als Franchisenehmer folgenden Vertrag:

Präambel

Die Delta-AG hat im Bereich ... ein heute guteingeführtes System entwickelt und aufgebaut, das unter dem Markenzeichen Delta seit 1970 erfolgreich betrieben wird.

Das Delta-System umfasst ...[1]

Das gesamte Delta-System ist im Delta-Handbuch und in dessen Nachträgen schriftlich niedergelegt.[2]

1. Die Delta-AG gewährt Herrn Bitterli mit Wirkung ab 1. Januar 19.. das Recht zum Betrieb eines Delta-Geschäftes in Spreitenbach. Herr Bitterli ist berechtigt, das gesamte mit dem Delta-System verbundene Knowhow zu nutzen.

    Herr Bitterli verpflichtet sich, das Delta-System in allen Teilen zu übernehmen und einzuhalten. Er unterlässt alles, was dem Delta-System zuwiderläuft und dem Ansehen des Systems beim Publikum schaden könnte.

    Die Delta-AG übergibt das im Delta-System verkörperte Knowhow nach Eingang der einmaligen Gebühr gemäss Ziff. 7 dieses Vertrages in Form des Delta-Handbuches, dessen Empfang zum ausschliesslichen persönlichen Gebrauch Herr Bitterli bei der Übergabe schriftlich zu bestätigen hat. Er verpflichtet sich, von diesem Handbuch nur im Rahmen dieses Vertrages Gebrauch zu machen und es weder zu kopieren noch Dritten ganz oder teilweise zugänglich zu machen.

2. Dieser Vertrag gilt ausschliesslich für das Gebiet der Gemeinde Spreitenbach. Die Delta-AG verpflichtet sich, während der Vertragsdauer keinen weiteren Franchisevertrag für das Gemeindegebiet von Spreitenbach abzuschliessen und auch nicht selber im Vertragsgebiet tätig zu werden.[3]

    Herr Bitterli anerkennt, dass er nicht berechtigt ist, an einen Dritten eine Unterfranchise zu erteilen, Rechte aus diesem Vertrag abzutreten oder die Führung des Betriebes einem Dritten zu überlassen.[4]

3. Herr Bitterli richtet das Delta-Geschäft in Spreitenbach auf eigene Rechnung ein. Dabei hält er sich strikte an die Delta-Richtlinien. Pläne und Konzept sind vor der Auftragserteilung an die Handwerker der Delta-AG zur Genehmigung vorzulegen.

   Die Delta-AG berät Herrn Bitterli in allen Bau- und Ausstattungsfragen unentgeltlich. Um die Einheitlichkeit der verschiedenen Delta-Geschäfte gewährleisten zu können, kann die Delta-AG Herrn Bitterli Lieferanten, Unternehmer und Produkte verbindlich vorschreiben.[5]

4. Herr Bitterli führt das Delta-Geschäft als selbständiger Kaufmann[6] auf eigene Rechnung und eigenes Risiko. Er sorgt für den Eintrag im Handelsregister. Er unterlässt alles, was ihn bei Arbeitnehmern, Vermietern, Unternehmern, Lieferanten oder Kunden als Bevollmächtigter der Delta-AG erscheinen lassen könnte. Sollte die Delta-AG gleichwohl für Forderungen aus dem Geschäftsbetrieb in Anspruch genommen werden, so verpflichtet sich Herr Bitterli, die Delta-AG unverzüglich schadlos zu halten.[7]

5. Die Delta-AG verpflichtet sich, Herrn Bitterli sowie das von ihm beschäftigte Personal auf eigene Kosten nach den Delta-Richtlinien zu schulen. Sie berät Herrn Bitterli laufend in allen Fragen der Betriebsführung und hält ihn über alle Neuerungen und Verbesserungen des Delta-Systems auf dem laufenden. Sie sorgt im Rahmen der gesamtschweizerischen Organisation für eine permanente Werbung. Lediglich die von Herrn Bitterli selber veranlasste lokale Werbung trägt der Franchisenehmer allein.[8]

6. Herr Bitterli hält sein Angebot streng an die Delta-Richtlinien. Er hat folgende für das Delta-System besonders wichtige Artikel direkt bei der Delta-AG oder deren Lieferanten zu beziehen:

– ... (folgt eine Liste)

Bei diesen Artikeln hält er sich an die jeweils gültige Liste der Verkaufspreise, die er als verbindlich anerkennt.[9]

Bezüglich des weiteren Angebotes ist Herr Bitterli frei, solange es nicht mit den Grundsätzen des Delta-Systems in Widerspruch steht.

7. Herr Bitterli bezahlt für die ihm mit diesem Vertrag eingeräumten Nutzungsrechte eine einmalige Gebühr[10] von Fr. ..., zahlbar innert 30 Tagen nach Unterzeichnung dieses Vertrages an die Delta-AG. Ferner entrichtet Herr Bitterli vierteljährlich eine Franchisegebühr von ...% auf dem Gesamtbetrag aller Verkäufe von Delta-Artikeln gemäss Ziff. 6 hievor.[11]

Herr Bitterli verpflichtet sich, eine einwandfreie und vollständige kaufmännische Buchhaltung zu führen.[12] Die Abrechnungen sind gestützt auf die Buchhaltung innert 30 Tagen nach Ablauf jedes Kalenderquartals vorzulegen. Die Quartalsgebühr ist innert 40 Tagen nach Ablauf des jeweiligen Kalenderquartals an die Delta-AG zu bezahlen. Nach Fristablauf gerät Herr Bitterli ohne Mahnung in Verzug, wobei ein Verzugszins von 7% geschuldet wird.[13]

Die Delta-AG ist berechtigt, jederzeit in die Bücher und Belege Einsicht zu nehmen.[12] Die Delta-AG wahrt gegenüber Dritten striktes Stillschweigen.

8. Die Delta-AG ist berechtigt, die Einhaltung der Delta-Richtlinien laufend zu kontrollieren. Herr Bitterli gewährt den Organen der Delta-AG zu diesem Zweck den freien Zutritt im ganzen Betrieb und zu allen Unterlagen.[14]

9. Dieser Vertrag wird mit Wirkung ab 1. Januar 19.. fest für die Dauer von 10 Jahren abgeschlossen.[15] Herr Bitterli hat das Recht, spätestens 12 Monate vor Ablauf der festen Vertragsdauer schriftlich zu erklären, dass er den vorliegenden Vertrag um 5 Jahre verlängern möchte. Die Delta-AG stimmt dieser Verlängerung und einer allfälligen zweiten Verlängerung um nochmals 5 Jahre zu, sofern ihr Herr Bitterli nicht begründeten Anlass zur Vertragsbeendigung gegeben hat.[16]

Beide Parteien sind während der Vertragsdauer berechtigt, den vorliegenden Vertrag unter Einhaltung einer sechsmonatigen Kündigungsfrist zu kündigen, wenn schwerwiegende wichtige Gründe die Fortsetzung des Vertragsverhältnisses als unzumutbar erscheinen lassen.[17]

10. Mit der Beendigung des Vertrages verliert Herr Bitterli das Recht auf jede weitere Benutzung des Delta-Systems und des damit verbundenen Knowhows. Kennzeichen und Ausstattungsdetails, die zum Delta-System gehören, darf er nicht weiter verwenden. Er hat das Delta-Handbuch samt allen Nachträgen unverzüglich zurückzugeben.[18]

11. Lehnt die Delta-AG bei ordentlicher Beendigung des Vertrages einen von Herrn Bitterli nachgewiesenen, zumutbaren Geschäftsnachfolger ab, übernimmt sie die gesamte Geschäftseinrichtung zu Fortführungswerten.[19]

12. Dieser Vertrag untersteht in allen Teilen schweizerischem Recht.[20] Alle aus diesem Vertrag entstehenden Streitigkeiten werden durch einen *Schiedsrichter* mit Sitz in Baden entschieden, den die Parteien gemeinsam bezeichnen oder den der Präsident des Obergerichtes des Kantons Aargau auf Begehren einer Partei zu ernennen hat. *Beide Parteien verzichten hiermit auf den ordentlichen Gerichtsweg.*[21]

Ort, Datum und Unterschriften

Kommentar zur Vorlage

¹ Die Charakterisierung des zur Nutzung zu übertragenden Systems ist dem eigentlichen Vertragstext voranzustellen. Hier soll das System prägnant umschrieben werden. Seine Eigenheiten, seine Kennzeichen oder seine Leistungsziele sind zu nennen. Geschützte Marken, Ausstattungen, Muster und Modelle usw. sind mit den Schutzgebieten aufzuzählen.

² Um den Vertrag nicht mit zahllosen Details zu überladen, empfiehlt es sich, das ganze Knowhow des Systems thematisch gegliedert in einem separaten Handbuch darzustellen. Damit wird auch die Anpassung an neue Erfahrungen erleichtert.

³ Meist sind beide Parteien daran interessiert, dass das Vertragsgebiet genau fixiert wird. Dem Franchisegeber liegt an einer gut abgestimmten, flächendeckenden Absatzorganisation, während der Franchisenehmer davon profitiert, dass er nicht in unmittelbarer Nähe durch einen gleichartigen Betrieb konkurrenziert werden kann.

⁴ Der Franchisevertrag ist in diesem Punkt einem Lizenzvertrag gleichgestellt. Der Franchisenehmer darf das System nicht einem Dritten zur weiteren Nutzung überlassen. Er darf seine Rechte ohne Einwilligung des Franchisegebers auch nicht an einen Dritten abtreten, denn solche Verträge werden stets mit Rücksicht auf die Person des Franchisenehmers abgeschlossen (Art. 164 Abs. 1 OR).

⁵ Der Franchisegeber will überall in gleicher Art und Weise in Erscheinung treten, will in jedem Betrieb mit seinem System den gleichen Standard anbieten. Aus diesem Grund muss er von seinen Vertragspartnern verlangen, dass sie die Geschäftslokale einheitlich ausstatten und sie mit den erforderlichen Einrichtungen versehen, um den gewünschten Standard gewährleisten zu können.

⁶ Die Selbständigkeit des Franchisenehmers in wirtschaftlicher wie rechtlicher Hinsicht ist eines der entscheidenden Abgren-

zungskriterien zu den anderen Vertragsformen. Der Arbeitnehmer ist ganz in die Organisation des Arbeitgebers eingebunden. Der Agent arbeitet zwar auch als Selbständigerwerbender, doch bezieht sich seine Tätigkeit auf Vertragsabschlüsse im Namen und auf Rechnung eines Dritten, während der Franchisenehmer ausschliesslich auf eigene Rechnung tätig ist. Der Alleinvertreter schliesslich nutzt nicht das System, sondern sein Geschäft stellt aus der Sicht des Lieferanten lediglich einen Vertriebskanal dar.

Bezogen auf den kaufmännischen Verkehr wird zunehmend von sogenannten Anscheinsvollmachten gesprochen. Man stellt auf den Schein ab, hält also unter Umständen den Franchisenehmer für einen Angestellten des Franchisegebers, der dann direkt verpflichtet wird. So könnte es geschehen, dass der Franchisegeber von einem Lieferanten des Franchisenehmers für Forderungen aus einem Kaufvertrag in Anspruch genommen wird. Der Franchisenehmer soll deshalb im Rechtsverkehr eine Firma (Geschäftsbezeichnung) verwenden, die offenlegt, dass er sich in eigenem Namen verpflichtet. Sollte gleichwohl der Franchisegeber belangt werden, wird mit einer solchen Bestimmung klargestellt, dass der Franchisenehmer seinen Vertragspartner sofort schadlos halten, also die Forderung tilgen muss.

8 Der Franchisegeber ist darauf angewiesen, dass seine Vertragspartner und deren Angestellte mit seinem System gut vertraut sind. Er muss deshalb die Schulung und oft auch die permanente Weiterbildung organisieren. Je grösser die Organisation des Franchisegebers ist, umso eher ist er auch in der Lage, Erfahrungen anderer Betriebe neuen Vertragspartnern dienstbar zu machen. Der Franchisenehmer profitiert somit trotz seiner wirtschaftlichen und rechtlichen Selbständigkeit von den Vorteilen des «Grossbetriebes». Der Franchisegeber sorgt in der Regel auch für die nötige Public Relations, meist auf eigene Kosten. Teilweise müssen sich die Franchisenehmer anteilmässig an solchen Kosten beteiligen. In der Vorlage wird die lokale, vom Franchisenehmer zusätzlich veranlasste Werbung ihm allein überbunden.

9 Je nach Gegenstand des Franchising ist der Anteil an bestimmten Produkten oder Dienstleistungen, die der Franchisenehmer zu

genau definierten Konditionen anzubieten hat, unterschiedlich gross. Im Bereich des Detailhandels können z. B. Einkaufsgenossenschaften als Franchisegeber auftreten, die dann ihren Vertragspartnern in diesem Sortimentsbereich keine Wahlfreiheit lassen. Wo das Vertriebssystem stärker im Vordergrund steht, weil eine bestimmte Käuferschicht angesprochen werden soll, ist die Freiheit in der Sortimentszusammenstellung oft grösser. Die Beschränkungen sollten genau bestimmt werden, weil die Vermutung für die Freiheit spricht. Droht die Liste zu umfangreich zu werden oder ist sie starken Veränderungen unterworfen, kann auf einen Vertragsanhang oder auf ein Handbuch und dessen Anhänge verwiesen werden.

[10] Je nach Geschäftszweig sind grössere oder kleinere Abschlussgebühren üblich. Solche Gebühren finden ihre innere Rechtfertigung im Umstand, dass der Franchisegeber sein ganzes Knowhow von Anfang an zur Verfügung stellt, ohne Gewähr dafür zu haben, dass sich die Vertragserfüllung für ihn erfolgversprechend gestalten wird. Ähnliche Vorleistungen finden sich bei Lizenzverträgen.

[11] Typischerweise ist die vom Franchisenehmer geschuldete periodische Entschädigung vom Geschäftsgang abhängig. Welche Bezugsgrösse gewählt wird, spielt keine Rolle. Gegebenenfalls ist klarzustellen, ob auf allen Verkäufen oder nur auf Verkäufen in einem bestimmten Sortimentsbereich Umsatzprozente geschuldet sind oder nicht.

Wo alle Umsätze über Registrierkassen erfasst werden, wird zum Teil monatliche Abrechnung vorgesehen.

[12] Kaufmännisch geführte Betriebe sind von Gesetzes wegen verpflichtet, eine Buchhaltung zu führen, sobald sie einen jährlichen Umsatz von Fr. 100'000.– erzielen. Somit dürfte es in der Praxis kaum Franchise-Betriebe geben, die von der Buchführungspflicht befreit sind. In der Vorlage ist die Buchführungspflicht eigens erwähnt worden, um ihre Eignung und Zweckbestimmung im Zusammenhang mit dem Vertrag klarzustellen. Die Buchhaltung stellt rechtlich eine Urkunde dar. Wer in der Buchhaltung nicht

sämtliche Geschäftsvorfälle korrekt aufführt, begeht eine Urkundenfälschung (Art. 251 StGB), macht sich also strafbar.

13 Bei periodischen Zahlungen kann ein sogenannter fester Verfalltag bestimmt sein, z. B. bei Mietverträgen, wo gemäss Abrede stets monatlich im voraus bezahlt werden muss. In solchen Fällen tritt der Verzug ohne Mahnung ein, und der Gläubiger kann zumindest den gesetzlichen Verzugszins verlangen (Art. 102 OR). Der gesetzliche Verzugszins von 5% pro Jahr kann durch Vertrag in anderer Höhe festgesetzt werden. Unter Kaufleuten kann er 5% übersteigen, wenn der Fremdgeldsatz höher ist (Art. 104 OR).

14 Es liegt im Wesen des Franchisevertrages, dass sich der Franchisenehmer weitgehende Kontrollen gefallen lassen muss. Solche Kontrollen sind nur zulässig, soweit dies zur Gewährleistung des Systemcharakters erforderlich ist. Die Selbständigkeit des Franchisenehmers ist zu achten, soll er rechtlich nicht zum Arbeitnehmer gemacht werden.

15 Der Franchisevertrag ist stets auf eine längere Dauer angelegt. Der Franchisegeber will im Vertragsgebiet längerfristig den Absatz sichern. Der Franchisenehmer muss in den Aufbau seines eigenen Geschäftes investieren; innerhalb der Vertragsdauer muss er amortisieren können. Ist der vom Franchisenehmer zu leistende Kapitaleinsatz klein («Würstchenbude»), dann ist die Vertragsdauer regelmässig kürzer.

16 Allzu lange vertragliche Bindungen haben auf der anderen Seite auch Nachteile. Es kann sich herausstellen, dass der Franchisenehmer den gestellten Anforderungen nicht zu genügen vermag. Dann ist dem Franchisegeber auf die Dauer auch nicht gedient. Der vorsichtige Franchisenehmer kann ebenfalls daran interessiert sein, seine vertragliche Bindung fürs erste kurz zu halten. Er möchte aber für den Fall, dass sich das Geschäft gut anlässt, einen Anspruch auf Vertragsverlängerung haben. Vereinbart er mit dem Franchisegeber kein Optionsrecht, dann kann es geschehen, dass der Franchisegeber nach Vertragsablauf den gut eingeführten Betrieb in eigener Regie übernimmt.

In der Vorlage steht das Optionsrecht des Franchisenehmers unter dem Vorbehalt, dass er nicht begründeten Anlass zur Vertragsbeendigung gegeben hat. Es sind Fälle denkbar, wo die Zusammenarbeit derart problematisch geworden ist, dass sich die Fortsetzung des Vertragsverhältnisses nicht mehr ohne weiteres verantworten lässt, ohne dass aber bereits gesagt werden könnte, die Fortsetzung des Verhältnisses sei einer Partei nicht länger zumutbar.

Hier die Grenze im voraus präzis zu ziehen, ist unmöglich. Im Arbeitsvertragsrecht hat sich für eine vergleichbare Interessenlage die Unterscheidung zwischen «wichtigen Gründen» und «begründetem Anlass» herausgebildet (Art. 337 bzw. 340c Abs. 2 OR). Die Vorlage greift mit der Wortwahl auf diesen Ermessensbegriff zurück und gibt so dem Richter im Streitfall einen Massstab in die Hand.

[17] *In Dauerschuldverhältnissen hat die Gerichtspraxis schon immer anerkannt, dass die vertragliche Bindung aufgehoben werden kann, wenn die Fortsetzung des Vertrages für eine Partei unzumutbar geworden ist. Weil der Franchisevertrag ein besonderes Vertrauensverhältnis zwischen den Beteiligten voraussetzt, gibt auch der Tod des Franchisenehmers Grund zur ausserordentlichen Kündigung. Normalerweise kann eine ausserordentliche Kündigung ohne Einhaltung einer bestimmten Frist erfolgen. Den Beteiligten kann aber auch die Einhaltung einer halbjährigen Frist, wie sie die Vorlage vorsieht, zugemutet werden.*

Der Franchisegeber gibt seinem Vertragspartner einen wichtigen Grund zur ausserordentlichen Kündigung, wenn sich herausstellt, dass das System in seinen wesentlichen Bereichen nicht geschützt ist. Allerdings wird der Nachweis meist schwierig sein, soweit es blosses Knowhow betrifft. Werden Markenrechte, Muster und Modelle nicht verteidigt, oder stellt sich heraus, dass insoweit gar keine Schutzrechte bestehen, kann dieser Umstand den Franchisenehmer zur vorzeitigen Vertragsauflösung berechtigen.

[18] *Bei Vertragsende fallen die Nutzungsrechte dahin. Ausstattung und Kennzeichen, die auf das System des Franchisegebers hin-*

weisen, dürfen nicht weiter verwendet werden, auch wenn sie im Eigentum des Franchisenehmers stehen. Der Franchisenehmer muss seine Kalkulation also von Anfang an auf diese Rechtslage hin ausrichten, seine Investitionen somit während der Vertragsdauer vollständig abschreiben. Selbstverständlich hat er alle Unterlagen, die das Knowhow verkörpern, bei Vertragsende zurückzugeben.

[19] *Ziff. 11 der Vorlage versucht, einen Interessenkonflikt zu mildern, der sich ergeben kann, wenn der Vertrag nach Ablauf der festen Vertragsdauer nicht verlängert wird. Der Franchisenehmer wird seine Einrichtungen einem neuen Franchisenehmer zu einem wesentlich besseren Preis veräussern können, als er erzielen würde, wenn er sich anderweitig nach einem Käufer umsehen und die ganze Systemeinrichtung wegwerfen müsste. Es erscheint daher als gerechtfertigt, im Vertrag zu vereinbaren, dass der Franchisegeber die gesamte Geschäftseinrichtung zum Fortführungswert zu übernehmen habe, wenn er einen zumutbaren Geschäftsnachfolger grundlos nicht akzeptiert. Ohne eine entsprechende Klausel geniesst der Franchisenehmer aber keinen solchen Schutz.*

[20] *Die Parteien sollten immer dann eine sogenannte Rechtswahl treffen, wenn grenzüberschreitende Verhältnisse vorliegen. Das rechtfertigt sich bereits dann, wenn z. B. der Franchisegeber seinen Sitz oder seinen Hauptsitz im Ausland hat. Bei rein schweizerischen Verhältnissen kommt selbstverständlich ausschliesslich inländisches Recht zur Anwendung.*

[21] *Normalerweise sind Forderungen am Wohnort oder am Sitz des Schuldners gerichtlich geltend zu machen. Soll davon abgewichen werden durch die Wahl eines anderen Gerichtsstandes oder indem das staatliche Gerichtswesen durch ein Schiedsgericht ersetzt wird, dann muss die entsprechende Vertragsklausel gegenüber dem normalen Text durch Fettdruck oder Unterstreichung deutlich hervorgehoben werden. Mit Vorteil steht eine derartige Klausel unmittelbar vor den Unterschriften.*

Die einfache Gesellschaft

Das Wichtigste in Kürze

Die einfache Gesellschaft ist der Zusammenschluss von natürlichen oder juristischen Personen zur Verfolgung gemeinsamer Zwecke, bei dem auf die Bildung einer eigenen Firma verzichtet wird. Meist dient sie der Verfolgung eines vorübergehenden Zweckes.

Eine einfache Gesellschaft kann auch entstehen, ohne dass die Beteiligten bewusst eine Gesellschaftsgründung wollen. Denn die rechtliche Ordnung der einfachen Gesellschaft ist in erster Linie eine Hilfskonstruktion, mit welcher bei gemeinsamem Handeln die Beziehungen zwischen den Beteiligten geregelt werden.

Ein Beispiel unbewusster Gesellschaftsgründung ist die Durchführung einer Reise mit einem gemeinsam dafür angeschafften Auto oder Camper. Aber auch viele Konsortien, z. B. im Baugewerbe, werden vereinbart, ohne dass die Parteien sich bewusst sind, eine einfache Gesellschaft gebildet zu haben.

Wesen der einfachen Gesellschaft	Eine einfache Gesellschaft entsteht, wenn mindestens zwei Personen sich ausdrücklich oder durch konkludentes Handeln einigen, einen bestimmten Zweck gemeinsam fördern zu wollen. Entgegen dem Wortsinn ist die einfache Gesellschaft kein handlungsfähiges Subjekt: Die einfache Gesellschaft kann nur in der Gesamtheit ihrer Beteiligten handeln oder belangt werden. Es muss gegen die einzelnen Gesellschafter geklagt werden und diese müssen gemeinsam Ansprüche der einfachen Gesellschaft durchsetzen, indem sie zusammen klagen oder betreiben. Die einfache Gesellschaft kann nicht im Handelsregister eingetragen werden.
Grundsatz der Vertragsfreiheit	Vorbehältlich der zwingenden Normen herrscht Vertragsfreiheit. Die Regelung der internen Rechte und Pflichten der Gesellschafter kann vertraglich in beliebiger Weise dem Gesellschaftszweck angepasst werden und ist deshalb von Fall zu Fall verschieden. Die gesetzlichen Bestimmungen gelten nur soweit, als im Vertrag keine abweichenden Bestimmungen enthalten sind.
Zwingende Bestimmungen	Das Gesetz enthält einige zwingende Bestimmungen, die durch den Gesellschaftsvertrag nicht abgeändert werden können: So ist jeder Gesellschafter verpflichtet, einen Gewinn, der seiner Natur nach der Gesellschaft zukommt, mit den anderen Gesellschaftern zu teilen (Art. 532 OR). Ferner sind Vereinbarungen nichtig, die einem von der Geschäftsführung ausgeschlossenen Gesellschafter das Recht verweigern, sich persönlich vom Gang der Gesellschaftsangelegenheiten zu unterrichten und in die Geschäftsbücher und Papiere der Gesellschaft Einsicht zu nehmen (Art. 541 OR). Schliesslich kann beim Vorliegen wichtiger Gründe, auch wenn der Vertrag etwas anderes bestimmt, die einem Gesellschafter eingeräumte Befugnis zur Geschäftsführung von jedem der übrigen Gesellschafter entzogen werden. Wichtige Gründe liegen namentlich bei grober Pflichtverletzung vor oder wenn der Geschäftsführer die Fähigkeit zur Geschäftsführung verloren hat (Art. 539 Abs. 2 und 3 OR).

Zwingend ist auch die jederzeitige Auflösungsmöglichkeit aus wichtigen Gründen (Art. 545 Abs. 1 Ziff. 7 und Abs. 2 OR) und die Tragung auch von Verlusten durch gewinnbeteiligte Gesellschafter (Ausnahme Art. 533 Abs. 3 OR).

Ein Gesellschafter hat für persönliche Bemühungen keinen Anspruch auf eine besondere Entschädigung (Art. 537 OR), soweit der Vertrag nichts anderes festlegt. Soweit eine einfache Gesellschaft aus geschäftsführenden und nicht-geschäftsführenden Gesellschaftern besteht, sind die letzteren den ersteren für die in den Angelegenheiten der Gesellschaft eingegangenen Verbindlichkeiten und gemachten Auslagen haftbar und für vorgeschossene Gelder zinspflichtig. Die sogenannte Unterbeteiligung, d. h. die Beteiligung eines Dritten am Anteil eines Gesellschafters oder die Abtretung des Anteils eines Gesellschafters ist zwar erlaubt, ist aber nur eine interne Abmachung zwischen dem Dritten und dem betreffenden Gesellschafter, der allein gegenüber der Gesellschaft seine Rechte und Pflichten behält (Art. 542 Abs. 2 OR). Grundsätzlich gilt bei der einfachen Gesellschaft das Einstimmigkeits- und Kopfstimmprinzip. Von beiden kann aber im Gesellschaftsvertrag abgewichen werden.

Wichtigste dispositive Bestimmungen

Es ist möglich, eine einfache Gesellschaft zu gründen, als solche aber nach aussen nicht in Erscheinung zu treten. So können die Beteiligten beschliessen, gemeinsam ein Geschäft zu betreiben, diese aber als Einzelfirma auf den Namen eines der Beteiligten auftreten und ins Handelsregister eintragen zu lassen. Die stillen Gesellschafter können Einlagen leisten, sind am Gewinn und Verlust beteiligt und haben ein Mitspracherecht in der Gesellschaft. Gegenüber Dritten werden sie jedoch weder berechtigt noch verpflichtet. Bei der Auflösung der stillen Gesellschaft erfolgt keine Liquidation, sondern es muss eine sog. Abschichtungsbilanz erstellt werden. Der nach aussen Auftretende kann das Geschäft ja weiterführen; er muss es nicht liquidieren, um den Liquidationserlös mit dem Stillen zu teilen.

Stille Gesellschaft

Nach aussen kann jeder Gesellschafter für die Gesellschaft verbindlich handeln. Für die Schulden der Gesellschaft haften alle Gesellschafter solidarisch, selbst wenn sie die Schulden nicht selber begründet haben. Eine Haftungsbeschränkung ist ausgeschlossen. Anderseits werden die Gesellschafter Gesamteigentümer der für die Gesellschaft erworbenen Sachen (Art. 652 ff. ZGB). Handelt ein Gesellschafter zwar auf Rechnung der Gesellschaft, aber im eigenen Namen, so wird er allein dem Dritten gegenüber berechtigt oder verpflichtet. Die übrigen Gesell-

Aussenverhältnis bei einer normalen einfachen Gesellschaft

schafter werden nur dann von den Wirkungen des Rechtsgeschäftes betroffen, wenn sie mit dem handelnden Gesellschafter eine Forderungsabtretung oder mit dem Dritten einen Schuldübernahmevertrag abschliessen (Art. 543 Abs. 1 OR). Wenn dagegen ein Gesellschafter im Namen der Gesellschaft bzw. sämtlicher Gesellschafter Rechtsgeschäfte abschliesst, so gelten die Bestimmungen über die direkte Stellvertretung (Art. 543 Abs. 2 OR). Seine Ermächtigung zur Vertretung der Gesellschaft wird vermutet, soweit ihm die Geschäftsführung überlassen wird (Art. 543 Abs. 3 OR).

Wichtigste Anwendungsfälle	Einfache Gesellschaften spielen eine grosse Rolle bei Zusammenschlüssen von Berufsleuten der freien Berufe und bei der gemeinsamen Erledigung von Planungs- und Bauaufgaben. Architekten, die gemeinsam ein Architekturbüro betreiben, Anwälte mit Kanzleigemeinschaft oder Partnerschaft, Ärzte-Zusammenschlüsse aller Art gehören hierher, aber auch alle Formen von Konsortien, wie sie vor allem für das Baugewerbe typisch sind. Das Gesetz stellt keine Formvorschriften auf, lässt also auch mündliche Abmachungen ohne weiteres gelten. Wegen der grossen Tragweite solcher Zusammenschlüsse empfehlen sich schriftliche Vereinbarungen, wenn vom Gesetz abgewichen werden soll.
Beendigung	Üblicherweise wird die einfache Gesellschaft durch Erreichung des Zweckes aufgelöst. Ist sie auf unbestimmte Dauer beschlossen worden, so kann jeder Gesellschafter die Auflösung mit einer sechsmonatigen Kündigungsfrist verlangen, soweit nicht der Vertrag etwas anderes festhält (Art. 546 OR). Aus wichtigen Gründen kann die Auflösung jederzeit verlangt werden. Die aufgelöste Gesellschaft ist zu liquidieren und ein allfälliger Gewinnsaldo aufzuteilen.
Gesetzliche Regelung	Die einfache Gesellschaft ist in den Art. 530–551 OR geregelt.

Vorlage 1 für eine einfache Gesellschaft

1. *Patrick Schlegel*, Kaiserstuhlstrasse 30, Niederglatt,
   Walter Peterhans, Tannrietlistrasse 239, Oetwil a. L.
   Thomas Grütter, Oberdorfplatz 4a, Obfelden
   werden als Mitglieder einer einfachen Gesellschaft die von den Erben des Johann Öhri-Gallmann, Wilguet, Bubikon, angebotenen 5'324 m² Bauland in der Zone E 2 im Hasenacker, Bubikon, zum Preis von Fr. ... in Gesamteigentum kaufen. Sie beabsichtigen, das Grundstück in zweckmässiger Weise mit Reiheneinfamilienhäusern zu überbauen und diese parzellenweise zu verkaufen.

2. Alle Gesellschafter tragen die Kosten zu gleichen Teilen.[1,2] Die jeweils erforderlichen Beiträge[3] sind fristgerecht auf das Gesellschaftskonto «Rubrik Konsortium Hasenacker» bei der ...-bank Rüti ZH, einzubezahlen. Die Gesellschafter verfügen über dieses Konto mit Kollektivunterschrift in beliebiger Kombination.

3. Die Gesellschafter handeln nur gemeinsam.[4] Beschlüsse, die einen Gesellschafter begünstigen oder benachteiligen, sind nur einstimmig gültig. In allen anderen Fällen ist nach durchgeführter Beratung der Entscheid der Mehrheit verbindlich.[5]

4. Die Gesellschaft wird aufgelöst, sobald das letzte Einfamilienhaus verkauft ist.[6] Sollte einer der Gesellschafter vorher sterben, wird die Gesellschaft mit den Erben fortgeführt.[7] Gerät ein Gesellschafter in Konkurs bzw. wird sein Anteil gepfändet, sind die verbleibenden Gesellschafter berechtigt, dessen Anteil zu übernehmen.[8]

5. Der Verkaufserlös ist laufend unter die Gesellschafter aufzuteilen.[9] Die Aufteilung des Gewinns erfolgt zu gleichen Teilen unter die drei Gesellschafter.[10]

Ort, Datum und Unterschriften[11]

**Vorlage 2 für eine Arbeitsgemeinschaft
(Unternehmer-Konsortium)**

1. Die Firmen A, B und C schliessen sich für die Ausführung folgender Arbeiten im Zusammenhang mit der Erstellung des Betriebsgebäudes der ZARBAG in Muttenz zu einer einfachen Gesellschaft im Sinne von Art. 530 ff. OR zusammen (nachfolgend ARGE genannt). Allenfalls zusätzlich auszuführende Arbeiten fallen ebenfalls unter diesen Vertrag:

   ...arbeiten   Fr. ...   (BKP ...)[12]
   ...arbeiten   Fr. ...   (BKP ...)
   ...arbeiten   Fr. ...   (BKP ...)

   Die Firma A übernimmt intern wie im Verkehr mit der Bauherrin die Federführung.[13]

   Die kaufmännische Leitung des Abrechnungs-, Zahlungs- und Bankverkehrs obliegt der Firma B. Sie erledigt auch die damit verbundene Korrespondenz.[3]

2. Die ARGE bzw. deren beteiligte Firmen sind gemeinsam[14] Auftragnehmer der Bauherrin XY. Im Verhältnis der beteiligten Firmen untereinander führt jeder Partner einen bestimmten Arbeitsteil gemäss nachfolgender Ziff. 3 auf eigene Rechnung und Gefahr aus. Gegenüber der ARGE wie gegenüber der Bauherrin haftet jeder Partner für seine Arbeiten selber.[15]

3. Grundlage der übernommenen Arbeiten bilden das detaillierte Leistungsverzeichnis vom ... und die Nachtragsofferten 1 und 3 vom ...[12]

   Die zu erbringenden Arbeiten werden von den Partnern der ARGE wie folgt zur Ausführung in eigener Regie übernommen:

Pos.		Fr.
Pos. 1– 7	Firma A	Fr. ...
Pos. 8–10	Firma B	Fr. ...
Pos. 11	Firma A	Fr. ...
Pos. 12–18	Firma C	Fr. ...
Total	ARGE	Fr. ...

4. Jeder Partner ist für die technische Leitung der von ihm betreuten Auftragsteile und die entsprechende Absprachen mit der Bauherrschaft sowie für die örtliche Bauführung selber besorgt. Soweit Entscheide für die Qualität und Ausführung des Bauwerkes als Gesamtes getroffen werden müssen, gehen die Partner gemeinsam vor.[5]

    Die Koordination aller von der ARGE zur Ausführung übernommenen Arbeiten erfolgt gestützt auf gemeinsame Absprachen unter den Partnern durch den Bauleiter der federführenden Firma A.

    Erweiterungen der vertraglichen Leistungen erfordern ebenfalls eine vorgängige Absprache unter den Partnern. Auch insoweit erfolgt die Koordination mit der Bauherrschaft und den von dieser zugezogenen Spezialisten durch den Bauführer der federführenden Firma A.

5. Jeder Partner besorgt zusammen mit den Vertretern der Bauherrin das laufende Ausmass der von ihm geleisteten Arbeiten und übermittelt der Firma B die gemäss Werkvertrag zulässigen Gesuche um Abschlagszahlungen. Regierechnungen sowie allfällige Rechnungen für sonstige Leistungen sind monatlich der Firma B zu übermitteln.

    Die Firma B leitet die Rechnungen und Zahlungsgesuche an die Bauherrin weiter und überwacht das Inkasso auf dem gemeinsamen Konto der ARGE bei der ...-bank (Kto. Nr. ...).

6. Die ARGE besorgt keinerlei Einkäufe und beschäftigt kein Personal. Jeder Partner finanziert die von ihm zu erbringenden Leistungen selber. Soweit Maschinen etc. von Partnern eingesetzt werden, rechnen die Beteiligten ausserhalb dieses Vertrages separat miteinander ab.[16]

    Der gesamte Geldverkehr wird ausschliesslich über das Konto der ARGE bei der ...-bank, Filiale Muttenz (Kto. Nr....), abgewickelt. Auszahlungen an die Partner werden durch die Firma B veranlasst, wobei Auszahlungen ausschliesslich für Abschlagszahlungsgesuche erfolgen dürfen, die von der bauherrenseitigen Bauleitung schriftlich anerkannt worden sind; überdies dürfen die Auszahlungen lediglich 95% der geleisteten Abschlagszahlungen betragen. Die kollektive Unterschriftsberechtigung über das gemeinsame Konto wird gemäss Absprache mit der . . .-bank geregelt.[17]

7. Zulasten der ARGE wird durch die Firma A bei der . . .-Versicherungsgesellschaft eine Haftpflichtpolice zur Deckung aller Ansprüche abgeschlossen, die an die ARGE gestellt werden können.

   Mit den Sozialversicherungen und der eidgenössischen Steuerverwaltung rechnen die Partner je einzel ab.[9]

8. Nach Abschluss der Bauarbeiten besorgt die federführende Firma A zulasten der ARGE die vertraglich vereinbarte Versicherungsgarantie in Höhe von 10% der gesamten Abrechnungssumme.

   Die Partner vereinbaren intern, dass jeder Partner die Garantiepflicht für seine Arbeiten selbst übernimmt und damit die Leistungen und Kosten, die sich aus der Ausübung der Mängelrechte ergeben, auf eigene Rechnung auszuführen bzw. zu übernehmen hat. Soweit Partner zuunrecht belangt werden, stellt sie der verantwortliche Partner sofort schadlos.[2]

9. Nach Ablieferung der Versicherungspolice gemäss Ziff. 8 erstellt die Firma A die Schlussabrechnung. Die Kosten der Versicherungen werden den Partnern im Verhältnis ihrer definitiven Netto-Abrechnungssumme belastet.

   Für die Federführung kann die Firma A 0.4% der definitiven Netto-Abrechnungssumme aller der Bauherrin in Rechnung gestellten Arbeiten beanspruchen.[3]

   Mit der Genehmigung der Schlussrechnung und der Auszahlung des restlichen Werklohnes an die Partner gilt die ARGE als aufgelöst.[6]

10. Ein allfälliger Verlust wird im Verhältnis der definitiven Netto-Abrechnungssumme eines jeden Partners getragen.[10]

11. Dieser Vertrag untersteht den Bestimmungen des Schweizerischen Obligationenrechtes. Die Bestimmungen der SIA Norm 118 (Ausgabe 1977/1991) sind ergänzend anwendbar.

12. Streitigkeiten aus diesem Vertrag werden endgültig durch ein Dreier-Schiedsgericht mit Sitz in ... entschieden. Das Verfahren richtet sich ausschliesslich nach dem Interkantonalen Konkordat über die Schiedsgerichtsbarkeit vom 27.3.1969.

Ort, Datum und Unterschriften

Vorlage 3 für eine einfache Gesellschaft mit einem aktiven und zwei passiven Gesellschaftern (Stille Gesellschaft)

Zwischen *Franz Erb*, Sporthaus, Spitalgasse 17, Bern, *Robert Lehmann-Erb*, Bundesbeamter, Monbijoustrasse 25, Bern, und *Willy Bärtschi*, Kaufmann, Länggasse 70, Bern, ist heute folgender Gesellschaftsvertrag abgeschlossen worden:

1. Herr Lehmann und Herr Bärtschi beteiligen sich ab 1. Januar 19.. als stille Gesellschafter an der Einzelfirma Sporthaus Erb. Sie leisten auf dieses Datum hin folgende Einlagen: Robert Lehmann Fr. 20'000.– und W. Bärtschi Fr. 30'000.–.[1, 18, 19]

2. Die Geschäftsführung wird von Franz Erb in eigenem Namen besorgt.[18, 20] Über wichtige Verfügungen, die über den gewöhnlichen Betrieb des Geschäftes hinausgehen, entscheiden die Gesellschafter mit Stimmenmehrheit.[5] Für die Eröffnung von Filialen und die Verlegung des Geschäftssitzes ist die Zustimmung aller Gesellschafter erforderlich.

3. Franz Erb ist berechtigt, für seine Geschäftsführung vorab und unbekümmert um das Geschäftsergebnis monatlich Fr. 5'000.– zu beziehen.[3] Sodann werden die Einlagen der Herren Lehmann und Bärtschi und das Eigenkapital von Franz Erb gemäss Eröffnungsbilanz jeweils am Jahresende mit 4.5% verzinst. Vom alsdann verbleibenden Reingewinn erhalten Herr Erb 50%, Herr Lehmann 20% und Herr Bärtschi 30%.[10] Das Geschäftsjahr fällt mit dem Kalenderjahr zusammen.

4. Die Buchhaltung und der Jahresabschluss werden jährlich von einem von den Gesellschaftern durch Mehrheitsbeschluss zu bestellenden Treuhandbüro überprüft, dem vollständige Einsicht in alle Bücher, Dokumente und Belege zu gewähren ist.[21]

5. Der Gesellschaftsvertrag wird auf unbestimmte Zeit abgeschlossen. Sofern er nicht sechs Monate vor Ablauf des Ge-

schäftsjahres gekündigt wird, wird er jeweils um ein Jahr verlängert.[22]

6. Kündigt ein stiller Gesellschafter diesen Gesellschaftsvertrag, so hat Franz Erb innert 30 Tagen zu erklären, ob er das Geschäft weiterführen will.[19] Entscheidet er sich für die Weiterführung, erstellt das Treuhandbüro, das die letztjährige Jahresrechnung im Sinne von Ziff. 4 dieses Vertrages überprüft hat, nach den anerkannten Regeln eine Abschichtungsbilanz.

    Wird die Gesellschaft aufgelöst, sind die Einlagen der stillen Gesellschafter und eventuell noch nicht bezogene Zinsen und Gewinne aus dem Liquidationsergebnis vorab auszurichten. Der Rest ist gemäss der Gewinnbeteiligungsregel in Ziff. 3 hievor unter die Gesellschafter aufzuteilen.[9, 10]

7. Im übrigen gelten die gesetzlichen Bestimmungen des OR, vor allem die Art. 532, 536–538, 541 und 542.

Bern, den 1. Dezember 19..   sig. *Franz Erb*
                               sig. *Robert Lehmann*
                               sig. *Willy Bärtschi*

Kommentar zu den Vorlagen 1—3

¹ *Dass jeder Gesellschafter zur Verfolgung des gemeinsamen Zweckes einen Beitrag leisten muss, ist für die einfache Gesellschaft begriffsnotwendig. Die Parteien sind jedoch frei, die Art und den Umfang der jeweiligen Beiträge zu bestimmen. Es ist ohne weiteres möglich, dass ein Gesellschafter nur Arbeit zu leisten hat, während ein anderer nur Geld einschiesst (Art. 531 OR). Sollen die einzelnen Beiträge unterschiedlich gross ausfallen, muss dies im Vertrag vereinbart werden (Art. 531 Abs. 2 OR), weil das Gesetz sonst vermutet, dass alle Beiträge gleich gross zu sein haben.*

² *Gegen aussen haften die Gesellschafter primär und ausschliesslich für alle Gesellschaftsschulden. Der aussenstehende Gläubiger muss nicht zuerst gegen die Gesellschaft als Gesamtes vorgehen, sondern er kann sich je für die ganze Forderung gleichzeitig an jeden einzelnen halten (die Haftung unter den Gesellschaftern ist eine solidarische, unabhängig von den internen Quoten), bis seine Forderung getilgt ist. Der Gläubiger kann aber auch nur einen zahlungsfähigen Gesellschafter ins Recht fassen. Hat ein Gesellschafter einem Dritten mehr bezahlen müssen, als dies der Gesellschaftsvertrag vorsieht, kann er auf die Mitgesellschafter zum Ausgleich Rückgriff nehmen.*

³ *Die einfache Gesellschaft gemäss Vorlage 1 hat nicht nur die Kosten für den Kauf des Landes aufzubringen. In der Folge werden die Erschliessung, die Planung und der Bau zu organisieren und zu finanzieren sein. Soweit die Partner nur Geld einzuschiessen haben, ist die Regelung einfach zu treffen. Leisten sie in unterschiedlichen Bereichen auch Arbeit im Interesse der Gesellschaft, ist diese ohne entsprechende Vereinbarung nicht zu entschädigen (Art. 37 Abs. 3 OR). Handelt es sich in Vorlage 1 z. B. um einen Architekten und zwei Bauunternehmer, werden sie mit Vorteil die Konditionen regeln, wie die jeweiligen Leistungen zu gewichten sind. In Vorlage 2 ist vorgesehen, der federführenden Firma eine Entschädigung ihrer im Interesse der einfachen*

Gesellschaft erbrachten Leistung zukommen zu lassen (dort Ziff. 9), nicht aber der Firma B, die den kaufmännischen Teil somit unentgeltlich besorgen muss. Auch in Vorlage 3 Ziff. 3 ist eine gesonderte Vergütung vorgesehen.

⁴ *Hier handelt es sich um eine Abweichung vom Grundsatz, wonach vermutet wird, dass jeder Gesellschafter berechtigt sei, die einfache Gesellschaft nach aussen zu vertreten (Art. 535 OR). Der Vertrag kann z. B. auch vorsehen, dass nur ein Gesellschafter, gewissermassen als Geschäftsführer, zum Handeln berechtigt sei. Die einem Gesellschafter vertraglich eingeräumte Befugnis zur Geschäftsführung kann nur bei Vorliegen wichtiger Gründe entzogen oder beschränkt werden (Art. 539 Abs. 1 OR).*

⁵ *Art. 534 OR schreibt das Prinzip fest, dass stets alle Mitglieder einverstanden sein müssen. Soll generell oder für einzelne Entscheide der Beschluss der Mehrheit genügen, muss dies der Gesellschaftsvertrag ausdrücklich so vorsehen. Soll das Mehrheitsprinzip gelten, ist nach Köpfen zu zählen, ausser es wird im Vertrag vereinbart, dass z. B. die Höhe der Gesellschaftseinlage massgebend sein solle (Art. 534 Abs. 2 OR). Zu beachten ist im übrigen Art. 535 Abs. 3 OR, soweit es um Entscheide geht, die ausserhalb der gewöhnlichen Geschäftsführung liegen.*

⁶ *Die Dauer der einfachen Gesellschaft ist in Vorlage 1 durch den Zweck selber befristet. Ist er erreicht, hat die Gesellschaft keinen Zweck mehr, weshalb sie aufzulösen ist. Aus wichtigen Gründen kann allerdings doch eine vorzeitige Auflösung erfolgen (Art. 545 Abs. 2 OR); ebenso, wenn der Zweck unerreichbar geworden ist (in der Vorlage 1 könnte z. B. der Fall eintreten, dass das Grundstück umgezont und damit möglicherweise unüberbaubar wird).*

Wenn in Vorlage 1 nach Verkauf noch Garantiefristen laufen würden, müsste die Auflösung auf einen späteren Zeitpunkt in Betracht gezogen werden.

⁷ *Die einfache Gesellschaft ist vom Gesetzgeber als personenbezogene Verbindung ausgestaltet worden. Es soll den Partnern somit*

nicht ohne deren Zustimmung ein neues Mietglied zugemutet werden. Ohne entsprechende Vereinbarung im Vertrag oder ohne Zustimmung im konkreten Fall kann die Mitgliedschaft nicht übertragen oder vererbt werden (Art. 542 und 545 Abs. 1 Ziff. 2 OR).

[8] Art. 545 Abs. 1 Ziff. 3 OR nimmt in diesen Fällen ohne abweichende Regelung an, dass die Gesellschaft zu liquidieren sei. Auf die Lösung in Vorlage 1 kommen die Bestimmungen von Art. 181 und 182 OR über die Übernahme eines Geschäftes mit Aktiven und Passiven zur Anwendung.

[9] Den steuerlichen Folgen ist frühzeitig Beachtung zu schenken. Oftmals lassen sich durch geeignete Dispositionen Steuern sparen.

[10] Das Gesetz sieht vor, dass die Gesellschafter am Gewinn wie am Verlust zu gleichen Teilen beteiligt sind (Art. 533 OR). Soll etwas anderes gelten, so muss der Vertrag dies regeln. Die Aufteilung des Gewinns muss nicht zwingend mit jener des Verlustes übereinstimmen. Das Gesetz erwähnt die Möglichkeit, dass der Gesellschafter, der nach dem Vertrag nur Arbeit zu leisten hat, von der Verlustbeteiligung ausgeschlossen werden darf (Art. 533 Abs. 3 OR).

[11] Obwohl hier ein Vertrag abgeschlossen wird, der einen Grundstückkauf betrifft, würde hier sogar ein Vertragsschluss durch konkludentes Handeln bzw. durch mündliche Erklärungen genügen. Der Vertrag selber bewirkt ja noch keine Eigentumsänderung am Grundstück. Vielmehr müssen die Gesellschafter mit den Erben des Verkäufers einen Grundstückkaufvertrag öffentlich beurkunden lassen. Auch die Verkäufe an die Hauskäufer müssen öffentlich beurkundet werden.

[12] Vorlage 2 geht davon aus, dass die Bauherrschaft ein detailliertes Leistungsverzeichnis für die auszuführenden Bauarbeiten erstellt hat; darauf wird nun Bezug genommen. Es würde überdies der Schaffung klarer Verhältnisse dienen, wenn eine Kopie dieses

Leistungsverzeichnisses dem Vertrag als Anhang beigefügt würde.

[13] *Im Unterschied zur Vorlage 1 ist hier vorgesehen, dass primär ein Gesellschafter nach aussen die Geschäftsführung für die einfache Gesellschaft übernimmt (Art. 535 OR).*

[14] *Die einfache Gesellschaft erwirbt Rechte zu gesamter Hand; die Gesellschafter können somit nur Erfüllung zuhanden aller Gesellschafter oder eben «zuhanden der Gesellschaft» verlangen. Es entstehen somit nicht Einzelverträge zwischen dem Dritten und den einzelnen Partnern, selbst wenn sie wie in Vorlage 2 unterschiedliche Arbeitsleistungen betreffen.*

[15] *Bei dieser Bestimmung handelt es sich um eine solche mit rein interner Wirkung. Der aussenstehende Vertragspartner braucht sich um die internen Absprachen nicht zu kümmern. Er kann sich unter den Gesellschaftern den oder die Schuldner aussuchen, die ihm passen (vgl. Kommentar-Note 2).*

[16] *Mit dieser Bestimmung wird über das Ausmass der gewöhnlichen Geschäftstätigkeit der Gesellschaft Klarheit geschaffen. Art. 535 Abs. 3 OR erwähnt für den Fall, dass ausserhalb des gewöhnlichen Betriebes der Gesellschaft Geschäfte getätigt werden sollen das Erfordernis der Einwilligung sämtlicher Mitglieder.*

[17] *Da die einfache Gesellschaft sich nicht im Handelsregister eintragen lassen kann, kann sie über die Vertretungsbefugnis ihrer Mitglieder nicht auf die im Geschäftsverkehr übliche Weise aufmerksam machen. Es ist deshalb der Orientierung der konkreten Vertragspartner der einfachen Gesellschaft über die Vertretungsverhältnisse besondere Aufmerksamkeit zu schenken.*

[18] *Die stillen Gesellschafter leisten Beiträge, sind am Gewinn und Verlust beteiligt und haben in den Angelegenheiten der Gesellschaft ein Mitspracherecht, treten aber nach aussen nicht auf. Der Geschäftsführer handelt im eigenen Namen, und er allein wird Dritten gegenüber berechtigt und verpflichtet. Das Gesellschaftsverhältnis ist rein intern.*

[19] *In Vorlage 3 bleibt Franz Erb alleiniger Inhaber seiner Einzelfirma. Die stillen Gesellschafter werden nicht Gesamteigentümer am Geschäft; ihre Einlagen fallen sofort ins Vermögen des aktiven Gesellschafters Franz Erb. Die Regeln der einfachen Gesellschaft werden eben nur sinngemäss auf die stille Gesellschaft angewendet. Das wirkt sich auch bei Eintritt eines Auflösungsgrundes aus; wenn der nach aussen Auftretende (der sog. Komplementär) sein Geschäft weiterführen will, können ihn die anderen nicht zur Liquidation zwingen.*

[20] *Der stille Gesellschafter kann z. B. auch im Geschäft des Komplementärs mitarbeiten, ja sogar im Handelsregister als Prokurist des Einzelkaufmanns geführt werden.*

[21] *Diese Bestimmung dehnt das den stillen Teilhabern gemäss Art. 541 OR zustehende Einsichtsrecht aus. Wenn die Teilhaber nicht erfahrene Geschäftsleute sind, ist eine derartige Lösung zweckmässig.*

[22] *Eine auf unbestimmte Dauer oder auf Lebenszeit eines Gesellschafters geschlossene einfache Gesellschaft kann auf sechs Monate gekündigt werden, jedoch nicht zur Unzeit und, bei jährlichem Rechnungsabschluss — wie hier vorgesehen — nur auf Ende eines Geschäftsjahres. Die Bemerkung in Vorlage 3, dass sie jeweils um ein Jahr fortgesetzt werde, ist nicht unbedingt nötig, weil sich das schon aus Art. 546 Abs. 2 OR ergibt.*

Die Kollektivgesellschaft

Das Wichtigste in Kürze

Im Gegensatz zur einfachen Gesellschaft wird die Kollektivgesellschaft für dauernde Zwecke gebildet und hat eine eigene Firma, unter der sie Rechte erwerben und Verbindlichkeiten eingehen, vor Gericht klagen und verklagt werden kann. Die Gesellschaft selbst, nicht die einzelnen Gesellschafter, wird aus den Rechtsgeschäften berechtigt und verpflichtet, die ein zur Vertretung befugter Gesellschafter in ihrem Namen eingeht.

Die Kollektivgesellschaft entsteht durch Vertrag, für den keine Form vorgeschrieben wird. Schriftlichkeit ist aber von Vorteil und allgemein üblich. Die Gesellschaft ist am Ort, an dem sie ihren Sitz hat, in das Handelsregister einzutragen. Die Gesellschaft entsteht aber schon vor der Eintragung, sofern sie ein kaufmännisches Gewerbe betreibt.

Für alle Verbindlichkeiten der Gesellschaft haften wie bei der einfachen Gesellschaft alle Gesellschafter solidarisch und mit ihrem ganzen privaten Vermögen. Sie können persönlich aber erst belangt werden, wenn die Gesellschaft aufgelöst oder erfolglos betrieben worden ist. Dritten gegenüber hat eine entgegenstehende Verabredung unter den Gesellschaftern keine Wirkung.

	Kollektivgesellschaft
Wesen der Kollektivgesellschaft	Die Kollektivgesellschaft ist ein nach aussen hin verselbständigter Personenzusammenschluss. Sie tritt unter einer eigenen Firma auf und betreibt meist ein Handels-, Fabrikations- oder sonst kaufmännisch betriebenes Gewerbe ohne Haftungsbeschränkung nach aussen (Art. 552 OR).
Verhältnis der Gesellschafter untereinander	Das Verhältnis der Gesellschafter unter sich richtet sich nach dem Gesellschaftsvertrag. Soweit untereinander keine Vereinbarungen getroffen sind, kommen die Grundsätze über die einfache Gesellschaft zur Anwendung (Art. 557 OR). Doch enthält das Gesetz auch spezielle Bestimmungen über die Kollektivgesellschaft: Insbesondere hat jeder Gesellschafter das Recht, aus der Gesellschaftskasse Gewinn, Zinsen und Honorar des abgelaufenen Geschäftsjahres zu entnehmen (Art. 559 Abs. 1 OR). Der Anteil jedes Gesellschafters am Gewinn und Verlust ist für jedes Geschäftsjahr auf Grund der Gewinn- und Verlustrechnung sowie der Bilanz zu berechnen (Art. 558 Abs. 1 OR).
Vertretung der Kollektivgesellschaft	Jeder Gesellschafter ist einzeln zur Vertretung ermächtigt, es sei denn, einem oder mehreren Gesellschaftern sei die Vertretungsmacht entzogen oder es sei Kollektivunterschrift eingeführt worden. Diese Beschränkung wirkt sich jedoch gegenüber gutgläubigen Dritten nur aus, wenn sie im Handelsregister eingetragen worden ist (Art. 563 f. OR).
	Jeder von der Vertretung nicht ausgeschlossene Gesellschafter kann im Namen der Gesellschaft ohne Ausnahme alle Rechtshandlungen vornehmen, die der Zweck der Gesellschaft mit sich bringen kann. Die Vertretungsbefugnis kann einem Gesellschafter nur aus wichtigen Gründen entzogen werden. Zuständig ist dafür der Richter (Art. 565 OR).
Verminderung des Gesellschaftsanteils auf Grund von Verlusten	Sofern der Kapitalanteil durch Verluste vermindert worden ist, behält der Gesellschafter seinen Anspruch auf Ausrichtung des Honorars und der vom verminderten Kapitalanteil zu berechnenden Zinsen; Gewinne dürfen aber erst dann wieder ausbezahlt werden, wenn die durch den Verlust entstandene Verminderung ausgeglichen ist (Art. 560 Abs. 1 OR).
Haftung aus unerlaubter Handlung	Die solidarische Haftung aller Gesellschafter gilt auch für Schaden aus unerlaubter Handlung, den ein Gesellschafter bei Aus-

übung seiner geschäftlichen Verrichtung verursacht hat (Art. 567 Abs. 1 und 3 OR).

Neu eintretende Gesellschafter haften solidarisch mit den übrigen Gesellschaftern und mit ihrem ganzen Vermögen auch für die Verbindlichkeiten der Gesellschaft, die schon vor ihrem Eintritt bestanden. Auch hier haben entgegenstehende Abreden Dritten gegenüber keine Wirkung (Art. 569 OR).
Haftung neu eintretender Gesellschafter

Der aus der Gesellschaft ausgeschiedene Gesellschafter haftet für die vor seinem Austritt begründeten Verbindlichkeiten noch während fünf Jahren nach der Veröffentlichung seines Ausscheidens im Schweizerischen Handelsamtsblatt. Wenn die Forderung erst nach dieser Veröffentlichung fällig wird, haftet er während fünf Jahren seit dem Zeitpunkt der Fälligkeit (Art. 591 Abs. 1 und 2 OR). Doch kann der einzelne Gesellschafter, auch nach seinem Ausscheiden, für Gesellschaftsschulden erst dann persönlich belangt werden, wenn er selbst in Konkurs geraten oder wenn die Gesellschaft aufgelöst oder erfolglos betrieben worden ist (Art. 568 Abs. 3 OR).
Haftung austretender Gesellschafter

Das gesetzliche Konkurrenzverbot ist schärfer als bei der einfachen Gesellschaft (Art. 561 OR).
Konkurrenzverbot

Die Kollektivgesellschaft ist in den Art. 552–593 OR geregelt. Ergänzend ist auch das Recht der einfachen Gesellschaft (Art. 530–551 OR) sinngemäss anwendbar. Zu beachten sind ferner die Vorschriften über das Handelsregister und die Firmenbildung (Art. 927–956 OR).
Gesetzliche Regelung

Vorlage 1 für eine Kollektivgesellschaft mit drei aktiven Teilhabern

Die Herren *Albert Meili*, Inhaber der Firma Albert Meili, Papeterie, Marktgasse 35, Bern, *Kurt Messerli*, Kaufmann, Länggasse 8, Bern, und *Gustav Schönmann*, Kaufmann, Bernstrasse 2, Bümpliz, schliessen sich heute zu einer Kollektivgesellschaft zusammen. Es gelten folgende Bestimmungen:

1. Zweck der Gesellschaft ist der Engros- und Detailverkauf von Papeterieartikeln. Die Einzelfirma Albert Meili, Papeterie, Marktgasse 35, Bern, wird im Handelsregister gelöscht. An ihrer Stelle wird auf 1. Februar 19.. die neue Firma Meili & Co., Papeterieartikel und Bürobedarf[1] mit Sitz in Bern, Marktgasse 35, in das Handelsregister eingetragen.[2]

2. Die gesamten Vorräte, das Mobiliar und die Einrichtungen der Firma Albert Meili, Papeterie, laut Inventar vom 31. Dezember 19.. werden von der Gesellschaft zu Fr. 235'000.– übernommen. Dieser Betrag wird Herrn Meili als Einlage gutgeschrieben. Die Verpflichtungen der früheren Firma werden von der Gesellschaft nicht übernommen.[3]

3. Die übrigen Gesellschafter haben folgende Einlagen zu leisten:[4]

   – Herr Kurt Messerli   Fr. 125'000.–
   – Herr Gustav Schönmann   Fr. 140'000.–

   Diese Beträge sind bis zum 1. Februar 19.. auf das Kontokorrent Nr. 137 221 der Gesellschaft bei der Bernischen Spar- und Leihkasse, Bern, einzuzahlen.

4. Das Geschäftslokal Marktgasse 35 wird von Herrn Albert Meili für jährlich Fr. 30'000.– an die Gesellschaft vermietet.[5] Die Einzelheiten werden gemäss Mietvertragsformular des Bernischen Hauseigentümerverbandes (Geschäftsmiete) geregelt, das die Parteien noch ausfüllen werden.

5. Die Geschäftsführung steht allen Gesellschaftern je einzeln zu.[6] Herr Albert Meili übernimmt die Führung des Detailgeschäftes. Die Herren Kurt Messerli und Gustav Schönmann leiten den Einkauf und den Engrosverkauf.[7]

6. Für die Eröffnung von Filialen, die Bestellung eines Prokuristen oder Handlungsbevollmächtigten und die Änderung der laut Ziffer 7 dieses Vertrages vereinbarten monatlichen Entschädigungen ist die Zustimmung aller Gesellschafter erforderlich.[8] Die übrigen Gesellschaftsbeschlüsse werden mit Stimmenmehrheit gefasst.

7. Jeder Gesellschafter bezieht für seine Tätigkeit ein Monatsgehalt von Fr. 6'500.–.[9]

8. Das Geschäftsjahr fällt mit dem Kalenderjahr zusammen. Der erste Abschluss umfasst somit nur die 11 Monate vom 1. Februar bis 31. Dezember 19.. Vom Reingewinn erhält jeder Teilhaber einen Drittel. Die Einlagen werden unabhängig vom Geschäftsergebnis mit 4% verzinst.[10, 11]

9. Die Gesellschaft wird auf unbestimmte Zeit abgeschlossen. Jeder Teilhaber kann den Vertrag auf Ende eines Geschäftsjahres unter Einhaltung einer Kündigungsfrist von sechs Monaten kündigen. Das Ausscheiden oder der Tod eines Gesellschafters hat die Auflösung der Gesellschaft nicht zur Folge.

Auf Grund einer besonderen Bilanz und Gewinn- und Verlustrechnung ist der Anteil des ausscheidenden Gesellschafters am Vermögen der Gesellschaft zu berechnen und zusammen mit noch nicht bezogenem Gewinn, Honorar und Zinsen auszuzahlen. Die gesamte Abrechnung ist von einem durch Zustimmung aller Gesellschafter zu wählenden Treuhandbüro zu prüfen.[12]

10. Im übrigen gelten für die hier nicht oder nicht anders geregelten Fragen die Bestimmungen von Art. 552–593 OR.

Ort, Datum und Unterschriften

Vorlage 2 für eine Kollektivgesellschaft mit einem von der Geschäftsführung ausgeschlossenen Gesellschafter

Die Herren *Fritz Loosli*, Kaufmann, Weidstrasse 14, Biel, und *Arthur Lange*, Vertreter, Luxemburgerstrasse 50, Köln-Lettenberg (BRD) schliessen sich zwecks Gründung eines Geschäftes für Herrenkonfektion zu einer Kollektivgesellschaft zusammen, für die folgende Bestimmungen gelten sollen:

1. Die Gesellschaft wird als Firma Loosli & Co., Herrenkonfektion[1] mit Sitz in Biel, Zentralstrasse 17, in das Handelsregister eingetragen.[2]

2. Herr Fritz Loosli beteiligt sich mit einer Einlage von Fr. 60'000.–, Herr Arthur Lange mit Fr. 40'000.–.[4] Diese Beträge sind bis 1. Januar 19.. zur Hälfte einzuzahlen, der Rest bis zum 1. Juli 19..

3. Das Geschäft wird am 4. Januar 19.. eröffnet. Laut Mietvertrag vom 8. Dezember 19.. steht das Geschäftslokal, Zentralstrasse 17, Biel, der Gesellschaft ab 15. Dezember 19.. zur Verfügung, damit Herr Loosli die Vorbereitungen für die Eröffnung treffen kann.

4. Die Geschäftsführung und die Vertretung der Gesellschaft steht nur Herrn Fritz Loosli zu. Der Ausschluss des Herrn Lange von der Geschäftsführung und Vertretung ist im Handelsregister einzutragen.[6, 7]

5. Das Recht auf Einsicht in die Gesellschaftsangelegenheiten gemäss Art. 541 OR kann Herr Arthur Lange durch einen Vertreter ausüben lassen, der ein im Kanton Bern zugelassener Anwalt, Notar oder Treuhänder sein muss. Der Betreffende hat sich zu strikter Geheimhaltung gegenüber Dritten zu verpflichten.[13]

6. Für die Bestellung eines Prokuristen oder Handlungsbevollmächtigten hat Herr Loosli die Zustimmung von Herrn Lange

einzuholen.[14] In allen anderen Belangen steht Herrn Loosli die Geschäftsführung allein zu.

7. Herr Fritz Loosli bezieht für seine Tätigkeit eine monatliche Entschädigung von Fr. 4'500.–.[9] Die Einlagen werden jährlich mit 5% verzinst, zahlbar jeweils am Jahresende.[10]

8. Das Geschäftsjahr fällt mit dem Kalenderjahr zusammen. Vom Reingewinn erhalten Herr Loosli 70% und Herr Arthur Lange 30%.[11]
   Eine Abschrift der Gewinn- und Verlustrechnung und der Bilanz ist jährlich Herrn Arthur Lange zuzustellen.

9. Die Gesellschaft wird auf 10 Jahre fest abgeschlossen. Wird bis sechs Monate vor Ablauf dieser Zeit der Vertrag nicht gekündigt, so gilt die Gesellschaft als auf unbestimmte Zeit verlängert. Jeder Gesellschafter hat dann das Recht, den Vertrag mit neunmonatiger Voranzeige jeweils auf Ablauf eines Geschäftsjahres zu kündigen.[12]

10. *Über alle Streitigkeiten aus diesem Gesellschaftsverhältnis entscheiden ausschliesslich die ordentlichen Gerichte am Sitz der Gesellschaft.*[15]

Ort, Datum und Unterschriften

Kommentar zu den Vorlagen 1 und 2

[1] *In die Firma können auch die Namen sämtlicher Gesellschafter aufgenommen werden, also: Meili, Messerli & Schönmann. Will man das nicht, so muss die Firma wenigstens den Familiennamen eines Gesellschafters und einen das Gesellschaftsverhältnis ausdrückenden Zusatz («& Co.») enthalten (Art. 947 Abs. 1 und 2 OR). Bei Ausscheiden einer Person aus der Gesellschaft, deren Name in der Firma enthalten ist, wird auch eine Änderung der Firma nötig. Betreffend Ausnahmen, wenn das Gesellschaftsverhältnis durch verwandtschaftliche Beziehungen ausgedrückt ist, siehe Art. 948 OR. Über die Anpassung des Gesellschaftsnamens bei Übergang des Geschäftes auf neue Inhaber siehe Art. 953 OR.*

[2] *Die Gesellschaft ist in das Handelsregister des Ortes einzutragen, an dem sie ihren Sitz hat. Betreffend Inhalt der Eintragung siehe Art. 554 OR. Die Anmeldung der Eintragung muss von allen Gesellschaftern persönlich beim Handelsregisteramt unterzeichnet oder schriftlich mit beglaubigten Unterschriften eingereicht werden (Art. 556 Abs. 1 OR).*

[3] *Wenn ein Gesellschafter das Eigentum an Sachen zu übertragen hat, gelten in bezug auf Tragung der Gefahr und die Gewährleistungspflicht die Bestimmungen über die einfache Gesellschaft (Art. 557 Abs. 2 OR). Da keine Verpflichtungen der aufgelösten Einzelfirma übernommen werden, handelt es sich nicht um eine Geschäftsübernahme im Sinne von Art. 181 OR.*

[4] *Für die Beiträge kommen die Grundsätze der einfachen Gesellschaft zur Anwendung (Art. 557 Abs. 2, Art. 531 Abs. 1 und 2 OR). Die Gesellschafter sind nicht verpflichtet, höhere Einlagen als im Vertrag vorgesehen sind, zu leisten. Ebensowenig müssen sie ihre durch Verluste verminderten Einlagen ergänzen (Art. 560 Abs. 2 OR). Wird im Vertrag das Einbringen von Grundstücken vereinbart, so ist der Gesellschaftsvertrag öffentlich zu beurkunden (Art. 657 ZGB).*

⁵ *Hat ein Gesellschafter den Gebrauch einer Sache zu übertragen, so gelten in bezug auf Tragung der Gefahr und die Gewährleistungspflicht die Regeln über die einfache Gesellschaft (Art. 557 Abs. 2, Art. 531 Abs. 3 OR). Im Konkurs der Gesellschaft kann der Gesellschafter für die laufenden und die verfallenen Mietzinse als Gläubiger auftreten (Art. 570 Abs. 2 OR am Schluss).*

⁶ *Diejenigen Gesellschafter, die zur Vertretung der Gesellschaft ermächtigt werden sollen, haben die Firma und ihren Namen persönlich beim Handelsregisteramt zu zeichnen oder die Zeichnung in beglaubigter Form einzureichen (Art. 556 Abs. 2 OR). Ein gutgläubiger Dritter ist zur Annahme berechtigt, es sei jeder einzelne Gesellschafter zur Vertretung befugt, sofern das Handelsregister keinen entgegenstehenden Eintrag enthält (Art. 563 OR).*

⁷ *Die Abrede, wonach den einzelnen zur Vertretung der Gesellschaft ermächtigten Teilhabern gewisse Tätigkeiten zugewiesen werden, z. B., dass einer nur mit bestimmten Waren handeln soll, ist zulässig, aber nur von interner Bedeutung. Diese Beschränkung kann nicht in das Handelsregister eingetragen werden. Gutgläubigen Dritten gegenüber hat die Beschränkung der Vertretungsmacht keine Wirkung (Art. 564 Abs. 2 OR). Es kann höchstens eingetragen werden, dass nicht alle, sondern nur einer oder mehrere Gesellschafter oder ein Gesellschafter nur in Gemeinschaft mit anderen Gesellschaftern oder Prokuristen zur Vertretung der Gesellschaft befugt, d. h. kollektiv zeichnungsberechtigt ist (Art. 555 OR).*

⁸ *Für die Erteilung der Prokura oder der Handlungsvollmacht zum Betriebe des ganzen Gewerbes ist bereits nach Art. 566 OR die Einwilligung aller zur Vertretung befugten Gesellschafter erforderlich. Widerrufen werden kann sie aber durch jeden von ihnen allein mit voller Wirkung gegen Dritte.*

⁹ *Im Vertrag vereinbarte Entschädigungen werden bei der Ermittlung von Gewinn und Verlust als Gesellschaftsschulden behandelt (Art. 558 Abs. 3 OR).*

[10] *Die im Vertrag vorgesehenen Zinsen für die Einlagen (mangels Abrede beträgt der Zins 4%) sind unabhängig vom Geschäftsgang geschuldet, also auch bei Verlust. Wenn die Einlage durch einen Verlust vermindert worden ist, so sind die Zinsen künftig auf dem verminderten Kapitalanteil zu berechnen und die vertraglich festgesetzte Entschädigung bleibt unverändert (Art. 558 Abs. 2, Art. 560 Abs. 1 OR). Im Konkurs der Gesellschaft können die Gesellschafter für ihre Ansprüche auf verfallene Zinsen sowie für Entschädigungsforderungen als Gläubiger teilnehmen (Art. 570 Abs. 2 OR). Sollen Zinsen und Entschädigungen schon während des Geschäftsjahres bezogen werden können, so muss das im Vertrag vereinbart werden, wie das hier für die Entschädigung der Fall ist (Art. 559 Abs. 2 OR).*

[11] *Gewinne dürfen erst nach Erstellen der Bilanz bezogen werden (Art. 559 Abs. 2 OR). Ist der Kapitalanteil eines Gesellschafters durch Verluste vermindert worden, so darf ein Gewinnanteil erst ausbezahlt werden, wenn die durch den Verlust entstandene Verminderung wieder ausgeglichen ist (Art. 560 Abs. 1 OR). Die Gewinnbeteiligung muss nicht nach der Höhe der Einlagen abgestuft werden, da der Gewinn weniger von diesen als von der persönlichen Tätigkeit der Gesellschafter herrührt. Der unterschiedlichen Einlagehöhe wird durch den Zins Rechnung getragen.*

[12] *Normalerweise haben Tod oder Kündigung eines Gesellschafters die Auflösung der Gesellschaft zur Folge (allgemeine Auflösungsgründe siehe Art. 574 ff. und Art. 545 ff. OR). Bei entsprechender vertraglicher Vereinbarung kann dies aber auch anders geregelt werden. Über die Haftung des ausgeschiedenen Gesellschafters siehe Art. 591 OR. Für den Fall, dass nur zwei Gesellschafter vorhanden sind, siehe Art. 579 Abs. 1 OR. Ausscheiden eines Gesellschafters und Fortsetzung des Geschäftes durch einen Gesellschafter sind im Handelsregister einzutragen. War der Name des ausscheidenden Gesellschafters in der Firma enthalten, so muss diese geändert werden (Art. 948 OR).*

[13] *Da ein Gesellschafter im Ausland Wohnsitz hat, wird das Recht auf Einsicht in die Angelegenheiten der Gesellschaft einem Ver-*

treter dieses Gesellschafters übertragen. Durch die Aufzählung der dafür in Frage kommenden Personengruppen soll verhindert werden, dass Herr Loosli unzuverlässigen Personen Aufschluss über das Geschäft geben müsste.

[14] Es wird dafür in Art. 566 OR die Einwilligung aller zur Vertretung befugten Gesellschafter gefordert (siehe auch Kommentar-Note 8).

[15] Die Vereinbarung eines Gerichtsstandes und oft auch des anwendbaren Rechts empfiehlt sich immer dort, wo der Vertrag mit zwei Staaten Beziehungen aufweist.

Die Kommanditgesellschaft

Das Wichtigste in Kürze

Die Kommanditgesellschaft wird wie die Kollektivgesellschaft für dauernde Zwecke gebildet und hat eine eigene Firma, unter der sie Rechte erwerben und Verbindlichkeiten eingehen kann. Von der Kollektivgesellschaft unterscheidet sie sich dadurch, dass sie neben mindestens einem unbeschränkt haftenden Gesellschafter (Komplementär) noch mindestens einen nur beschränkt bis zu einem bestimmten Betrage (Kommanditsumme) haftenden Gesellschafter (Kommanditär) umfassen muss. Komplementäre können nur natürliche Personen sein.

Die Kommanditgesellschaft entsteht durch Vertrag, für den keine Formvorschriften bestehen, für den aber Schriftform die Regel ist. Sie muss im Handelsregister eingetragen werden, besteht aber als Firma schon vorher. Nur eine Gesellschaft zu anderen als kaufmännischen Zwecken entsteht erst, wenn sie sich in das Handelsregister eintragen lässt. Die Haftungsbeschränkung des Kommanditärs wird aber in jedem Falle erst durch den Handelsregistereintrag wirksam.

Hat die Gesellschaft schon vor dem Eintrag ins Handelsregister Verbindlichkeiten begründet, so haftet der Kommanditär Dritten gegenüber dafür wie ein unbeschränkt haftender Gesellschafter, wenn er nicht zu beweisen vermag, dass sie die Beschränkung seiner Haftung kannten.

Wesen der Kommanditgesellschaft	Die Kommanditgesellschaft ist eigentlich eine Kollektivgesellschaft, bei welcher jedoch mindestens ein Gesellschafter nur beschränkt haftet und sich dementsprechend im Hintergrund halten muss.
Rechtsverhältnis der Komplementäre unter sich	Das Verhältnis der Gesellschafter untereinander richtet sich zunächst nach dem Gesellschaftsvertrag. Unabhängig von dessen Wortlaut gilt, dass im Verhältnis der Komplementäre untereinander die Vorschriften der Kollektivgesellschaft zur Anwendung kommen (Art. 598 Abs. 2 OR). Im Gesetz wird einzig bestimmt, dass die Geschäftsführung durch den oder die unbeschränkt haftenden Gesellschafter besorgt wird (Art. 599 OR).
Rechtsverhältnis zu den Kommanditären	Der Kommanditär ist zur Führung der Geschäfte weder berechtigt noch verpflichtet (Art. 600 Abs. 1 OR). Intern können ihm aber gewisse Tätigkeiten zugewiesen werden. Der Kommanditär hat kein Recht, gegen die Vornahme einer zum gewöhnlichen Geschäftsbetrieb der Gesellschaft gehörenden Handlung der Geschäftsführung Widerspruch zu erheben (Art. 600 Abs. 2 OR). Er kann eine Abschrift der Gewinn- und Verlustrechnung und der Bilanz verlangen und deren Richtigkeit unter Einsichtnahme in die Bücher und Belege prüfen oder durch einen unbeteiligten Sachverständigen prüfen lassen, wobei im Streitfall der Richter den Sachverständigen bezeichnet (Art. 600 Abs. 3 OR). Die Beteiligung am Gewinn und Verlust ist vertraglich zu regeln. Am Verlust nimmt der Kommanditär höchstens bis zum Betrage seiner Kommanditsumme teil. Fehlt eine vertragliche Vereinbarung über den Gewinn- und Verlustanteil, so entscheidet der Richter nach freiem Ermessen (Art. 601 Abs. 1 und 2 OR). Der Kommanditär hat kein Recht auf Verzinsung der Kommanditsumme, sofern dies nicht vertraglich vereinbart ist.
Rechtsverhältnis zu Dritten	Die Kommanditgesellschaft wird durch die unbeschränkt haftenden Gesellschafter nach den Vorschriften über die Kollektivgesellschaft vertreten (Art. 603 OR). Die Komplementäre haften für alle Verbindlichkeiten der Gesellschaft solidarisch mit ihrem ganzen Vermögen (Art. 568 Abs. 1 OR). Die Kommanditäre dagegen haften Dritten gegenüber mit der im Handelsregister eingetragenen Kommanditsumme oder, wenn sie selbst oder die Gesellschaft mit ihrem Wissen Dritten gegenüber eine höhere

Kommanditsumme genannt haben, bis zu diesem Betrage (Art. 608 Abs. 1 und 2 OR). Bei einer Verminderung der im Handelsregister eingetragenen oder auf eine andere Art kundgegebenen Kommanditsumme (durch Bezüge oder Vereinbarung mit den übrigen Gesellschaftern) wird diese Veränderung Dritten gegenüber erst dann wirksam, wenn sie in das Handelsregister eingetragen und veröffentlicht worden ist. Für die vor dieser Bekanntmachung eingegangenen Verbindlichkeiten bleibt der Kommanditär mit der unverminderten Kommanditsumme haftbar (Art. 609 OR).

Schliesst ein Kommanditär für die Gesellschaft Rechtsgeschäfte mit Dritten ab, ohne dass er als Prokurist oder Bevollmächtigter dazu befugt ist, so haftet er gutgläubigen Dritten gegenüber aus diesen Geschäften gleich wie ein unbeschränkt haftender Gesellschafter (Art. 605 OR). Neu eintretende Kommanditäre haften mit der Kommanditsumme auch für die vor ihrem Beitritt entstandenen Verbindlichkeiten. Andere vertragliche Vereinbarungen sind zulässig, haben aber nur interne Bedeutung und Dritten gegenüber keine Wirkung (Art. 612 OR).

Über das Ausscheiden eines Gesellschafters und die Verjährung der Forderungen gegen die Gesellschafter gelten die gleichen Bestimmungen wie bei der Kollektivgesellschaft (Art. 619 Abs. 1, Art. 598 Abs. 2 OR). Ist in der Gesellschaft nur ein Kommanditär vorhanden und tritt er aus, so wird die Gesellschaft zur Kollektivgesellschaft, sofern noch mindestens zwei unbeschränkt haftende Gesellschafter vorhanden sind.

Ausscheiden eines Gesellschafters; Verjährung

Die gesetzliche Regelung der Kommanditgesellschaft findet sich in den Art. 594–619 OR. Ergänzend gilt das Recht der einfachen bzw. der Kollektivgesellschaft.

Gesetzliche Regelung

Vorlage 1 für eine Kommanditgesellschaft; reine Geldkommandite, Kommanditsumme voll einbezahlt

Herr Alfred Bäriswyl, Drogist, Helvetiastrasse 25, Bern, *Herr Georges Nold*, Drogist, Schulweg 2, Bern, und *Herr Jakob Müller*, Kaufmann, Lentulusstrasse 13, Bern, schliessen sich heute zwecks Eröffnung einer Drogerie zu einer Kommanditgesellschaft zusammen. Es wird folgendes vereinbart:

1. Die Gesellschaft wird als Firma Bäriswyl, Nold & Co., Drogerie,[1] mit Sitz in Bern, Monbijoustrasse 35, in das Handelsregister eingetragen.[2] Die Herren Bäriswyl und Nold sind unbeschränkt haftende Gesellschafter, Herr Müller Kommanditär mit Franken 75'000.–.[4]

2. Die Gesellschafter leisten auf den Tag der Geschäftseröffnung, den 1. Februar 19.., folgende Bareinlage,[3] zahlbar auf das Gesellschaftskonto bei der Bernischen Spar- und Leihkasse, Bern-Bundesplatz: Herr Bäriswyl Fr. 30'000.–, Herr Nold Fr. 25'000.– und Herr Müller Fr. 50'000.–.[4]

3. Die unbeschränkt haftenden Gesellschafter vertreten die Gesellschaft mit Einzelunterschrift.[5]

4. Herr Alfred Bäriswyl und Herr Georges Nold beziehen für ihre Tätigkeit ein monatliches Entgelt von je Fr. 4'000.–.[6]

5. Das Geschäftsjahr fällt mit dem Kalenderjahr zusammen. Unabhängig vom Geschäftsergebnis sind zunächst die Einlagen der Herren Alfred Bäriswyl und Georges Nold mit 4% zu verzinsen. Vom Gewinn ist sodann vorab die Einlage des Herrn Jakob Müller gleich zu verzinsen. Der verbleibende Gewinn ist wie folgt zu verteilen:[7,8] Herr Alfred Bäriswyl 40%, Herr Georges Nold 40% und Herr Jakob Müller 20%.

   Ein eventueller Verlust ist von den Gesellschaftern im gleichen Verhältnis zu tragen.[9,10]

6. Herr Jakob Müller kann den Vertrag erstmals nach Ablauf von fünf Jahren jeweils drei Monate vor Ablauf des Ge-

schäftsjahres kündigen. Für die übrigen Teilhaber wird die Gesellschaft auf unbestimmte Zeit geschlossen. Jeder von ihnen kann den Vertrag sechs Monate vor Ablauf des Geschäftsjahres kündigen.[11]

7. Der Austritt eines Gesellschafter hat, sofern die übrigen Gesellschafter damit einverstanden sind, die Auflösung der Gesellschaft nicht zur Folge. Diese besteht weiter, im Falle eines Austritts von Herrn Jakob Müller als Kollektivgesellschaft, beim Austritt eines anderen Teilhabers als Kommanditgesellschaft.

Der ausscheidende Teilhaber ist aufgrund einer Abschichtungsbilanz abzufinden, die nach anerkannten Grundsätzen durch einen ausgewiesenen Fachmann zu erstellen ist. Können sich die Parteien auf keinen Fachmann einigen, ernennt ihn der Präsident des Obergerichtes des Kantons Bern.[12]

8. Für die hier nicht anderes geregelten Fragen gelten die Bestimmungen von Art. 594–619 OR.

Bern, den 15. Januar 19..   sig. *Alfred Bäriswyl*
                                          sig. *Georges Nold*
                                          sig. *Jakob Müller*

Vorlage 2 für eine Kommanditgesellschaft mit aktiver Mitarbeit des Kommanditärs

Herr *Alfred Bäriswyl*, Drogist, Helvetiastrasse 25, Bern, Herr *Georges Nold*, Schulweg 2, Bern, und Herr *Jakob Müller*, Kaufmann, Lentulusstrasse 13, Bern, schliessen sich heute zwecks Eröffnung einer Drogerie zu einer Kommanditgesellschaft zusammen. Es wird folgendes vereinbart:

1. Die Gesellschaft wird als Firma Bäriswyl, Nold & Co., Drogerie, mit Sitz in Bern, Monbijoustrasse 35, in das Handelsregister eingetragen.[1,2] Die Herren Bäriswyl und Nold sind unbeschränkt haftende Gesellschafter, Herr Müller ist Kommanditär mit Fr. 75'000.–.

2. Die Gesellschafter leisten auf den Tag der Geschäftseröffnung, den 1. Februar 19 . ., folgende Bareinlage,[3] zahlbar auf das Gesellschaftskonto bei der Bernischen Spar- und Leihkasse, Bern-Bundesplatz:

   – Herr Bäriswyl   Fr. 30'000.–
   – Herr Nold   Fr. 25'000.–
   – Herr Müller   Fr. 50'000.–[4]

3. Die unbeschränkt haftenden Gesellschafter vertreten die Gesellschaft nur gemeinsam oder durch Unterschrift des einen Gesellschafters mit einem Prokuristen. Diese Einschränkung ist im Handelsregister einzutragen.
   Herr Müller wird in der Firma mit einem Monatsgehalt von Fr. 5'400.– angestellt und erhält die Prokura. Er zeichnet kollektiv ausschliesslich mit einem der Komplementäre.[13]

4. Herr Alfred Bäriswyl und Herr Georges Nold beziehen für ihre Tätigkeit ein monatliches Salär von Fr. 6'000.–.[6]

5. Das Geschäftsjahr fällt mit dem Kalenderjahr zusammen. Unabhängig vom Geschäftsergebnis sind zunächst die Einlagen der Herren Alfred Bäriswyl und Georges Nold mit 4% zu

verzinsen. Vom Gewinn ist sodann vorab die Einlage des Herrn Jakob Müller gleich zu verzinsen. Der verbleibende Gewinn ist dann wie folgt zu verteilen:[7, 8]

- Herr Alfred Bäriswyl   35%
- Herr Georges Nold   35%
- Herr Jakob Müller   30%

Ein eventueller Verlust ist von den Gesellschaftern im gleichen Verhältnis zu tragen.[9, 10]

6. Die Gesellschaft wird auf unbestimmte Zeit abgeschlossen. Sie kann von jedem Gesellschafter jeweils mit viermonatiger Kündigungsfrist auf Ende des Geschäftsjahres gekündigt werden. Die gleiche Kündigungsfrist gilt für den mit Herrn Jakob Müller abgeschlossenen Anstellungsvertrag.[14]

7. Der Austritt eines Gesellschafters hat, sofern die übrigen Gesellschafter damit einverstanden sind, die Auflösung der Gesellschaft nicht zur Folge. Diese besteht weiter, im Falle eines Austritts von Herrn Jakob Müller als Kollektivgesellschaft, beim Austritt eines anderen Teilhabers als Kommanditgesellschaft. Der ausscheidende Teilhaber ist mit seinem auf Grund einer besonderen Bilanz und Gewinn- und Verlustrechnung festzustellenden Anteil am Vermögen abzufinden. Die Aktiven sind dabei zu Fortführungswerten zu bilanzieren.[12]

8. Für die hier nicht oder nicht anders geregelten Fragen gelten die Bestimmungen von Art. 594—619 OR.

Bern, den 15. Januar 19..   sig. *Alfred Bäriswyl*
                             sig. *Georges Nold*
                             sig. *Jakob Müller*

Kommentar zu den Vorlagen 1 und 2

¹ Die Firma muss den Familiennamen wenigstens eines unbeschränkt haftenden Gesellschafters mit einem das Gesellschaftsverhältnis andeutenden Zusatz erhalten. Nold & Co. oder Bäriswyl & Co. würde z. B. genügen. Die Namen anderer als unbeschränkt haftender Gesellschafter darf die Firma nicht enthalten (Art. 947 Abs. 3 und 4 OR). Wird der Name des Kommanditärs in die Firma aufgenommen, so haftet er den Geschäftsgläubigern wie ein unbeschränkt haftender Gesellschafter (Art. 607 OR). Betreffend die Pflicht zur Änderung der Firma vgl. Art. 948 OR, bezüglich der Folgen bei Übernahme eines Geschäftes Art. 953 OR.

² Die Gesellschaft ist in das Handelsregister des Ortes einzutragen, an dem sie ihren Sitz hat. Über den Inhalt der Eintragung siehe Art. 596 und 597 OR.

³ Bezüglich der Beiträge, der Tragung der Gefahr und der Gewährleistungspflicht bei Sacheinlagen und bei Überlassung des Gebrauchs einer Sache durch die Komplementäre kommen die Grundsätze der einfachen Gesellschaft zur Anwendung (Art. 598 Abs. 2, Art. 557 Abs. 2, Art. 531 OR).

⁴ Die Bareinlage des Kommanditärs muss nicht mit seiner Kommanditsumme übereinstimmen. Ist sie niedriger als diese, so muss er im Falle von Verlusten die Differenz nachzahlen (s. Art. 610 Abs. 2 OR).

Eine allfällige Sacheinlage müsste in der Anmeldung für die Eintragung ins Handelsregister ausdrücklich und mit einem bestimmten Wert bezeichnet und eingetragen werden (Art. 596 Abs. 3 OR). Den Gläubigern steht dann der Nachweis offen, dass der Bewertung von Sacheinlagen ihrem wirklichen Wert zum Zeitpunkt ihres Einbringens nicht entsprochen hat (Art. 608 Abs. 3 OR).

⁵ Diese Bestimmung wäre nicht unbedingt nötig, da mangels anderer Regelung jeder Komplementär Einzelunterschrift besitzt (Art. 603 und 563 OR).

⁶ *Für die Entschädigung der Komplementäre kommen die Vorschriften über die Kollektivgesellschaft zur Anwendung (Art. 598 Abs. 2 OR).*

⁷ *Der Kommanditär hat keinen gesetzlichen Anspruch auf Verzinsung seiner Einlage wie der Komplementär, für welchen die diesbezüglichen Bestimmungen über die Kollektivgesellschaft gelten (Art. 598 Abs. 2 OR). Der Zinsanspruch des Kommanditärs muss vertraglich vereinbart werden. Auf die Auszahlung der Zinsen und des Gewinnanteils hat der Kommanditär zudem nur Anspruch, wenn und soweit die Kommanditsumme dadurch nicht vermindert wird. Er ist jedoch nicht verpflichtet, Zinsen und Gewinn zurückzuzahlen, wenn er auf Grund der ordnungsmässigen Bilanz gutgläubig annehmen durfte, diese Bedingung sei erfüllt (Art. 611 OR). Für die Ausrichtung von Zinsen, Gewinnen und Honoraren siehe Art. 601 Abs. 3 OR.*

⁸ *Ist im Vertrag über die Beteiligung des Kommanditärs am Gewinn nichts vereinbart worden, so entscheidet der Richter nach freiem Ermessen (Art. 601 Abs. 2 OR).*

⁹ *Der Kommanditär nimmt am Verlust höchstens bis zum Betrag seiner Kommanditsumme teil, d. h. sein Verlustanteil führt u. U. zur Verminderung der Kommandite. Künftige Gewinnanteile müssen daher zuerst die Kommandite wieder aufstocken (Art. 611 OR). Fehlt eine vertragliche Abrede über seinen Anteil am Verlust, so entscheidet darüber der Richter nach freiem Ermessen (Art. 601 Abs. 1 und 2 OR).*

¹⁰ *Der Kommanditär kann nach Art. 600 Abs. 3 OR die Abschrift der Bilanz und der Gewinn- und Verlustrechnung verlangen und sie entweder unter Einsichtnahme in die Bücher und Papiere selbst prüfen oder durch einen unbeteiligten Sachverständigen prüfen lassen (Art. 600 Abs. 3 OR am Schluss).*

¹¹ *Betreffend die Auflösung, Liquidation der Gesellschaft und die Verjährung der Forderungen gegen die Gesellschafter gelten die gleichen Bestimmungen wie für die Kollektivgesellschaft. Der*

Tod und die Entmündigung des Kommanditärs haben die Auflösung der Gesellschaft nicht zur Folge. Sofern der Kommanditär in Konkurs fällt oder sein Liquidationsanteil gepfändet wird, sind die Bestimmungen über die Kollektivgesellschaft entsprechend anwendbar (Art. 619 OR).

[12] *Grundsätzlich würde der Austritt eines Gesellschafters zur Liquidation führen. Der Wert des Liquidationsanteils ist in aller Regel tiefer als der Wert der Gesellschaft bei Fortführung. Deshalb ist eine sog. Abschichtungsbilanz zu erstellen.*

[13] *Die Vertretung der Gesellschaft durch die unbeschränkt haftenden Gesellschafter ist nach den für die Kollektivgesellschaft geltenden Vorschriften geregelt (Art. 603 OR). Danach können in das Handelsregister nur solche Anordnungen über die Vertretung eingetragen werden, welche die Vertretung nur auf einen oder einzelne Gesellschafter beschränken oder die nur einen Gesellschafter in Gemeinschaft mit anderen Gesellschaftern oder mit Prokuristen zulassen (Art. 555 OR).*

[14] *Wird das Gesellschaftsverhältnis mit dem Kommanditär mit einem Anstellungsvertrag verbunden, sind die Kündigungsfristen des Arbeits- und des Gesellschaftsvertrages sinnvollerweise anzugleichen.*

Die Aktiengesellschaft (AG)

Das Wichtigste in Kürze

Die AG ist eine selbständige juristische Person, die mit einem zum voraus bestimmten Kapital ausgestattet ist. Dieses Kapital, das Aktienkapital, muss neu mindestens Fr. 100'000.– betragen und ist in Teilsummen, die Aktien, aufgeteilt. Von den Personengesellschaften unterscheidet sich die AG darin, dass ihre Teilhaber für die Verbindlichkeiten der Gesellschaft nicht persönlich haften, die Haftung also auf das Gesellschaftsvermögen beschränkt ist. Die Aktionäre haben nur die Pflicht zur Einzahlung der von ihnen übernommenen Aktien.

Kein Aktionär hat Anspruch darauf, an der Geschäftsführung der Gesellschaft persönlich aktiv teilnehmen zu können. Sein Mitwirkungsrecht erschöpft sich weitgehend in der Teilnahme an der Generalversammlung der Aktionäre. Die Generalversammlung ist oberstes Organ der AG.

Die AG entsteht erst durch den Eintrag im Handelsregister. Sie handelt durch ihre Organe, vor allem durch den Verwaltungsrat. Da sie eine eigene juristische Person ist, darf auch ein Alleinaktionär über ihr Vermögen nicht für gesellschaftsfremde Zwecke verfügen.

Das 1992 in Kraft getretene neue Aktienrecht macht für bestehende Aktiengesellschaften verschiedene Anpassungen nötig.

Wesen der AG	Die Aktiengesellschaft (AG) ist eine Körperschaft mit eigener Rechtspersönlichkeit, die in aller Regel wirtschaftliche Ziele verfolgt und ein kaufmännisches Unternehmen betreibt. Ihr festes Aktienkapital ist in Teilbeträge, die Aktien, gegliedert. Für Schulden der AG haftet ausschliesslich ihr eigenes Vermögen.
Gründung der AG	Die AG kann nur durch eine öffentliche Urkunde errichtet werden, in der die Gründer u. a. die Statuten festlegen und die Organe bestellen (Art. 629 OR). Rechtspersönlichkeit erlangt sie jedoch erst mit der Eintragung im Handelsregister (Art. 643 Abs. 1 OR). Die früher zulässige Sukzessivgründung (nachfolgende Zeichnung der Aktien) wurde mit der Revision des Aktienrechts abgeschafft.
Aktienzeichnung, Einlagen	Die Gründung setzt voraus, dass die Aktionäre sämtliche Aktien unter Angabe der Ausgabebedingungen gezeichnet, d. h. übernommen haben (Art. 630 OR). Die Verpflichtung zur Einzahlung des Aktiennennwertes muss bedingungslos erfolgen.
Aktienkapital	Das Aktienkapital muss mindestens Fr. 100'000.− betragen (Art. 621 OR). Effektiv einbezahlt sein müssen mindestens 20% des Nominalbetrages, in jedem Fall aber minimal Fr. 50'000.− (Art. 632 OR). Diese Einzahlung ist durch eine Bank vor der Gründung zu bestätigen (Art. 633 OR).
Sacheinlagen	Statt bar kann das Aktienkapital auch durch Sacheinlagen aufgebracht werden. Oft erfolgt dies bei der Umwandlung einer Einzel- oder Kollektivgesellschaft in eine AG. Das Gesetz hat strenge Vorschriften zum Schutz der Gläubiger und Aktionäre aufgestellt, insbesondere hinsichtlich der Bewertung (Art. 628, 634, 635 und 753 OR).
Aktien	Der Nennwert einer Aktie muss mindestens 10 Franken betragen. Eine Aktie lautet entweder auf den Namen des Berechtigten oder auf den Inhaber (Art. 622 OR). Die Statuten können innerhalb gewisser Grenzen Stimmrechtsaktien, also Aktien, die bei kleinerem Nennwert ein vollwertiges Stimmrecht verleihen, schaffen (Art. 693 OR). Ebenso können sie Vorzugsaktien, die dem Aktionär bestimmte finanzielle Vorrechte einräumen, festlegen (Art. 654 und 656 OR).

Namenaktien können «vinkuliert», d. h. ihre Übertragung kann erschwert werden. Die früher oft verwendete Klausel, dass der Verwaltungsrat die Eintragung eines Aktionärs ohne Angabe von Gründen ablehnen könne, ist heute jedoch unzulässig (Art. 685b und 685d OR).

Das Halten eigener Aktien durch die AG ist in engen Grenzen möglich (Art. 659–659b OR).

Art. 626 OR zählt die Bestimmungen auf, die in allen Statuten enthalten sein müssen. Andere müssen nur dann aufgenommen werden, wenn von der gesetzlichen Regelung abgewichen werden soll (Art. 627 OR). Besondere Statutenbestimmungen sind auch erforderlich, wenn das Aktienkapital ganz oder teilweise durch Sacheinlagen aufgebracht wird, Sachübernahmen stattfinden, Gründervorteile gewährt werden oder wenn eine bedingte oder genehmigte Kapitalerhöhung ermöglicht werden soll (Art. 628, 651 ff. OR).

Inhalt der Statuten

Die Statuten können nur durch öffentlich beurkundeten Beschluss der Generalversammlung geändert werden. Zur entsprechenden Generalversammlung ist deshalb eine Urkundsperson beizuziehen. Für besonders wichtige Beschlüsse ist die Zustimmung einer qualifizierten Mehrheit nötig (Art. 704 OR).

Statutenänderungen

Eine besondere Art der Statutenänderung ist die Einführung von genehmigtem oder bedingtem Aktienkapital. Mit der genehmigten Kapitalerhöhung ermächtigt die Generalversammlung den Verwaltungsrat, das Aktienkapital innert einer Frist von längstens zwei Jahren zu erhöhen (Art. 651 ff. OR). Damit werden dem Verwaltungsrat «Aktien auf Vorrat» z. B. für die Durchführung einer Fusion zur Verfügung gestellt. Durch eine bedingte Kapitalerhöhung soll dagegen Obligationären und Arbeitnehmern der AG ermöglicht werden, ihnen eingeräumte Optionen auf Aktien einzulösen (Art. 653 ff. OR).

Genehmigte und bedingte Kapitalerhöhung

Oberstes Organ der AG ist die Generalversammlung der Aktionäre, die mindestens einmal jährlich innert sechs Monaten nach Abschluss des Geschäftsjahres stattfinden muss. Die wichtigsten Befugnisse stehen der Generalversammlung unübertragbar zu, so etwa die Bestellung und Abberufung der anderen

Generalversammlung

Organe, die Änderung der Statuten sowie der Beschluss über die Verwendung des Reingewinns (Art. 698 und 705 OR).

Die Generalversammlung fasst ihre Beschlüsse mit dem einfachen Mehr der anwesenden Stimmen, soweit nicht Gesetz (Art. 704 OR) oder Statuten eine qualifizierte Mehrheit vorschreiben. Eine Durchführung auf dem Zirkularweg oder die schriftliche Stimmabgabe sind nicht möglich. Jedem Aktionär und dem Verwaltungsrat steht das Recht auf Anfechtung der Generalversammlungsbeschlüsse beim Richter zu (Art. 706– 706b OR).

Verwaltungsrat

Der Verwaltungsrat ist das geschäftsführende Organ der AG. Er vertritt sie nach aussen, kann diese Befugnisse allerdings auch an Direktoren und Prokuristen übertragen (Art. 718–721 OR). Gewisse Aufgaben können ihm nicht entzogen werden (Art. 716a OR). Überträgt er aufgrund statutarischer Ermächtigung gewisse Geschäftsführungskompetenzen an einzelne Mitglieder oder an Dritte, so muss ein Organisationsreglement erlassen werden (Art. 716b OR). Seine Beschlüsse kann der Verwaltungsrat auch auf dem Zirkulationsweg fassen.

Nur Aktionäre können dem Verwaltungsrat angehören. Dessen Zusammensetzung unterliegt Beschränkungen z. B. hinsichtlich Staatsangehörigkeit der Mitglieder (vgl. Art. 707–709 OR). Aus Pflichtverletzungen kann der Verwaltungsrat (wie auch andere Organpersonen) der Gesellschaft für den entstandenen Schaden haftbar werden (Art. 752–761 OR).

Revisionsstelle

Die Revisionsstelle prüft die Buchführung und die Jahresrechnung und erstattet darüber der Generalversammlung Bericht (Art. 728–729b OR). Revisoren müssen sich über ihre fachliche Befähigung ausweisen können und müssen vom Verwaltungsrat und den Grossaktionären unabhängig sein (Art. 727a–727c OR).

Rechte der Aktionäre

Der Aktionär hat zunächst verschiedene Vermögensrechte, so etwa das Recht auf Dividende (Art. 660 OR) und das Bezugsrecht auf anteilmässige Zeichnung neu auszugebender Aktien (zur Aufhebung des Bezugsrechts aus wichtigen Gründen vgl. Art. 652b, 653b, 653c und 656 OR). Sodann stehen dem Aktionär Mitwirkungsrechte zu wie die Teilnahme, Meinungsäusserung, Antragstellung und Stimmabgabe an der Generalversammlung (Art. 689 ff. OR).

Zum Schutz dieser Rechte verfügt der Aktionär über Informationsrechte (s. Art. 696 und 697 OR). Die Anforderungen an den Geschäftsbericht wurden erhöht (Art. 662 ff. OR). Die Auflösung stiller Reserven zur Ergebnisverbesserung muss bekanntgegeben werden.

Der Aktionär hat schliesslich Kontrollrechte, indem er der Generalversammlung beantragen kann, dass bestimmte Sachverhalte durch eine unabhängige Sonderprüfung abgeklärt werden (Art. 697a – 697g OR). Er kann unrechtmässige Beschlüsse der Generalversammlung (nicht aber des Verwaltungsrats) gerichtlich anfechten (Art. 706 und 706a OR). Unter Umständen hat er die Möglichkeit, gegen fehlbare Organe eine Verantwortlichkeitsklage zugunsten der Gesellschaft zu erheben (Art. 752 – 761 OR).

Das Übergangsrecht ist recht kompliziert und Anpassungen der Statuten sollten dem Fachmann vorgelegt werden. Immerhin lassen sich folgende Grundregeln herausgreifen: Direkt anwendbare Bestimmungen des neuen Aktienrechts wie etwa die neuen Institute der Sonderprüfung oder des bedingten Kapitals sind seit dem Inkrafttreten am 1. Juli 1992 wirksam. Ebenso musste das Organisationsreglement bis zu diesem Datum erlassen werden.

Anpassungen alter Statuten ans neue Aktienrecht

Alte Statuten, die dem neuen Aktienrecht widersprechen, sind dagegen noch bis 30. Juni 1997 gültig. Werden sie bis dahin nicht angepasst, wird das neue Gesetzesrecht unmittelbar an ihre Stelle treten. In wenigen Fällen müssen allerdings die Verhältnisse innert dieser Frist angepasst werden, ansonsten die AG nach unbenutztem Ablauf einer richterlichen Nachfrist liquidiert werden müsste. So muss die Mindesteinzahlung auf das nur teilweise liberierte statutarische Aktienkapital auf Fr. 50'000.– erhöht werden und die nach 1984 gegründete AG muss ihr Aktienkapital auf Fr. 100'000.– aufstocken (s. Art. 2 der Schlussbestimmungen zum neuen Aktienrecht).

Oft schliessen Aktionäre unter sich Verträge über die Ausübung ihrer Aktionärsrechte, insbesondere des Stimmrechts, ab. So soll etwa innerhalb einer Familie die einheitliche Ausübung des

Aktionärbindungsverträge

Stimmrechts sichergestellt (Poolverträge) oder den Mitaktionären ein Vorkaufsrecht an den Aktien eingeräumt werden. Mit Aktienrecht haben diese Verträge eigentlich nichts zu tun, da sich die AG weder daran beteiligen kann noch dadurch in irgendeiner Weise gebunden wird. Meist handelt es sich bei diesen Vertragskonstruktionen um einfache Gesellschaften im Sinne von Art. 530 ff. OR.

Vor- und Nachteile der AG

Bei der AG ist im Unterschied zu den Personengesellschaften und zur Einzelunternehmung die persönliche Haftung der Teilhaber auf den gezeichneten Aktienbetrag beschränkt. Die Gesellschaftsanteile sind leicht handelbar und ihr Übergang auf die nächste Generation im Erbfall ist erleichtert.

Für diese Vorteile handelt man sich bei der gut rentierenden AG aber erhebliche steuerliche Mehrbelastungen ein, wird der Gewinn doch zunächst bei der AG und danach als Dividende nochmals beim Aktionär besteuert. Zudem sind die Aufwendungen für die Administration höher, so dass in kleinen Verhältnissen die Gründung einer AG nur anzuraten ist, wenn die Beschränkung des Risikos eine wichtige Rolle spielt.

Gesetzliche Regelung

Die AG ist in den Art. 620–763 OR geregelt. Zu beachten sind auch die Vorschriften über das Handelsregister und die Firmenbildung (Art. 927–956 OR) sowie über die kaufmännische Buchführung (Art. 957–964 OR).

Vorlage 1 für die Statuten einer AG[1]

S T A T U T E N[2]

der *ABC AG*, Dietikon ZH[3]

I. Firma, Sitz und Zweck der Gesellschaft[4]

Art. 1 Unter der Firma ABC AG besteht eine Aktiengesellschaft mit Sitz in Dietikon ZH gemäss den vorliegenden Statuten und den Vorschriften des XXVI. Titels des Schweizerischen Obligationenrechts.

Durch Beschluss der Generalversammlung kann der Sitz der Gesellschaft jederzeit an einen andern Ort verlegt werden.[5]

Art. 2 Die Gesellschaft bezweckt[6] den Vertrieb von Handelswaren und die Vermittlung von Handelsgeschäften aller Art.

Die Gesellschaft kann im In- und Ausland Zweigniederlassungen errichten. Sie kann sich an anderen Unternehmen beteiligen, Unternehmen mit gleichartigem oder verwandtem Zweck erwerben oder errichten sowie alle Geschäfte tätigen, die mit ihrem Zweck direkt oder indirekt zusammenhängen oder geeignet sind, ihn zu fördern. Sie kann Grundstücke erwerben und veräussern.

II. Aktienkapital, Aktien und Aktionäre

Art. 3 Das Aktienkapital der Gesellschaft beträgt Fr. 500'000.–[7] und zerfällt in 5'000 auf den Namen[8] lautende Aktien im Nennwert[9] von je Fr. 100.–. Es ist voll einbezahlt.

Die Generalversammlung kann durch Statutenänderung jederzeit die Namenaktien in Inhaberaktien bzw. später Inhaberaktien in Namenaktien umwandeln[10] und ist ferner befugt, Aktien in solche von kleinerem Nennwert zu zerlegen oder mit Zustimmung der betroffenen Aktionäre zu solchen von grösserem Nennwert zusammenzulegen.

Art. 4 Die Gesellschaft führt über die Namenaktien ein Aktienbuch, in welches die Eigentümer und Nutzniesser mit Namen und Adresse eingetragen werden. Im Verhältnis zur Gesellschaft gilt als Aktionär oder als Nutzniesser, wer im Aktienbuch eingetragen ist.[11]

Die Namenaktien können nur mit Zustimmung des Verwaltungsrates übertragen oder zur Nutzniessung gegeben werden. Der Verwaltungsrat kann das Gesuch um Zustimmung ablehnen, wenn er hiefür einen der folgenden wichtigen Gründe bekannt gibt:[12]
- Fernhaltung von Konkurrenten oder mit solchen verbundenen Personen
- Überschreitung des Stimmenanteils von einem Drittel der gesamten Aktienstimmen durch einen einzelnen Aktionär einschliesslich derjenigen von mit ihm interessemässig verbundenen Personen
- Bewahrung der Selbständigkeit der Gesellschaft und Verhinderung der Beherrschung durch einen Konzern.

Der Verwaltungsrat kann die Zustimmung ohne Angabe von Gründen verweigern, wenn er die Aktien für eigene Rechnung, für Rechnung anderer Aktionäre oder Dritter zum wirklichen Wert im Zeitpunkt des Gesuches übernimmt.

Im Falle der Erhöhung des Aktienkapitals haben die bisherigen Aktionäre ein Bezugsrecht im Verhältnis ihres bisherigen Aktienbesitzes zu den von der Generalversammlung festgesetzten Bedingungen.[13]

Art. 5 Jede Aktie hat in der Generalversammlung eine Stimme.[14] Der Verwaltungsrat trifft die für die Feststellung der Stimmrechte erforderlichen Anordnungen.

III. Organisation der Gesellschaft

Die statutarischen Organe der Gesellschaft sind:

A. Generalversammlung
B. Verwaltungsrat
C. Revisionsstelle[15]

A. Generalversammlung der Aktionäre

Art. 6 Die Generalversammlung der Aktionäre ist das oberste Organ der Gesellschaft.

Es stehen ihr unübertragbar die folgenden Befugnisse zu:

a) Festsetzung und Abänderung der Statuten

b) Wahl und Abberufung der Mitglieder des Verwaltungsrats und der Revisionsstelle

c) Genehmigung des Jahresberichtes

d) Genehmigung der Jahresrechnung sowie die Beschlussfassung über die Verwendung des Bilanzgewinns, insbesondere die Festsetzung der Dividenden und allfälliger Tantiemen

e) Entlastung der Mitglieder des Verwaltungsrates

f) Beschlussfassung über weitere Gegenstände, die ihr durch Gesetz oder Statuten vorbehalten sind.[16]

Art. 7 Die ordentliche Generalversammlung findet jährlich innerhalb von 6 Monaten nach Abschluss des Geschäftsjahres statt.

Ausserordentliche Generalversammlungen[17] finden statt, wenn der Verwaltungsrat dies als erforderlich erachtet; ferner auf Antrag der Revisionsstelle sowie in denjenigen Fällen, in denen das Gesetz dies vorschreibt. Dies ist u. a. dann der Fall, wenn einer oder mehrere Aktionäre, die zusammen mindestens den zehnten Teil des Aktienkapitals vertreten, schriftlich unter Angabe des Zweckes die Durchführung einer Generalversammlung verlangen.[18]

Art. 8 Die Einberufung der Generalversammlung erfolgt durch den Verwaltungsrat, nötigenfalls durch die Kontrollstelle oder durch die Liquidatoren.

Die Einladung zur Generalversammlung erfolgt mindestens 20 Tage[19] vor der Generalversammlung durch eingeschriebenen Brief an die im Aktienbuch verzeichnete Adresse der Aktionäre.[20]

In der Einladung sind anzugeben: Ort, Zeitpunkt und Traktanden der Generalversammlung sowie die Anträge des Verwaltungsrates und der Aktionäre, welche die Generalversammlung oder die Traktandierung eines Verhandlungsgegenstandes verlangt haben. Bei ordentlichen Generalversammlungen sind zusätzlich Ort und Zeitpunkt der Auflegung der Jahresrechnung mit Geschäfts- und Revisionsbericht samt Anträgen der Verwaltung betreffend Verwendung des Reingewinns bekanntzugeben sowie die Aktionäre auf ihr Recht hinzuweisen, Abschriften dieser Berichte zu verlangen.[21]

Über Gegenstände, die nicht in vorgenannter Weise angekündigt worden sind, können keine Beschlüsse gefasst werden; hievon ist jedoch der Beschluss über die Einberufung einer ausserordentlichen Generalversammlung oder die Durchführung einer Sonderprüfung ausgenommen. Ohne die vorgenannte Ankündigung können Anträge im Rahmen der Traktanden gestellt und kann ohne Beschlussfassung verhandelt werden.[22] Nehmen die Eigentümer oder Vertreter sämtlicher Aktien an der Generalversammlung teil und wird kein Widerspruch erhoben, so kann eine Universalversammlung[23] stattfinden; dabei kann über alle Geschäfte im Kompetenzbereich der Generalversammlung verhandelt und beschlossen werden, solange sämtliche Aktien vertreten sind.

Art. 9 Der Präsident oder bei dessen Verhinderung ein anderes Mitglied des Verwaltungsrates führen den Vorsitz an der Generalversammlung. Der Vorsitzende bestimmt den Protokollführer und die Stimmenzähler, welche nicht Aktionäre zu sein brauchen.

Der Verwaltungsrat sorgt für die Führung des Protokolls.

Art. 10 Die Generalversammlung fasst ihre Beschlüsse und vollzieht ihre Wahlen mit der absoluten Mehrheit der vertretenen Aktienstimmen, soweit nicht Gesetz oder Statuten etwas anderes bestimmen.[24] Bei Stimmengleichheit fällt der Vorsitzende den Stichentscheid. Erreicht bei Wahlen keiner der Kandidaten das absolute Mehr, entscheidet in einem zweiten Wahlgang das relative Mehr.

B. Verwaltungsrat und Zeichnungsberechtigung

Art. 11 Der Verwaltungsrat besteht aus 1 bis 5 Mitgliedern,[25] die Aktionäre sein müssen.[26] Die Generalversammlung wählt den Verwaltungsrat und bezeichnet dessen Präsidenten.[27] Im übrigen konstituiert sich der Verwaltungsrat selber und bezeichnet den Protokollführer, der nicht Aktionär zu sein braucht.

Die Amtsdauer eines Verwaltungsrates[28] beginnt mit seiner Wahl und endet an der nächsten ordentlichen Generalversammlung.

Art. 12 Der Verwaltungsrat führt die Geschäfte der Gesellschaft, soweit er die Geschäftsführung nicht an einzelne seiner Mitglieder oder an Dritte delegiert.[29] Delegiert er Geschäftsführungsbefugnisse, so erlässt er ein Organisationsreglement und ordnet die Vertragsverhältnisse mit den geschäftsführenden Personen.[30]

Die folgenden Aufgaben des Verwaltungsrates können ihm weder entzogen noch von ihm delegiert werden:[29]

a) Oberleitung der Gesellschaft und Erteilung der nötigen Weisungen

b) Festlegung der Organisation der Unternehmung

c) Ausgestaltung des Rechnungswesens, der Finanzkontrolle sowie der Finanzplanung

d) Ernennung und Abberufung der mit der Geschäftsführung und der Vertretung betrauten Personen[31]

e) Oberaufsicht über die mit der Geschäftsführung betrauten Personen, namentlich im Hinblick auf die Befolgung der Gesetze, Statuten, Reglemente und Weisungen

f) Erstellung des Geschäftsberichtes sowie Vorbereitung der Generalversammlung und Ausführung ihrer Beschlüsse

g) Benachrichtigung des Richters im Falle der Überschuldung

h) Beschlussfassung über die nachträgliche Leistung von Einlagen auf nicht vollständig liberierte Aktien

i) Beschlussfassung über die Änderung der Statuten nach durchgeführter Kapitalerhöhung und die entsprechenden Feststellungen

k) Alle weiteren dem Verwaltungsrat von Gesetz oder Statuten unübertragbar und unentziehbar zugeordneten Befugnisse

Der Verwaltungsrat kann sodann in allen Angelegenheiten Beschluss fassen, die nicht durch Gesetz oder Statuten der Generalversammlung zugeteilt sind.[29]

Art. 13 Der Verwaltungsrat vertritt die Gesellschaft nach aussen. Er zeichnet kollektiv zu zweien und beschliesst über die Zeichnungsberechtigung der Verwaltungsräte sowie allfällig weiterer Zeichnungsberechtigter wie Direktoren, Prokuristen und Handlungsbevollmächtigte.[31]

Die zur Vertretung befugten Personen sind ermächtigt, im Namen der Gesellschaft alle Rechtshandlungen vorzunehmen, die der Zweck der Gesellschaft mit sich bringen kann.[32] Sie sind vom Verwaltungsrat ins Handelsregister einzutragen.[33]

Art. 14 Die Einberufung der Verwaltungsratssitzungen erfolgt durch den Präsidenten, so oft es die Geschäfte erfordern und auf Verlangen jedes einzelnen Mitgliedes des Verwaltungsrates.[34] Der Verwaltungsrat fasst seine Beschlüsse mit dem einfachen Mehr der abgegebenen Stimmen. Der Vorsitzende hat den Stichentscheid. Mit Zustimmung aller Verwaltungsratsmitglieder können Beschlüsse auch auf dem Zirkularweg gefasst werden.[35]

Über die Verhandlungen und Beschlüsse des Verwaltungsrates ist ein Protokoll zu führen, das vom Präsidenten und vom Protokollführer zu unterzeichnen ist.

Im übrigen richtet sich die Sitzungsordnung, die Beschlussfähigkeit und die Beschlussfassung nach dem Organisationsreglement.

Die Mitglieder haben das Recht, im Rahmen von Art. 715a OR über alle Angelegenheiten der Gesellschaft Auskunft zu verlangen.[36]

Art. 15 Die Verwaltungsräte haben Anspruch auf eine angemessene Entschädigung für ihre Tätigkeit und auf Ersatz der damit zusammenhängenden Auslagen.[37]

C. Revisionsstelle

Art. 16 Die Generalversammlung wählt jährlich einen oder mehrere befähigte Revisoren als Revisionsstelle.[38] Die Amtszeit der Revisoren beginnt mit ihrer Wahl und endet mit der nächsten ordentlichen Generalversammlung.[39]

Die Revisionsstelle hat die in Art. 728 ff. OR festgehaltenen Rechte und Pflichten.[40] Sie ist insbesondere verpflichtet, nötigenfalls die ordentliche Generalversammlung einzuberufen und ist berechtigt, die Einberufung einer ausserordentlichen Generalversammlung zu verlangen. Mindestens ein Revisor muss an der ordentlichen Generalversammlung teilnehmen.[41]

IV. Geschäftsjahr, Jahresrechnung und Gewinnverteilung

Art. 17 Das Geschäftsjahr entspricht dem Kalenderjahr.[42] Erstmals wird die Jahresrechnung abgeschlossen per 31. Dezember 19..

Die Aufstellung der Jahresrechnung, bestehend aus der Erfolgsrechnung, der Bilanz und dem Anhang, erfolgt gemäss den gesetzlichen Bestimmungen der Art. 662 ff. und 957 ff. OR.[43]

Der Geschäftsbericht und der Revisionsbericht sind mindestens zwanzig Tage vor der ordentlichen Generalversammlung am Hauptsitz der Gesellschaft zur Einsicht der Aktionäre aufzulegen.[44]

Art. 17 Vom Reingewinn[45] sind jährlich mindestens 5% dem obligatorischen, allgemeinen Reservefonds[46] zuzuweisen, bis dieser die Höhe von einem Fünftel des einbezahlten Aktienkapitals erreicht hat. Die Generalversammlung ist befugt, den allgemeinen Reservefonds höher zu dotieren, die notwendigen Wiederbeschaffungsreserven sowie Spezialreserven oder stille Reserven zu schaffen, soweit dies aus Rücksicht auf das dauernde Gedeihen des Unternehmens oder auf die Ausschüttung einer möglichst gleichbleibenden Dividende als angezeigt erscheint.[47]

Über den nach Dotierung sämtlicher Reserven verbleibenden Reingewinn verfügt die Generalversammlung. Vorbehalten bleibt Art. 671 Abs. 2 Ziff. 3 OR.

V. Bekanntmachungen

Art. 18 Publikationsorgan der Gesellschaft ist das Schweizerische Handelsamtsblatt.[48] Einladungen und Mitteilungen an die Aktionäre erfolgen mit eingeschriebenem Brief an deren im Aktienbuch verzeichnete Adresse.[49]

VI. Auflösung und Liquidation

Art. 19 Beschliesst die Generalversammlung die Auflösung der Gesellschaft, so besorgt der Verwaltungsrat deren Liquidation, sofern nicht die Generalversammlung damit andere Personen beauftragt. Im übrigen gelten für die Auflösung und Liquidation der Gesellschaft die Art. 736 ff. OR.

VII. Recht und Gerichtsstand[50]

Art. 20 Sämtliche Streitigkeiten zwischen der Gesellschaft, den Mitgliedern des Verwaltungsrates, der Revisionsstelle und den Aktionären, welche Angelegenheiten der Gesellschaft betreffen, sind nach schweizerischem Recht zu beurteilen. Für diese Streitigkeiten sind ausschliesslich die ordentlichen Gerichte am Sitz der Gesellschaft zuständig.

VIII. Schlussbestimmungen

Art. 21 Diese Statuten wurden in der konstituierenden Generalversammlung einstimmig genehmigt und dabei dem Verwaltungsrat die Befugnis erteilt, daran die allfällig zur Erleichterung der Handelsregister-Eintragung erforderlichen formellen Abänderungen oder Ergänzungen vorzunehmen.[51]

Dietikon, den 18. August 19..

Die Gründer:

sig. *A. Beerli*   sig. *N. Scano*   sig. *P. Dobler*

Vorlage 2 für einen Sacheinlagevertrag bei Gründung einer AG[52, 53]

Sacheinlagevertrag

zwischen der Einzelfirma *Peter Risi*, Werkzeugbau, Ottenweg 11, Pontresina, als Verkäuferin

und der in Gründung begriffenen Aktiengesellschaft *WERABO AG*, mit Sitz in Pontresina, als Käuferin.

1. Die in Gründung begriffene Gesellschaft WERABO AG mit Sitz in Pontresina übernimmt von der Einzelfirma Peter Risi folgende Werte:[54]

    a) Alle in der Liegenschaft Ottenweg 11 befindlichen Maschinen und Einrichtungen sowie ein Fahrzeug Marke Ford, gemäss Jahresabschluss vom 30. April 19.. der Einzelfirma Peter Risi im Wert von Fr. 371'031.45* entsprechend den beiliegenden Inventarlisten.[55]

    b) – Die Schweizer Marke WERABO, Marken Nr. 158'765, erneuert für 20 Jahre am 14.10.1985.
    – Die internationale Marke WERABO, Marken Nr. R 190'814, erneuert für 20 Jahre am 16.2.1986 für Österreich, Benelux, Frankreich, Italien, Liechtenstein und BRD.
    Der Wert der vorgenannten Markenrechte wird auf Fr. 15'000.– festgesetzt.

2. Der Übernahmepreis in der Höhe von Fr. 386'031.45 wird dadurch getilgt, dass dem Sacheinleger Peter Risi 350 Aktien à nom. Fr. 1'000.– zuerkannt werden und der Restbetrag von Fr. 36'031.45 dem Sacheinleger auf Kontokorrent gutgeschrieben wird. Die Aktien zum Nennwert von Fr. 1'000.– gelten als voll liberiert.

3. *Weitere Bestimmungen*

    3.1 Die Erwerberin kann über die oben aufgeführten Sacheinlagen nach dem Eintrag im Handelsregister frei verfügen.

3.2 Weitere als oben aufgeführte Sacheinlagen werden nicht übernommen.
3.3 Bezüglich der im Inventar aufgeführten Gegenstände garantiert der Sacheinleger das Vorhandensein am heutigen Tag und die Bewertung nach konservativem Massstab gemäss den Grundsätzen des OR. Eine weitere Garantie übernimmt er nicht.

Pontresina, den 27. Mai 19..

Für den Sacheinleger: Die Gründer:

....

....

....

Beilage:
- Inventarlisten 1 – ...

(es folgt die Formel für die öffentliche Beurkundung)[55]

Vorlage 3 für das Organisationsreglement einer AG[30, 56]

Weberei Tössfeld AG, Pfungen

Organisationsreglement

Gestützt auf Art. 716b OR und Art. 19 der Statuten erlässt der Verwaltungsrat der Weberei Tössfeld AG das folgende Organisationsreglement:

Art. 1 – Zweck Das vorliegende Organisationsreglement regelt die Rechte und Pflichten der mit der Geschäftsführung der Gesellschaft befassten Organe und ihre Zusammenarbeit. Es dient der Abgrenzung der Aufgaben und Kompetenzen der Organe, der Sicherstellung des Informationsflusses und regelt die Zeichnungsberechtigung.

Art. 2 – Gliederung Das Reglement befasst sich mit folgenden Organen:

A) Verwaltungsrat
B) Präsident des Verwaltungsrates
C) Geschäftsleitung/Delegierter des Verwaltungsrates

A. Der Verwaltungsrat[57]

Art. 3 – Funktion Der Verwaltungsrat ist das oberste geschäftsleitende Organ der Gesellschaft. Er fasst die grundlegenden, die Tätigkeit der Gesellschaft bestimmenden Entscheide. Ihm steht die Oberleitung der Gesellschaft zu. Er legt die langfristigen Unternehmensziele fest und bestimmt die zur Erreichung dieser Ziele notwendigen Mittel.

Der Verwaltungsrat handelt als Kollektivorgan. Seine Mitglieder haben vorbehältlich der nachfolgenden Bestimmungen über den Präsidenten und den Delegierten keine persönlichen Entscheidungsbefugnisse und kein Weisungsrecht gegenüber Organpersonen oder Angestellten der Gesellschaft.

Art. 4 – Konstituierung Der Präsident wird von der Generalversammlung gewählt[58]. Im übrigen konstituiert sich der Verwaltungsrat in der konstituierenden Sitzung, welche jeweils innert 10 Tagen nach der ordentlichen Generalversammlung stattzufinden hat, selber.

Die Konstituierung ist jeweils ein Jahr gültig bis zur nächsten konstituierenden Sitzung. Bei Rücktritt oder Abberufung eines Funktionsträgers aus dem Verwaltungsrat hat die Ersatzwahl an der nächsten Verwaltungsratssitzung stattzufinden.

Der Verwaltungsrat wählt aus seiner Mitte den Vizepräsidenten und den Delegierten des Verwaltungsrates. Er bezeichnet einen Sekretär und Protokollführer, der dem Verwaltungsrat nicht angehören muss.

Der Verwaltungsrat kann weitere Funktionsträger bezeichnen oder zur Bewältigung seiner Aufgaben Ausschüsse bilden. Die Umschreibung der Aufgaben eines ständigen Verwaltungsratsausschusses ist in dieses Organisationsreglement aufzunehmen.

Art. 5 – Zeichnungsberechtigung Die Verwaltungsräte sind kollektiv zu zweien zeichnungsberechtigt. Der Delegierte des Verwaltungsrates besitzt Einzelunterschrift.[59]

Der Verwaltungsrat ernennt die Zeichnungsberechtigten im Kader und beschränkt die Zeichnungsberechtigung gegebenenfalls auf den Hauptsitz oder die Filiale Bütschwil. Das Kader zeichnet ausschliesslich kollektiv zu zweien.

Art. 6 – Einberufung Der Verwaltungsrat versammelt sich auf Einladung des Präsidenten oder bei dessen Verhinderung des Vizepräsidenten, so oft es die Geschäfte erfordern, mindestens aber einmal pro Quartal. Jedes Mitglied kann vom Präsidenten oder bei dessen Abwesenheit vom Vizepräsidenten unter schriftlicher Angabe der Gründe die unverzügliche Einberufung einer Sitzung des Verwaltungsrates verlangen.[60]

Die Einladung zu einer Sitzung ist mindestens 14 Tage vor deren Durchführung unter Angabe der Traktanden zu versenden. Vorbehalten bleiben Fälle besonderer Dringlichkeit.

Die Einladung hat per Brief oder Telefax zu erfolgen.

Art. 7 – Beschlussfassung Der Verwaltungsrat ist beschlussfähig, wenn die Mehrheit seiner Mitglieder anwesend ist.

Der Präsident führt den Vorsitz, bei dessen Verhinderung der Vizepräsident.

Der Verwaltungsrat fasst seine Beschlüsse und vollzieht seine Wahlen mit der Mehrheit der abgegebenen Stimmen. Ein Stimmzwang besteht nicht.[61] Bei Stimmengleichheit steht dem Vorsitzenden der Stichentscheid zu.[62]

Die Beschlussfassung über einen Antrag kann durch schriftliche Abstimmung erfolgen, sofern nicht ein Mitglied innert der Abstimmungsfrist Beratung in einer Sitzung verlangt.[63] Im schriftlichen Abstimmungsverfahren gilt ein Antrag als angenommen, wenn ihm die absolute Mehrheit aller Mitglieder des Verwaltungsrates innert der Abstimmungsfrist zustimmt. Die Zustimmungserklärungen müssen innert der vom Präsidenten gesetzten Abstimmungsfrist schriftlich oder per Telefax bei diesem eingehen. Diese muss mindestens fünf volle Arbeitstage nach dem Versanddatum umfassen, Zirkulationsbeschlüsse sind in das Protokoll der nächsten Sitzung des Verwaltungsrates aufzunehmen.

In dringenden Fällen können Zirkulationsbeschlüsse auch ohne Einhaltung einer Abstimmungsfrist und notfalls telefonisch gefasst werden. Diesfalls ist jedes Mitglied des Verwaltungsrats berechtigt, innert 5 Tagen nach Mitteilung des Antrages die Beratung in einer Sitzung zu verlangen.

Art. 8 – Protokoll Über die Verhandlungen und Beschlüsse ist ein Protokoll zu führen. Das Protokoll wird den Mitgliedern des Verwaltungsrates zugestellt und an der folgenden Sitzung genehmigt. Nach der Genehmigung wird es vom Präsidenten und vom Protokollführer unterzeichnet.

Art. 9 – Aufgaben des Verwaltungsrates[64] Der Verwaltungsrat fasst in allen Angelegenheiten Beschluss, welche nicht durch Gesetz, Statuten oder dieses Reglement ausdrücklich einem anderen Organ übertragen sind, insbesondere:

a) Antrag an die Generalversammlung über alle Angelegenheiten, die in deren Kompetenz fallen

b) Festlegung des Unternehmensleitbildes und Genehmigung der Unternehmensstrategie

c) Beschlussfassung über das Jahresbudget, inbegriffen die kurz- und mittelfristige Liquiditätsplanung

d) Wahl des Direktors oder Delegierten und aller übrigen Mitglieder der Geschäftsleitung sowie deren Überwachung

e) Festlegung der Saläre der Mitglieder der Geschäftsleitung

f) Beschlussfassung über Ausgaben ausserhalb des Budgets, soweit dies nicht in die Kompetenz der Geschäftsleitung fällt

g) Erwerb, Veräusserung oder Auflösung von Unternehmens- oder Betriebsteilen

h) Erwerb, Veräusserung oder Belastung von Grundstücken

i) Aufnahme oder Gewährung von Krediten, Eingehen von Bürgschaften und ähnlichen Eventualverpflichtungen

k) Bestimmung der Vertreter in Gesellschaften, auf welche die Weberei Tössfeld AG aufgrund von Beteiligungen einen massgebenden Einfluss ausübt

l) Eintritt oder Austritt aus Branchenverbänden

m) Bewilligung der Eintragung von Erwerbern von Namenaktien im Aktienbuch

n) Anpassung des Organisationsreglementes an veränderte Verhältnisse

o) Beschlussfassung über sämtliche durch das Gesetz, insbesondere Art. 716a OR, oder die Statuten dem Verwaltungsrat zugewiesenen Befugnisse.

Art. 10 — Auskunfts- und Einsichtsrechte, Berichterstattung[65]
Jedes Mitglied des Verwaltungsrates kann Auskunft über alle Angelegenheiten der Gesellschaft verlangen.

In jeder Sitzung ist der Verwaltungsrat von der Geschäftsleitung über den laufenden Geschäftsgang und die wichtigeren Geschäftsvorfälle zu orientieren. Ausserordentliche Vorfälle sind den Verwaltungsräten ohne Verzug zur Kenntnis zu bringen.

Falls ein Mitglied des Verwaltungsrates ausserhalb der Sitzungen Auskunft über einzelne Geschäfte oder Einsichtnahme in

Geschäftsdokumente wünscht, hat er dieses Begehren schriftlich an den Präsidenten zu richten. Weist dieser das Gesuch ab, entscheidet darüber der Verwaltungsrat endgültig.

Art. 11 — Verwaltungsratshonorar Die Verwaltungsräte erhalten für ihre Tätigkeit ein angemessenes Honorar, das vom Verwaltungsrat bei der Budgetberatung im voraus fixiert wird.[66]

Beauftragt der Verwaltungsrat ein Mitglied mit ausserordentlichen, aufwendigen Aufgaben, so wird es zusätzlich entschädigt.

Ausgewiesene Spesen der Verwaltungsräte werden zusätzlich entschädigt.[67]

B. Präsident des Verwaltungsrates

Art. 12 — Aufgaben[68] Der Verwaltungsratspräsident beruft den Verwaltungsrat in der Regel einmal pro Kalenderquartal zu einer Sitzung ein. Er ist darüber hinaus frei, beliebige Angelegenheiten durch Zirkulationsbeschlüsse entscheiden zu lassen unter Vorbehalt des Rechts jedes Mitgliedes, gemäss Art. 7 eine Sitzung zu verlangen. Im einzelnen obliegen ihm insbesondere folgende Aufgaben:

a) Er erstellt die Traktandenliste der Verwaltungsratssitzungen und leitet deren Sitzungen sowie die Generalversammlung.

b) Er repräsentiert die Weberei Tössfeld AG an grösseren Anlässen, insbesondere bei wichtigen PR-Aktionen.

c) Er überwacht laufend die der Geschäftsleitung übertragene Geschäftsführung.

d) Er sorgt für eine rasche und ausreichende Information der Mitglieder.

Art. 13 — Entscheidungsbefugnisse Der Präsident entscheidet in erster Instanz über Auskunfts- und Einsichtswünsche der Mitglieder des Verwaltungsrates ausserhalb der Sitzungen.

Er fällt in den dem Verwaltungsrat zustehenden Angelegenheiten, die keinen Aufschub zulassen, den Entscheid. Vorbehalten bleiben die unübertragbaren Aufgaben des Verwaltungsrates gemäss Art. 716a OR.

C. Geschäftsleitung[69]

Art. 14 – Organisation Der Delegierte des Verwaltungsrates, oder wenn kein Delegierter bestimmt wird, der Direktor, leitet die Geschäftsleitung. Sie besteht aus ihm und den Vizedirektoren.

Art. 15 – Aufgaben[64] Die Geschäftsleitung führt die laufenden Geschäfte und vertritt die Gesellschaft nach aussen.
Die Geschäftsleitung hat insbesondere die folgenden Aufgaben wahrzunehmen:

a) Vorbereitung und Vollzug der Beschlüsse des Verwaltungsrates

b) Umsetzung der unternehmenspolitischen Grundsätze sowie Planung und Realisierung der Unternehmensstrategie

c) Berichterstattung an den Verwaltungsrat

d) Einstellung, Beförderung und Entlassung von Personal ab der 2. Kaderstufe

e) Führung der Gesellschaft im Rahmen der Budgetvorgaben

f) Ausgaben ausserhalb des Budgets bis Fr. 100'000.– im Einzelfall und bis total Fr. 500'000.– pro Geschäftsjahr

g) Sicherstellung einer geeigneten Finanzplanung und Finanzkontrolle

h) Sicherstellung einer effizienten Betriebsorganisation im Rahmen des Organisationsreglementes.

Die Aufgaben und Befugnisse der Mitglieder der Geschäftsleitung richten sich nach den einzelnen Anstellungsverträgen und den zugehörigen Stellenbeschreibungen.

Art. 16 – Informationspflicht[70] Die Geschäftsleitung hat den Verwaltungsrat laufend über den Geschäftsgang und die Geschäftsplanung zu orientieren. An jeder ordentlichen Verwaltungsratssitzung sind die aktuellsten Erkenntnisse über Umsatz, Liquidität, Produktion, Lager und Preise bekanntzugeben.

Ausserordentliche Ereignisse sind dem Verwaltungsratspräsidenten unverzüglich mitzuteilen.

D. Schlussbestimmungen

Art. 17 − Geheimhaltung[70] Die Verwaltungsräte und die Mitglieder der Geschäftsleitung haben die Beratungen in ihren Gremien und die Erkenntnisse aufgrund ihrer Funktion geheimzuhalten.

Art. 18 − Ausstand Die Mitglieder des Verwaltungsrates und der Geschäftsleitung haben bei der Behandlung von Geschäften, welche ihre eigenen Interessen oder diejenigen von ihnen nahestehenden natürlichen oder juristischen Personen berühren, in den Ausstand zu treten.

Art. 19 − Inkrafttreten Das vorliegende Reglement wurde an der Sitzung des Verwaltungsrates vom 15.8.19.. erlassen und tritt mit sofortiger Wirkung in Kraft. Es ersetzt das Reglement vom 7.9.1988.

Art. 20 − Änderungen Dieses Reglement kann vom Verwaltungsrat jederzeit abgeändert, ergänzt oder aufgehoben werden.

Pfungen, den . . . .

Der Präsident: Der Sekretär:

Vorlage 4 Aktionärbindungsvertrag zwischen drei eine AG gründenden Partnern[71]

Aktionärbindungsvertrag

zwischen
Frau *Claudia Bühler*, Turbenthal
Herrn *Peter Sterchi*, Würenlos
Herrn *Emil Wartmann*, Dietikon

I. Ausgangslage

Die Parteien haben sich entschlossen, die Lemitax Support AG zu gründen. Die Gesellschaft soll mit einem voll einbezahlten Aktienkapital von Fr. 400'000.– gegründet werden, eingeteilt in 4'000 Namenaktien à je Fr. 100.– nominal. Jeder der drei Gründer erhält 1'200 Aktien; 400 Aktien werden von Mitarbeitern der Lemitax Support AG gezeichnet. Diese sind an diesem Aktionärbindungsvertrag nicht beteiligt.

II. Ziele

Mit der vorliegenden Vereinbarung soll sichergestellt werden, dass die drei massgeblichen Aktienpakete in den Familien der Gründer bleiben. Als «Familien der Gründer» gelten die Gründer selbst, ihre Nachkommen und Ehepartner.

Ferner soll für alle drei Gründer eine sichere Arbeitsstelle gewährleistet werden.

III. Wahl in den Verwaltungsrat

Alle drei Gründer verpflichten sich, immer für die Wahl von je einem Verwaltungsrat pro Gründerfamilie zu sorgen. Sie verpflichten sich gegenseitig, mit all ihren Aktienstimmen die Wahl des von der Mehrheit der Aktienstimmen einer Gründerfamilie vorgeschlagenen Kandidaten zu gewährleisten.

IV. Anstellung in der Firma

Frau Bühler wird als kaufmännische Direktorin, Herr Sterchi als technischer Direktor und Herr Wartmann als Verkaufsdirektor in der Firma mitarbeiten. Sie bilden zusammen die Geschäftsleitung, wofür sie durch entsprechende Ausübung ihrer Verwaltungsratsmandate sorgen.

Die Gründer verpflichten sich gegenseitig, den Vertragspartnern die Bekleidung dieser Stellen zu gewährleisten. Vorbehalten bleiben wichtige Gründe im Sinne von Art. 337 OR, welche die Gesellschaft zur fristlosen Auflösung des Arbeitsverhältnisses berechtigen würden.[72]

V. Andienungspflicht und Kaufsrecht

a) Will einer der Gründer bzw. ein Angehöriger einer Gründerfamilie seine Beteiligung ganz oder teilweise ausserhalb seiner eigenen Gründerfamilie[73] veräussern oder wollen seine Erben[74] dies tun, so sind vor dem Verkauf von Aktien die anderen Gründer bzw. Gründerfamilien, vertreten durch ihren Vertreter im Verwaltungsrat, durch eingeschriebenen Brief zu orientieren und sind ihnen die zum Verkauf stehenden Aktien anzudienen.

b) Die Verkaufswilligen und die beiden Vertreter der anderen Gründerfamilien verhandeln gemeinsam über den Verkaufspreis des angebotenen Aktienpaketes.[75] Eine Einigung kommt nur zustande, wenn die Zustimmung aller drei Gründer bzw. Gründerfamilien vorliegt.

c) Können sich die Verkaufswilligen und die beiden Vertreter der anderen Gründerfamilien innert zweier Monate ab Mitteilung der Verkaufsabsicht im Sinne von lit. a nicht über den Übernahmepreis einigen, kann die verkaufswillige Partei innert eines weiteren Monats eine fachmännische Bewertung des inneren Wertes der Aktien durch einen unabhängigen Schiedsgutachter auf Kosten der Lemitax Support AG verlangen.[76] Können sich die Partien über die Bestellung des Schiedsgutachters nicht einigen, erfolgt dessen Ernennung analog zu Art. 12 des Schweizerischen Konkordates über die Schiedsgerichtsbarkeit durch den Richter.[77]

d) Die verkaufswillige Partei hat innert zwanzig Tagen nach Vorliegen des Schiedsgutachtens zu erklären, ob sie an ihrer Verkaufsabsicht festhalte. Sieht sie vom Verkauf ab oder lässt sie die Frist ungenutzt verstreichen, hat sie der Gesellschaft die Kosten des Schiedsgutachtens zu ersetzen.

Hält sie an der Verkaufsabsicht fest, teilt sie dies innert der vorerwähnten Frist den beiden Vertretern der anderen Gründerfamilien durch eingeschriebenen Brief mit (Offerte). Hält die Offerte nichts anderes fest, kann sie nur hinsichtlich aller angeboter Aktien angenommen werden, sei es von einer kaufberechtigten Partei allein oder je zur Hälfte von beiden kaufberechtigten Parteien.[78]

e) Wollen beide kaufberechtigten Parteien die Aktien übernehmen, so erhält jede Seite gleich viele Aktien. Will ein Gründer bzw. eine Gründerfamilie nicht kaufen, so kann die andere Seite alle offerierten Aktien zum gutachterlich ermittelten Preis übernehmen.

Die Ausübungserklärung (Annahme) ist mit eingeschriebenem Brief innert zwanzig Tagen seit Zugang der Verkaufsofferte zum gutachterlich ermittelten Preis der verkaufswilligen Partei abzugeben; innert der gleichen Frist ist auch zu erklären, ob allenfalls die von der anderen Partei nicht beanspruchten Aktien ebenfalls zum Schätzpreis erworben würden.

f) Die Übergabe der Aktien hat innert zehn Tagen seit Vertragsschluss Zug um Zug gegen Barzahlung zu erfolgen.[79] Ist ein Erwerber dem vorliegenden Aktionärbindungsvertrag noch nicht beigetreten, hat er überdies gleichzeitig mit der Barzahlung eine schriftliche Beitrittserklärung abzugeben.[80]

Wird der Kaufpreis innert einer dreimonatigen Nachfrist nicht geleistet oder wird die Beitrittserklärung innert dieser Frist nicht beigebracht, so ist die verkaufswillige Partei frei, alle angebotenen Aktien an jeden beliebigen Dritten zu beliebigem Preis zu verkaufen, es sei denn, die nicht-säumige Partei habe innert dieser Nachfrist vorsorglich schriftlich erklärt, dass sie an Stelle der säumigen zu leisten bereit sei.[81]

g) Verstreicht die zur Annahme der Offerte gemäss lit. d angesetzte Frist ungenutzt, oder erklären die Vertreter der Kaufberechtigten zum vorneherein, an der Übernahme weiterer Aktien nicht interessiert zu sein, so ist die verkaufswillige Partei frei, die angebotenen Aktien an jeden beliebigen Dritten zu beliebigem Preis zu verkaufen.

Die verbleibenden Gründer bzw. Gründerfamilien sind in diesem Fall verpflichtet, dafür zu sorgen, dass die Käufer ins Aktienbuch eingetragen werden. Diese Käufer sind an diesen Aktionärbindungsvertrag nicht gebunden.

h) Das Recht zum freien Verkauf an Dritte erlischt sechs Monate nach Ablauf der Frist zur Ausübungserklärung gemäss lit. d); danach gilt wieder die ursprüngliche Andienungspflicht.[82]

VI. Gültigkeitsdauer

Dieser Vertrag ist für 25 Jahre fest abgeschlossen.[83] Wird er nicht zwölf Monate vor seinem Ablauf gekündigt, verlängert er sich jeweils um weitere fünf Jahre unter Beibehaltung der zwölfmonatigen Kündigungsfrist.

VII. Konventionalstrafe

Jede Verletzung der Andienungspflicht gemäss vorstehender Ziff. V. löst eine Konventionalstrafe in der Höhe des Nominalwertes der veräusserten Aktien aus, je in voller Höhe zugunsten des oder der benachteiligten Kaufberechtigten.

Jede Verletzung von anderen Pflichten aus diesem Vertrag zieht eine Konventionalstrafe von Fr. 20'000.– zugunsten der verletzten Partei nach sich. Wird die Wahlbestimmung gemäss Ziff. III. ohne Unterbruch wiederholt verletzt, verdoppelt sich die Konventionalstrafe bei jeder Wiederholung.

Die Bezahlung der jeweiligen Konventionalstrafe entbindet nicht von der weiteren Einhaltung des Vertrages und der Leistung von Schadenersatz.

VIII. Überbindungspflicht

Die Gründer verpflichten sich, sämtliche Pflichten aus diesem Vertrag bei Übertragung ihrer Aktien an Familienmitglieder diesen zu überbinden, einschliesslich der Pflicht zur Weiterüberbindung.

IX. Inkrafttreten und Vertragsänderungen

Dieser Vertrag tritt nach erfolgter Gründung der Lemitax Support AG in Kraft.

Änderungen dieses Vertrages sind ausschliesslich schriftlich mit Unterschrift aller Gründer bzw. aller Mitglieder der Gründerfamilien, die Aktien besitzen, gültig. Stellvertretung ist möglich.

Ort, Datum, Unterschriften

Kommentar zu den Vorlagen 1—4

¹ Das gewählte Beispiel der Statuten einer zu gründenden AG ohne Sacheinlage enthält eine ziemlich detaillierte Regelung. Es ist ohne weiteres möglich, Wiederholungen aus Gesetzesbestimmungen zu streichen. Doch ist in der Regel der Aktionär dankbar, alles Wesentliche direkt aus den Statuten entnehmen zu können, statt jedesmal auf den Gesetzestext zurückgreifen zu müssen.

² Was zwingend in die Statuten gehört, regelt Art. 626 OR, während Art. 627 OR aufzählt, was in den Statuten geregelt sein muss, um gültig zu sein.

³ Für die Bildung des Firmennamens einer AG siehe die in Art. 950 und 951 OR aufgestellten Regeln. Wird ein schon bestehendes Unternehmen in eine AG umgewandelt, so besteht die Möglichkeit, den bisherigen Firmennamen mit dem Zusatz AG oder Aktiengesellschaft beizubehalten.

⁴ Die an dieser Stelle übliche Bestimmung über die Dauer der AG ist dann überflüssig, wenn sie auf unbestimmte Zeit bestehen soll. Nur in dem theoretisch denkbaren Fall, dass eine AG nur auf eine bestimmte Zeit errichtet werden soll, z. B. zur Durchführung eines einmaligen sportlichen Grossanlasses, wären Regeln über die Dauer in die Statuten aufzunehmen (vgl. Art. 627 Ziff. 4 OR).

⁵ Die Verlegung des Sitzes bedarf einer Statutenrevision, die öffentlich beurkundet werden muss. Die Sitzverlegung wird bei den «wichtigen Beschlüssen» eingereiht (Art. 704 Abs. 1 Ziff. 7 OR). Also muss der Beschluss zwei Drittel der in der GV vertretenen Stimmen auf sich vereinen und gleichzeitig die absolute Mehrheit der vertretenen Aktiennennwerte (sog. Doppelhürde).

⁶ Die Beschreibung des Gesellschaftszweckes wird in Art. 626 Ziff. 2 OR vorgeschrieben. Diese muss einerseits klar und informativ sein, da sonst eine Eintragung verweigert würde. Anderer-

seits tut man aber gut daran, den Zweck nicht allzu eng abzugrenzen, um nicht später einmal Klagen von Aktionären wegen Überschreitung des Gesellschaftszweckes zu riskieren. Die spätere Änderung oder Erweiterung des Gesellschaftszweckes ist an besondere Bedingungen geknüpft (Art. 704 Abs. 1 Ziff. 1 OR, vgl. Kommentar-Note 5 betreffend Doppelhürde). Deshalb wurde in der Vorlage 1 nicht allein vom Vertrieb von Handelswaren und der Vermittlung von Handelsgeschäften gesprochen, sondern ausdrücklich die Durchführung aller damit zusammenhängenden Geschäfte einbezogen und näher spezifiziert. Ebenso wurde der Erwerb und Verkauf von Liegenschaften vorsorglich in die Statuten aufgenommen. Siehe zur Bedeutung der Umschreibung des Gesellschaftszwecks auch Art. 685b Abs. 2 OR.

[7] *Das Aktienkapital muss mindestens Fr. 100'000.– betragen (Art. 621 OR). Nur vor 1985 gegründete Gesellschaften dürfen noch mit einem kleineren Aktienkapital fortbestehen. In keinem Fall darf aber eine Kapitalherabsetzung zu einem Aktienkapital führen, das unter Fr. 100'000.– liegt.*

[8] *Bei Namenaktien müssen gemäss Art. 632 OR auf jede Aktie mindestens 20%, auf das ganze Aktienkapital immer mindestens Fr. 50'000.– einbezahlt sein. Die pro Aktie geleisteten Einlagen sind obligatorischer Statutenbestandteil (Art. 626 Ziff. 3 OR). Der Zeichner oder Erwerber einer nicht voll einbezahlten Aktie haftet in jedem Fall für den vollen Nennwert, bzw. wenn die Aktie (z. B. bei Kapitalerhöhungen) mit einem Agio gezeichnet wird, für den vollen, nach den Statuten dafür einzuzahlenden Wert (Art. 687 und 624 OR). Bei nicht pünktlicher Einzahlung kann neben dem Verzugszins in den Statuten eine Konventionalstrafe vorgesehen werden (Art. 681 Abs. 3 und 627 Ziff. 5 OR).*

Inhaberaktien müssen dagegen voll liberiert werden. Sie dürfen als Wertpapiere erst ausgegeben werden, wenn der Betrag, auf den sie lauten, voll einbezahlt ist (Art. 683 OR, s. auch Art. 688 OR). Inhaberaktien erleichtern zwar die Aktienübertragung und sichern dem Eigentümer Anonymität, doch begünstigen sie unerwünschte Übernahmen und erschweren mindestens zur Zeit noch den Erwerb von Grundeigentum durch die Gesell-

schaft, weil der Nachweis inländischer Beherrschung schwieriger zu erbringen ist. Für kleinere Gesellschaften überwiegen darum die Vorzüge von Namenaktien.

⁹ Der Nennwert einer Aktie muss neu nur noch mindestens Fr. 10.– betragen (Art. 622 Abs. 4 OR). Im Falle einer Sanierung kann er sogar noch unter diesen Betrag herabgesetzt werden.

¹⁰ Es ist auch möglich, von Anfang an Namen- und Inhaberaktien nebeneinander auszugeben. Es ist dann genau anzugeben, aus wievielen Aktien jeder Kategorie, in welchem Nennwert und mit welcher Einzahlung sich das Aktienkapital zusammensetzt. Wenn dies die Statuten wie in Vorlage 1 vorsehen, können die beiden Aktienarten auch später umgewandelt werden (Art. 622 Abs. 3 und 627 Ziff. 7 OR).

¹¹ Zur Führung des Aktienbuches s. Art. 686 OR; zur Streichung von unter falschen Angaben zustandegekommenen Eintragungen Art. 686a OR.

¹² Zu dieser sog. Vinkulierung, also der Beschränkung der Übertragbarkeit von Namenaktien, s. Art. 685a–g OR. Die willkürliche Verweigerung der Eintragung ohne Angabe von Gründen und ohne eigenes Kaufangebot durch den Verwaltungsrat ist heute nicht mehr zulässig. Die wichtigen Gründe, die eine Ablehnung rechtfertigen, müssen in den Statuten konkret genannt und näher umschrieben werden (s. Art. 685b OR).

¹³ Das Bezugsrecht ist eines der Rechte des Aktionärs (Art. 652b OR). Doch kann es durch Gesellschaftsbeschluss eingeschränkt werden, wenn dies aus wichtigen Gründen gerechtfertigt ist.

¹⁴ Das Stimmrecht der Aktionäre bestimmt sich grundsätzlich nach dem Nennwert ihrer Aktien (Art. 692 OR). In den Statuten könnte unabhängig vom Nennwert je eine Stimme pro Aktie festgelegt werden (sog. Stammaktien, Art. 693 OR), doch muss bei einer Reihe von Entscheiden zwingend auf die Nennwerte abgestellt werden (Art. 693 Abs. 3 OR). Für die Frage, wer das

Stimmrecht ausübt, siehe Art. 689 bis 691 OR. Vom Gesetz her ist Stellvertretung auch durch Nichtaktionäre erlaubt; die Beschränkung der Vertretung auf Aktionäre ist aber statutarisch möglich.

[15] *Generalversammlung, Verwaltungsrat und Revisionsstelle sind obligatorische Organe. Weitere Organe oder Personen mit Organstellung können sich aus der Delegation der Geschäftsführung durch den Verwaltungsrat ergeben.*

[16] *S. Art. 698 OR. Zu den im Gesetz verankerten, weiteren Aufgaben, die der Generalversammlung zugewiesen sind, s. z. B. Art. 623, 650, 654, 674, 697, 705, 727, 731, 736, 740 und 743 OR. Die Statuten könnten sogar sämtliche Befugnisse, die nicht nach Gesetz oder Statuten einem anderen Organ zugewiesen sind, der Generalversammlung zuweisen. Damit würde die gesetzliche Kompetenzvermutung zugunsten des Verwaltungsrates (Art. 716 OR) aufgehoben.*

[17] *Alle Generalversammlungen ausser derjenigen zur Genehmigung der Jahresrechnung usw. sind ausserordentliche Generalversammlungen.*

[18] *Ein höheres Quorum darf nicht verlangt werden (Art. 699 Abs. 3 OR). Nach Gesetz muss der Verwaltungsrat die Generalversammlung innert angemessener Frist einberufen, ansonsten der Richter angerufen werden kann (Art. 699 Abs. 4 OR).*

[19] *Die gesetzliche Frist beträgt gemäss Art. 700 Abs. 1 OR 20 Tage. Eine Verlängerung dieser Frist durch die Statuten wäre zulässig.*

[20] *Die Aufnahme einer Bestimmung über die Form der Einberufung ist in Art. 626 Ziff. 5 OR zwingend vorgeschrieben. Wer sie einberuft, wird in Art. 699 OR gesagt. Eingeschriebene Zustellung der Einladung ist vom Gesetz nicht vorgeschrieben, empfiehlt sich aber aus Beweisgründen. Inhaberaktionäre wären durch Publikation im Schweizerischen Handelsamtsblatt sowie*

in der allenfalls zusätzlich durch die Statuten vorgeschriebenen Form einzuladen (Art. 696 Abs. 2 OR).

[21] *Zur Form der Einberufung s. Art. 700, 701 und 696 OR. Der Verwaltungsrat muss sodann in der Einberufung angeben, wie er die ordnungsgemässe Wahrnehmung der Stimmrechte überprüfen will (Art. 702 Abs. 1 OR).*

[22] *Vgl. Art. 700 Abs. 3 und 4 OR.*

[23] *Auch ohne ausdrückliche Erwähnung in den Statuten gilt diese Erleichterung bezüglich der Formalitäten für die Universalversammlung (Art. 701 OR). Sie kann jedoch nur durchgeführt werden, wenn kein Aktionär dagegen Einspruch erhebt und solange alle Aktien vertreten sind.*

[24] *Normalerweise werden die Beschlüsse mit der absoluten Mehrheit der an einer Generalversammlung vertretenen Aktienstimmen gefasst. Soll davon — abgesehen von den im Gesetz ausdrücklich erwähnten Fällen — abgewichen werden, so muss das in den Statuten festgehalten werden (Art. 627 Ziff. 11 OR).*

Das Gesetz verlangt in zahlreichen Fällen qualifizierte Mehrheiten, so etwa bei der Umwandlung des Gesellschaftszwecks, der genehmigten oder bedingten Kapitalerhöhung und einigen anderen grundsätzlichen Änderungen (Art. 704 OR; s. auch Art. 654, 656, 701, 706 und 729c OR). Für sonstige Statutenänderungen genügt die einfache Mehrheit der vertretenen Aktienstimmen, ausser wenn die Statuten selbst für jede Statutenänderung eine qualifizierte Mehrheit vorschreiben.

[25] *Der Verwaltungsrat der AG besteht laut Gesetz aus einer oder mehreren natürlichen Personen. Über die Voraussetzungen der Wählbarkeit s. Art. 707–709 OR.*

[26] *Während früher die Verwaltungsräte Aktien am Sitz der Gesellschaft hinterlegen mussten, genügt heute, dass sie Aktionäre sind (Art. 707 Abs. 1 OR). Werden sie als Nichtaktionäre gewählt, können sie ihr Amt erst antreten, wenn sie mindestens eine sog. Qualifikationsaktie erworben haben.*

²⁷ *Die Statuten können auch bestimmen:*

«*Der Verwaltungsrat konstituiert sich selber.*»

Die Wahl des Präsidenten ist aber ein so wichtiges Traktandum, dass sie besser der Generalversammlung vorbehalten bleibt. Aus Art. 712 Abs. 2 OR ist e contrario zu schliessen, dass die Generalversammlung nur den Präsidenten aufgrund statutarischer Ermächtigung bestimmen kann, im übrigen aber die Konstituierung vom Verwaltungsrat selbst vorzunehmen ist.

²⁸ *Die Amtsdauer wird in Art. 710 OR geregelt, so dass die Statuten nur allfällige Abweichungen — wie hier die kürzere Amtsdauer — enthalten müssen. Schweigen die Statuten, beträgt die Amtsdauer jeweils drei Jahre, maximal darf sie sechs Jahre betragen.*

Ohne gegenteilige Statutenbestimmung können Verwaltungsräte beliebig oft wiedergewählt werden.

²⁹ *Die Kompetenzordnung entspricht im wesentlichen den Art. 716 und 716a OR.*

³⁰ *Werden Geschäftsführungsbefugnisse delegiert, muss der Verwaltungsrat zwingend ein Organisationsreglement erlassen. Dessen Ausgestaltung hängt stark von den konkreten Verhältnissen in der Gesellschaft ab (vgl. das Beispiel in Vorlage 3). Immerhin bestimmt Art. 716b Abs. 2 OR, dass das Reglement (mindestens) die Geschäftsführung zu ordnen, die hierfür erforderlichen Stellen und deren Aufgaben zu bestimmen und insbesondere die Berichterstattung zu regeln habe.*

Die Regelung der Vertragsverhältnisse mit den geschäftsführenden Personen gehört zu den normalen Sorgfaltspflichten des Verwaltungsrates.

³¹ *Die Vertretungsbefugnis bzw. die Zeichnungsberechtigung steht jedem Verwaltungsrat einzeln zu, sofern nicht die Statuten oder das Organisationsreglement etwas anderes bestimmen (Art. 718 Abs. 1 OR). Sollen Verwaltungsräte nur kollektiv zeichnen können, muss dies also festgehalten und im Handelsregister eingetragen werden.*

Die Übertragung der Zeichnungsberechtigung an eines oder mehrere Mitglieder des Verwaltungsrates (Delegierte) oder an Dritte kann nur vom Verwaltungsrat vorgenommen werden (Art. 716a Abs. 1 Ziff. 4, 718 Abs. 2, 721 OR). Mindestens ein Mitglied des Verwaltungsrates muss zur Vertretung der Gesellschaft (kollektiv oder einzeln) befugt bleiben (Art. 718 Abs. 3 OR).

[32] *Art. 718a Abs. 1 OR.*

[33] *Art. 720 OR. Eine Beschränkung der Vertretungsbefugnis ist gegenüber gutgläubigen Dritten nur im Rahmen des Handelsregistereintrages wirksam. Im Handelsregister kann nur die Beschränkung auf die Kollektiv- oder Filialprokura eingetragen werden (Art. 718a Abs. 2 OR).*

[34] *Art. 715 OR.*

[35] *Vgl. zur Beschlussfassung und zum Stichentscheid Art. 713 OR. Soll der Präsident keinen Stichentscheid haben, so muss dieser in den Statuten wegbedungen werden.*

[36] *Das neue Aktienrecht hat das Informationsrecht der Verwaltungsräte auf alle Angelegenheiten der Gesellschaft ausgedehnt. Es besteht teilweise nun auch ausserhalb der Verwaltungsratssitzungen. Die Nennung von Art. 715a OR im Statutentext soll eine lange Aufzählung der Informationsrechte vermeiden, dem einzelnen Verwaltungsrat aber doch ein rasches Auffinden seiner Rechte ermöglichen.*

[37] *Die früher oft anzutreffende Tantieme des Verwaltungsrats hat als Gewinnausschüttung steuerliche Nachteile, da sie nicht wie ein festes Entgelt der Erfolgsrechnung belastet werden kann. Die Festlegung der Höhe der fixen Entschädigung könnte auch der Generalversammlung zugewiesen werden. Ohne besondere Bestimmung entscheidet der Verwaltungsrat selber über seine Entschädigung (Art. 716 Abs. 1 OR).*

[38] *Die Revisoren müssen für ihre Aufgabe besonders befähigt sowie vom Verwaltungsrat und insbesondere vom Mehrheitsaktionär*

unabhängig sein. In die Revisionsstelle können im Unterschied zum Verwaltungsrat nicht nur natürliche Personen gewählt werden. Mindestens ein Revisor muss seinen Sitz oder Wohnsitz in der Schweiz haben. Vgl. Art. 727 ff. OR.

[39] Das Gesetz legt in Art. 727e OR fest, dass die Kontrollstelle auf maximal drei Jahre gewählt werden kann. Die konkrete Amtsdauer ist in den Statuten festzulegen.

[40] Für die Aufgaben der Revisionsstelle siehe Art. 728—730 OR. Soweit deren Befugnisse und Pflichten über das Gesetz hinausgehen, ist das in den Statuten zu verankern (Art. 627 Ziff. 13 und 731 OR).

[41] Vgl. dazu Art. 729c OR.

[42] Besonders wenn vom Kalenderjahr als Geschäftsjahr abgewichen werden soll, ist das (nicht zwingend in den Statuten) zu fixieren. Die Überlastung der Banken und Treuhandfirmen am Jahresende spricht für ein abweichendes Geschäftsjahr, für die Steuererklärung ist es andererseits einfacher, wenn das Geschäftsjahr mit dem Kalenderjahr zusammenfällt.

[43] Für die Gewinn- und Verlustrechnung und für die Bilanz sind bei der AG — im Gegensatz zu den Personengesellschaften — in Art. 662—670 OR genaue Regeln aufgestellt. Neu muss die Ergebnisverbesserung durch Auflösung stiller Reserven teilweise offengelegt werden (Art. 663b Ziff. 8 und 669 Abs. 4 OR).

[44] Vgl. Art. 696 und 662 OR.

[45] Auch die Verteilung des Gewinnes ist im Gesetz (Art. 671—677 OR) eingehend geregelt. Die Statuten müssen darüber nur dann etwas enthalten, wenn von diesen Regeln abgewichen werden soll, soweit das überhaupt zulässig ist.

[46] Die Mindesteinlage in den Reservefonds ist gesetzlich zwingend vorgeschrieben (Art. 671 OR), und zwar in Höhe eines Zwanzig-

stels des Reingewinnes, bis der Reservefonds einen Fünftel des einbezahlten Aktienkapitals ausmacht. Oft sehen Statuten höhere Einlagen vor, als sie das Gesetz verlangt. Das Beispiel in Vorlage 1 verzichtet auf eine Abänderung, um der Entscheidungsfreiheit der Organe der Gesellschaft möglichst wenig Fesseln anzulegen. Bei guten Abschlüssen ist es üblich, den Reservefonds höher zu dotieren.

[47] Diese Befugnis der Generalversammlung hält teilweise bereits das Gesetz fest, Art. 674 Abs. 2 OR; s. aber Art. 672 OR.
Wenn die Gesellschaft bei gutem Geschäftsgang den Verwaltungsräten sogenannte Tantiemen, d. h. eigentliche Gewinnbeteiligungen, ausrichten möchte — im Gegensatz zu Sitzungsgeldern oder normalen Gehältern für die zeitliche Beanspruchung — so müsste dies in den Statuten verankert werden (Art. 627 Ziff. 2 OR). Dabei wären die Einschränkungen und Bedingungen gemäss Art. 677 OR zu beachten. S. dazu auch Kommentar-Note 37.

[48] Die Statuten müssen laut Art. 626 Ziff. 7 OR zwingend die Publikationsart festlegen. Haben die Gesellschaft und die Aktionäre ihren Schwerpunkt an einem einzigen Ort, so ist es üblich, ein weiteres, in jener Region stark verbreitetes Publikationsorgan zu bestimmen. Für die Einladung zur Generalversammlung gilt Art. 8 der Statuten. Solange keine Inhaberaktien ausgegeben sind, ist das Schweizerische Handelsamtsblatt nur für die Gläubiger als Publikationsorgan von Bedeutung.

[49] Bei Namenaktien ist die Zustellung per eingeschriebenem Brief üblich. Oft wird die Verwaltung auch dann, wenn nur Namenaktien ausgegeben sind, ermächtigt, die Bekanntmachungen nur in einem oder mehreren Blättern erscheinen zu lassen, besonders bei grossen Gesellschaften.

[50] Über die verschiedenen Fragen betreffend anwendbares Recht und betreffend zuständige Gerichte vgl. das Kapitel über prozessrechtliche Verträge. Auch ein Schiedsgericht könnte vereinbart werden.

Indessen ist für statutarische Schieds- und Gerichtstandsklauseln zu beachten, dass ein Aktienkäufer, der nicht auch Gründer war, daran nur gebunden ist, wenn er sie in einer schriftlichen Erklärung ausdrücklich anerkennt (vgl. Art. 6 Abs. 2 des Schweizerischen Konkordates über die Schiedsgerichtsbarkeit und die zahlreichen kantonalen Formvorschriften über Gerichtsstandsverträge).

Eine umfassende Schiedsklausel, die sowohl Organstreitigkeiten als auch Streitigkeiten über Mitgliedschaftsrechte umfasst, könnte etwa lauten:

> *«Alle Streitigkeiten in Gesellschaftsangelegenheiten zwischen der Gesellschaft und ihren Organen oder Aktionären sowie deren Rechtsnachfolgern werden unter Ausschluss des ordentlichen Rechtsweges durch ein Schiedsgericht mit Sitz am Domizil der Gesellschaft entschieden. Bestellung und Verfahren richten sich nach den Bestimmungen des Schweizerischen Konkordates über die Schiedsgerichtsbarkeit.»*

[51] *Mit dieser Formulierung wird dem Verwaltungsrat das Recht eingeräumt, kleine formelle Änderungen am Text vorzunehmen, wenn der Handelsregisterführer dies verlangt. Es empfiehlt sich aber dringend, den Statutenentwurf vor der Gründungsversammlung dem zuständigen Handelsregisterführer zur Prüfung vorzulegen.*

[52] *Wird eine AG-Gründung nicht als reine Bargründung abgewickelt, so sind die Sacheinlagen detailliert in einem schriftlichen Sacheinlagevertrag zu regeln und in den Statuten zu erwähnen. In Vorlage 2 wird ein Beispiel für einen solchen Sacheinlagevertrag gegeben.*

[53] *Um jede Umgehungsmöglichkeit auszuschalten, gelten die Vorschriften über die Sacheinlage auch dann, wenn zwar die Aktien bar einbezahlt werden, die Gesellschaft aber kurz danach von einem Aktionär oder einem Dritten Werte übernimmt (Art. 628 Abs. 2 OR). Diese Schutzvorschriften gelten nicht nur bei der Gründung, sondern auch bei späteren Kapitalerhöhungen.*

⁵⁴ *Der häufigste Fall einer Sacheinlage ist die Übernahme einer ganzen Firma mit Aktiven und Passiven. In Vorlage 2 werden statt dessen nur die Ausrüstung der Firma und ihre Markenrechte übernommen. Von den Passiven wird gar nichts übernommen.*

⁵⁵ *Gemäss Art. 628 OR sind in den Statuten selbst die übernommenen Sacheinlagen bzw. sonst übernommenen Vermögenswerte, bei Sacheinlagen ihre Bewertung und Anrechnung, in allen Fällen die Person, von der sie übernommen werden, und die Gegenleistung in Aktien oder anderer Art anzugeben. Sie gelten nur dann als Deckung für die entsprechende Anzahl Aktien, wenn die Voraussetzungen des Art. 634 OR erfüllt sind (öffentlich beurkundeter Sacheinlagevertrag, unbeschränkte Verfügungsmöglichkeit der AG und Gründerbericht mit Prüfungsbestätigung; vgl. dazu auch Art. 635 und 635a OR).*

Sacheinlagen sind im Handelsregistereintrag besonders zu erwähnen (Art. 641 Ziff. 6 OR). S. auch die besondere Gründerhaftung gemäss Art. 753 Ziff. 1 OR.

⁵⁶ *Nach neuem Aktienrecht muss ein Organisationsreglement erlassen werden, wenn die Geschäftsführung ganz oder teilweise einem Delegierten oder einem Ausschuss des Verwaltungsrates oder einer Direktion übergeben wird. Solche organisatorische Pluralität macht die transparente Zuweisung der Aufgaben unerlässlich, was auch im Zweckartikel des Organisationsreglementes zum Ausdruck kommen soll. Die rechtmässige Delegation von Aufgaben an andere Organe entlastet den Verwaltungsrat auch haftungsmässig: Er haftet nur noch für sorgfältige Auswahl, Instruktion und Überwachung der Delegationsempfänger (Art. 754 Abs. 2 OR).*

Das Organisationsreglement hilft dem Verwaltungsrat auch, seinen Informationspflichten gegenüber Aktionären und Gläubigern über die Organisation nachzukommen (vgl. Art. 716 Abs. 2 OR).

⁵⁷ *An der Funktion des Verwaltungsrates kann nur wenig verändert werden. Insbesondere sind die in Art. 716a OR aufgezählten*

Funktionen nicht delegierbar. Die Liste der Aufgaben gemäss neuem Aktienrecht ist recht eindrücklich.

[58] *Die Statuten können die Wahl des Präsidenten durch die Generalversammlung vorschreiben; sonst konstituiert sich der Verwaltungsrat selbst (Art. 712 OR; vgl. dazu auch Kommentar-Note 27).*

Die Festsetzung der Amtsdauer des Verwaltungsrates hat in den Statuten und nicht im Organisationsreglement zu erfolgen. Mangels abweichender Statutenbestimmung beträgt sie drei Jahre (Art. 710 OR).

[59] *Der Delegierte des Verwaltungsrates ist in Vorlage 3 zugleich Direktor und Mitglied des Verwaltungsrates. Einer solchen Stellung kann die Einzelunterschrift entsprechen, doch sind damit auch Risiken verbunden. Das Reglement könnte ohne weiteres auch für den Delegierten die kollektive Zeichnung vorschreiben.*

[60] *Diese Befugnis ist in Art. 715 OR festgehalten. Die Erwähnung im Reglement dient der Übersichtlichkeit.*

[61] *Dies entspricht der gesetzlichen Lage. Das Organisationsreglement könnte jedoch auch den Stimmzwang einführen; dann wäre Stimmenthaltung nicht möglich. Ebenso könnte das Reglement statt wie hier das relative Mehr der abgegebenen Stimmen zur gültigen Beschlussfassung das absolute Mehr der vertretenen Stimmen vorschreiben.*

[62] *Auch diese Befugnis ist in Art. 715 OR festgehalten. Die Erwähnung im Reglement dient der Übersichtlichkeit. Eine Wegbedingung des Stichentscheides müsste in den Statuten erfolgen (vgl. auch Kommentar-Note 35).*

[63] *Die Regelung entspricht Art. 713 Abs. 2 OR. Das Gesetz schliesst die zeitliche Beschränkung des Rechts jedes Mitglieds, eine mündliche Beratung zu verlangen, nicht aus.*

[64] *Die klare Umschreibung und Abgrenzung ist von besonderer Bedeutung, wenn ein Delegierter des Verwaltungsrates oder eine*

Geschäftsleitung eingesetzt wird. Massgeblich ist eine praktikable Grenzziehung zwischen den Funktionen des Verwaltungsrates als Ganzem, dem Delegierten und der Geschäftsleitung. Vorlage 3 könnte zu einer mittleren Firma passen, doch beeinflussen persönliche und «klimatische» Gegebenheiten die zu wählenden Abgrenzungen.

Das Ausfeilen dieser Liste zur optimalen Lösung für das vorliegende Unternehmen verdient volle Aufmerksamkeit.

[65] *Siehe Art. 715a OR.*

[66] *Nach dem Prinzip der Gewaltenteilung wäre es naheliegend, dass die Generalversammlung die Honorare des Verwaltungsrates festlegt. Erfahrungen damit sind aber fragwürdig. Deshalb ist die hier vorgelegte Lösung verbreitet und bewährt.*

[67] *Die einfachere Lösung, dass die Spesen im Honorar inbegriffen sind, kann zu Abrechnungsschwierigkeiten mit der AHV und den Steuerbehörden führen.*

[68] *Die Kompetenzen des Verwaltungsratspräsidenten werden in der Praxis sehr unterschiedlich ausgestaltet. In vielen Fällen beeinflusst er das Geschehen der Firma massgeblich, in anderen ist seine Aufgabe weitgehend auf die Sitzungsleitung beschränkt. In Vorlage 3 wird ein Mittelweg vorgeschlagen: Er hat mehr als nur die Sitzungen zu präsidieren, indem von ihm verlangt wird, dass er Impulse gibt und an wichtigen Anlässen nach aussen auftritt. Die Liste seiner Pflichten könnte auch viel länger sein.*

[69] *Immer, wenn der Verwaltungsrat nicht selbst gemeinsam die Firma leitet, ist die Schaffung einer Direktion zweckmässig, sei es in der Form des Delegierten des Verwaltungsrates, sei es in Form einer eigentlichen Direktion. Hier werden beide Systeme verbunden und klar strukturiert. Die Aufgabenumschreibung ist bewusst kurz gehalten; im Einzelfall mag eine längere Liste zweckmässig sein, insbesondere, wenn keine zusätzlichen Pflichtenhefte bestehen.*

[70] *Die Informationspflicht gegenüber dem Verwaltungsrat ergibt sich auch für geschäftsführende Organe aus der aktienrechtli-*

chen Treuepflicht (Art. 717 OR). Aus Art. 717 ergibt sich indirekt auch die Pflicht zur Geheimhaltung.

71 Aktionärbindungsverträge vermögen nur die beteiligten Vertragspartner zu binden. Die Gesellschaft ist daran nicht beteiligt, weshalb Aktionärbindungsverträge der Gesellschaft gegenüber nicht durchgesetzt werden können. Verletzt also eine Vertragspartei den Vertrag, indem sie z. B. an der Generalversammlung nicht vertragskonform stimmt oder wählt, so haben ihre Partner lediglich Anspruch auf eine allenfalls vereinbarte Konventionalstrafe und auf Schadenersatz.

72 Diese Einschränkung soll eine Notbremse sein für den Fall, dass einer der Partner der gemeinsamen Firma ernsthaft schadet.

73 Das Vorkaufsrecht gilt also auch bei einem Verkauf an einen anderen Gründer oder dessen Familie, um keiner Seite die Aktienmehrheit ohne Zustimmung aller drei Parteien zukommen zu lassen. Allerdings muss beim Verkauf innerhalb der Familie der Aktionärbindungsvertrag überbunden werden mit der Verpflichtung der Weiterüberbindung (vgl. Ziff. VIII. von Vorlage 4).

74 Die Erben treten von Gesetzes wegen in die Rechtsstellung des Erblassers ein. Sie sind daher in gleicher Weise wie der Erblasser an die von diesem abgeschlossenen Verträge gebunden.

75 Es empfiehlt sich, bei der Ankündigung der Verkaufsabsicht eindeutig klarzumachen, ob nur der gleichzeitige Verkauf aller angebotenen Aktien in Frage kommt. Vgl. dazu auch Kommentar-Note 81.

76 Die oft statuierte Kostentragung durch die Firma ist eigentlich nicht ganz korrekt, da die Aktienbewertung nur am Rand in ihrem Geschäftsinteresse liegt und mehrheitlich Privatinteressen der Hauptaktionäre dient.

77 Aktionäre, denen dieser Vertrag lediglich nach Ziff. VIII überbunden wurde, die aber die Schiedsgutachterklausel nicht unter-

schriftlich anerkannt haben, sind daran nicht gebunden. Vgl. zu dieser Problematik Kommentar-Note 50.

[78] *Wäre den Partnern gestattet, das angebotene Aktienpaket nur teilweise zu erwerben, könnte die verbleibende Beteiligung oft nicht mehr verkauft werden.*

[79] *Der Kaufvertrag kommt entweder im Zeitpunkt der gemeinsamen Einigung aller drei Vertragsparteien oder mit Eingang der rechtzeitigen Annahmeerklärung zustande.*

[80] *Da z. B. auch der Kauf durch ein Kind eines Gründers in Betracht kommt, muss sichergestellt werden, dass ein solcher Erwerber ebenfalls an den Aktionärbindungsvertrag gebunden bleibt.*

[81] *Eine solche Bestimmung fördert die rasche Abwicklung des Kaufvertrages. Sonst könnte es geschehen, dass die verkaufswillige Partei plötzlich doch noch auf einem Teil der zum Verkauf bestimmten Aktien sitzen bleibt.*

[82] *Zur Sicherung eines solchen Kaufsrechtes kann vereinbart werden, die Aktien ins Depot einer Bank zu legen, über das die Vertragsparteien nur gemeinsam verfügen können.*

[83] *«Ewige Verträge» verstossen gegen das Persönlichkeitsrecht des vertraglich Gebundenen und sind im Umfang der übermässigen Bindung nichtig. Mit 25 Jahren Dauer ist in Vorlage 4 jedenfalls die oberste Grenze der zulässigen Bindungsdauer erreicht. Die oft anzutreffenden Regelungen, wonach ein Aktionärbindungsvertrag «für die Dauer des Bestehens der XY AG» oder «für die Dauer der Aktionärseigenschaft» fest abgeschlossen sei, sind daher sehr problematisch.*

Gesellschaft mit beschränkter Haftung (GmbH)

Das Wichtigste in Kürze

Die GmbH hat Elemente sowohl der Kollektivgesellschaft als auch der AG. Von ersterer übernimmt sie die persönliche Haftung der Gesellschafter, von der letzteren die Beschränkung dieser Haftung auf einen bestimmten Betrag.

Die GmbH wird für dauernde Zwecke errichtet, hat eine eigene Firma und ist als juristische Person Trägerin von Rechten und Pflichten. Sie verfügt über ein festes Stammkapital und darf nur wirtschaftliche Zwecke verfolgen.

Jeder Gesellschafter wirkt grundsätzlich an der Geschäftsführung mit (Art. 811 OR). Wie bei der AG bestehen Vorschriften, um das Stammkapital für die Gläubiger zu erhalten.

Wesen der GmbH	Die GmbH ist eine Gesellschaft mit eigener juristischer Persönlichkeit. Sie besitzt ein Grundkapital (Stammkapital), das sich aus den Einlagen von mindestens zwei Gesellschaftern zusammensetzt (Stammeinlagen).
Gründung	Die Gründung der GmbH erfolgt durch eine vor einer öffentlichen Urkundsperson von allen Gründern zu unterzeichnende Urkunde und die Festsetzung der Statuten (Art. 779 OR). Das Recht der Persönlichkeit wird erst durch den Handelsregistereintrag erlangt.
Statuteninhalt	Die Statuten müssen in jedem Falle jene Fragen regeln, die in Art. 776 OR aufgeführt sind. Gewisse Abweichungen von der gesetzlichen Regelung sind nur verbindlich, wenn sie in den Statuten festgelegt werden (Art. 777 OR).
Organe	Obligatorisch vorgeschrieben ist nur die Gesellschafterversammlung als oberstes Organ. Das Stimmrecht der Gesellschafter bemisst sich vorbehältlich anderer statutarischer Regelung nach der übernommenen Stammeinlage. Die exekutiven Aufgaben werden den Geschäftsführern übertragen. Von Gesetzes wegen sind alle Gesellschafter gemeinsam Geschäftsführer, wenn weder Statuten noch Gesellschaftsbeschlüsse die Geschäftsführung und die Vertretung anders regeln (Art. 811 OR). Ein Kontrollorgan ist nicht vorgeschrieben, wenn alle Gesellschafter gemeinsam die Geschäftsführung besorgen. Sonst steht den von der Geschäftsführung ausgeschlossenen Gesellschaftern ein Kontrollrecht wie bei der einfachen Gesellschaft zu. Anstelle dieser Kontrolle können die Statuten eine Kontrollstelle vorsehen (Art. 819 OR).
Keine Schranken gegenüber Ausländern	Im Gegensatz zur AG, deren Verwaltungsrat mehrheitlich aus in der Schweiz wohnhaften Schweizern bestehen muss, wird in der GmbH nur verlangt, dass wenigstens ein Gesellschafter in der Schweiz Wohnsitz haben muss ungeachtet seiner Nationalität (Art. 813 Abs. 1 OR).
Haftung und Stammkapital	Solange noch nicht das ganze Stammkapital einbezahlt ist, haften alle Gesellschafter solidarisch für den ganzen, noch ausste-

henden Betrag (Art. 802 OR). Anders als bei der AG ist ihre Haftung also nicht auf den persönlich gezeichneten Betrag beschränkt.

Das Stammkapital beträgt minimal Fr. 20'000.– und maximal 2 Mio, wovon mindestens die Hälfte effektiv einbezahlt sein muss (Art. 773 OR). Weitere Leistungen der Gesellschafter sind nur geschuldet, wenn die Statuten dies vorsehen.

Die GmbH wird in den Art. 772–827 OR geregelt.   Gesetzliche Regelung

Vorlage für die Statuten einer Gesellschaft mit beschränkter Haftung (GmbH)[1]

1. Unter der Firma *Papeterie Marktgasse GmbH*[2] besteht mit Sitz in Bern eine Gesellschaft mit beschränkter Haftung.[3]

2. Zweck der Gesellschaft ist der Engros- und Detailhandel mit Papeterieartikeln, insbesondere die Übernahme der bisher vom Gesellschafter Albert Meili an der Marktgasse 350 in Bern betriebenen Papeterie.[4]

3. Das Stammkapital[5] beträgt Fr. 500'000.- (fünfhunderttausend Franken).[6] Es wird folgendermassen aufgebracht:[7]
   - Albert Meili leistet eine Stammeinlage von Fr. 235'000.- (zweihundertfünfunddreissigtausend Franken),
   - Kurt Messerli leistet eine Stammeinlage von Fr. 125'000.- (hundertfünfundzwanzigtausend Franken),
   - Gustav Schönmann leistet eine Stammeinlage von Fr. 140'000.- (hundertvierzigtausend Franken).

4. Die Gesellschaft übernimmt von Albert Meili die gesamten Vorräte, Mobiliar und Einrichtungen der von ihm bisher betriebenen Papeterie gemäss diesen Statuten beigeheftetem Inventar im Werte von 235'000.- Franken. Das Einbringen dieser Sachwerte wird ihm als Einzahlung seiner Stammeinlage angerechnet.[8]

   Kurt Messerli und Gustav Schönmann haben ihre Stammeinlagen in bar ebenfalls voll einbezahlt.[9, 10]

5. Die Übertragung von Gesellschaftsanteilen auf Dritte ist nicht zulässig.[11]

6. Die in Art. 810 Ziff. 3−6 OR der Gesellschafterversammlung vorbehaltenen Befugnisse werden durch schriftliche Abstimmung ausgeübt.[12] An der Gesellschafterversammlung und bei schriftlichen Abstimmungen hat jeder Gesellschafter eine Stimme.[13]

7. Die Geschäftsführung[14, 15] wird durch die Gesellschafter Albert Meili und Kurt Messerli je mit Einzelunterschrift ausgeübt.[16, 17]

8. Vom Reingewinn erhalten:[18]
   - Albert Meili: 50%
   - Kurt Messerli: 30%
   - Gustav Schönmann: 20%

9. Jeder Gesellschafter kann mit sechsmonatiger Voranzeige je auf Ende eines Kalenderjahres austreten.[19, 20] Die Gesellschaft wird von den übrigen Gesellschaftern fortgesetzt.[21]

10. Die Bekanntmachungen der Gesellschaft an die Gesellschafter erfolgen durch eingeschriebenen Brief an die im Anteilbuch verzeichnete Adresse, diejenigen an die Gläubiger durch Publikation im Schweizerischen Handelsamtsblatt.[22]

Bern, den 1. Januar 19..

Die Gründer:[23]

Kommentar zur Statutenvorlage

[1] *Den Statuten wird zur besseren Vergleichsmöglichkeit der gleiche Tatbestand wie bei der Vorlage 1 zur Kollektivgesellschaft zugrunde gelegt.*

[2] *Die Firma kann für eine Gesellschaft mit beschränkter Haftung frei gewählt werden; sie muss aber die Gesellschaftsform (abgekürzt oder ausgeschrieben) enthalten. Es wäre z. B. auch möglich, die Firma Papeterie Meili GmbH zu nennen (Art. 949 OR; s. aber Art. 944 und 951 OR).*

[3] *Siehe dazu Art. 776 Ziff. 1 OR und Art. 775 OR.*

[4] *Bezüglich Zweckumschreibung vgl. Art. 776 Ziff. 2 OR. Gemäss Art. 777 Ziff. 10 OR ist eine allfällige Befristung der Geschäftstätigkeit in die Statuten aufzunehmen.*

[5] *Laut Art. 776 Ziff. 3 OR ist die Höhe des Stammkapitals und der Betrag jeder Stammeinlage in den Statuten zu regeln.*

[6] *Das Mindestkapital beträgt Fr. 20'000.–, was die GmbH vor allem für Kleingeschäfte geeignet macht. Das Gesetz schreibt auch eine Obergrenze vor: Das Stammkapital darf Fr. 2'000'000.– nicht übersteigen (Art. 773 OR).*

[7] *Die Stammeinlagen der einzelnen Gesellschafter können verschieden hoch sein (Art. 774 OR).*

[8] *Siehe dazu Art. 778 OR, der für Sacheinlagen ähnliche Bestimmungen aufstellt, wie sie für die AG gelten (s. auch Art. 779 Abs. 2 Ziff. 3 und Art. 781 Ziff. 6 OR). Die gleichen Bestimmungen gelten auch bei Kapitalerhöhungen.*

[9] *Die Stammeinlagen sind mit mindestens 50% einzuzahlen (Art. 774 Abs. 2 OR). Werden mehr als diese 50% einbezahlt, so ist das – wie hier – in den Statuten zu sagen (Art. 777*

Ziff. 1 OR); für die zur Sicherung der Nachzahlung mögliche Konventionalstrafe siehe Art. 799 ff. OR. Über das Bezugsrecht bei Kapitalerhöhungen beachte Art. 787 OR.

[10] In den Statuten der GmbH können die Gesellschafter über ihre Stammanteile hinaus noch zu Nachschüssen zur Deckung von Bilanzverlusten verpflichtet werden (siehe Art. 803 und 777 Ziff. 2 OR). Daneben haften sie – im Gegensatz zur AG – solidarisch dafür, dass das Stammkapital voll einbezahlt wird (Art. 802 OR).

[11] Gemäss Gesetz ist die Übertragung eines Gesellschaftsanteils mit Zustimmung von drei Vierteln der Gesellschafter, die drei Viertel des Grundkapitals vertreten, möglich. Sie kann aber in den Statuten weiter eingeschränkt oder wie hier ganz ausgeschlossen, nicht aber erleichtert werden (s. Art. 791 und Art. 777 Ziff. 7 OR; beachte aber auch die gesetzlichen Ausnahmen in Art. 792 OR).

[12] Die Gesellschafterversammlung ist das oberste Organ (s. Art. 808 und 809 OR und für ihre unübertragbaren Befugnisse Art. 810 OR). Einzelne oder alle diese Befugnisse können aber auf dem Wege der schriftlichen Abstimmung ausgeübt werden (Art. 808 OR). Das ist vor allem bei GmbH mit grösserer Gesellschafterzahl oder mit im Ausland lebenden Gesellschaftern wichtig. Eine solche Anordnung ist in den Statuten zu verankern (Art. 777 Ziff. 3 OR).

[13] Von Gesetzes wegen ist – wie bei der AG – das Stimmrecht nach der Höhe der Anteile gestaffelt. Hier können die Statuten aber etwas anderes vorsehen (Art. 808 Abs. 4 und 777 Ziff. 4 OR).

[14] Mangels einer solchen Statutenbestimmung sind alle Gesellschafter zur gemeinsamen Geschäftsführung und Vertretung berechtigt und verpflichtet (Art. 811 OR; s. auch Art. 813 und 814 OR).

[15] Für die geschäftsführenden Gesellschafter gilt ein Konkurrenzverbot, das auch auf die anderen Gesellschafter ausgedehnt werden kann (Art. 818 und Art. 777 Ziff. 5 OR).

¹⁶ *Aus dem Recht eines Gesellschafters zur Geschäftsführung folgt nicht notwendigerweise das Recht zur Vertretung mit Einzelunterschrift. Das kann in den Statuten oder sonst durch Gesellschaftsbeschluss geregelt werden (Art. 815 OR).*

¹⁷ *Für die Übertragung der Geschäftsführung und die Ermächtigung zur Vertretung der Gesellschaft an Nichtgesellschafter siehe Art. 812 und 816 OR. Soll eine besondere Kontrollstelle geschaffen werden (Art. 819 OR), so ist das in den Statuten vorzusehen (Art. 777 Ziff. 6 OR).*

¹⁸ *Gemäss Art. 804 OR ist der Reingewinn — wie für die AG — im Verhältnis der einbezahlten Stammanteile zu verteilen, sofern die Statuten nichts anderes bestimmen (s. dazu auch Art. 777 Ziff. 8 OR). Hier wurde den beiden geschäftsführenden Gesellschaftern zu Lasten des an der Geschäftsführung nicht beteiligten Gesellschafters etwas mehr zugesprochen. Unter Reingewinn ist derjenige Teil des Jahresertrages zu verstehen, der nach Abzug der gesetzlichen und allfälligen weiteren statutarischen Reservestellungen frei verfügbar bleibt.*

¹⁹ *Diese Möglichkeit besteht — ausser bei Vorliegen wichtiger Gründe — nur, wenn sie wie hier in den Statuten ausdrücklich vorgesehen ist (Art. 822 und 777 Ziff. 9 OR).*

²⁰ *Die gesetzlichen Auflösungsgründe sind in Art. 820 OR aufgeführt. Soll es noch weitere solche Gründe geben, so sind sie in den Statuten zu fixieren (Art. 777 Ziff. 11 OR).*

²¹ *Auch ohne diese Bestimmung würde das Ausscheiden eines Gesellschafters nicht die Auflösung der GmbH herbeiführen. Über die Herabsetzung des Stammkapitals beim Ausscheiden eines Gesellschafters siehe Art. 822 Abs. 4 OR.*

²² *Siehe Art. 776 Ziff. 4 OR.*

²³ *Es empfiehlt sich, den Statutenentwurf vor der Gründung dem zuständigen Handelsregisterführer zur Prüfung vorzulegen.*

Die Genossenschaft

Das Wichtigste in Kürze

Die Genossenschaft unterscheidet sich von den anderen Handelsgesellschaften dadurch, dass sie nicht in erster Linie einen Gewinn, sondern in der Hauptsache die Förderung oder Sicherung bestimmter wirtschaftlicher Interessen ihrer Mitglieder in gemeinsamer Selbsthilfe bezweckt.

Die Gründung einer Genossenschaft erfordert die Beteiligung von mindestens sieben Mitgliedern, seien es natürliche oder juristische Personen.

Die Gründung erfolgt durch die Genehmigung der Statuten in einer konstituierenden Generalversammlung der Genossenschafter. Die Rechtspersönlichkeit wird erst durch den Handelsregistereintrag erworben.

Wesen der Genossenschaft	Die Genossenschaft ist wie die Aktiengesellschaft eine juristische Person. Der Unterschied liegt vor allem in der Zielsetzung. Das Schwergewicht liegt auf der Selbsthilfe. Als Folge des Selbsthilfegedankens kann die Mitgliederzahl nicht beschränkt werden. Der Beitritt muss vielmehr jenen offenstehen, die die gleichen Selbsthilfeinteressen verfolgen. Aber auch der Austritt darf nicht übermässig erschwert werden. Die Genossenschaft muss kein Grundkapital haben (Art. 853 OR). Sie kann sich z. B. durch periodische Leistungen der Mitglieder finanzieren. Die Mitglieder können neben oder statt Geldleistungen aufgrund der Statuten auch zu anderweitigen Beiträgen verpflichtet sein.
Mitgliedschaftsrechte	Entsprechend dem sozialen Gedanken hat jeder Genossenschafter nur eine Stimme (Art. 885 OR). Rechte und Pflichten jedes Mitgliedes sind zwingend gleich. Die Genossenschafter unterstehen gegenüber der Genossenschaft einer Treuepflicht (Art. 866 OR).
Organe	Die Verwaltung muss aus mindestens drei Personen bestehen, die mehrheitlich Genossenschafter sein müssen. Eine unabhängige Kontrollstelle muss von Gesetzes wegen die Geschäftsführung und die Bilanz überprüfen (Art. 906 OR).
Gesetzliche Regelung	Die Genossenschaft ist in den Art. 828–926 OR geregelt. Der Mindestinhalt der Statuten ist in Art. 832 OR umschrieben. Art. 833 OR zählt Bestimmungen auf, die nur durch ihre Aufnahme in die Statuten verbindlich werden.

Vorlage für die Statuten einer Genossenschaft

1. Unter der Firma Genossenschaft Hauptgasse[1] besteht mit Sitz in Bern eine Genossenschaft,[2] welche die Förderung der Interessen der an dieser Strasse liegenden Geschäfte durch gemeinsame Werbung, Veranstaltung von Wettbewerben, einheitlichen Dekorationen und dergleichen bezweckt.[3]

2. Mitglieder der Genossenschaft können natürliche und juristische Personen sowie Handelsgesellschaften werden, die an der Hauptgasse in Bern ein Laden- oder ein Etagengeschäft betreiben.[4]

    Der Austritt ist — ausser im Fall von Wegzug oder Geschäftsaufgabe — erst nach mindestens dreijähriger Mitgliedschaft und nur mit sechsmonatiger Voranzeige jeweils auf Ende eines Kalenderjahres möglich.[5]

3. Jeder Genossenschafter ist zur Leistung eines Jahresbeitrages von ... Franken verpflichtet.[6]

    Ausserdem ist er verpflichtet, sich jährlich an mindestens einer gemeinsamen Werbeaktion in einem der Grösse und Art seines Geschäftes entsprechenden Umfang zu beteiligen und bei einheitlicher Dekorierung diese in seinem Geschäft auf eigene Kosten gemäss den gefassten Beschlüssen durchzuführen.[7, 8]

4. Für die Verbindlichkeiten der Genossenschaft haftet nur das Genossenschaftsvermögen. Eine persönliche Haftung der Genossenschafter ist ausgeschlossen.[9]

5. Die Organe der Genossenschaft sind:[10]

    a) Die Generalversammlung, für deren Befugnisse und Einberufung die gesetzlichen Bestimmungen massgebend sind.[11]

    b) Ein Vorstand von fünf Mitgliedern, der von der Generalversammlung für die Dauer von zwei Jahren gewählt wird, der sich selbst konstituiert und der die Geschäfte der Genossenschaft führt, die von ihr durchzuführenden Aktionen bestimmt und dessen Mitglieder die Genossenschaft durch kollektive Unterschrift je zu zweien nach aussen vertreten.[12]

c) Die Kontrollstelle, die aus zwei von der Generalversammlung jährlich zu bestimmenden Genossenschaftern besteht und welche die im Gesetz vorgesehenen Aufgaben zu erfüllen hat.[13]

6. Ein Einnahmenüberschuss fällt ganz in das Genossenschaftsvermögen.[14]

7. Die Bekanntmachungen der Genossenschaft an ihre Mitglieder, insbesondere die Einladung zu den Generalversammlungen, erfolgen durch einmaliges Inserat im Anzeiger für die Stadt Bern.[15]

Ist für eine Generalversammlung der Antrag auf Auflösung der Genossenschaft gestellt, so erfolgt die Einladung zusätzlich durch eingeschriebenen Brief an die letzte bekannte Adresse der Mitglieder.

Bern, den ...   Die Gründer:[16]

Kommentar zur Vorlage

[1] *Für die Bildung der Firma gilt Art. 950 OR.*

[2] *Siehe dazu Art. 832 Ziff. 1 OR.*

[3] *Die in Art. 832 Ziff. 2 OR vorgeschriebene Zweckbestimmung ist hier mit der Festlegung der Firma und des Sitzes in einer einzigen Statutenbestimmung vereinigt worden.*

[4] *Die gesetzlichen Regeln über den Eintritt sind in Art. 839–841 OR enthalten. Hier wird einfach der Personenkreis umschrieben, der Mitglied werden kann, ohne dass die gesetzliche Regelung an sich geändert würde.*

[5] *Der Austritt steht jedem Genossenschafter frei, kann aber durch die Statuten erschwert werden (Art. 842–845 OR). Solche Erschwerungen sind, um gültig zu sein, in die Statuten aufzunehmen (Art. 833 Ziff. 4 OR). Weitergehende Erschwerungen dürften aber kaum zulässig sein, weil der Genossenschaftsgedanke nur auf dem Boden der Freiwilligkeit gedeihen kann. Siehe auch die Beendigung der Mitgliedschaft durch Ausschliessung, Tod des Genossenschafters und aus weiteren Gründen (Art. 846– 851 OR).*

[6] *Die Leistungen der Genossenschafter müssen aus den Statuten ersichtlich sein (Art. 832 Ziff. 3 OR). Der Normalfall ist, dass mit Anteilscheinen ein Genossenschaftskapital geschaffen wird. Für die hier gegründete Genossenschaft ist aber ein jährlicher Beitrag angemessener und nützlicher.*

[7] *Aus der Natur der Genossenschaft folgt, dass als Beiträge nicht nur Geldleistungen in Frage kommen, sondern auch solche anderer Art, wie das hier vorgesehen ist. Oder es wird eine Verpflichtung zur Warenlieferung an die Genossenschaft vorgesehen, wie sie vor allem bei den landwirtschaftlichen Genossenschaftsbetrieben, z. B. Käsereien, vorkommt (s. Art. 867 OR).*

[8] *Die Genossenschaft kann — sie muss aber nicht — ein Genossenschaftskapital schaffen, an dessen Äufnung die Genossenschafter*

durch Zeichnung und Einzahlung von Anteilscheinen beizutragen haben (s. Art. 853 OR). Über allfällige Sacheinlagen und zu übernehmende Vermögenswerte ist ein Gründerbericht zu erstatten (Art. 834, Abs. 2 OR; Art. 833, Ziff. 1−3 OR).

[9] *Diese Bestimmung ist an sich nicht nötig, da eine persönliche Haftung der Genossenschafter nur dann gegeben ist, wenn das ausdrücklich in den Statuten so festgelegt wird (Art. 868 und 833 Ziff. 5 OR). Sie ist trotzdem empfehlenswert, da die Haftung sehr weit, bis zur persönlichen unbeschränkten Haftung wie bei einem Kollektivgesellschafter, gehen kann. Für die verschiedenen Möglichkeiten bezüglich Haftung siehe Art. 869−878 OR, zur Nachschusspflicht insbesondere Art. 841 OR. Wegen der grossen Tragweite solcher Bestimmungen ist es ratsam, die Statuten von Genossenschaften vor dem Beitritt genau zu studieren.*

[10] *Entsprechend dem Zweck der hier behandelten Genossenschaft ist die Organisation einfach und entspricht der gesetzlichen Regelung. Bestimmungen über Organisation und Vertretung müssen in den Statuten enthalten sein (Art. 832 Ziff. 4 OR). Insbesondere müssen von der gesetzlichen Ordnung abweichende Bestimmungen betreffend die Organisation in den Statuten festgehalten sein (Art. 833 Ziff. 6 OR).*

[11] *Siehe dazu Art. 879 ff. OR, für das Stimmrecht vor allem Art. 885 OR.*

[12] *Für die Verwaltung, hier Vorstand genannt, sind die Art. 894 ff. OR massgebend. Die Amtsdauer ist in den Statuten festzulegen (Art. 896 OR). Die Statuten können auch die Übertragung von Geschäftsführung und Vertretung an Nichtgenossenschafter (Direktoren) vorsehen (Art. 898 OR). Über die Pflichten der Verwaltung siehe Art. 902 ff. OR.*

[13] *Die Art. 906−910 OR regeln Wahl und Aufgaben der Kontrollstelle.*

[14] *Auch diese Bestimmung ist eigentlich nicht nötig, denn sie entspricht der in Art. 859 Abs. 1 OR aufgestellten Regel. Dagegen*

wäre jede Abweichung davon, vor allem jede Verteilung an die Genossenschafter, in den Statuten festzulegen (Art. 833 Ziff. 8 OR). Für die Berechnung des Reinertrages und die Pflicht zur Äufnung von Reserven siehe Art. 858—863 OR. Die Regelung der Abfindungsansprüche beim Austritt von Genossenschaftern, die vor allem beim Vorliegen eines Anteilscheinkapitals und eines grösseren Vermögens von Bedeutung sind, findet sich in Art. 864 und Art. 865 OR.

[15] *Siehe Art. 832 Ziff. 5 OR.*

[16] *Es empfiehlt sich in jedem Falle, den Statutenentwurf vor der Gründungsversammlung dem zuständigen Handelsregisterführer zur Prüfung vorzulegen.*

Der Verein

Das Wichtigste in Kürze

In einem Verein sind Personen zu einer juristischen Person zusammengeschlossen, um einen gemeinsamen nicht-wirtschaftlichen Zweck zu verfolgen. Die Form des Vereins wird für die unterschiedlichsten Ziele gewählt, von der gemeinsamen Pflege eines Hobbys in der Freizeit bis hin zu Arbeitgeberzusammenschlüssen und Gewerkschaften. Um dieser Vielfalt gerecht zu werden, beschränkt sich das ZGB auf die Regelung einiger weniger Hauptpunkte.

Der Verein entsteht, wenn die Gründer in schriftlichen Statuten den Willen zum Ausdruck bringen, als Verein einen idealen Zweck zu verfolgen. Die Statuten müssen die Mittel bestimmen, mit denen der Zweck verfolgt werden soll. Sie sollten auch Bestimmungen über die Organisation des Vereins enthalten.

Betreibt ein Verein für die Erreichung seines Zweckes ein nach kaufmännischer Art geführtes Gewerbe, so muss er sich ins Handelsregister eintragen lassen. Den anderen Vereinen ist der Eintrag freigestellt.

Wesen des Vereins	Der Verein ist der Zusammenschluss von Personen zur Verfolgung von gemeinsamen idealen Zwecken in der Form einer juristischen Person. Der Verein ist eine Körperschaft ohne Grundkapital.
Gründung	Bei der Gründung müssen mindestens so viele Mitglieder mitwirken, wie zur Bestellung des Vorstandes nötig sind. Grundsätzlich können bereits drei Personen einen Verein gründen. Eine Vereinsgründung ist ausgeschlossen ohne die Abfassung von Statuten. In den Statuten müssen der Zweck, die Mittel (insbesondere Finanzen), die zur Erreichung des Zweckes eingesetzt werden, und das Wesentliche der Organisation (Art. 60 Abs. 2 ZGB) umschrieben werden.
Zwingende Vorschriften	Einzelne Bestimmungen des Gesetzes sind zwingend, d. h. sie gelten unabhängig davon, was die Statuten bestimmen. Dies gilt vor allem für die Pflicht, eine Vereinsversammlung einzuberufen, wenn 20% der Mitglieder dies verlangen (Art. 64 Abs. 3 ZGB), für das Recht der Vereinsversammlung, die Organe jederzeit bei Vorliegen eines wichtigen Grundes abzuberufen (Art. 65 Abs. 3 ZGB) und für das Austrittsrecht der Mitglieder mit sechsmonatiger Frist (Art. 70 Abs. 2 ZGB).
Idealer Zweck	Ein Verein muss eine nicht-wirtschaftliche Zielsetzung haben. Anders als bei der Genossenschaft darf er auch nicht bezwecken, seinen Mitgliedern wirtschaftliche Vorteile zu verschaffen. Zwar darf er zur Zweckerreichung ein kaufmännisches Unternehmen betreiben, doch muss der Vereinszweck immer ein nicht-wirtschaftlicher bleiben. Das Gesetz nennt als zulässige Zwecke politische, religiöse, wissenschaftliche, künstlerische, wohltätige, gesellige und andere nichtwirtschaftliche Aufgaben verfolgende Personenzusammenschlüsse.
Gleiches Stimmrecht	Jedes Mitglied hat in der Vereinsversammlung das gleiche Stimmrecht wie die übrigen Mitglieder, ausser wenn die Statuten eine Abweichung vorsehen und dies sachlich gerechtfertigt ist.
Haftung	Wenn die Statuten die Höhe der Mitgliederbeiträge nicht frankenmässig festsetzen, haben die Mitglieder dem Verein die Mittel zur Deckung der vollen Vereinsverbindlichkeiten zur Verfügung

zu stellen. Üblicherweise wird in den Statuten lediglich bestimmt, dass die Generalversammlung die jährlichen Beiträge festsetze. Man nimmt allgemein an, dass dies für die Beschränkung der Haftung auch genüge. Allerdings muss diese Festsetzung dann auch tatsächlich erfolgen, wenn die Haftung der Mitglieder auf den Beitrag beschränkt bleiben soll. Die Gläubiger des Vereins können nämlich dessen Ansprüche gegen seine Mitglieder pfänden lassen.

Die Art. 60–79 ZGB regeln das Vereinsrecht. Lücken in den Statuten werden durch die gesetzliche Regelung der Art. 64–79 ZGB geschlossen (Art. 63 Abs. 1 ZGB). Von den Gesetzesbestimmungen darf in der Regel durch die Statuten abgewichen werden.

Gesetzliche Regelung

Vorlage für Vereinsstatuten

Name, Sitz und Zweck

Art. 1 — Unter dem Namen «Jugendhaus Wetzikon»[1] besteht mit Sitz in Wetzikon[2] ein Verein gemäss Art. 60 ff. ZGB.

Art. 2 — Zweck des Vereins ist die Schaffung und der Betrieb eines Jugendhauses in Wetzikon, das politisch und konfessionell neutral ist und allen Jugendlichen und Erwachsenen zur sinnvollen Gestaltung der Freizeit zur Verfügung steht.[3]

Mittel

Art. 3 — Die Gemeinde Wetzikon hat dem Verein ein dem Vereinszweck dienendes geeignetes Gebäude zur Verfügung gestellt. Es besteht darüber eine separate Vereinbarung.
Die finanziellen Mittel zur Schaffung und zum Betrieb des Jugendhauses bestehen aus:

1. Jahresbeiträgen der Mitglieder von maximal Fr. 100.–[4]
2. Erlös aus Aktionen und Veranstaltungen
3. Zuwendungen von öffentlichen Körperschaften und gemeinnützigen Institutionen
4. Zuwendungen Privater

Ausscheidende Mitglieder haben keinen Anspruch auf das Vereinsvermögen.[5]

Mitgliedschaft

Art. 4 — Mitglieder des Vereins können natürliche und juristische Personen werden, auch Körperschaften des öffentlichen Rechts. Über die Aufnahme neuer Mitglieder entscheidet der Vorstand.[6, 7]

Art. 5 — Der Austritt aus dem Verein erfolgt durch schriftliche Erklärung an den Vorstand. Er ist jederzeit möglich und tritt sofort in Kraft.[8]

Über den Ausschluss eines Mitgliedes entscheidet der Vorstand. Das ausgeschlossene Mitglied kann den Ausschluss innert 30 Tagen schriftlich anfechten, worauf der endgültige Entscheid von der Generalversammlung zu treffen ist.[9]

Art. 6 — Die persönliche Haftbarkeit der Mitglieder ist ausgeschlossen. Für die Verbindlichkeiten des Vereins haftet ausschliesslich das Vereinsvermögen.[10]

Organe

Art. 7 — Die Organe des Vereins sind:

a) die Generalversammlung
b) der Vorstand
c) die Gruppenleiterkonferenz
d) die Rechnungsrevisoren

Generalversammlung[11]

Art. 8 — *Einberufung:* Die Generalversammlung wird ordentlicherweise einmal jährlich durch schriftliche Einladung, die mindestens acht Tage vorher zu erfolgen hat, einberufen. Die Traktanden sind mit der Einladung schriftlich bekanntzugeben.

Ausserordentliche Generalversammlungen werden einberufen auf Beschluss des Vorstandes oder wenn fünfzehn Mitglieder oder ein Fünftel der Mitglieder dies begehrt.[12]

Anträge an die Generalversammlung, die dem Vorstand mindestens fünfzehn Tage vor der Generalversammlung schriftlich eingereicht werden, sind auf die Traktandenliste der Generalversammlung zu setzen.

Treffen Anträge später ein oder handelt es sich um blosse Anfragen, so sind sie an der Generalversammlung zu besprechen, eine Beschlussfassung ist aber erst an einer späteren Generalversammlung zulässig.[12]

Art. 9 — Vorsitz und Protokoll: Den Vorsitz in der Generalversammlung führt der Präsident oder, wenn dieser verhindert ist, der Vizepräsident. Über die Verhandlungen ist ein Protokoll zu führen.[13]

Art. 10 — Befugnisse: Der Generalversammlung stehen folgende Befugnisse zu:[14]

a) Wahl des Vorstandes und der Rechnungsrevisoren auf die Dauer von zwei Jahren. Zwei der fünf von der Generalversammlung gewählten Vorstandsmitglieder müssen über 25 Jahre alt sein, zwei unter 25

b) Abnahme der Tätigkeitsberichte, der Jahresrechnung und des Budgets

c) Festsetzung der Mitgliederbeiträge[14]

d) Beschlussfassung über einmalige Investitionen, die Fr. 15'000.— übersteigen, oder über Erwerb und Verkauf von Liegenschaften sowie über Aufnahme von Darlehen

e) Erlass von Reglementen über den Betrieb des Jugendhauses

f) Änderungen der Statuten und Auflösung des Vereins, letzteres durch Zweidrittelsmehrheit der anwesenden Mitglieder.[15]

Art. 11 — Beschlussfassung: Jedes Mitglied hat eine Stimme. Die Beschlussfassung erfolgt mit dem einfachen Mehr der anwesenden Mitglieder. Bei Stimmengleichheit entscheidet der Präsident.
Schriftliche Beschlussfassungen sind zulässig, sofern mehr als die Hälfte aller Vereinsmitglieder zustimmt oder ablehnt.[16]

Vorstand

Art. 12 — Zusammensetzung und Organisation: Der Vorstand besteht aus fünf von der Generalversammlung auf eine Amtsdauer von zwei Jahren gewählten Vereinsmitgliedern und zwei weiteren, vom Gemeinderat Wetzikon aus dem Kreis der Mitglieder zu bestimmenden Personen.

Der Präsident wird von der Generalversammlung gewählt, im übrigen konstituiert sich der Vorstand selbst.[17]

Der Vorstand kann einen Betriebsausschuss und für besondere Aufgaben weitere Kommissionen bilden und diesen einzelne seiner Aufgaben delegieren. Diese stehen unter der Aufsicht des Vorstandes.

Art. 13 — Obliegenheiten: Der Vorstand führt die Angelegenheiten des Vereins, vertritt ihn nach aussen und erledigt alle Geschäfte, sofern sie nicht der Generalversammlung zugewiesen sind.[18]

Die rechtsverbindliche Unterschrift für den Verein führen Präsident oder Vizepräsident zusammen mit dem Quästor oder Aktuar.

Über die Sitzungen des Vorstandes ist ein Protokoll zu führen.

Art. 14 — Beschlussfassung: Beschlüsse des Vorstandes erfolgen mit dem einfachen Mehr der Anwesenden.

Gruppenleiterkonferenz

Art. 15 — Alle Gruppen, die das Jugendhaus regelmässig benutzen, haben dem Vorstand mitzuteilen, wer bei ihnen als Präsident amtet. Der Vorstand lädt periodisch alle Präsidenten von Gruppen ein, um mit ihnen das Benutzungskonzept zu besprechen und gegenseitige Störungen zu vermeiden.[19]

Rechnungsrevisoren

Art. 16 — Die Generalversammlung wählt auf die Dauer von zwei Jahren drei Rechnungsrevisoren,[20] die nicht Mitglieder des Vereins sein müssen.

Die Rechnungsrevisoren prüfen die Jahresrechnung und erstatten der Generalversammlung Bericht und Antrag.

Auflösung des Vereins

Art. 17 — Die Auflösung des Vereins[21] kann erfolgen:

a) wenn an seiner Stelle eine andere juristische Person (z. B. Stiftung) errichtet wird, die den in Art. 2 dieser Statuten genannten Zweck zu erfüllen hat;

b) wenn der Vereinszweck nicht mehr erfüllt werden kann.

Im Falle der Auflösung des Vereins muss das Vereinsvermögen einer oder mehreren gemeinnützigen Institutionen zufallen, die die Förderung der Freizeitgestaltung der Jugend zum Ziele haben.

Schlussbestimmungen

Art. 18 — Diese Statuten wurden an der Generalversammlung vom 22. April 19.. genehmigt und treten sofort in Kraft.

Unterschriften (gemäss Art. 13 Abs. 2 der Statuten)

Kommentar zur Vorlage

[1] Über die Bildung des Namens des Vereins bestehen keine besonderen Vorschriften. Soll er ins Handelsregister eingetragen werden, so sind immerhin die Grundsätze der Firmenwahrheit und Firmenklarheit zu beachten. In diesem Falle empfiehlt es sich auch, den Statutenentwurf dem Handelsregisterführer zur Prüfung vorzulegen.

[2] Ist der Verein in einem grösseren Einzugsgebiet tätig und soll der Sitz jeweils am Wohnort des Präsidenten oder Sekretärs sein, empfiehlt es sich, in den Statuten die Ortschaft des Sitzes nicht zu nennen, sondern nur festzulegen, wie der Sitz jeweils bestimmt wird. Entweder kann man die Bestimmung des Sitzes dem Vorstand überlassen oder in den Statuten könnte beispielsweise bestimmt werden, der Sitz sei am jeweiligen Wohnort des Präsidenten.

[3] Der Zweckartikel ist immer von zentraler Bedeutung. Aus ihm soll sich die ideale Ausrichtung des Vereins ergeben. Eine spätere Umwandlung des Vereinszweckes kann keinem Mitglied zugemutet werden (Art. 74 ZGB).

[4] Hier wird darauf verzichtet, in den Statuten die Höhe der Mitgliederbeiträge festzusetzen. Das ist zweckmässig, um häufige Statutenänderungen zu vermeiden.

Die Generalversammlung hat innerhalb dieser Schranke jährlich den Jahresbeitrag festzusetzen; eine Überschreitung der Limite würde eine Statutenänderung bedingen. Nicht zu empfehlen ist die Delegation der Bestimmung der Höhe der Mitgliederbeiträge an den Vorstand, ausser wenn die Statuten die Bemessungsgrundsätze so genau umschreiben, dass der verbleibende Spielraum gering ist.

[5] Diese Regelung entspricht Art. 73 Abs. 3 ZGB, kann also auch weggelassen werden.

[6] Der Eintritt von Mitgliedern ist jederzeit möglich (Art. 70 Abs. 1 ZGB), auch für juristische Personen. Die Statuten kön-

nen Voraussetzungen für die Zulassung aufstellen. Ein Recht zum Eintritt in den Verein besteht (im Unterschied zur Genossenschaft) nie.

[7] Hier wird vom Vorstand eine Prüfung der Eignung beim Eintritt vorgenommen. Diese Bestimmung wird ergänzt durch Art. 5 Abs. 2 der Statuten.

[8] Vom Gesetz wird vorgeschrieben, dass die Kündigungsfrist beim Austritt maximal sechs Monate beträgt. Hier hat man die sofortige Beendigung der Mitgliedschaft vorgezogen.

[9] Die Statuten könnten vorsehen, dass der Ausschluss ohne Angabe von Gründen erfolge (Art. 72 Abs. 1 ZGB). Dann wäre der Ausschluss nicht dadurch anfechtbar, indem man die Gründe als ungenügend angreift (Art. 72 Abs. 2 ZGB). Hier ist der offenere und demokratischere Weg gewählt worden: Ausschluss durch den Vorstand, aber Möglichkeit, die Mitgliederversammlung anzurufen. Damit dürfte Art. 72 Abs. 3 ZGB Genüge getan sein, der für den Ausschluss einen Vereinsbeschluss vorschreibt.

[10] Das zu sagen ist im Hinblick auf Art. 71 Abs. 2 ZGB zweckmässig.

[11] Gemäss Art. 64–68 ZGB ist die Vereinsversammlung das oberste Organ, bei dem alle Befugnisse liegen, die nicht ausdrücklich in den Statuten anderen Organen übertragen werden. Die Bedürfnisse der Praxis erfordern allerdings in der Regel eine andere Verteilung der Kompetenzen. So sind auch hier die Befugnisse der Vereinsversammlung abschliessend aufgezählt worden (Art. 10). Dafür werden in Art. 13 Abs. 1 der Vorlage dem Vorstand alle Befugnisse zugewiesen, die nicht ausdrücklich einem anderen Organ zustehen.

[12] Dass 20% der Mitglieder eine ausserordentliche Generalversammlung verlangen können, ist zwingendes Gesetzesrecht (Art. 64 Abs. 3 ZGB). Die Statuten können nur Erleichterungen vorsehen, wie dies in Art. 8 der Vorlage geschehen ist. Sobald der Verein mehr als 75 Mitglieder hat, liegt das Quorum damit tiefer.

Verein 375

Besonders heikel zu handhaben ist das Antragsrecht der Mitglieder. Hier wird für Anträge von Mitgliedern an die Generalversammlung eine eher lange Frist vorgesehen, damit sie auf die Traktandenliste gesetzt werden können und ein einziger Versand genügt. Auch muss der Vorstand Zeit haben, sie vorzuberaten.

Anfragen und verspätete Anträge werden an der Generalversammlung einfach besprochen, ohne dass Beschluss gefasst werden könnte.

[13] *Diese Bestimmung stellt Regeln auf, die eigentlich selbstverständlich sind.*

[14] *Hier sind die Befugnisse der Generalversammlung abschliessend aufgezählt worden (vgl. Kommentar — Note 11).*

[15] *Das Gesetz lässt die Auflösung des Vereins auch mit einfacher Mehrheit zu, wenn die Statuten dies nicht anders bestimmen (Art. 76 ZGB).*

[16] *Nach dieser Statutenbestimmung muss die übereinstimmende Willensäusserung der Mehrheit aller Vereinsmitglieder vorliegen, damit ein schriftlicher Beschluss zustandegekommen ist. Ohne eine solche Bestimmung ist für schriftliche Beschlussfassungen* Einstimmigkeit *aller Mitglieder notwendig (Art. 66 Abs. 2 ZGB).*

[17] *Häufig wird wenigstens der Präsident durch die Mitgliederversammlung gewählt. Die übrige Konstituierung wird in der Regel dem Vorstand überlassen.*

[18] *Die Vorstandsbefugnisse sind im Gesetz nur mit einem Satz geregelt (Art. 69 ZGB). In unserem Beispiel sind seine Befugnisse ausgedehnter als gemäss ZGB.*

[19] *Jeder Verein ist frei, über den Vorstand hinaus Fachgremien oder Beratergruppen zu bilden. Sie können Teilbefugnisse des Vorstandes übertragen erhalten, sofern das in den Statuten vorgesehen ist, oder wie hier beratende Funktionen ausüben.*

²⁰ *Rechnungsrevisoren sind vom Gesetz nicht vorgeschrieben, aber sehr zweckmässig und auch üblich.*

²¹ *Das Quorum für die Auflösung wurde in Art. 10 lit. f der Vorlage geregelt, hier werden die Voraussetzungen einer Auflösung näher umschrieben. Als weitere Auflösungsgründe zählt das Gesetz die Zahlungsunfähigkeit des Vereins auf und die Unmöglichkeit, den Vorstand zu besetzen (Art. 77 ZGB), ferner die richterliche Verfügung wegen Widerrechtlichkeit und Unsittlichkeit des Vereinszweckes (Art. 78 ZGB). Selbstverständlich gelten die gesetzlichen Gründe der Auflösung unabhängig von den Statutenbestimmungen.*

Der Konkubinatsvertrag

Das Wichtigste in Kürze

Der Konkubinatsvertrag regelt die Verhältnisse in einer eheähnlichen Gemeinschaft und die Folgen ihrer Auflösung.

Der Konkubinatsvertrag ist gesetzlich nicht geregelt. Er kann formfrei abgeschlossen werden, doch empfiehlt sich Schriftform.

Ohne Konkubinatsvertrag besteht für die Konkubinatspartner eine sehr unsichere Rechtslage.

Wesen des Konkubinatsvertrages	Der Konkubinatsvertrag regelt Rechte und Pflichten der in einer eheähnlichen Gemeinschaft verbundenen Personen und/oder die Folgen der Auflösung dieser Gemeinschaft.

Das Konkubinatsverhältnis entsteht zwar regelmässig ohne schriftlichen Vertrag. Ein schriftlicher Vertrag soll jedoch über Grundsatzfragen eine längerfristige Ordnung und im Streitfall den Partnern beweisbare Grundlagen ihrer Rechte schaffen. Ohne Konkubinatsvertrag ist nur schwer vorauszusehen, welche Lösungen im Streitfall zu erwarten sind.

Was ist zu regeln?	Zunächst sollten die Eigentumsverhältnisse geregelt werden, einerseits durch ein Inventar der eingebrachten Gegenstände, aber auch für zukünftige Anschaffungen. Weiter sollte klargestellt werden, wer was bei der Auflösung erhält. Sehr wichtig sind diese Fragen bei grossen Vermögenswerten wie einem Haus, selbst wenn dieses in hälftigem Miteigentum entsteht. Auch Gedanken über die Weiterverwendung der gemeinsam gemieteten Wohnung nach Ende des Konkubinats sind angebracht. Es muss sodann geregelt sein, wer in welchem Umfang welche Kosten des laufenden Lebensunterhaltes trägt und wer allfällige Schulden zu tragen hat.

Führt ein Konkubinatspartner überwiegend den Haushalt, stellt sich die Frage einer Entschädigung. Schränkt ein Konkubinatspartner seine Arbeitstätigkeit zur Haushaltführung oder gar zur Betreuung von Kindern erheblich ein, kann eine Übergangsrente nach Auflösung des Konkubinates angemessen sein. Mit der Bezahlung des Unterhalts während des Konkubinates wäre dieser Partner nämlich nicht entschädigt: Er verpasst während dieser Jahre den üblichen Aufstieg in seinem Beruf, ja wird später möglicherweise Mühe haben, überhaupt wieder im Erwerbsleben Fuss zu fassen.

Leben Kinder im gemeinsamen Haushalt, sollte auch deren Betreuung und das Aufkommen für ihren Unterhalt geregelt werden. Verträge über Unterhaltszahlungen an eigene Kinder bedürfen der Genehmigung der Vormundschaftsbehörde. Die Frage, wem ein Kind bei der Auflösung des Konkubinats zugeteilt wird, stellt sich nicht, weil nur ein Partner die elterliche Gewalt innehat. Eine private Regelung wäre unverbindlich, ebenso, was ein späteres Besuchsrecht angeht.

Schliesslich kann ein Verfahren zur Streiterledigung mit einem Vermittler oder Schiedsrichter vorgesehen werden.

Wie erwähnt, müssen Kinderbelange oft durch die Vormundschaftsbehörde oder eine andere Amtsstelle abgesegnet werden, nämlich überall dort, wo rechtsgültig die elterliche Gewalt oder Obhut umgeteilt, das Besuchsrecht oder die Unterhaltszahlungen abgeändert werden sollen.

Was kann nicht geregelt werden?

Die schwerwiegenden Nachteile des Konkubinats im sozialversicherungsrechtlichen Bereich können durch Bezahlung eines Lohnes für die Hausarbeit nur ungenügend ausgeglichen werden. Diese Probleme sind eher über eine Lebensversicherung, die 3. Säule oder das Erbrecht zu lösen.

Auch erbrechtliche Fragen können nicht im Konkubinatsvertrag selber gelöst werden. Es rechtfertigt sich aber, einen langjährigen Konkubinatspartner durch einen Erbvertrag oder ein Testament zu begünstigen. Dann sind jedoch deren Formvorschriften zu erfüllen. Selbst eine Verpflichtung zum Abschluss eines Erbvertrages oder Abfassung eines Testamentes im Konkubinatsvertrag wäre ungültig.

Schliesslich können auch gewisse Nachteile des Steuerrechts nicht durch private Regelung unter den Konkubinatspartnern ausgeschlossen werden.

Durch eine Verfügung von Todes wegen, also durch Testament oder Erbvertrag, können der Partner oder die Partnerin begünstigt werden. Zu beachten sind allfällige Pflichtteile von Angehörigen (Kinder, Eltern, Ehegatte).

Begünstigungsmöglichkeiten

Begünstigungsmöglichkeiten ergeben sich sodann über eine Lebensversicherung, womit bis zu einem gewissen Grad auch die Pflichtteilsregelung zurückgedrängt werden könnte.

Gewisse Reglemente von Einrichtungen der beruflichen Vorsorge (2. Säule) und auch Institutionen der privaten Vorsorge (vor allem Versicherungen und Banken) eröffnen weitere Begünstigungsmöglichkeiten.

Schliesslich kann der Partner auch sachenrechtlich abgesichert werden, indem ihm gegen Entgelt oder schenkungsweise Eigentum übertragen, die Nutzniessung an einer Liegenschaft oder anderen Vermögenswerten oder ein Wohnrecht eingeräumt wird.

Der Konkubinatsvertrag ist gesetzlich nicht geregelt. Es kommt auch nicht etwa hilfsweise Eherecht zur Anwendung. Auftre-

Gesetzliche Regelung

tende Probleme müssen deshalb denjenigen Rechtsgebieten zugeordnet werden, mit denen sie am engsten zusammenhängen. Bedeutung erlangen können etwa die Bestimmungen über die einfache Gesellschaft (Art. 530–551 OR), das allgemeine Vertragsrecht (Art. 1–182 OR und Art. 1–10 ZGB), insbesondere das Haftpflichtrecht (Art. 41–61 OR), die Miete (Art. 253–274g OR, Auftrags- (Art. 394–406 und 419–424 OR) und Arbeitsrecht (Art. 319–362 OR), Kindsrecht (Art. 252–327 ZGB), Sachenrecht (Art. 641–977 ZGB) u. a. m.

Vorlage für einen Konkubinatsvertrag eines Paares mit einem nicht gemeinsamen Kind

Konkubinatsvertrag

Bruno Meier
und
Barbara Bonsaver,
beide wohnhaft Cave Paien 11, 2740 Moutier

schliessen folgenden Konkubinatsvertrag:

I. Feststellungen

1. Wir wohnen seit 2 Jahren im Konkubinat zusammen und beabsichtigen, dies auch weiter zu tun. Der neunjährige Sohn von Barbara, François Bonsaver, lebt mit uns zusammen. Wir bewohnen an obgenannter Adresse eine 4-Zimmer-Wohnung zum Preise von Fr. 1'200.– inkl. Nebenkosten pro Monat.

2. Bruno arbeitet ganztags als Zahntechniker und verdient zur Zeit monatlich Fr. 5'180.– netto zuzüglich eines 13. Monatslohnes.
    Barbara arbeitet halbtags als Drogerieverkäuferin und verdient zur Zeit monatlich Fr. 1'850.– netto zuzüglich einer Grati in unbestimmter Höhe. Sie erhält von ihrem geschiedenen Mann für den Unterhalt des Sohnes François monatliche Zahlungen von zur Zeit Fr. 806.– einschliesslich Kinderzulagen.[1]

II. Vereinbarung

1. Die Lebenshaltungskosten für Bruno, Barbara und François werden je zur Hälfte von Bruno und Barbara getragen.
    Zu den Lebenshaltungskosten zählen insbesondere die Miete, die Kosten für die Haushaltsführung (Nahrung,

Waschmittel etc.), Telefon/Radio/TV, Elektrizität/Gas, Zeitungen, Krankenkasse sowie weitere Versicherungen einschliesslich der Versicherung für das Auto von Barbara, Kultur, gemeinsame Ferien und die Kosten für die persönlichen Bedürfnisse von François.

Die Kosten für persönliche Bedürfnisse von Bruno und Barbara (z. B. Hobbies, Schallplatten, Bücher, Kleider, Coiffeur, Kosmetika) trägt jeder selbst, ebenso die Steuern.

2. Die gemeinsam zu tragenden Auslagen werden wie folgt beglichen:
   - Wir zahlen an jedem Monatsletzten je Fr. 1'000.– auf unser gemeinsames Postcheckkonto ein, von dem die gemeinsam zu tragenden Rechnungen bezahlt werden. Bleibt Ende Monat ein Manko, gleichen wir es sofort durch beidseitige Nachzahlung des hälftigen Fehlbetrages aus.
   - Die laufenden Haushaltskosten schiessen wir durch Barzahlung der Einkäufe vor. Wir bewahren die Kassenzettel wie bis anhin auf und rechnen vierteljährlich an einem der ersten Tage des Quartals ab.[2]

3. Der für das Auto von Barbara auf den Namen von Bruno aufgenommene Kleinkredit bei der Banque Usure SA wird gemeinsam je zur Hälfte über das Postcheckkonto abbezahlt.

4. Die auf beigehefteter Liste «A» aufgeführten Gegenstände stehen im Alleineigentum von Bruno.

   Die auf beigehefteter Liste «B» aufgeführten Gegenstände stehen im Alleineigentum von Barbara oder François.

   Die auf beigehefteter Liste «C» aufgelisteten sowie die vorhandenen, aber auf keiner Liste erwähnten Gegenstände stehen in unserem je hälftigen Miteigentum.

5. Das Eigentum an Gegenständen, welche in Zukunft angeschafft werden, liegt bei demjenigen Konkubinatspartner, der über einen Quittungsbeleg verfügt oder wenn kein solcher vorhanden ist, auf den die Rechnung ausgestellt ist.

   Ist weder Quittungsbeleg noch Rechnung vorhanden, fallen die Gegenstände je in unser hälftiges Miteigentum.

6. Bruno erklärt sich bereit, an der Betreuung und Erziehung von François nach Kräften mitzuwirken.[3]

7. Bruno bezahlt Barbara für die überwiegende Führung des Haushaltes eine monatliche Entschädigung von Fr. 700.–, zahlbar monatlich und zum voraus.[4]

8. Sollte Barbara oder Bruno arbeitslos oder ganz oder teilweise arbeitsunfähig werden oder Barbara wegen François keinem Erwerb mehr nachgehen können, verpflichten wir uns, den ganz oder teilweise einkommenslosen Partner für mindestens ein Jahr so zu unterstützen, dass sein betreibungsrechtliches Existenzminimum gedeckt ist.[5]

9. Für den Fall der Auflösung unseres Konkubinates gelten die folgenden Bestimmungen:
   - Barbara und François haben ein Vorrecht auf Weiterbenutzung der gemeinsamen Wohnung. Dem Partner, der die Wohnung verlassen muss, ist eine Auszugsfrist mindestens im Umfang der mietrechtlichen Kündigungsfristen für Wohnungen zu gewähren. Während dieser Frist hat der ausziehende Partner seinen Mietzinsanteil weiter zu bezahlen, selbst wenn er früher auszieht.[6]
   - Jeder nimmt die in seinem Alleineigentum stehenden Gegenstände resp. Ersatzanschaffungen dafür zurück.
   - Die in unserem Miteigentum stehenden Gegenstände werden in freier Vereinbarung geteilt. Von den umstrittenen Gegenständen werden zwei ungefähr gleichwertige Gruppen gebildet, über deren Zuteilung das Los entscheidet. Bruno hat von den heute im Miteigentum stehenden Gegenständen ein Vorrecht auf die Stereo-Anlage samt Zubehör. Das Auto Marke Renault 4 übernimmt Barbara zu Eigentum. Sie verpflichtet sich, Bruno bei Übernahme die Hälfte des dannzumaligen Eurotaxwertes (Ankauf) auszuzahlen. Von dieser Auszahlung abzuziehen wäre die Hälfte eines allfällig noch zu leistenden Abzahlungsbetrages für den Kleinkredit.
   - Bankkonti fallen ins Eigentum desjenigen, auf dessen Namen sie lauten.

- Der Schlussaldo des Postcheckkontos wird geteilt.
- Sollte der auf den Namen von Bruno aufgenommene Kleinkredit für das Auto von Barbara noch nicht abbezahlt sein, übernimmt Barbara sämtliche Schuldpflichten aus diesem Kreditvertrag.
- Während der Konkubinatszeit gemachte Geschenke verbleiben beim Beschenkten.[7]
- Sollte Barbara nach der Auflösung des Konkubinats ihr Existenzminimum[5] und dasjenige von François mit ihren Einkünften einschliesslich Kinderunterhaltsbeiträgen nicht decken können, verpflichtet sich Bruno, den dafür fehlenden Betrag während längstens eines Jahres Barbara monatlich auszuzahlen.

10. Ändern sich die Verhältnisse, von denen wir bei der Errichtung dieser Vereinbarung ausgegangen sind, wesentlich und dauernd, hat jeder Partner das Recht, deren Anpassung zu verlangen.

11. Sollten bei der Auflösung des Konkubinates Streitigkeiten entstehen, wird unser gemeinsamer Freund Pierre Wydler zur Vermittlung angerufen. Kann keine Einigung erzielt werden, steht jedem der ordentliche Gerichtsweg offen.

Ort, Datum, Unterschriften

Kommentar zur Vorlage

¹ Es ist nützlich zu wissen, von welchen Voraussetzungen die Konkubinatspartner bei Vertragsschluss ausgegangen sind. Dies auch im Hinblick auf eine spätere Abänderung des Vertrages (s. Ziff. 10 der Vorlage).

² Anzutreffen sind natürlich auch andere Lösungen, insbesondere diejenige einer gemeinsamen Haushaltskasse.

³ Da Barbara Alleininhaberin der elterlichen Gewalt ist, was übrigens auch bei einem gemeinsamen Kind eines unverheirateten Paares der Fall wäre, hat Bruno keinerlei rechtliche Befugnisse. Die Klausel hat denn auch mehr die Bedeutung einer Absichtserklärung. Um ständige Reibereien zu vermeiden, empfehlen sich wiederkehrende Aussprachen über Ziele und Methoden der Erziehung eines gemeinsam betreuten Kindes.

⁴ Führt eine Person den Haushalt praktisch allein, ist eine monatliche Entschädigung von Fr. 700.– natürlich wenig. Hier gilt es jedoch zu berücksichtigen, dass die Partner trotz François und den für ihn bezahlten Alimente sämtliche Kosten durch zwei teilen.

Auf einem solchen Lohn sind Sozialversicherungsbeiträge und nochmals Steuern zu bezahlen. Würden die Partner der unterschiedlichen Leistungsfähigkeit durch unterschiedliche Beiträge an die Kosten der gemeinsamen Haushaltführung Rechnung tragen, würde die Steuerpflicht wohl entfallen. Die Bezahlung von Sozialversicherungsprämien ist aus Vorsorgegründen kein Nachteil. Nicht berufstätige Konkubinatspartner, die den Haushalt führen, haben sich bei der AHV-Zweigstelle der Gemeinde als Nichterwerbstätige anzumelden (Jahresbeitrag 1993 Fr. 299.–). Wer sich nicht daran hält, erleidet bei Invalidität oder im Alter wegen der entstehenden Beitragslücke eine empfindliche Rentenkürzung.

⁵ Das betreibungsrechtliche Existenzminimum ist relativ leicht zu ermitteln, da in jedem Kanton Weisungen an die Betreibungsäm-

ter bestehen. Noch einfacher wäre die Festsetzung eines minimalen Einkommens, doch können so zukünftige Bedürfnisse nicht mitberücksichtigt werden.

[6] *Eine der schwierigsten Fragen bei einer Trennung ist die Zuteilung der gemeinsamen Wohnung. Hier soll Barbara wegen François ein Vorrecht erhalten. Ist sie nicht bereits Alleinmieterin, muss der Vermieter mit dem Mieterwechsel einverstanden sein, selbst wenn beide den Mietvertrag unterschrieben haben.*

Die Auszugsfrist soll — auch wenn in einer Krisensituation nicht ganz unbedenklich — beide Seiten absichern: Die ausziehende Partei, damit sie nicht plötzlich auf der Strasse steht, die verbleibende, damit sie die Wohnung mindestens bis zum nächsten Kündigungstermin finanzieren kann.

[7] *Die Rückforderung von Geschenken gibt oft Anlass zu Streit.*

Der Ehevertrag

Das Wichtigste in Kürze

Mit dem Ehevertrag wählen die Ehegatten ihren Güterstand, die vermögensrechtliche Grundordnung ihrer Ehe.

Das Gesetz stellt als Güterstände die Errungenschaftsbeteiligung, die Gütergemeinschaft und die Gütertrennung zur Verfügung. Diese können nur teilweise abgeändert und miteinander gemischt werden.

Ehen, die vor dem 1. Januar 1988 eingegangen worden sind, können noch ganz oder teilweise altem Güterrecht unterstehen. Darunter fallen insbesondere Eheleute, die einen altrechtlichen Güterstand vereinbart oder abgeändert hatten.

Schliessen Ehegatten keinen Ehevertrag ab, stehen sie unter dem ordentlichen Güterstand der Errungenschaftsbeteiligung.

Eheverträge sind öffentlich zu beurkunden.

Wesen von Güterstand und Ehevertrag	Die Auswirkungen der Ehe auf das Vermögen der Ehegatten bedürfen einer bestimmten Ordnung. Diese Aufgabe übernimmt das Güterrecht. Geregelt werden Eigentum, Nutzung und Verwaltung, Verfügung und Haftung sowie die Auseinandersetzung bei Auflösung des Güterstandes.

Die vermögensrechtliche Ordnung soll nicht für alle Ehen einheitlich erfolgen, da die Interessenlage oft sehr verschieden ist. Das Güterrecht stellt daher drei Güterstände zur Auswahl: Errungenschaftsbeteiligung, Gütergemeinschaft und Gütertrennung. Abänderungen und Mischformen der drei Güterstände sind nur in dem vom Gesetz abgesteckten Rahmen möglich. Beim Abschluss von Rechtsgeschäften, die nicht den Güterstand betreffen, sind die Ehegatten untereinander dagegen frei (Art. 168 ZGB).

Während der funktionierenden Ehe werden die Ehegatten von ihrem Güterstand wenig merken. Von grosser Bedeutung wird er jedoch bei einer Auflösung des Güterstandes, meist durch Scheidung oder Tod. Beim Tod eines Ehepartners erfolgt die sogenannte güterrechtliche Auseinandersetzung, d. h. die den Regeln des anwendbaren Güterstandes folgende Auflösung des ehelichen Vermögens *vor* der erbrechtlichen Teilung des Nachlasses. Erst mit der Aufteilung des ehelichen Vermögens nach güterrechtlichen Grundsätzen weiss man, was dem Verstorbenen gehörte und demzufolge sein Nachlass ist.

Mit dem Ehevertrag bestimmen die Ehegatten ihren Güterstand, wählen zwischen den vom Gesetz zugelassenen drei Güterständen und ihren Varianten (Art. 182 Abs. 2 ZGB). Ein Ehevertrag soll ein Masskleid für die in jeder Ehe wieder anders liegende Interessenlage sein. Es ist daher besondere Vorsicht bei der unbesehenen Übernahme von Mustern geboten. Im Zweifel sollte ein Rechtsanwalt oder Notar konsultiert werden.

Wird kein Ehevertrag abgeschlossen, untersteht die Ehe dem ordentlichen Güterstand der Errungenschaftsbeteiligung, sofern nicht der ausserordentliche Güterstand (siehe entsprechende Randnote unten) eingetreten ist (Art. 181 ZGB). |
| Abschluss des Ehevertrags | Ein Ehevertrag kann jederzeit, auch vor der Ehe, abgeschlossen werden. Der einmal gewählte Güterstand kann abgeändert werden, dies sogar rückwirkend auf den Zeitpunkt der Heirat. Allerdings darf durch einen solchen Wechsel des Güterstandes nicht |

Vermögen, das bisher den Gläubigern haftete, dieser Haftung entzogen werden (Art. 193 ZGB). Die öffentliche Beurkundung eines Ehevertrages kann nicht nur am Wohnsitz, sondern irgendwo in der Schweiz gültig erfolgen.

Die Errungenschaftsbeteiligung ist der normale Güterstand, der heute für den weitaus grössten Teil aller Ehen gilt. Er teilt das Vermögen der Ehepartner in vier güterrechtliche Massen: Eigengut der Frau, Eigengut des Mannes, Errungenschaft der Frau und Errungenschaft des Mannes. Errungenschafts-
beteiligung

Was Eigengut ist, zählt das Gesetz in Art. 198 ZGB auf. Zu erwähnen sind die Vermögenswerte, die einem Ehegatten zu Beginn des Güterstandes gehören oder ihm später unentgeltlich, z. B. durch eine Erbschaft, zufallen. In beschränktem Rahmen kann Eigengut auch durch Ehevertrag geschaffen werden (Art. 199 ZGB). Was nicht Eigengut ist, gehört zur Errungenschaft eines Ehegatten, also insbesondere auch der Arbeitserwerb (Art. 197 ZGB).

Ist unklar, wem ein bestimmter Vermögenswert gehört, wird Miteigentum beider Ehegatten angenommen. Ist unklar, welcher Vermögensmasse ein Gegenstand angehört, wird Zugehörigkeit zur Errungenschaft angenommen (Art. 200 ZGB).

Jeder Ehegatte hat auch während der Ehe Eigentum an seinem Eigengut und seiner Errungenschaft. Er verwaltet und nutzt seine Güter und kann darüber verfügen, z. B. durch Verkauf (Art. 201 Abs. 1 ZGB). Schranken bestehen allerdings hinsichtlich der Bestreitung des Familienunterhaltes und der Verfügung über die Familienwohnung.

Dem getrennten Eigentum entspricht die Haftungsregelung. Jeder Ehegatte haftet für seine Schulden mit seinem ganzen Vermögen, also mit seinem Eigengut und seiner Errungenschaft (Art. 202 ZGB). Der andere Ehegatte haftet nicht. Eine Ausnahme bilden Schulden, die zur Deckung der laufenden Bedürfnisse der Familie eingegangen wurden (Art. 166 ZGB). Für diese Schulden haften beide Ehegatten.

Bei Beendigung des Güterstandes findet die sogenannte güterrechtliche Auseinandersetzung statt. Jeder Ehegatte behält zwar Eigentum an seinem Eigengut und seiner Errungenschaft. Vom Nettowert seiner Errungenschaft, dem sogenannten Vorschlag, hat er jedoch die Hälfte dem Ehepartner als Vorschlagsanteil auszuzahlen (Art. 215 ZGB). Einen Rückschlag, also einen Negativsaldo der Errungenschaft, trägt jeder Ehegatte selber (Art. 210 Abs. 2 ZGB).

Die Beteiligung an den Vorschlägen kann durch Ehevertrag abgeändert werden. Sind keine oder nur gemeinsame Nachkommen vorhanden, kann sogar der ganze Vorschlag dem Überlebenden zugewiesen werden (Art. 216 ZGB). Ist fast nur Errungenschaft vorhanden, kommt dies einer zulässigen, wenigstens vorläufigen Enterbung der gemeinsamen Nachkommen gleich. Wird der Güterstand nicht durch Tod aufgelöst, sondern z. B. durch Scheidung, greift die ehevertragliche Bevorzugung des Ehegatten nicht, es sei denn, der Vertrag sehe das ausdrücklich vor (Art. 217 ZGB).

Weiter kann die Errungenschaftsbeteiligung modifiziert werden, indem der Ehevertrag Teile der Errungenschaft, die für Beruf oder Geschäft bestimmt sind, zu Eigengut erklärt (Art. 199 Abs. 1 ZGB). Dies kann auch ein ganzes Geschäft betreffen. Weiter kann der Ehevertrag vorsehen, dass die Erträge des Eigengutes nicht wie nach Gesetz (Art. 197 Abs. 2 Ziff. 4 ZGB) Errungenschaft werden, sondern im Eigengut verbleiben (Art. 199 Abs. 2 ZGB).

Schliesslich können die Ehegatten durch einfache schriftliche Vereinbarung bestimmen, dass für einzelne Investitionen, die ein Ehegatte in Güter des andern tätigt, der gesetzlich vorgesehene Mehrwertanteil nicht geschuldet sein soll (Art. 206 ZGB). Nicht zulässig ist ein genereller Ausschluss des Mehrwertanteils.

Gütergemeinschaft Die Gütergemeinschaft ist der einzige Güterstand des geltenden Rechts, bei dem es noch gemeinsames eheliches Vermögen gibt. Sie vereinigt mit Ausnahme der Gegenstände, die von Gesetzes wegen Eigengut sind, das Vermögen und die Einkünfte der Ehegatten zu einem Gesamtgut (Art. 222 Abs. 1 ZGB). Ohne ehevertragliche Ausdehung besteht das Eigengut im wesentlichen aus den persönlichen Gebrauchsgegenständen der Ehegatten.

Das Gesamtgut gehört beiden Ehegatten ungeteilt (Art. 222 Abs. 2 ZGB). Es liegt Gesamteigentum vor. Kein Ehegatte kann über Vermögenswerte des Gesamtgutes oder seinen Anteil daran verfügen. Ausnahmen ergeben sich aus der grundsätzlich, aber nicht zwingend gemeinsam zu besorgenden Verwaltung des Gesamtgutes (Art. 227 und 228 ZGB) und der Ausübung eines Berufes oder Gewerbes mit Mitteln des Gesamtgutes (Art. 229

ZGB). Verfügt ein Ehegatte unberechtigterweise über Werte des Gesamtgutes, so wird er dem andern Ehegatten ersatzpflichtig. Die Verfügung bleibt aber gültig, sofern nicht auch der Geschäftspartner hätte wissen müssen, dass das Vorgehen des Ehegatten unrechtmässig war (Art. 228 Abs. 2 ZGB).

Auch bei der Gütergemeinschaft haftet grundsätzlich jeder Ehegatte für seine Schulden nur mit seinem eigenen Vermögen, das in der Regel aus dem Eigengut und einem hälftigen Anteil am Gesamtgut besteht. Ausnahmen, in denen das ganze Gesamtgut haftet, hält Art. 273 ZGB fest; hervorzuheben sind die Schulden aus einem Geschäft, das zum Gesamtgut gehört oder dessen Erträge in das Gesamtgut fallen. Hier muss ein Ehegatte aufpassen, der z. B. sein Erbe ins gemeinsame Gut einbringt, in das auch die Erträge eines risikoreichen Geschäftes fallen. Das Haftungsrisiko ist bei der Gütergemeinschaft im Vergleich zur Errungenschaftsbeteiligung höher.

Die güterrechtliche Auseinandersetzung gestaltet sich anders, je nachdem, ober der Güterstand durch Tod oder aus andern Gründen, z. B. durch Scheidung oder Trennung, aufgelöst wird. Bei Auflösung durch Tod steht nach Gesetz jedem Ehegatten respektive seinen Erben sein Eigengut und die Hälfte des Gesamtgutes zu (Art. 241 Abs. 1 ZGB). Bei Auflösung aus anderen Gründen wird die Gütergemeinschaft praktisch rückwirkend aufgehoben und der Errungenschaftsbeteiligung angenähert: Jeder Ehegatte erhält zurück, was unter der Errungenschaftsbeteiligung sein Eigengut wäre. Der verbleibende Rest wird hälftig geteilt (Art. 242 ZGB).

Die Beteiligung am Gesamtgut kann durch Ehevertrag abgeändert werden (Art. 241 Abs. 2 ZGB). Anders als bei der Errungenschaftsbeteiligung dürfen solche Vereinbarungen aber auch die erbrechtlichen Pflichtteile der gemeinsamen Nachkommen nicht beeinträchtigen, wohl aber diejenigen der Eltern (Art. 241 Abs. 3 ZGB). Bei der Errungenschaftsgemeinschaft als Unterform der Gütergemeinschaft ist die Geltung des Pflichtteilsschutzes für gemeinsame Nachkommen allerdings systemwidrig. Die Pflichtteile berechnen sich in allen Fällen vom ganzen Nachlass, nicht bloss vom Gesamtgut.

Wird der Güterstand anders als durch Tod aufgelöst, gilt die Teilung gemäss Ehevertrag nur, wenn dies ausdrücklich gewollt war (Art. 242 Abs. 3 ZGB).

Die allgemeine Gütergemeinschaft des Gesetzes kann im Ehevertrag zur beschränkten Gütergemeinschaft gemacht werden. Zunächst können beliebige Vermögenswerte vom Gesamtgut ausgenommen und zu Eigengut gemacht werden (Art. 224 ZGB). Sogar der Arbeitserwerb kann vom Gesamtgut ausgenommen werden. Häufig wird dies auch für ein Geschäft gemacht. Schliesslich kann das Gesamtgut auch auf die Errungenschaft beschränkt, die Eigengüter im Sinne der Errungenschaftsbeteiligung davon also ausgeschlossen werden (sogenannte Errungenschaftsgemeinschaft, Art. 223 ZGB). Auch hier kann für Investitionen der einen Vermögensmasse in eine andere der geschuldete Mehrwertanteil schriftlich wegbedungen werden (Art. 239 und 206 ZGB).

Gütertrennung	Während der Ehe unterscheidet sich die Gütertrennung kaum von der Errungenschaftsbeteiligung. Jeder Ehegatte behält das Eigentum an seinem Vermögen, verwaltet und nutzt es und verfügt darüber (Art. 247 ZGB). Schranken findet die Verfügungsfreiheit wiederum am nötigen Unterhalt der Familie und bei der Familienwohnung. Ist unklar, welchem Gatten ein Vermögenswert gehört, wird Miteigentum angenommen (Art. 248 ZGB).

Jeder Ehegatte haftet nur für seine Schulden (Ausnahme: Haushaltschulden, Art. 166 Abs. 3 ZGB), für diese mit seinem ganzen Vermögen.

Im Fall der güterrechtlichen Auseinandersetzung gibt es, überspitzt gesagt, nichts zu tun. Jeder Ehegatte behält sein Vermögen. Ein Anspruch auf Beteiligung am Vermögen des andern besteht nicht.

Die Tatsache, dass keine Auszahlungen zu leisten sind, kann einem Geschäft, das fortgeführt werden soll, sehr zugute kommen. Gleiches kann allerdings auch mit einer modifizierten Errungenschaftsbeteiligung erreicht werden. Kann ein Ehepartner erheblich weniger sparen als der andere, führt die Gütertrennung regelmässig zu Ungerechtigkeiten. Generell hat die Gütertrennung heute an Bedeutung verloren, weil sie sich betreffend Verwaltung, Nutzung, Haftung und Verfügung (letzteres mit der unbedeutenden Ausnahme von Art. 201 Abs. 3 ZGB) in nichts mehr vom ordentlichen Güterstand unterscheidet.

Altrechtliche Güterstände	War vor 1988 ein Ehevertrag abgeschlossen worden oder wurde eine Beibehaltungserklärung abgegeben, gilt weiterhin das alte

Recht und damit Güterverbindung oder altrechtliche Gütergemeinschaft. Diese Güterstände können heute nicht mehr neu vereinbart werden. Die altrechtliche Gütertrennung wird in jedem Fall den entsprechenden Bestimmungen des neuen Rechts unterstellt, doch unterscheiden sich diese praktisch nicht von der alten Gütertrennung. Das Güterrechtsregister ist nur noch für altrechtliche Eheverträge von Bedeutung. Es wurde am 31.12.1987 geschlossen (Art. 10e SchlT ZGB).

Eheleute, die vor dem 1. Januar 1988 geheiratet haben, unterstehen dem neuen Recht, wenn sie früher nie einen Ehevertrag abgeschlossen und auch keine gemeinsame Beibehaltungserklärung bis Ende 1988 abgegeben haben (Art. 9b, 9e und 10 SchlT ZGB). Soweit Ehegatten eine Beibehaltungserklärung abgegeben oder einen altrechtlichen Ehevertrag abgeschlossen haben, können sie die Geltung des neuen Rechts durch Ehevertrag herbeiführen.

Neues Recht für alte Ehen

Für den Zeitraum Heirat bis Ende 1987 gilt auch ohne Ehevertrag oder gemeinsame Beibehaltungserklärung altes Recht, wenn ein Ehegatte bis Ende 1987 seinen entsprechenden Willen dem Partner schriftlich bekannt gegeben hat (Art. 9d Abs. 2 SchlT ZGB). Auch in diesen Fällen gilt aber für den Zeitraum ab 1. Januar 1988 uneingeschränkt neues Güterrecht.

Der ausserordentliche Güterstand dient dem Schutze eines Ehegatten, wenn beim andern ein Vermögenszerfall eingetreten oder das Einvernehmen der Ehegatten im wirtschaftlichen Bereich stark gestört ist (vgl. zu den Gründen im einzelnen Art. 185, 188, 189, 155, 176 Abs. 1 Ziff. 3, 145 Abs. 2 ZGB). Der ausserordentliche Güterstand wird entweder auf Begehren vom Richter angeordnet oder tritt von Gesetzes wegen ein. Letzteres ist z. B. bei gerichtlicher Trennung der Ehe oder beim Konkurs eines Ehegatten der Fall. Der ausserordentliche Güterstand führt zur Gütertrennung. Sein Eintritt macht die güterrechtliche Auseinandersetzung nötig.

Ausserordentlicher Güterstand

Vom Ehevertrag handeln eigentlich nur die Art. 182—184 ZGB. Die Güterstände, welche Gegenstand eines Ehevertrages sein können, sind jedoch weit umfassender geordnet: Art. 196—220 ZGB für die Errungenschaftsbeteiligung, Art. 221—246 ZGB für

Gesetzliche Regelung

die Gütergemeinschaft, Art. 247–251 ZGB für die Gütertrennung. Für alle Güterstände anwendbar sind die Art. 154 und 155 sowie 181–195a ZGB. Auf altrechtliche Güterstände kommt nach wie vor altes Eherecht zur Anwendung.

Vorlage 1 für eine Errungenschaftsbeteiligung mit Zuweisung der Gesamtsumme beider Vorschläge an den überlebenden Ehegatten; Liquidation des vorherigen Güterstandes

Die Ehegatten
Maria Bosch, geb. 15. März 1939 als Maria Tscharner, Hausfrau, von Basel, wohnhaft Sandbühl 11, 8606 Greifensee, und
Peter Max Bosch, geb. 21. Oktober 1937, Werkzeugmacher, von Basel, wohnhaft Sandbühl 11, 8606 Greifensee,
erklären mit dem Ersuchen um öffentliche Beurkundung als ihren Ehevertrag:

I. Feststellungen[1]

1. Wir sind seit dem 20. Mai 1961 verheiratet.[2]
    Wir haben am 11. Mai 1961 bei Dr. Ludwig Bernoulli, Advokat und Notar in Basel, einen Ehevertrag unter Brautleuten abgeschlossen, der den gesamten ehelichen Vorschlag dem überlebenden Ehegatten zuwies. Eine Erklärung zur Unterstellung unter den Güterstand der Errungenschaftsbeteiligung haben wir nicht eingereicht. Wir standen bisher unter dem altrechtlichen ordentlichen Güterstand der Güterverbindung.[3] Diesen Güterstand haben wir per 31.5.1994 aufgelöst.

2. Aus unserer Ehe sind die zwei Kinder Max, geb. 11.1.1963, und Rosa, geb. 28.2.1965, hervorgegangen. Vor- oder ausserehelichen Kinder haben wir nicht.

3. Wir haben Vermögenswerte gemäss folgendem Inventar im Sinne von Art. 195a ZGB[4] in den nachstehend vereinbarten Güterstand der Errungenschaftsbeteiligung als Eigengüter eingebracht:[5]

    Peter Bosch
    – 12 Namenaktien der «Swissair» Schweizerische Luftverkehrs AG

- 16 Anteilscheine der Genossenschaftlichen Zentralbank, Basel
- Einzelfirma Bosch, Mechanische Werkstätte und Federnfabrik, Greifensee
- Fr. 8'000.– in bar

Maria Bosch-Tscharner
- Liegenschaft in Klosters, GBBl 188, Kat. Nr. 6104, Wohnhaus im «Toggiloch» mit 22 Aren 82 m² Gebäudegrundfläche, Hofraum und Garten sowie ca. 8 Aren 30 m² Wald
- 23 antike, römische Vasen
- Guthaben von Fr. 120'000.– bei Peter Bosch gemäss separater Vereinbarung[6]
- Fr. 29'000.– in bar

II. *Vereinbarung*

1. Wir vereinbaren mit *Wirkung ab 1. Juni 1994*[7] als unseren Güterstand den ordentlichen Güterstand der *Errungenschaftsbeteiligung*.

2. Die Erträge aus der Peter Bosch gehörenden Einzelfirma Bosch, Mechanische Werkstätte und Federnfabrik, Greifensee, fallen nicht in dessen Errungenschaft, sondern verbleiben in seinem Eigengut.[8]

3. Trägt die Errungenschaft oder das Eigengut von Peter Bosch zur Erhaltung oder Verbesserung der von Maria Bosch-Tscharner eingebrachten Liegenschaft in Klosters bei, so ist für diesen Beitrag die Geltung der Bestimmung über den Mehrwertanteil (Art. 206 ZGB) aufgehoben und die Ersatzforderung bleibt auf den nominell geleisteten Betrag beschränkt.[9]

4. Wird der Güterstand durch den Tod eines Ehegatten aufgelöst, so fällt die Gesamtsumme der Vorschläge beider Ehegatten an den überlebenden Ehegatten.[10]

III. Hinweis

Wir wurden auf die Pflichtteilsansprüche allfällig vorhandener nichtgemeinsamer Kinder und deren Nachkommen hingewiesen.

Ort, Datum und Unterschriften

Beurkundungsformel

Vorlage 2 für eine beschränkte Gütergemeinschaft in Kombination mit einem den überlebenden Ehegatten begünstigenden Erbvertrag

Vor Gemeindeschreiber Wilfried Schmid als öffentlicher Urkundsperson der Gemeinde Teufen sind heute zwecks Errichtung eines Ehe- und Erbvertrages erschienen:

Walter Hengartner, dipl. Ing. ETH, geb. 29. November 1941, von Huttwil BE, wohnhaft Bergstrasse 14, 9053 Teufen, und

Silviane de Moulin Hengartner, Juristin/Hausfrau, geb. 28. Februar 1940, von Versoix GE und Huttwil BE, wohnhaft Bergstrasse 14, 9053 Teufen.

Sie haben der öffentlichen Urkundsperson ihren Willen mitgeteilt und mit dem Ersuchen um Erstellung einer öffentlichen Urkunde zu ihrem Ehe- und Erbvertrag erklärt:

I. Feststellungen[1]

1. Wir sind seit dem 9. Mai 1971 verheiratet.[2]
    Der ausserordentliche Güterstand der Gütertrennung ist nie eingetreten.[11] Wir stehen unter dem ordentlichen Güterstand der Errungenschaftsbeteiligung.[3]

2. Aus unserer Ehe sind die drei Kinder Dominique Stephan, geb. 15. August 1971, Marleine, geb. 4. Mai 1973, und Marie-Ange, geb. 8. November 1978, hervorgegangen.
    Walter Hengartner ist Vater des unter altem Kindesrecht mit Standesfolge anerkannten Kindes Martin Paul Güttinger, geb. 3. Juni 1960.

3. Wir haben im wesentlichen die folgenden Vermögenswerte in die Ehe eingebracht:[4]
    a) Walter Hengartner:
        – Anlagekonto bei der Appenzellischen Kantonalbank über Fr. 44'000.–

- ein PW Marke Volvo 122 Jahrgang 1970
- ein Oldtimer Marke Bugatti Jahrgang 1931
- Gesellschaftsanteil am Ingenieurbüro Koller, Hengartner + Partner im Wert von ca. Fr. 130'000.–
b) Silviane de Moulin Hengartner:
- Sparkonto bei der Schweizerischen Bankgesellschaft, Filiale Versoix, über Fr. 19'500.–
- ein PW Marke Peugeot 303 Jahrgang 1969

II. Ehevertrag

1. *Vereinbarung*
   a) Wir vereinbaren mit *Rückwirkung auf das Datum unserer Heirat am 9. Mai 1971*[12] als unseren Güterstand die *beschränkte Gütergemeinschaft* im Sinne von Art. 221 ff. ZGB.[13]

   Die beschränkte Gütergemeinschaft vereinigt unsere Vermögen, mit Ausnahme des eingebrachten Gesellschaftsanteils von Walter Hengartner, sowie unsere gesamten Einkünfte zu einem Gesamtgut, das uns ungeteilt gehört. Kein Ehegatte kann über seinen Anteil am Gesamtgut verfügen.

   Als Eigengut vom Gesamtgut ausgenommen sind der eingebrachte Gesellschaftsanteil von Walter Hengartner[14] sowie diejenigen Gegenstände, die von Gesetzes wegen Eigengut sind (Gegenstände, die einem Ehegatten ausschliesslich zum persönlichen Gebrauch dienen, Genugtuungsansprüche sowie Zuwendungen Dritter, die ausdrücklich dem Eigengut eines Ehegatten zugewendet werden und nicht gesetzliche Pflichtteile sind).[15]

   Ersatzanschaffungen für Eigengut werden wiederum zu Eigengut.[16]

   Erträge von Eigengut, einschliesslich der Erträge des eingebrachten Gesellschaftsanteils, fallen in das Gesamtgut.[17]
   b) Trägt das Gesamtgut oder das Eigengut von Silviane de Moulin Hengartner zur Erhaltung oder Verbesserung des

von Walter Hengartner eingebrachten Gesellschaftsanteils bei, so ist die Geltung der Bestimmung über den Mehrwertanteil (Art. 239 ZGB) ausgeschlossen und die Ersatzforderung bleibt auf den nominellen Beitrag beschränkt.[18]

c) Wird der Güterstand durch den Tod eines Ehegatten aufgelöst, so fällt das Gesamtgut ins Alleineigentum des überlebenden Ehegatten.

Der überlebende Ehegatte kann Pflichtteilsansprüche der Nachkommen nach seiner freien Entscheidung ganz oder teilweise durch Zuweisung von Vermögenswerten aus dem Gesamtgut oder in bar abgelten.[19]

2. Hinweis

Wir wurden auf die Pflichtteilsansprüche der gemeinsamen Kinder wie auch des vorehelichen Kindes von Walter Hengartner sowie deren Nachkommen hingewiesen.

III. Erbvertrag[20]

1. Der erstversterbende Ehegatte setzt zugunsten des überlebenden Ehegatten seine übrigen Erben auf den Pflichtteil.[21] Mit Ausnahme dieser Pflichtteile Dritter fällt der gesamte Nachlass an den überlebenden Ehegatten. Der erstversterbende Ehegatte bleibt indessen berechtigt, Vermächtnisse bis zum Gesamtbetrag von Fr. 50'000.– zu errichten.[22]

2. Befinden sich im Eigengut des erstversterbenden Ehegatten Grundstücke, so bestimmen wir im Sinne einer Teilungsvorschrift, dass diese Grundstücke in das Eigentum des überlebenden Ehegatten fallen.[23] Die übrigen Erben haben darauf keinen Anspruch, doch steht es dem überlebenden Ehegatten frei, deren Pflichtteilsansprüche durch Zuweisung von Grundstücken zu befriedigen.

Die gleiche Regelung gilt für Nutzungsrechte an Grundstücken, welche aus dem eingebrachten Gesellschaftsanteil von Walter Hengartner fliessen (zur Zeit ein im Grundbuch vorgemerkter Mietvertrag auf 10 Jahre fest).[24]

3. Nach dem Tode des zweitversterbenden Ehegatten gelten die folgenden Bestimmungen:
   a) Beim Nachversterben von Walter Hengartner sind sein Sohn Martin Güttinger oder dessen Nachkommen auf den Pflichtteil gesetzt. Die verfügbare Quote fällt an die gemeinsamen Kinder der Parteien oder deren Nachkommen nach Stämmen.[25]
   b) Im Sinne einer Teilungsvorschrift wird für den Fall des Nachversterbens von Walter Hengartner festgelegt, dass aller Grundbesitz der Parteien ausschliesslich den gemeinsamen Kindern oder deren Nachkommen zufallen soll, während Martin Güttinger keinen Anspruch darauf hat.

4. Für den Fall, dass beide Ehegatten gleichzeitig sterben, werden Martin Güttinger oder dessen Nachkommen auf den Pflichtteil gesetzt und die Teilungsvorschriften gemäss Ziff. III 3 lit. b) als anwendbar erklärt. Die verfügbare Quote fällt an die gemeinsamen Kinder der Parteien oder deren Nachkommen nach Stämmen.

5. Dieser Erbvertrag ist weder beim Tod des erstversterbenden noch beim Tod des zweitversterbenden Ehegatten amtlich zu eröffnen.[26]

Ort, Datum und Unterschriften

Zeugenerklärung

Beurkundungsformel

Vorlage 3 für Gütertrennung während der Ehe mit Durchführung der güterrechtlichen Auseinandersetzung bei altrechtlicher Güterverbindung

Adelheid Szabo geb. Marti, geb. 6.1.1941, von Bern, urspr. von Stettlen BE, Hausfrau/Damenschneiderin, wohnhaft Monbijoustrasse 51, 3011 Bern, und

Andràs Szabo, geb. 1.8.1940, von Bern, Zahnarzt, wohnhaft Weidweg 3, 3075 Rüfenacht

schliessen folgenden Ehevertrag ab:

I. Feststellungen

Wir sind seit dem 3. November 1962 verheiratet.[2]
   Am 10. Oktober 1962 haben wir bei Dr. Daniel Iseli, Fürsprecher in Bern, einen Ehevertrag unter Brautleuten abgeschlossen, welcher für den Todesfall den ganzen Vorschlag dem überlebenden Ehegatten zuweist.
   Wir standen bisher unter dem altrechtlichen Güterstand der Güterverbindung.[3]

II. Gütertrennung

Wir vereinbaren, dass mit Wirkung ab 1. Januar 19.. zwischen uns Gütertrennung bestehen soll.

III. Güterrechtliche Auseinandersetzung[27]

1. *Eheliches Vermögen*

   Wir stellen fest, dass sich das eheliche Vermögen per 31. Dezember 19.. wie folgt zusammensetzt (alle Beträge in Franken):

AKTIVEN

Liegenschaften

Wohn- und Geschäftshaus Weidweg 3, Rüfenacht	600'000
Mehrfamilienhaus Bleichestrasse 65, Stettlen hälftiger Gesamteigentumsanteil, nutzniessungsbelastet	235'000
Wertschriften und Konti	215'000

Übrige Aktiven

Lebensversicherung La Suisse Rückkaufswert	30'000
2 Personenwagen	p. m.
Mobiliar Rüfenacht und Bern	p. m.
Total AKTIVEN	1'080'000

PASSIVEN

Grundpfandschulden

Hypothek Kantonalbank, lastend auf Wohn- und Geschäftshaus Rüfenacht	280'000
Hypothek Raiffeisenkasse, lastend auf Mehrfamilienhaus Stettlen, hälftiger Anteil, inkl. Marchzins	42'000
Andere Schulden	–
Total PASSIVEN	322'000

SALDO

Aktiven	1'080'000
Passiven	322'000
Eheliches Vermögen	758'000

2. *Eingebrachte Güter*

Wir stellen fest, dass folgende Anteile des ehelichen Vermögens eingebrachte Güter sind:
a) Eingebrachtes Gut von Andràs Szabo —
b) Eingebrachtes Gut von Adelheid Szabo

AKTIVEN

Erbvorzug (Land Rüfenacht) (Wert bei Übernahme zuzüglich seitherige Wertsteigerung)	150'000
MFH, Bleichestrasse 65, Stettlen	235'000
Bar aus Erbschaft	56'000
Total AKTIVEN	441'000

PASSIVEN

Hypothek Bleichestrasse 65, Stettlen	40'000

SALDO

Aktiven	441'000
Passiven	40'000
Total eingebrachtes Gut Adelheid Szabo	401'000

c) Eingebrachtes Gut
   – Andràs Szabo —
   – Adelheid Szabo 401'000
   Total eingebrachte Güter 401'000

3. *Vorschlag*

Eheliches Vermögen	758'000
Einbringgüter	401'000
Vorschlag	357'000

4. Güterrechtlicher Anspruch

a) Der eheliche Vorschlag ist zu einem Drittel der Ehefrau und zu zwei Dritteln dem Ehemann zuzuteilen. Dies ergibt folgende Vorschlagsanteile:

Adelheid Szabo ⅓ von 357'000 = 119'000

Andràs Szabo ⅔ von 357'000 = 238'000

b) Der gesamte güterrechtliche Anspruch beträgt:

Adelheid Szabo

Eingebrachtes Gut	401'000
Vorschlagsanteil	119'000
Güterrechtsanspruch[28]	520'000

Andràs Szabo

Eingebrachtes Gut	–
Vorschlagsanteil	238'000
Güterrechtsanspruch[28]	238'000

5. Vollzug

Die Güterrechtsansprüche werden wie folgt abgegolten:

Adelheid Szabo

– Güterrechtsanspruch		520'000
– Anteil MFH Bleichestr. 65, Stettlen	42'000	235'000
– Wertschriften und Konti gem. beiliegenden Verzeichnis		177'000
– Guthaben gegenüber Andràs Szabo,[6] Modalitäten gemäss separater Vereinbarung		150'000
	562'000	562'000

Andràs Szabo

– Güterrechtsanspruch	238'000	
– Wohn-/Geschäftshaus Rüfenacht	280'000	600'000
– Wertschriften und Konti gem. beiliegendem Verzeichnis		38'000
– Lebensversicherung La Suisse		30'000
– Schuld bei Adelheid Szabo	150'000	
	668'000	668'000[29]

Mobiliar, Hausrat und Autos fallen dem derzeitigen Besitzer ohne wertmässige Anrechnung zu Eigentum zu.

6. *Sondergut*

Wir stellen fest, dass mit Ausnahme der persönlichen Gebrauchsgegenstände und des auf den Namen von Adelheid Szabo lautenden Bankkontos bei der Spar- und Leihkasse in Bern, das einen Saldo von nur wenigen tausend Franken aufweist, kein Sondergut vorhanden ist.

Ort, Datum und Unterschriften

Beurkundungsformel

Kommentar zu den Vorlagen 1—3

[1] *Die Feststellungen sind eigentlich nicht notwendiger Vertragsbestandteil. Sie zeigen aber, von welchen Voraussetzungen die Parteien ausgegangen sind und tragen zum Verständnis und zur richtigen Auslegung des Ehevertrages bei.*

[2] *Der an dieser Stelle früher nötige Hinweis betreffend allfälliger Ehedomizile im Ausland ist nicht mehr nötig, weil es für die Rückkehr zum schweizerischen Recht kein Unterstellungsverfahren mehr braucht. Die Geltung schweizerischen wie auch ausländischen Rechts kann nun sogar durch einfache Schriftform herbeigeführt werden (Art. 53 Abs. 1, 55 Abs. 1 und 2 und 196 Abs. 2 IPRG). Der Abschluss eines Ehevertrages mit Wahl eines schweizerischen Güterstandes ist damit in jedem Fall auch als gültige Unterstellung unter das schweizerische Recht zu verstehen, so dass eine ausdrückliche Unterstellungserklärung bei vorheriger Geltung ausländischen Rechts nicht mehr nötig ist. Aus Gründen der Anerkennung empfiehlt sie sich aber dann, wenn Vermögenswerte im Ausland liegen. Im übrigen wäre der unter dem alten Recht verwendete Hinweis, dass der eheliche Wohnsitz nie im Ausland lag, heute auch ungenügend. Die Geltung ausländischen Rechts kann neu auch ohne ehelichen Wohnsitz im Ausland herbeigeführt werden (Art. 52 Abs. 2 und 54 Abs. 2 IPRG).*

[3] *Ehegatten, die nie einen Ehevertrag abgeschlossen und bis Ende 1988 keine gemeinsame Beibehaltungserklärung (s. Art. 9e SchlT ZGB) abgegeben haben, stehen automatisch für ihre ganze Ehe unter dem neuen ordentlichen Güterstand der Errungenschaftsbeteiligung. Ein altrechtlicher Ehevertrag, und hat er auch nur die Vorschlagszuteilung beim Tod des Erstversterbenden abgeändert, führt jedoch zur Beibehaltung des alten Rechts, sofern die Ehegatten nicht bis Ende 1988 eine Unterstellungserklärung nach Art. 10b SchlT ZGB abgegeben haben.*

  Der übliche Hinweis darauf, dass nie der ausserordentliche Güterstand der Gütertrennung eingetreten sei, ist in Anbetracht der Art. 187 Abs. 1 und Art. 191 Abs. 2 ZGB im vorliegenden Fall überflüssig (s. a. Kommentar-Note 11).

⁴ *Jeder Ehegatte kann jederzeit vom andern verlangen, dass er bei der Aufnahme eines Inventars ihrer Vermögenswerte in einer öffentlichen Urkunde mitwirkt (Art. 195a ZGB). Das Inventar kann für das ganze Vermögen oder wie hier beschränkt auf bestimmte Gütermassen verlangt werden.*

Nur wenn das Inventar innert eines Jahres seit Einbringen der inventierten Vermögenswerte in den Güterstand erstellt wurde, wird es als richtig vermutet. Dies ist nur bei Vorlage 1 der Fall.

Die Regeln über das Inventar gelten für alle Güterstände. Das Inventar ist vor allem dann wichtig, wenn ein Ehegatte im Streitfall Beweis darüber führen soll, dass ihm etwas zu Eigengut gehört (vgl. Art. 200, 242 Abs. 1 ZGB).

⁵ *Die Ehegatten haben auf Anraten des Notars ihren alten Güterstand liquidiert und per 31.5.1994 die güterrechtliche Auseinandersetzung durchgeführt. Sie hätten die güterrechtliche Auseinandersetzung auch umgehen, die Errungenschaftsbeteiligung rückwirkend für die ganze Ehedauer vereinbaren und für den eintretenden Wechsel im Bestand der Vermögensmassen auf eine Art. 9b SchlT ZGB analoge Regelung verweisen können. Mit der konkreten Aufteilung der Güter werden aber unnötige Streitigkeiten bei einer späteren Scheidung oder unter den Erben darüber vermieden, welche Vermögenswerte am Heiratsdatum 20.5.1961 und bei Beginn des neuen Güterstandes am 1.6.1994 vorhanden waren und wem sie gehören.*

Der Anteil, den ein Ehepartner aus dieser Abrechnung erhält, wird unter dem neuen Güterstand zu seinem Eigengut. Anders, wenn die Errungenschaftsbeteiligung rückwirkend vereinbart worden wäre: Dann müsste die Errungenschaft der alten Güterverbindung in Errungenschaft und Eigengut aufgeteilt werden.

Im einzelnen spielte sich hier die güterrechtliche Auseinandersetzung wie folgt ab: Aktien, Anteilscheine, Vasen und die Liegenschaft waren Güter, welche die Parteien in die Ehe eingebracht hatten und daher an den Einbringer zurückfielen. Der Rest, Bargeld von Fr. 37'000.– und die mit netto Fr. 410'000.– bewertete Einzelunternehmung bildete Errungenschaft und führte zu einem Vorschlag von Fr. 447'000.–. Nach altem Recht stand der Ehefrau davon ein Drittel oder Fr. 149'000.– zu. Dieser wurde mit Fr. 29'000.– in bar und einem Guthaben von Fr. 120'000.– abgegolten.

[6] *Unter gewissen Umständen haben die Ehegatten von Gesetzes wegen einen Anspruch darauf, bei der güterrechtlichen Auseinandersetzung Zahlungsaufschub zu erhalten (Art. 218 ZGB und Art. 11 SchlT ZGB).*

[7] *Der neue Güterstand hätte auch rückwirkend für die ganze Ehe vereinbart werden können.*

[8] *Damit wird die gesetzliche Ordnung des Art. 197 ZGB, wonach Erträge des Eigengutes in die Errungenschaft fallen, abgeändert. Art. 199 Abs. 2 ZGB erlaubt, die Erträge eines oder beider Eigengüter oder auch nur bestimmter Vermögenswerte daraus dem Eigengut zuzuweisen. Zwingend verbleibt aber immer der Arbeitserwerb in der Errungenschaft. Damit ergeben sich Abgrenzungsprobleme Ertrag/Erwerbseinkommen. Im Streitfall ist auf das regelmässig bezogene, wenn zu wenig bezogen wurde, auf das unter den gegebenen Umständen angemessene Einkommen abzustellen.*

Grund für die hier getroffene Regelung ist der Wunsch der Ehegatten, das Geschäft in jedem Falle dem Sohn zu übertragen, ohne dass dieses beim Tod des Vaters oder bei einer Scheidung durch erhebliche güterrechtliche Zahlungen belastet würde. Erster Schritt zu diesem Ziel war die Übernahme der Firma aus der Errungenschaft in das Eigengut des Ehemannes in Ziff. I.2. der Vorlage 1. In Ziff. II.2. soll nun verhindert werden, dass durch reinvestierte Geschäftserträge die Unternehmung «schleichend» zumindest teilweise wieder zu Errungenschaft wird. Letzter Schritt einer solchen Lösung könnte der Abschluss eines Erbvertrages sein, wenn möglich unter Mitwirkung der Ehefrau und des zweiten Kindes. Die Gründung einer Aktiengesellschaft brächte zwar Vereinfachungen bei der Nachfolgeregelung, dürfte sich aber in diesen Verhältnissen nicht lohnen.

Falls ein Gewerbe oder eine Unternehmung nicht wie hier schon von Anfang an Eigengut ist, kann dies auch während

bestehender Errungenschaftsbeteiligung durch Ehevertrag erreicht werden (Art. 199 Abs. 1 ZGB). Eine entsprechende Klausel würde etwa lauten:
2. Die Peter Bosch gehörende Einzelfirma Bosch, Mechanische Werkstätte und Federnfabrik, Greifensee, erklären wir (evtl. auch hier: «samt den daraus erwachsenden Erträgen») zu seinem Eigengut.

[9] *Diese Bevorzugung mag je nach Grösse der zu erwartenden Investitionen aus dem Vermögen des Ehemannes ein gewisser Ausgleich für den in dessen Eigengut verwiesenen Ertrag der Firma sein. Eine analoge Privilegierung von Investitionen in das Eigengut der Frau aus ihrer Errungenschaft (s. Art. 209 Abs. 3 ZGB) ist dagegen nicht zulässig. Der Ausschluss des Mehrwertanteils wäre bereits in schriftlicher Form gültig und muss nicht in den Ehevertrag aufgenommen werden.*

Umstritten ist immer noch die Frage, ob der Mehrwertanteil nach Art. 206 ZGB durch Ehevertrag zum voraus allgemein ausgeschlossen werden könne oder ob dies nur inbezug auf eine einzelne Investition zulässig sei. In den Vorlagen 1 (Ziff. II. 3.) und 2 (Ziff. II. 1. b) wird ein Mittelweg beschritten, indem zum voraus Investitionen in ein bestimmtes Vermögensgut von der Mehrwertbeteiligung ausgeschlossen werden. Es empfiehlt sich aber, wegen der unsicheren Rechtslage bei grösseren Investitionen den Mehrwertanteil in einer zusätzlichen schriftlichen Vereinbarung für diese konkrete Investition auszuschliessen.

[10] *In der Anfangsphase des Güterstandes ist praktisch noch kein Vorschlag vorhanden. Haben nicht beide Ehegatten wie hier erhebliche eigene Mittel, sollten sie sich zusätzlich durch Testament oder Erbvertrag absichern.*

Ein Erbvertrag oder ein Testament mit einer Teilungsvorschrift müssen auch errichtet werden, wenn dem überlebenden Ehegatten bestimmte Sachen aus der eigenen Errungenschaft zugehalten werden sollen. Die Zuweisung der Summe beider Vorschläge ist nur eine wertmässige Begünstigung, keine Zuweisung von Eigentum.

Zu beachten ist, dass die Zuweisung der Gesamtsumme beider Vorschläge an den überlebenden Ehegatten steuerliche

Nachteile haben kann. Dies ist dann der Fall, wenn dadurch Steuerfreibeträge für die Nachkommen im ersten Erbfall nicht ausgeschöpft werden. In Vorlage 1 besteht diese Gefahr wegen der grossen Eigengüter allerdings nicht.

[11] *Anders als bei Vereinbarung der Errungenschaftsbeteiligung (und über den Gesetzeswortlaut hinaus auch bei Gütertrennung) darf bei Vereinbarung einer Gütergemeinschaft dieser Hinweis nicht fehlen, weil diesfalls der ausserordentliche Güterstand in zwei Fällen nur vom Richter aufgehoben werden kann (Art. 191 ZGB; s. a. vorn Kommentar-Note 3).*

[12] *Sobald wie hier Rückwirkung des Ehevertrages vereinbart wird, wird die Gläubigerschutzbestimmung des Art. 193 ZGB aktuell.*

[13] *Im Unterschied zum alten Recht ist es heute nicht mehr die Gütergemeinschaft, welche eine maximale Begünstigung des Ehegatten erlaubt (s. Art. 241 Abs. 3 im Verhältnis zum liberaleren Art. 216 Abs. 2 ZGB). Es sind wohl vor allem ideelle Gründe, welche Ehegatten nach wie vor veranlassen, Gütergemeinschaft einzugehen. Immerhin ist der Güterstand leicht verständlich und führt auf einfache Weise zu Gesamteigentum und einheitlicher Verwaltung. Letzteres kann vor allem bei einem gemeinsam geführten Geschäft von Vorteil sein.*

[14] *Aufgrund von Bestimmungen im Gesellschaftsvertrag mit seinen Partnern sollte W. Hengartner über seinen Gesellschaftsanteil allein verfügen können. Der Ausklammerung aus dem Gesamtgut könnte auch hier wieder das Motiv zugrunde liegen, eine Nachfolgeregelung zu erleichtern.*

[15] *Siehe Art. 225 Abs. 2 und 3 ZGB. Das eingebrachte Gut ist hier also fast ausschliesslich Gesamtgut und wurde in Ziff. I. 3. von Vorlage 2 im Unterschied zu Vorlage 1 nicht inventiert, um das Eigengut zu bestimmen, sondern um damit für den Fall der Scheidung, Trennung usw. zu klären, was nach Art. 242 ZGB an die einzelnen Ehegatten zurückfällt.*

[16] *Dieser Grundsatz sollte sich von selbst verstehen. Leider ist er im Gesetz nicht erwähnt, so dass er vertraglich vereinbart werden sollte.*

[17] *So das in diesem Bereich nicht zwingende Gesetz in Art. 223 Abs. 2 ZGB. Es bestünden durchaus Gründe, den Ertrag des Eigenguts wiederum dem Eigengut zuzuweisen, siehe Kommentar-Note 8 zweiter Absatz.*

Die Zuweisung der Erträge ins Gesamtgut bringt sodann auch Risiken mit sich, indem dieses nun für Geschäftsschulden haftet (Art. 233 Ziff. 2 ZGB).

[18] *Grund für diese Regelung ist u. a. die bei Geschäften praktisch unmögliche Festlegung des Mehrwertes, der aus einer bestimmten Investition herrührt.*

Zur Problematik eines generellen Ausschlusses des Mehrwertteils siehe Kommentar-Note 9, letzter Absatz.

[19] *Die Pflichtteilsansprüche der Nachkommen bleiben trotz der Eigentumszuweisung am ganzen Gesamtgut natürlich bestehen, Art. 241 Abs. 3 ZGB. Der Pflichtteilsanspruch der Nachkommen ist jedoch nur ein wertmässiger. Er berechnet sich vom ganzen Nachlass inklusive Eigengut und nicht bloss vom Gesamtgutanteil.*

Die güterrechtliche Teilungsvorschrift zugunsten des Ehegatten kann sich nur auf das Gesamtgut beziehen. Entsprechende Bestimmungen über das Eigengut können nur in einem Testament oder Erbvertrag vorgesehen werden.

[20] *Die Kombination von Ehe- und Erbvertrag ist häufig, wenn eine weitgehende finanzielle Absicherung des Ehepartners für den Todesfall angestrebt wird. Es sind diesfalls die strengeren Formvorschriften des Erbvertrages zu erfüllen.*

Der Erbvertrag betrifft hier eigentlich nur noch die Eigengüter, da über das Gesamtgut bereits im Ehevertrag verfügt wurde.

[21] *Pflichtteile der übrigen Erben, die mit dem überlebenden Ehegatten des Erblassers zu teilen haben, sind: ⅜ für die Nachkommen; fehlen Nachkommen, ⅛ für die Eltern, immer auf den ganzen Nachlass bezogen. Andere Erben haben keinen Pflichtteil (Art. 471 und 462 ZGB).*

²² *Es ist nie zu empfehlen, in einem Erbvertrag seine Verfügungsfreiheit ganz aufzuheben. Ein gewisser Spielraum, mindestens zur Aussetzung von Legaten, sollte gewahrt bleiben.*

²³ *Der erbrechtliche Zuweisungsanspruch ist nicht absolut (s. Art. 612a Abs. 2 ZGB). Er könnte testamentarisch wegbedungen werden und betrifft nur Räume, in denen die Ehegatten gelebt haben. Ähnliche Einschränkungen gelten für den güterrechtlichen Zuweisungsanspruch nach Art. 244 ZGB, der aber nur für Liegenschaften im Gesamtgut gilt und deshalb hier keine Rolle spielt.*

²⁴ *Die gesetzliche Zuteilungsvorschrift des Art. 245 ZGB würde hier nur helfen, wenn das Nutzungsrecht ins Gesamtgut fiele. Zudem müsste der Ehegatte ein überwiegendes Interesse nachweisen.*

Es lässt sich die Meinung vertreten, solche Nutzungsrechte seien Ertrag des Eigengutes und fielen daher ins Gesamtgut. Damit wären sie durch die Teilungsvorschrift im Ehevertrag bereits abgedeckt, teilweise sogar durch das Gesetz (Art. 245 ZGB).

²⁵ *Soll der nicht gemeinsame Nachkomme noch mehr benachteiligt werden, könnte für den Fall des Erstversterbens der Ehefrau der Ehemann lediglich als Vorerbe in ihr Erbe eingesetzt werden. Der Ehemann würde damit theoretisch einen Erbverzicht eingehen. Als Nacherben auf den Überrest, d. h. auf das, was bei beliebigem Verbrauch durch den Vater noch verbleibt, würden nur die gemeinsamen Nachkommen eingesetzt. Damit wird verhindert, dass der nichtgemeinsame Sohn auf dem Umweg über den Vater vom Vermögen der Ehefrau profitiert.*

²⁶ *Eine amtliche Eröffnung ist vor allem angezeigt, wenn ein Willensvollstrecker oder ein Erbe eingesetzt wird und diese auf dem Erbschein erscheinen sollen oder wenn umgekehrt ein gesetzlicher Erbe einen Totalverzicht auf die Erbschaft leistet und nicht mehr auf dem Erbschein vermerkt sein soll.*

²⁷ *Die güterrechtliche Auseinandersetzung als nicht formbedürftiges Geschäft muss nicht im Ehevertrag selbst vorgenommen*

werden. Teilweise wird dies jedoch gemacht und es soll hier exemplarisch gezeigt werden, wie eine solche Auseinandersetzung vorzunehmen ist.

[28] *Kontrollrechnung: Die beiden Güterrechtsansprüche müssen dem ehelichen Vermögen entsprechen.*

[29] *Kontrollrechnung: Die beiden Summen der übernommenen Aktiven und Passiven (hier Fr. 562'000.– und 668'000.–) müssen zusammen den ehelichen Aktiven von Fr. 1'080'000.– zuzüglich bei der güterrechtlichen Auseinandersetzung neu begründete Schulden (hier Fr. 150'000.–) entsprechen.*

Die Scheidungskonvention

Das Wichtigste in Kürze

Die Scheidungskonvention regelt die Folgen der Scheidung und dient dazu, einen streitigen Prozess zu vermeiden.

Um rechtswirksam zu werden, muss die Scheidungskonvention im Unterschied zu andern Verträgen durch das Gericht genehmigt werden.

Das Gericht hat zudem von Amtes wegen zu prüfen, ob die Ehe nach Gesetz scheidungsreif sei. In Kinderangelegenheiten hat es das Wohl der Kinder zu wahren. Die scheidungswilligen Eheleute sind dagegen in der Regelung ihrer eigenen wirtschaftlichen Belange frei, soweit nicht vollkommen unangemessene Lösungen getroffen werden.

Die Scheidungskonvention bindet die Parteien nur bezüglich der Modalitäten der Scheidung; auf die Zustimmung zur Scheidung selbst kann jederzeit zurückgekommen werden.

Wesen der Scheidungskonvention	Die Scheidungskonvention dient der Streitvermeidung und raschen Prozesserledigung. Sie ist ein Vertrag, mit dem die Parteien dem Gericht übereinstimmende Anträge zum Scheidungspunkt und zu den Kinderbelangen stellen und die sie selbst betreffenden wirtschaftlichen Folgen der Scheidung durch Vergleich regeln. Das Gericht legt die in der Konvention erarbeiteten Lösungen regelmässig seinem Urteil zugrunde.
Das Scheidungsverfahren	In der Schweiz ist die Scheidung durch Vertrag oder blossen Verwaltungsakt nicht möglich. Sie erfolgt in einem Gerichtsverfahren. Dem Gericht ist nachzuweisen, dass ein gesetzlicher Scheidungsgrund vorliegt, z. B. die tiefe und unheilbare Zerrüttung (Art. 142 ZGB). Die Anforderungen an diesen Beweis variieren von Gericht zu Gericht. Die meisten Kantone verlangen ein Sühnverfahren vor der Klageerhebung, in einigen wird der Fall in einem «Eheverhör» des Richters vorabgeklärt. Die Klage ist am Wohnsitz der klagenden Partei einzuleiten. Durch die anstehende Revision des Scheidungsrechts wird das Scheidungsverfahren tiefgreifende Änderungen erfahren.

Vor Gericht hat die klagende Partei zunächst ihre Scheidungsklage zu begründen. Oft hilft dabei der Richter durch eine formlose Befragung. Anschliessend kommt die beklagte Partei zu Wort, danach meist jede Seite noch ein weiteres Mal.

Haben sich die Parteien auf eine Konvention geeinigt, wird diese am besten bereits mit der Scheidungsklage eingereicht. Sie wird jedoch erst rechtsgültig, wenn das Gericht sie genehmigt hat. Das Gericht hat zu prüfen, ob das Wohl der Kinder durch die getroffenen Regelungen gewahrt und die Konvention als Ganzes klar und vollständig ist. Eine Nichtgenehmigung der von den Parteien unter sich getroffenen wirtschaftlichen Regelung kommt nur aus wichtigen Gründen in Frage, z. B. wenn eine Partei in nicht zu rechtfertigender Weise benachteiligt wird.

Können sich die Parteien nicht einigen, wird über die streitigen Tatsachen Beweis erhoben (Zeugen, Urkunden, Parteibefragung usw.). Ist das Gericht nicht überzeugt, dass ein gesetzlicher Scheidungsgrund vorliegt oder hat es Zweifel an der Richtigkeit einer die Kinder betreffenden Regelung, muss es von Amtes wegen Beweis erheben. Nach Abschluss des Beweisverfahrens wird das Urteil gefällt. Dagegen stehen Rechtsmittel offen.

Wer das Verfahren als klagende Partei in Gang bringt, ist vor allem bei einverständlichen Lösungen unwichtig. Es bedeutet in keiner Weise, dass die andere Partei der schuldige Teil sei.

Zwischen Abschluss der Scheidungskonvention und Genehmigung durch das Gericht kann die Scheidungskonvention im gegenseitigen Einverständnis der Parteien jederzeit abgeändert werden. Einseitige Abänderungswünsche können nur im unwahrscheinlichen Fall durchgesetzt werden, dass ein Willensmangel vorliegt.

Abänderung der Konvention

Ist die Konvention Bestandteil des Urteils geworden, wird auch die einverständliche Abänderung erschwert. Zwar können die Parteien im gegenseitigen Einverständnis ganz anders handeln, als dies das Urteil vorsieht, auch bezüglich der Kinder. Sobald sie jedoch etwas am rechtlichen Bestand des Urteils ändern wollen, sind die Schranken höher. Für wichtige Fragen, welche die Kinder betreffen, bedarf es dann eines erneuten Prozesses. Nur in einigen weniger wesentlichen Fragen genügt auch ein Entscheid der Vormundschaftsbehörde (siehe dazu Art. 287 Abs. 2 und 315a Abs. 3 ZGB). Nur die vermögensrechtlichen Verhältnisse der geschiedenen Ehegatten untereinander können diese auch nach dem Urteil weiterhin frei regeln, z. B. in einem schriftlichen Vertrag.

Abänderung des Scheidungsurteils

Stimmt der geschiedene Partner einer verlangten Urteilsänderung nicht zu, bedarf es immer eines Abänderungsprozesses. Vorbehalten sind lediglich die erwähnten Zuständigkeiten der Vormundschaftsbehörde. Der Abänderungsprozess ist am Wohnsitz der beklagten Partei anzuheben.

Auch für eine notwendig werdende Abänderung des Scheidungsurteils kann selbstverständlich eine Konvention abgeschlossen werden.

Die Scheidungskonvention ist ausdrücklich in Art. 158 Ziff. 5 ZGB erwähnt. Ihr Inhalt wird wesentlich beeinflusst vom Ehe- und Kindesrecht.

Gesetzliche Regelung

Vorlage 1 für eine Scheidungskonvention mit Grundbesitz

Mirella Ackermann,
geb. 1952 als Mirella Forster, von Mels, Musiklehrerin, wohnhaft Im Glockenacher 15, 8330 Pfäffikon, Klägerin,

und

Josef Ackermann,
geb. 1953, von Mels, Möbelschreiner, wohnhaft Richisau, 8750 Klöntal, Beklagter,

schliessen im Hinblick auf den beim Bezirksgericht Pfäffikon hängigen Scheidungsprozess die folgende Scheidungskonvention:

1. Die Parteien beantragen dem Gericht übereinstimmend, ihre Ehe sei gestützt auf Art. 142 ZGB zu scheiden.

2. Die aus der Ehe der Parteien hervorgegangenen Kinder Patrick Marcel, geb. 15. Juli 19.., und Philipp Michael, geb. 2. Januar 19.., seien unter die elterliche Gewalt der Klägerin zu stellen.[1]

3. Der Beklagte sei berechtigt zu erklären, die Kinder am ersten Wochenende eines jeden Monats, am zweiten Weihnachtstag und in den Jahren mit gerader Jahreszahl an den beiden Ostersowie in den Jahren mit ungerader Jahreszahl an den beiden Pfingstfeiertagen auf eigene Kosten mit oder zu sich auf Besuch zu nehmen. Es sei ihm ferner das Recht einzuräumen, die Kinder während der Sommerschulferien für zwei Wochen auf eigene Kosten mit oder zu sich in die Ferien zu nehmen.[2]

4. Der Beklagte sei zu verpflichten, an die Kosten des Unterhaltes der Kinder von der Rechtskraft des Urteils an je bis zu deren Mündigkeit monatliche Beiträge von Fr. 700.– für jedes Kind zu bezahlen, zahlbar je monatlich im voraus an den jeweiligen gesetzlichen Vertreter der Kinder.[3] Vertragliche

oder gesetzliche Kinderzulagen seien zusätzlich zu bezahlen. Die Parteien seien auf die Möglichkeit der Abänderung der Kinderunterhaltsbeiträge gemäss Art. 286 Abs. 2, Art. 276 Abs. 3 und Art. 277 Abs. 2 ZGB hinzuweisen.[4]

Die Unterhaltsbeiträge seien auf den Landesindex der Konsumentenpreise des Bundesamtes für Statistik, Stand Ende September 19 . . von . . . Punkten, zu basieren. Sie seien jeweils auf den 1. Januar eines jeden Jahres der Veränderung des Indexstandes im gleichen Verhältnis anzupassen (erstmals auf den 1. Januar 19 . .), wobei jeweils der Stand des Indexes per Ende November des Vorjahres massgebend sei, nach folgender Formel:
Neuer Unterhaltsbeitrag =
$$\frac{\textit{Ursprünglicher Unterhaltsbeitrag} \times \textit{Neuer Indexstand}}{\text{Ursprünglicher Indexstand (. . . . Punkte).}}$$[5]

5. Über die weiteren scheidungs- und güterrechtlichen Nebenfolgen einigen sich die Parteien wie folgt:
   a) Der Beklagte verpflichtet sich, der Klägerin gestützt auf Art. 152 ZGB die folgenden monatlichen Unterhaltsbeiträge zu bezahlen:
   – Fr. 1'500.– ab Rechtskraft des Scheidungsurteils bis zum 31. Dezember 19 . .
   – Fr. 1'000.– für die Dauer von weiteren 4 Jahren;
   – Fr. 800.– für die Dauer von nochmals 4 Jahren;
   zahlbar je monatlich und zum voraus. Diese Unterhaltsbeiträge unterliegen der in Ziff. 4 aufgeführten Indexierung.[5]
   b) Der Beklagte überträgt der Klägerin seinen hälftigen Anteil an nachgenannter, im Miteigentum der Parteien stehenden Einfamilienhausliegenschaft im Glockenacher 15 in Pfäffikon/ZH samt dazugehörigem Miteigentumsanteil an der Unterniveaugarage zu Eigentum:[6]

   In der Gemeinde Pfäffikon/ZH Grundbuchblatt 1361, Kat. Nr. 8310, Plan 74
   ein Wohnhaus etc., Glockenacher 15, Assek. Nr. 2051, Schätzungswert Gebäudeversicherung 19 . . Fr. 373'000.–,

mit 4,33 Aren Gebäudegrundfläche, Hofraum und Garten im Glockenacher

Grundbuchblatt 4846
1/29 Miteigentum an Grundbuchblatt 220, mit folgendem Beschrieb:

Grundbuchblatt 220, Kat. Nr. 8007, Plan 72
eine Unterniveaugarage etc., Glockenacher bei Nr. 51, Assek. Nr. 2068, Schätzungswert Gebäudeversicherung 19.. Fr. 655'000.– mit 13,31 Aren Grundfläche, Hofraum und Garten im Glockenacher.

Anmerkungen, Vormerkungen, Dienstbarkeiten und Grundpfandrechte gemäss beigeheftetem Grundbuchauszug vom 27. Mai 19.., welcher Bestandteil dieser Konvention bildet, sind den Parteien mit Bezug auf alle drei Grundstücke bekannt. Es gelten die folgenden weiteren Bestimmungen:

1. Der Antritt der Grundstücke durch die Klägerin mit Übergang von Nutzen und Gefahr, Rechten und Pflichten, erfolgt per 1. Oktober 19..
2. Die Klägerin übernimmt per Antrittstag auf Abrechnung am Anrechnungswert die nachstehend aufgeführten Grundpfandschulden zur alleinigen Verzinsung und Bezahlung zu den ihr bekannten, eingetragenen Bestimmungen samt Zinsen gegenüber der Gläubigerin soweit ausstehend, unter gänzlicher Entlastung des ausscheidenden Miteigentümers (Beklagter) von jeder Schuldpflicht:

   Fr. 190'000.– (hundertneunzigtausend) laut Namensschuldbrief im 1. Rang gemäss beiliegendem Grundbuchauszug;
   Fr. 25'000.– (fünfundzwanzigtausend) Kapitalrestschuld laut Namensschuldbrief im 2. Rang gemäss beiliegendem Grundbuchauszug.

   Die Klägerin verpflichtet sich, für die Entlassung des Beklagten aus der Schuldpflicht zu sorgen.[7]

3. Die mit den übertragenen Miteigentumsanteilen verbundenen Nebenkosten, Versicherungen, Gebühren, Abgaben, Gemeinkosten übernimmt die Klägerin, soweit ausstehend; allfällige Vorräte und die Liegenschaft betreffende Guthaben fallen der Klägerin zu.
4. Sämtliche mit der Übertragung verbundenen Kosten, Gebühren, Abgaben usw. übernehmen die Parteien je zur Hälfte, ebenso eine allfällige Handänderungs- oder Grundstückgewinnsteuer.
5. Jede Gewährspflicht für Rechts- und Sachmängel wird ausdrücklich wegbedungen.
6. Die Parteien sind auf Art. 54 VVG aufmerksam gemacht worden.
7. Mit Bezug auf den übertragenen Miteigentumsanteil werden keine weiteren Gegenleistungen erbracht.[8]

c) Die Parteien beantragen dem Gericht, das Grundbuchamt Pfäffikon/ZH gestützt auf Art. 18 der eidgenössischen Grundbuchverordnung im Urteilsdispositiv anzuweisen, auf Grund des rechtskräftigen Scheidungsurteils die Klägerin bezüglich der in Ziff. 5b dieser Konvention genannten Grundstücke als alleinige Eigentümerin im Grundbuch einzutragen und den Beklagten als Miteigentümer zu streichen.

d) Folgende Gegenstände gehen ins Eigentum des Beklagten über:
– PW Peugeot
– Wohnmobil
– Computer
– Stereoanlage

Die Klägerin hat diese Gegenstände dem Beklagten bereits herausgegeben.

Die Klägerin verpflichtet sich sodann, dem Beklagten auf erstes Verlangen das Klavier zu unbeschwertem Eigentum herauszugeben. Sie ist jederzeit berechtigt, den Beklagten zu dessen Abholung innert 30 Tagen aufzufordern.

e) Im übrigen erhält jede Partei zu Eigentum, was sie heute besitzt oder was auf ihren Namen lautet.

f) Die Klägerin verpflichtet sich, dem Beklagten in Abgeltung seiner güterrechtlichen Ansprüche den Betrag von Franken 36'000.– zu bezahlen, zahlbar innert 30 Tagen nach Eintritt der Rechtskraft des Scheidungsurteils.
g) Die vorhandenen ehelichen Schulden übernimmt der Beklagte, soweit sie nicht hypothekarisch gesichert sind.
h) Mit Vollzug dieser Vereinbarung erklären sich die Parteien per Saldo aller Ansprüche, einschliesslich der noch ausstehenden Unterhaltsbeiträge aus dem Jahre 19.., vollständig auseinandergesetzt.

6. Die Parteien übernehmen die Gerichtskosten je zur Hälfte. Verlangt eine Partei die Begründung des Urteils, so hat sie die daraus erwachsenden Mehrkosten vollständig zu übernehmen.[9]

7. Die Parteien verzichten gegenseitig auf Prozessentschädigung.

Ort, Datum, Unterschriften

Vorlage 2 für ein einfaches Beispiel einer Scheidungskonvention

Scheidungskonvention

zwischen

Anita Tresch,
geb. 18.11.1957, von Bristen, Verkäuferin/Hausfrau, wohnhaft Karlstrasse 6, 8610 Uster, Klägerin,

und

Oskar Tresch,
geb. 21.4.1948, von Bristen, SBB-Angestellter, wohnhaft Burghaldenweg 17a, 8600 Dübendorf, Beklagter.

1. Die Parteien beantragen gemeinsam, es sei ihre Ehe wegen tiefer und unheilbarer Zerrüttung zu scheiden.

2. Die aus der Ehe der Parteien hervorgegangenen Kinder Eva, geb. 27.8.19 . ., und Manuel, geb. 3.6.19 . ., seien unter die elterliche Gewalt der Klägerin zu stellen.[1]

3. Der Beklagte sei für berechtigt zu erklären, die Kinder je am ersten Wochenende eines jeden Monats auf eigene Kosten mit sich oder zu sich auf Besuch zu nehmen. Überdies sei er für berechtigt zu erklären, die Kinder während jährlich vierzehn Tagen auf eigene Kosten mit sich oder zu sich in die Ferien zu nehmen. Ein allfällig weitergehendes Besuchs- und Ferienrecht vereinbaren die Parteien in Absprache mit den Kindern von Fall zu Fall.[2]

4. Der Beklagte sei zu verpflichten, an den Unterhalt der Kinder monatlich im voraus an die Inhaberin der elterlichen Gewalt zahlbare Unterhaltsbeiträge von Fr. 650.– pro Kind zu bezahlen, zahlbar ab Eintritt der Rechtskraft des Scheidungsurteils bis zur Mündigkeit der Kinder.[3]

   Gesetzliche oder vertragliche Kinderzulagen seien zusätzlich zu bezahlen, soweit der Beklagte berechtigt ist, solche zu beziehen.

5. Der Beklagte verpflichtet sich ferner, der Klägerin gestützt auf Art. 151 Abs. 1 ZGB folgende Unterhaltsersatzrente zu bezahlen, zahlbar monatlich im voraus:
Fr. 1'800.– ab Eintritt der Rechtskraft des Scheidungsurteils für die Dauer von fünf Jahren; hernach
Fr. 1'400.– für die Dauer von weiteren fünf Jahren.

6. Die Unterhaltsbeiträge gemäss Ziff. 4 und die Rente gemäss Ziff. 5 basieren auf dem Landesindex der Konsumentenpreise des Bundesamtes für Statistik, Stand Ende August 19.. von ... Punkten. Sie sind jeweils auf den 1. Januar eines jeden Jahres der Veränderung des Indexstandes im gleichen Verhältnis anzupassen (erstmals auf den 1. Januar 19..), wobei jeweils der Stand des Indexes per Ende November des Vorjahres massgebend ist. Weist der Beklagte nach, dass sich sein Nettoeinkommen von derzeit Fr. ....– nicht entsprechend der Indexsteigerung erhöht hat, erfolgt eine Anpassung der Unterhaltsbeiträge lediglich im gleichen Verhältnis, wie sich das Nettoeinkommen des Beklagten erhöht hat.[5]

7. Die Parteien erklären, dass sie in güterrechtlicher Hinsicht bereits vollständig auseinandergesetzt sind. Jede Partei soll zu Eigentum erhalten, was sich derzeit in ihrem Besitz befindet oder was auf ihren Namen lautet.

8. Der Beklagte tritt hiermit seine Rechte aus dem Mietvertrag mit der Patria-Lebensversicherungsgesellschaft betreffend die eheliche Wohnung an der Karlstrasse 6 in Uster an die Klägerin ab.

9. Die Parteien übernehmen die Gerichtskosten je zur Hälfte und verzichten gegenseitig auf Prozessentschädigung.

10. Die Parteien erklären sich mit Vollzug dieser Scheidungskonvention in scheidungs- und güterrechtlicher Hinsicht als per Saldo aller gegenseitigen Ansprüche auseinandergesetzt.

Ort, Datum und Unterschriften

Kommentar zu den Vorlagen 1 und 2

1 Es ist nach herrschender Gerichtspraxis im Unterschied zu Deutschland nicht zulässig, die elterliche Gewalt über die Kinder nach der Scheidung weiterhin beiden Elternteilen zu belassen. Allerdings könnte die Revision des Scheidungsrechts hier zu einer Änderung führen. Eine Trennung der Geschwister ist selten ratsam und wird von den Gerichten nur zurückhaltend genehmigt.

2 Die verwendete Umschreibung des Besuchsrechts ist eine Standardklausel vieler Gerichte. Selbstverständlich kann sie den individuellen Bedürfnissen angepasst werden. Es muss jedoch darauf geachtet werden, dass die getroffene Regelung genügend klar ist, um im Streitfall vollstreckt werden zu können.

Beim Besuchsrecht gilt in besonderem Masse, dass die in der Konvention getroffene Regelung ein durchsetzbares Minimum für den Streitfall sein soll, es den Parteien jedoch frei steht, das Besuchsrecht so zu gestalten, wie sie und die Kinder es wünschen. Dies gilt auch, wenn es nicht wie in Ziff. 3 der Vorlage 2 ausdrücklich festgehalten wird. Der besuchsberechtigte Elternteil ist nicht verpflichtet, das ihm zustehende Besuchsrecht auch auszuüben.

3 Die Höhe des Kinderunterhaltsbeitrages variiert je nach Einkommen des unterhaltspflichtigen Elternteils und den Bedürfnissen des Kindes. Unterschiede bestehen auch zwischen den Kantonen. In städtischen Verhältnissen werden in der Regel Unterhaltsbeiträge zugesprochen, die Fr. 600.– oder mehr betragen.

4 Art. 276 Abs. 2 ZGB besagt, dass die Eltern in dem Masse von ihren Unterhaltspflichten befreit sind, als das Kind selbst für seinen Unterhalt sorgen kann.

Art. 277 Abs. 2 ZGB betrifft den Fall, dass das Kind über die Mündigkeit hinaus in Ausbildung steht. Die Unterhaltspflicht der Eltern kann sich dann über die Mündigkeit hinaus verlängern, doch ist darüber mit dem mündigen Kind eine Einigung zu suchen, da der Anspruch diesem zusteht.

Art. 286 Abs. 2 ZGB erlaubt die Neufestsetzung der Kinderunterhaltsbeiträge bei erheblicher Veränderung der Verhältnisse.

Diese Gesetzesbestimmungen sind auch anwendbar, wenn dies in der Konvention nicht eigens erwähnt wird.

5 *Die Indexierung von Unterhaltspflichten, welche länger als nur 2 oder 3 Jahre dauern, ist unbedingt angezeigt. Ohne Indexierung würden allein das Kind oder der unterhaltsberechtigte Partner die Nachteile der Geldentwertung tragen. Umgekehrt kann der rentenpflichtige Teil mit einer Klausel wie sie in Ziff. 6 von Vorlage 2 enthalten ist, geschützt werden, falls sein Einkommen mit der Inflationsrate nicht Schritt halten sollte.*

6 *Bei der Übertragung von Grundstücken durch Scheidungsurteil muss darauf geachtet werden, dass die verwendeten Formulierungen für eine spätere Eintragung im Grundbuch tauglich sind. Es empfiehlt sich, den Text mit dem Grundbuchführer abzusprechen. Eine genaue Beschreibung des Grundstückes ist unumgänglich, wozu ein aktueller Grundbuchauszug beigezogen werden sollte.*

7 *Trotz Übertragung seines Miteigentumsanteils ist der Beklagte erst aus seiner persönlichen Schuldpflicht entlassen, wenn die Hypothekarbank zugestimmt hat.*

8 *In Kantonen, die auch für die Übertragung von Grundstücken im Scheidungsurteil Grundsteuerpflichten kennen, liegt es natürlich nicht im Interesse des abtretenden Ehegatten, einen hohen Übernahmepreis festzuhalten. Ein unrealistisch tiefer Übernahmewert kann in einigen Kantonen allerdings eine Schenkungssteuerpflicht auslösen.*

Zu beachten ist, dass in Kantonen, die bei der Übernahme einer Liegenschaft in einer Scheidungskonvention keine Grundsteuerpflicht kennen, der übernehmende Ehegatte eine versteckte (latente) Steuerschuld übernimmt. Bei einem späteren Verkauf wird für die Grundstückgewinnsteuer auf den früheren, meist sehr tiefen Erwerbspreis abgestellt. Ähnliche Probleme stellen sich, wenn die Scheidungskonvention einen erheblich unter dem Verkehrswert liegenden Anrechnungswert festlegt. Steht nicht fest, dass der übernehmende Ehegatte die Liegenschaft behalten wird, sollte die übernommene Steuerschuld in der güterrechtlichen Gesamtabrechnung als sogenannte latente Steuerschuld berücksichtigt werden.

In einigen Kantonen muss für eine Befreiung von den Grundsteuern ein Gesuch an die Steuerbehörde gestellt werden, welches am besten in die Konvention aufgenommen wird.

[9] *In einigen Kantonen wird das Scheidungsurteil nur auf Wunsch einer Partei schriftlich begründet.*

Testament und Erbvertrag

Das Wichtigste in Kürze

Der Erblasser ist in seiner Verfügungsfreiheit eingeschränkt. Ein bestimmter Anteil am Nachlass, der sogenannte Pflichtteil, kann den nächsten Erben nicht entzogen werden.

Der Erblasser ist auch darin, was er auf seinen Tod hin anordnen kann, eingeschränkt.

Schliesslich kann er nur in zwei Formen Anordnungen von Todes wegen treffen: im Testament und im Erbvertrag. Sollen sie gültig sein, sind strenge Formvorschriften zu beachten.

Wird kein Testament und kein Erbvertrag errichtet, so gilt die gesetzliche Erbfolge.

Bei Verheirateten hat immer zuerst die güterrechtliche Auseinandersetzung nach Eherecht zu erfolgen. Erst in einem zweiten Schritt kommt das Erbrecht zur Anwendung.

Wesen von Testament und Erbvertrag

Durch Testament oder Erbvertrag kann der Erblasser innerhalb gewisser Grenzen die rechtlichen Folgen seines Todes gestalten und die gesetzliche Regelung abändern.

Beide Arten von Verfügungen von Todes wegen entfalten ihre definitive Wirkung erst mit dem Tod des Erblassers. Für Erbvertrag wie Testament gelten strenge Formvorschriften.

Während das Testament jederzeit frei widerrufen werden kann, bindet sich der Erblasser durch den Erbvertrag. Letzterer kann nur durch eine neue Übereinkunft abgeändert oder aufgehoben werden.

Erbfolge nach Gesetz

Hat der Erblasser auf seinen Tod hin nichts verfügt, tritt die gesetzliche Erbfolge ein. Erbberechtigt sind nur die gesetzlichen Erben:
- der Ehepartner des Erblassers
- die Kinder des Erblassers oder deren Nachkommen (sogenannte erste Parentel)
- die Eltern des Erblassers oder deren Nachkommen (zweite Parentel, dazu gehören z. B. die Geschwister)
- die Grosseltern des Erblassers oder deren Nachkommen (dritte Parentel, dazu gehört z. B. eine Tante oder ein Cousin), und
- das Gemeinwesen.

Unter diesen gesetzlichen Erben bestimmt sich die Rangordnung nach folgenden sechs Grundregeln:

1. Ist ein überlebender Ehepartner vorhanden, erbt er
   — neben Nachkommen des Erblassers die Hälfte der Erbschaft;
   — neben Angehörigen der zweiten, der elterlichen Parentel, ¾ der Erbschaft;
   — wenn auch keine Angehörigen dieser Parentel mehr vorhanden sind, die ganze Erbschaft.

2. Was von der Erbschaft nicht an einen überlebenden Ehegatten geht, fällt an die blutsverwandten gesetzlichen Erben. Fehlen Ehegatte und blutsverwandte Erben der 1. bis 3. Parentel, fällt die Erbschaft an das Gemeinwesen.

3. Unter den blutsverwandten Erben haben zunächst allein die Angehörigen der ersten Parentel Anspruch auf das Erbe. Erst

wenn keine Vertreter der ersten Parentel den Todesfall erleben, erben die Angehörigen der zweiten Parentel. Erst wenn auch diese alle vorverstorben sind, kommen Mitglieder der dritten und letzten Parentel zum Zug.

4. Innerhalb der Parentel, die zum Zuge kommt, erben nur diejenigen Personen, die in dieser Parentel keine lebenden Vorfahren mehr haben. Die Enkelin beerbt also ihre Grossmutter väterlicherseits nur, wenn ihr Vater bereits gestorben ist.

5. Von dem den blutsverwandten Erben zufallenden Anteil der Erbschaft erben nach Gesetz
   — die Kinder des Erblasser zu gleichen Teilen (erste Parentel);
   — die Eltern des Erblassers je die Hälfte (zweite Parentel);
   — die Grosseltern des Erblassers je ein Viertel (dritte Parentel).

6. Der Erbteil vorverstorbener Erben fällt in jeder Parentel deren Kindern zu gleichen Teilen zu. Haben vorverstorbene Erben keine Nachkommen, werden sie bei der Ermittlung der Erbquoten nicht mehr mitgezählt, und ihre Anteile fallen an die übrigen Erben, wie wenn es sie gar nie gegeben hätte.

   Fehlt in der zweiten Parentel ein Elternteil und hat er keine Nachkommen, so fällt sein Erbteil dem andern Elternteil respektive dessen Nachkommen zu.

   Fehlen in der dritten Parentel ein Grosselternteil und hat er keine Nachkommen, so wächst sein Viertel zunächst dem andern Grosselternteil der gleichen Elternseite respektive dessen Nachkommen an. Erst wenn auch hier keine Erben mehr vorhanden sind, fällt die ganze Hälfte der Grosseltern der andern Elternseite respektive deren Nachkommen zu.

Diese komplizierten und abstrakten Regeln seien an einem Beispiel erläutert (siehe nachstehende Abbildung).

Es erben die Ehefrau die Hälfte (= $3/6$) und die Kinder 1–3 je $1/6$ des Nachlasses. Nur wenn Kind 1 vorverstorben ist, erben Enkelin und Enkel je $1/12$.

Nur wenn die ganze erste Parentel vorverstorben wäre, würde die zweite Parentel erben, und zwar Vater und Mutter je

432　　　　　　　　　　　　　　　　　　　　　　　　　Testament und Erbvertrag

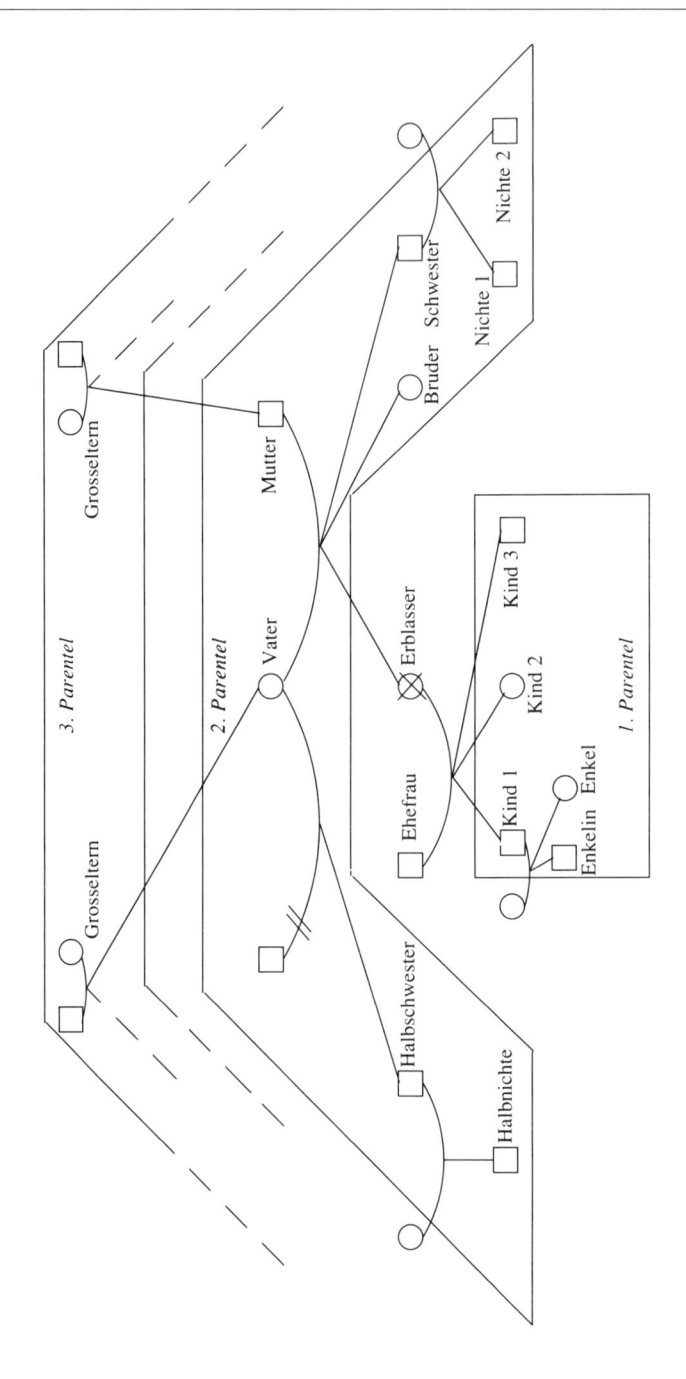

⅛. Ist auch die Ehefrau bereits tot, erben Vater und Mutter je ½. Ist der Vater vorverstorben, erben der Bruder, die Schwester und die Halbschwester je ⅙; sind auch der Bruder und die Schwester schon tot, erben neben der Mutter (immer noch ½) die Halbschwester ¼, Nichten 1 und 2 je ⅛. Wäre nun zusätzlich auch die Mutter vorverstorben, erben die Nichten 1 und 2 je ⅜, die Halbschwester immer noch ¼. Erst wenn auch die Nichten 1 und 2 verstorben wären, würde auch der ursprüngliche Erbteil der Mutter an die Halbschwester fallen, die damit den gesamten Nachlass erhielte.

Adoptierte Kinder sind heute leiblichen Kindern gleichgestellt. Für Personen, die vor dem 1.4.1973 adoptiert worden sind, gilt aber unter Umständen altes Recht (s. Art. 12a und 12b SchlT ZGB und Art. 268 Abs. 1 und 3 sowie 465 altZGB).

Aussereheliche Kinder sind erst seit 1.1.1978 den ehelichen erbrechtlich gleichgestellt. Für vor diesem Datum geborene Kinder besteht unter Umständen nach wie vor eine stossende Ungleichbehandlung betreffend des väterlichen Erbes (s. Art. 13a Abs. 1 SchlT ZGB und Art. 461 altZGB).

Das Gesetz garantiert den dem Erblasser am nächsten stehenden gesetzlichen Erben einen Teil ihres gesetzlichen Erbanspruches als Pflichtteil. Dies bedeutet, dass der Erblasser im Umfang dieses Pflichtteils nicht über seinen Nachlass verfügen kann. Mindestens der Pflichtteil muss den pflichtteilsgeschützten Erben unbelastet, also ohne Bedingungen und Leistungspflichten gegenüber Dritten, zufallen. *Pflichtteil*

Pflichtteilsgeschützt sind nur der Ehegatte, die Nachkommen und die Eltern des Erblassers. Deren Pflichtteil berechnet sich als Bruchteil des gesetzlichen Erbteils. Er beträgt für den Ehegatten ½, für die Nachkommen ¾ und für die Eltern ½ des jeweiligen gesetzlichen Erbteils. Auf den ganzen Nachlass berechnet beträgt der Pflichtteil des Ehegatten, der mit Nachkommen zu teilen hat, also ¼, derjenige der Nachkommen neben einem Ehegatten ⅜.

Für Nachkommen gilt allerdings eine Einschränkung: Der Erblasser kann seinem überlebenden Ehegatten zulasten von gemeinsamen und während der Ehe gezeugten, nicht gemeinsamen Kindern die Nutzniessung am ganzen diesen zufallenden Teil der Erbschaft zuwenden (Art. 473 ZGB). Faktisch wirkt sich in vielen

Fällen auch die Zuweisung der Gesamtsumme beider Vorschläge in der Errungenschaftsbeteiligung (Art. 216 Abs. 2 ZGB) sowie die Zuweisung des Gesamtgutes in der Errungenschaftsgemeinschaft (Art. 216 Abs. 2 ZGB muss entgegen Art. 241 Abs. 3 ZGB auch für die Errungenschaftsgemeinschaft gelten) als Schmälerung des Pflichtteils für gemeinsame Kinder aus.

Auf den Pflichtteil Einfluss haben können auch die Institute der Enterbung (Art. 477–480 ZGB, vgl. Kommentar-Note 11) und der Erbunwürdigkeit (Art. 540 ff. ZGB).

Verfügungsfreiheit des Erblassers	Gegenstück zum Pflichtteilschutz ist die Verfügungsfreiheit des Erblassers. Über denjenigen Teil der Erbschaft, der nicht pflichtteilsgeschützt ist, kann er durch Testament oder Erbvertrag verfügen (Art. 470 ZGB).
Die möglichen Anordnungen	Der Erblasser kann auf seinen Tod hin nur in den Formen des Testaments und des Erbvertrages verfügen (Art. 481 ZGB).

Der Erblasser kann nur bestimmte Anordnungen treffen. Er kann eine Person als Erbin einsetzen (Art. 483 ZGB), ein Vermächtnis (Legat) aussetzen (Art. 484 ZGB), Bedingungen stellen und Auflagen machen (Art. 482 ZGB), einen Nacherben und Nachvermächtnisnehmer bestimmen, der nach den zuerst Begünstigten zum Zuge kommen soll (Art. 488 ff. ZGB), Ersatzverfügungen für den Fall treffen, dass ein Erbe oder Vermächtnisnehmer ausfällt (Art. 487 ZGB) und Teilungsvorschriften für seinen Nachlass aufstellen (Art. 608 Abs. 1 und 610 Abs. 1 ZGB).

Nur in widerrufbarer Form, also in einem Testament oder in einer einseitigen Bestimmung eines Erbvertrages, kann eine Stiftung auf den Tod hin errichtet werden (Art. 493 und 81 Abs. 1 ZGB), ein Willensvollstrecker eingesetzt (Art. 517 ff. ZGB) und eine Enterbung ausgesprochen werden.

Erbvertrag Mit dem Erbvertrag bindet sich der Erblasser vertraglich darüber, was mit seinem zukünftigen Nachlass geschehen soll. Der Erbvertrag kann eine Begünstigung eines Dritten enthalten (positiver Erbvertrag, Art. 494 ZGB) oder dessen Verzicht auf ein Erbe, das ihm von Gesetzes wegen zustehen würde (negativer Erbvertrag, Art. 495–497 ZGB). An einem Erbvertrag sind immer der Erblasser und eine weitere Person, häufig aber auch mehrere Personen, z. B. eine ganze Familie, beteiligt.

Der Erbvertrag hindert als Geschäft auf den Tod hin den Erblasser nicht daran, zu Lebzeiten über sein Vermögen zu verfügen. Eine Ausnahme besteht für vertragswidrige Schenkungen, die unter Umständen nach dem Tode des Erblassers angefochten werden können (Art. 494 Abs. 3 ZGB).

Im Erbvertrag kann auch eine Gegenleistung zugunsten des Erblassers vereinbart werden. Z. B. kann der eingesetzte Erbe zur Erbringung einer Dienstleistung verpflichtet werden. Wenn er damit in Verzug gerät, kann der Erblasser vom Erbvertrag zurücktreten. Sein Vertragspartner kann in engen Grenzen dann zurücktreten, wenn der Erblasser arglistig sein Vermögen verschleudert. Im gegenseitigen Einvernehmen ist der Erbvertrag jederzeit durch schriftliche Übereinkunft aufhebbar (Art. 513 ZGB).

Der Erbvertrag muss öffentlich beurkundet werden. Zwei Zeugen haben in genau bestimmter Form mitzuwirken (Art. 512 und 499–504 ZGB). Derjenige, der im Erbvertrag auf seinen Tod hin verfügt, muss urteilsfähig und mündig sein.

Beim Testament — das Gesetz spricht von letztwilliger Verfügung — ist der Erblasser im Unterschied zum Erbvertrag an das Verfügte nicht gebunden. Er kann das Testament jederzeit wieder aufheben, sei es durch Errichtung einer widersprechenden neuen Verfügung oder durch Vernichtung des Testamentes (Art. 509–511 ZGB). Die vom Gesetz in Art. 511 Abs. 1 ZGB ausgesprochene Vermutung, dass ein Testament jüngeren Datums ein älteres aufhebe, wurde durch die Praxis stark abgeschwächt. Trotzdem ist hier Vorsicht geboten und lohnt es sich, in jedem Testament oder Erbvertrag Klarheit in bezug auf frühere Testamente zu schaffen (z. B. durch die Kennzeichnung als «Nachtrag zum Testament vom . . . .»).

Testament

Das Testament kann nur die Willensäusserung einer einzigen Person enthalten. Niemand kann sich gültig verpflichten, ein Testament mit einem bestimmten Inhalt aufzusetzen oder ein solches bestehen zu lassen. Dies wäre eine unzulässige Beschränkung des Erblassers in seiner Widerrufsfreiheit.

Das Testament kann nur in drei Formen errichtet werden, als eigenhändiges Testament (Art. 505 ZGB), als öffentliches Testament, dessen Form derjenigen des Erbvertrages entspricht (Art. 499–504 ZGB) und als mündliches Nottestament (Art. 506–508 ZGB). Am weitaus häufigsten ist das eigenhändige Testament. Es muss, um gültig zu sein,

- von Anfang bis zum Ende eigenhändig und handschriftlich geschrieben sein,
- auf den Tag genau datiert und mit der Angabe des Errichtungsortes versehen sein, und
- so unterzeichnet sein, dass der ganze Text der Urkunde durch die Unterschrift abgedeckt ist, also ganz am Schluss.

Der testierende Erblasser muss urteilsfähig und mindestens 18 Jahre alt sein.

Das Testament sollte aus Sicherheitsgründen bei der dafür zuständigen Amtsstelle hinterlegt werden (Art. 504 und 505 Abs. 2 ZGB). Wird ein Testament eines Verstorbenen gefunden, muss es der Finder der zuständigen Behörde zur Eröffnung einreichen (Art. 556–559 ZGB).

Ungültigkeit und Herabsetzung von Verfügungen	Ist ein Erbe der Ansicht, ein Testament oder ein Erbvertrag sei z. B. wegen Verletzung von Formvorschriften ungültig, muss er innert kurzer Frist (Art. 521 ZGB) die Ungültigkeitsklage erheben (Art. 519–521 ZGB). Verletzt eine Verfügung von Todes wegen Pflichtteile, so kann sich der benachteiligte Erbe mit der Herabsetzungsklage zur Wehr setzen (Art. 522–533 ZGB, kurze Fristen in Art. 533 ZGB).
Nachlass	Der Nachlass umfasst die Vermögenswerte und Schulden, also die Aktiven und Passiven des Erblassers. Wertmässig hinzuzuzählen sind gewisse lebzeitige Zuwendungen des Erblassers, die der Ausgleichungspflicht unterstehen (vgl. Art. 610–632 ZGB). Dies ist bei Vorempfängen von Nachkommen in den meisten Fällen von Gesetzes wegen der Fall, sofern der Erblasser nichts anderes anordnet (Art. 626 Abs. 2 ZGB), für die anderen gesetzlichen Erben dann, wenn der Erblasser dies ausdrücklich verlangt hat (Art. 626 Abs. 1 ZGB). Nur für die Berechnung der Pflichtteile sind auch alle herabsetzbaren lebzeitigen Zuwendungen hinzuzuzählen (Art. 527 ZGB, Art. 245 Abs. 2 OR).

Bei verheirateten Erblassern ist zur Ermittlung des Nachlasses immer zunächst die güterrechtliche Auseinandersetzung durchzuführen. Der Ehegatte nimmt danach als gesetzlicher Erbe auch an der erbrechtlichen Auseinandersetzung teil.

Der Nachlass geht von Gesetzes wegen mit dem Tod des Erblassers in das Gesamteigentum der Erben über (Art. 560 ZGB). Die Erben bilden von Gesetzes wegen eine Erbengemeinschaft. Sie können grundsätzlich für den Nachlass nur gemeinschaftlich handeln. Vorbehalten bleiben dringende Fälle. Damit die Erben für den Nachlass handeln können, stellt ihnen die zuständige kantonale Behörde auf Verlangen eine Erbbescheinigung aus.

Zu gewissen Einzelhandlungen befugt sind Willensvollstrecker (Art. 517 ff. ZGB), Erbenvertreter (Art. 602 Abs. 3 ZGB) oder Erbschaftsverwalter (Art. 554 ZGB).

Die Erben übernehmen mit dem Tod des Erblassers auch dessen Schulden sowie die sogenannten Erbgangsschulden, wozu die Begräbniskosten zählen. Sie haften dafür auch mit ihrem eigenen Vermögen. Wollen sie dies nicht, können sie die Errichtung eines öffentlichen Inventars verlangen und allenfalls die Erbschaft ausschlagen (Art. 566–592 ZGB, kurze Fristen in Art. 567 und 580 ZGB). Durch Einmischung in den Nachlass wird das Recht auf Ausschlagung verwirkt (Art. 571 Abs. 2 ZGB).

Wollen sich die Erben in den Besitz von Erbschaftsgegenständen setzen, steht ihnen die Erbschaftsklage (Art. 598–601 ZGB) sowie praktisch alle Klagen zur Verfügung, die auch dem Erblasser zugestanden wären.

Die Erben können ihre Erbengemeinschaft auf drei Arten auflösen: Durch Versilberung der Erbschaft und Teilung des Erlöses, durch Aufteilung der Erbschaftsgegenstände unter sich oder durch den Abschluss eines Erbteilungsvertrages. Letzterer bedarf lediglich der Schriftform, selbst wenn Grundstücke vorhanden sind (Art. 634 Abs. 2 ZGB). Die Erben sind in der Art der Teilung frei und können sich sogar über Anordnungen des Erblassers hinwegsetzen, sofern sie sich einig sind. Bei Uneinigkeit gelten zunächst allfällige Anordnungen des Erblassers und hernach das Gesetz. Ohne Teilungsvorschriften hat kein Erbe Anspruch auf einen bestimmten Erbschaftsgegenstand, mit Ausnahme des Ehegatten, der die eheliche Wohnung und Hausratsgegenstände beanspruchen kann (Art. 610 Abs. 1, 612a ZGB).

Erbteilung

Jeder Erbe kann jederzeit Erbteilung verlangen (Art. 604 ZGB), notfalls durch Erbteilungsklage.

Vgl. für die geltenden Teilungsgrundsätze die Art. 607–618, für landwirtschaftliche Verhältnisse zusätzlich Art. 619 ZGB und das Bundesgesetz über das bäuerliche Bodenrecht.

Gesetzliche Regelung	Das Erbrecht ist im dritten Teil des Zivilgesetzbuches in den Art. 457–640 geregelt. Mit Testament und Erbvertrag, also mit den Verfügungen von Todes wegen, befassen sich die Art. 467–536 ZGB. Durch die Einführung des neuen Eherechtes wurden einige erbrechtliche Bestimmungen geändert. Die Änderungen finden auf alle Todesfälle nach dem 1.1.1988 Anwendung. Das ZGB wird ergänzt durch die kantonalen Einführungsgesetze, die sich aber vor allem mit Zuständigkeits- und Verfahrensfragen minderer Bedeutung befassen. Auf kantonaler Stufe sind auch die Erbschaftssteuern geordnet.

Vorlage 1 für ein Testament mit maximaler Begünstigung des Ehegatten gegenüber gemeinsamen Nachkommen[1]

T E S T A M E N T

Ich, der unterzeichnende

Romano Giussani, geb. 18.12.1937, Ennetlinth, 8783 Linthal, verfüge mit dem Willen, meine liebe Ehefrau Maria Ana möglichst gut zu stellen[2], was folgt:

1. Sämtliche letztwilligen Verfügungen, die ich jemals errichtet habe, sind mit diesem Testament aufgehoben.[3]

2. Ich setze meine gesetzlichen Erben mit Ausnahme meiner Ehefrau Maria Ana auf den Pflichtteil.

3. Die maximal verfügbare Quote wende ich meiner Ehefrau zu unbeschwertem Eigentum zu.[4]

4. Gestützt auf Art. 473 ZGB wende ich sodann meiner Ehefrau Maria Ana die Nutzniessung an demjenigen Teil der Erbschaft zu, der unseren gemeinsamen Kindern Giuliana und Uriana oder deren Nachkommen zufällt.[5]

   Sicherstellung ist durch meine Ehefrau nur gemäss Art. 760 Abs. 1 ZGB zu leisten.[6]

5. Im Sinne einer Teilungsvorschrift bestimme ich, dass meine Ehefrau berechtigt ist, in Anrechnung an ihre güter- und erbrechtlichen Ansprüche beliebige Vermögenswerte aus meinem Nachlass zu Eigentum zu übernehmen.[7]

6. Als Willensvollstreckerin setze ich meine Ehefrau ein.[8]

Errichtungsort, Datum, Unterschrift

(Das Testament ist von Anfang bis zum Schluss von Hand zu schreiben, nicht mit Schreibmaschine!)

Vorlage 2 für ein Testament eines kinderlosen Ehegatten mit maximaler Begünstigung des Ehepartners, Nachtrag eines Vermächtnisses mit Ersatzvermächtnis

TESTAMENT

Ich, *Sandrina Venturi*, geb. 9.10.1959, Kantonsstrasse 22, 3930 Visp, halte als meinen letzten Willen im Bemühen, meinen Ehemann Giorgio Venturi soweit als möglich zu begünstigen,[2] das folgende fest:

1. Mit der Errichtung dieses Testamentes widerrufe ich alle vorher verfassten Testamente.[3]

2. Ich setze meine Eltern zugunsten meines Ehemannes auf den Pflichtteil. Die weiteren gesetzlichen Erben sind von jedem Erbrecht ausgeschlossen.[9]

3. Mein Ehemann hat das Recht, in Anrechnung an seine güter- und erbrechtlichen Ansprüche nach seinem Belieben Vermögenswerte aus meinem Nachlass zu Eigentum zu übernehmen.[7] Mein Ehemann ist berechtigt, die erbrechtlichen Ansprüche meiner Eltern nach seiner freien Wahl in bar oder durch Zuweisung von Erbschaftsgegenständen abzugelten.

Visp, den 3.8.1984   Unterschrift

Testamentsnachtrag

In Ergänzung zu meinem am 3. August 1984 in Visp errichteten Testament bestimme ich, *Sandrina Venturi*, dass mein fürsorglicher Neffe Beat Hausherr aus Gletsch ein Legat[10] von Fr. 20'000.– erhalten soll. Stirbt mein Neffe vor mir, tritt seine

Frau Franziska Hausherr an seine Stelle. Ist auch sie bei meinem Ableben schon tot, fällt das Legat an deren Tochter Bettina Hausherr.

Visp, den 4. November 1988   Unterschrift

(Das Testament und der Nachtrag sind je von Anfang an bis zum Schluss von Hand zu schreiben, nicht mit Schreibmaschine!)

Vorlage 3 für ein Testament mit Enterbung, Erbeinsetzung und Nacherbeneinsetzung

Letztwillige Verfügung

Ich, Roland Stein, geb. 13.6.1951, wohnhaft Richisau, 8750 Klöntal, verfüge auf meinen Tod hin was folgt:

1. Ich enterbe[11] meine Eltern gemäss Art. 477 Ziff. 2 ZGB, weil sie mich in der schweren geschäftlichen Krise, die ich im Jahre 1984 durchmachte, in keiner Weise unterstützt haben, obwohl sie als wohlhabende Geschäftsinhaber ohne weiteres dazu in der Lage gewesen wären. Sie haben damals nichts zur Abwendung des Konkurses, nichts zum Unterhalt meiner schwer kranken Frau und nichts zum Aufbau meiner neuen Existenz beigetragen.[12]

2. Als meine Erben setze ich meinen Freund und Geschäftspartner Peter Holenstein zu einem Drittel der Erbschaft und meine liebe Freundin Michèle Huguenin zu zwei Dritteln der Erbschaft ein.[13] Pflichtteilsberechtigte Erben sind nach der Enterbung meiner Eltern heute keine mehr vorhanden.[14] Die übrigen gesetzlichen Erben sind von jedem Erbrecht ausgeschlossen.

3. Peter Holenstein ist berechtigt, meinen Anteil an unserer Kollektivgesellschaft Stein und Holenstein in Anrechnung an seinen Erbteil zu Eigentum zu übernehmen. Michèle Huguenin ist berechtigt, von den übrigen Vermögenswerten in meinem Nachlass auf Anrechnung an ihren Erbteil dasjenige zu Eigentum zu übernehmen, was sie wünscht.[7]

4. Als Nacherben setze ich sowohl für den Erbteil von Peter Holenstein als auch von Michèle Huguenin meinen Göttibub Hans-Peter Holenstein ein.[15] Im Falle des Erbteils von Michèle Huguenin erfolgt die Nacherbeneinsetzung auf den

Überrest.[16] Beide Vorerben sind von der Sicherstellungspflicht nach Art. 490 Abs. 2 ZGB befreit.

Errichtungsort, Datum und Unterschrift

(Das Testament ist von Anfang bis zum Schluss von Hand zu schreiben, nicht mit Schreibmaschine!)

Vorlage 4 für einen Erbvertrag unter Einbezug aller Erben zur Sicherung des Fortbestandes eines Geschäftes

ERBVERTRAG

zwischen Hans Huber-Meier, Vater, Elsa Huber-Meier, Mutter, Hans Huber, Sohn, Peter Huber, Sohn, Elisabeth Huber, Tochter, wird folgender Erbvertrag geschlossen:

I. Feststellungen

1. Dieser Erbvertrag verfolgt den Zweck, für den Fall des Todes von Hans Huber senior oder Elsa Huber den Fortbestand der Firma Gebrüder Huber, Grossgarage, Olten, nicht zu gefährden. Hans Huber junior soll der Eintritt in die Firma erleichtert[17] und die Eltern für das Alter wirtschaftlich abgesichert werden.[2]

2. Hans Huber senior und Elsa Huber unterstehen dem ordentlichen Güterstand der Errungenschaftsbeteiligung.[18] Eigengüter sind nebst den persönlichen Gebrauchsgegenständen lediglich Fr. 30'000.– vorhanden, welche Hans Huber senior durch Erbschaft zugefallen sind.

3. Hauptaktivum in der Errungenschaft und im dereinstigen Nachlass von Hans Huber senior ist dessen Anteil an der Kollektivgesellschaft Gebrüder Huber.

II. Vereinbarung

1. Für den Fall, dass Elsa Huber vor Hans Huber senior stirbt, wird Hans Huber zu ihrem Alleinerben bestimmt. Die Kinder Hans, Peter und Elisabeth verzichten auf den ihnen zustehenden Pflichtteil am Nachlass ihrer Mutter.[19]

    Hans Huber verpflichtet sich, aus der Erbschaft jedem Kind den Betrag von Fr. 25'000.– auszubezahlen, zahlbar innert drei Monaten nach dem Tod von Elsa Huber.[20]

2. Für den Fall, dass Elsa Huber nach oder gleichzeitig mit Hans Huber senior stirbt, ist sie unter Vorbehalt der nachfolgenden Bestimmungen in der Verfügung über ihren dereinstigen Nachlass frei.

3. Nach dem Tod von Hans Huber senior gelten für den Fall, dass er nach oder gleichzeitig mit Elsa Huber stirbt, die folgenden Bestimmungen:
    a) Der Anteil an der Kollektivgesellschaft Gebrüder Huber fällt Hans Huber junior zu Eigentum zu, unter Vorbehalt der nachstehenden Leistungen ohne Anrechnung an seinen Erbteil.[21]
    b) Hans Huber junior bezahlt seinen beiden Geschwistern Peter und Elisabeth je Fr. 50'000.–, zahlbar innert drei Monaten nach dem Tod von Hans Huber.
    c) Hans Huber junior leistet seinen beiden Geschwistern bzw. deren Erben während 15 Jahren eine jährliche Zahlung von je Fr. 16'500.–,[22] zahlbar jeweils innert einem Monat nach Abschluss des Geschäftsjahres der Kollektivgesellschaft, erstmals nach Ende des ersten vollständigen Geschäftsjahres nach dem Tod von Hans Huber.
    Bringt ihn die Bezahlung dieser jährlichen Leistungen in ernstliche Schwierigkeiten, die er nicht selbst verschuldet hat, kann er einen Unterbruch von bis zu fünf Jahren verlangen. Der Aufschub begründet keine Zinspflicht.
    Hans Huber junior ist berechtigt, die 15 Raten in einer Einmalzahlung abzugelten, wobei ihm für die Vorauszahlung ein Jahreszins von 5% gutzuschreiben ist.[23]
    d) Im übrigen nehmen am Nachlass Hans junior, Peter und Elisabeth Huber gleichberechtigt teil.

4. Für den Fall, dass Hans Huber senior vor Elsa Huber stirbt, gelten die folgenden Bestimmungen und Elsa Huber leistet Erbverzicht, soweit durch diese Regelung ihr Pflichtteil verletzt wird:
    a) Elsa Huber verzichtet auf den ihr zustehenden Anteil an der Errungenschaft von Hans Huber senior.[24]

b) Der Anteil an der Kollektivgesellschaft Gebrüder Huber fällt Hans Huber junior zu Eigentum zu, unter Vorbehalt der nachstehenden Leistungen ohne Anrechnung an seinen Erbteil.[21]

c) Hans Huber junior leistet seiner Mutter eine Zahlung von Fr. 100'000.–, zahlbar innert drei Monaten nach dem Tod von Hans Huber.

d) Hans Huber junior leistet seiner Mutter Elsa Huber bis zu ihrem Ableben jährliche Zahlungen von Fr. 20'000.–, zahlbar in vier Quartalsraten, erstmals auf das dem Tod von Hans Huber folgende Quartalsende.[22]

e) Hans Huber junior leistet seinen beiden Geschwistern Peter und Elisabeth Huber insgesamt 15 Jahre lang ab dem Tod des Vaters Zahlungen wie folgt:
– zu Lebzeiten der Mutter eine jährliche Zahlung von je Fr. 6'500.–;
– nach Ableben der Mutter eine jährliche Zahlung von je Fr. 16'500.–;
zahlbar jährlich innert einem Monat nach Abschluss des Geschäftsjahres der Kollektivgesellschaft, erstmals nach Ende des ersten vollständigen Geschäftsjahres nach dem Tod des Vaters.[22]

Hat Hans Huber junior während mehr als 15 Jahren die Leistungen gemäss vorstehender lit. d) an seine Mutter zu erbringen, berechtigt ihn dies nicht zur Stellung von irgendwelchen Ansprüchen an seine Geschwister.[25]

5. In allen Fällen gilt:
a) Hans Huber senior und Elsa Huber bleiben in jedem Falle berechtigt, über je Fr. 30'000.– ihres Nachlasses von Todes wegen zu verfügen.[26]
b) Hans Huber junior ist frei, seinen Gesellschaftsanteil zu veräussern. Eine Veräusserung entbindet ihn aber nicht von der Einhaltung der Verpflichtungen gemäss den vorstehenden Ziff. II. 3. b und c sowie II. 4. c bis e.

Variante
Realisieren Hans Huber junior oder seine Erben den wirt-

schaftlichen Wert des geerbten Gesellschaftsanteils durch Verkauf oder ein ähnliches Geschäft[27], haben sie den Erlös abzüglich an Mutter oder Geschwister erbrachte Leistungen und abzüglich im Betrieb getätigte Investitionen aus dem Privatvermögen gleichberechtigt mit den Geschwistern Peter und Elisabeth zu teilen. Der von Hans Huber junior oder seinen Erben zu teilende Betrag vermindert sich für jedes Jahr, in dem Hans Huber junior als Gesellschafter in der Firma tätig war, um 5%. Nach einer Geschäftstätigkeit von 20 Jahren entfällt damit jede Erlösbeteiligung der Geschwister.[28]

Ab dem Zeitpunkt, an dem Hans Huber junior diesen Gewinnanteil an seine Geschwister ausbezahlt hat, entfällt seine Pflicht zur Leistung der jährlichen Zahlung an sie gemäss vorstehender Ziff. II. 3. c) oder II. 4. d). Ab diesem Zeitpunkt ist die jährliche Auszahlung von Fr. 20'000.– an die Mutter Elsa Huber gemäss vorstehenden Ziff. II. 4. d) von den drei Geschwistern Hans junior, Peter und Elisabeth Huber je zu einem Drittel zu übernehmen.

c) Elsa, Peter und Elisabeth Huber verzichten auf weitergehende Ansprüche aus der Übernahme des Gesellschaftsanteils durch Hans Huber junior, insbesondere auch auf allfällige Ausgleichungs- und Herabsetzungsansprüche.

6. Dieser Erbvertrag ist nicht amtlich zu eröffnen.[29]

Ort, Datum und Unterschriften

Beurkundungsformel
Zeugenformel

Vorlage 5 für eine Kombination von Ehe- und Erbvertrag zur Begünstigung eines Ehegatten unter dem Güterstand der Gütergemeinschaft

Siehe Kapitel über Eheverträge, Vorlage 2 (S. 398–401).

Vorlage 6 für einen Erbverzicht (Erbauskauf)

Bernhard Rappold und *Frank von Siebenthal* schliessen den folgenden *Erbvertrag*:

1. Bernhard Rappold zahlt seinem Sohn Frank von Siebenthal Fr. 275'000.– als seinen künftigen Erbteil aus, damit er ein Geschäft übernehmen kann.
2. Frank von Siebenthal verzichtet für sich und seine Nachkommen auf alle erbrechtlichen Ansprüche einschliesslich Pflichtteilsansprüche gegenüber seinem Vater Bernhard Rappold.[30]
   Dieser Verzicht erfolgt zugunsten der Nachkommen und der Ehegattin von Bernhard Rappold. Er fällt dahin, wenn aus irgendwelchen Gründen weder Nachkommen noch die Ehegattin von Bernhard Rappold dessen Erbschaft erwerben.[31]
3. Dieser Erbvertrag ist beim Tode von Bernhard Rappold amtlich zu eröffnen.[29]

Ort, Datum und Unterschriften

Beurkundungsformel
Zeugenformel

Quittierung   Unterschrift des Verzichtenden[32]

Vorlage 7 für einen Erbteilungsvertrag[33]

A. Vorbemerkungen

1. Am 25.2.19.. verstarb in Altdorf

   Karl Regli-Schick
   geb. 17.1.1911, von Hospenthal, wohnhaft gewesen in Hospenthal.

2. Der Erblasser war verheiratet mit Agnes Regli-Schick. Die Eheleute lebten unter dem ordentlichen Güterstand der Errungenschaftsbeteiligung. Ein Ehevertrag wurde nie abgeschlossen.

3. Die gesetzlichen Erben des Verstorbenen, zugleich vertragsschliessende Parteien, sind:

   – *Agnes Regli-Schick*, geb. 7.10.1913,
     Gotthardstrasse 31, 6493 Hospenthal

   – *Petra Regli*, geb. 6.2.1944,
     wohnhaft Furkastrasse, 6493 Hospenthal

   – *Ariane Poher-Regli*, geb. 11.7.1951,
     Rés. des marroniers, F-74100 Annemasse

4. Der Erblasser hat am 26.12.1986 ein Testament errichtet, mit welchem er seine beiden Töchter Petra und Ariane zugunsten seiner Ehefrau Agnes auf den Pflichtteil setzte.

5. Ansprüche gegenüber Lebensversicherungen oder Ähnliches sind nicht vorhanden.[34]

6. Die Inventarisation des Vermögens des Verstorbenen wurde am 5.3.19.. durch den Gemeindeschreiber von Hospenthal vorgenommen und dient als Grundlage dieses Erbteilungsvertrages.[35]

B. Güterrechtliche Auseinandersetzung[36]

Karl Regli

AKTIVEN

Eigengut
Land Tannenberg (Erbe)	Fr. 46'000.–	
6 Obligationen Kraftwerke Göschenen 1988–2003, 4¼% (Ersatzanschaffung Barerbschaft)	Fr. 30'000.–	Fr. 76'000.–

Errungenschaft
½ Miteigentumsanteil Haus Gotthardstrasse 31, Hospenthal	Fr. 170'000.–	
Wertschriften	Fr. 31'000.–	
Anlagekonto UKB Andermatt inkl. Marchzinsen bis zum Todestag	Fr. 22'000.–	
PW Opel Rekord	Fr. 6'000.–	
Mobiliar und Hausrat	Fr. 5'000.–	
Ersatzforderung gegenüber Eigengut[37]	Fr. 13'000.–	
Barschaft	Fr. 1'000.–	Fr. 248'000.–

PASSIVEN

Eigengut
Auszahlung an Miterben für Land Tannenberg[37]	Fr. 13'000.–	Fr. 13'000.–

Errungenschaft
½ Anteil Grundpfandschulden auf Haus Gotthardstrasse 31, Hospenthal, inkl. Marchzinsen bis zum Todestag	Fr. 85'000.–	
Anteil Steuern 19..[38]	Fr. 3'000.–	Fr. 88'000.–

SALDO

Eigengut	Fr. 63'000.–
Errungenschaft	Fr. 160'000.–

Agnes Regli

AKTIVEN

Eigengut
Erbvorbezug von Vater   Fr. 20'000.–   Fr. 20'000.–

Errungenschaft
½ Miteigentumsanteil Haus
Gotthardstrasse 31, Hospenthal   Fr. 170'000.–
Sparkonto UKB Andermatt   Fr. 16'000.–   Fr. 186'000.–

PASSIVEN

Eigengut   –.–   –.–

Errungenschaft
½ Anteil Grundpfandschulden
Haus Gotthardstrasse 31, Hospenthal,
inkl. Marchzinsen bis zum Todestag   Fr. 85'000.–
Anteil Steuern 19..[38]   Fr. 1'000.–   Fr. 86'000.–

SALDO

Eigengut   Fr. 20'000.–

Errungenschaft   Fr. 100'000.–

Dies ergibt folgende *Beteiligungen an den Vorschlägen:*

Karl Regli am Vorschlag von Agnes Regli   Fr. 50'000.–

Agnes Regli am Vorschlag von Karl Regli   Fr. 80'000.–

Es resultiert eine *güterrechtliche Auszahlung aus dem Vermögen von Karl Regli* an Agnes Regli von *Fr. 30'000.–*.[39]

C. Erbrechtliche Auseinandersetzung

1. Nachlass[40]

AKTIVEN

Eigengut	Fr. 76'000.–	
Errungenschaft	Fr. 248'000.–	
Ausgleichspflichtiger Vorbezug von Petra Regli[41]	Fr. 30'000.–	
Marchzinsen bis zum Teilungstag	Fr. 2'000.–	Fr. 356'000.–

PASSIVEN

Eigengut	Fr. 13'000.–	
Errungenschaft	Fr. 88'000.–	
Marchzinsen Errungenschaft bis zum Teilungstag	Fr. 5'000.–	
Schuld an Agnes Regli aus Güterrecht[42]	Fr. 30'000.–	
Begräbniskosten	Fr. 9'000.–	
Grabunterhaltsfonds	Fr. 3'000.–	Fr. 148'000.–
SALDO/Nachlass		Fr. 208'000.–

2. Erbteile

Agnes Regli
½ gesetzlicher Erbteil zuzügl.
⅛ verfügbare Quote gemäss Testament
(⅝ des Nachlasses von Fr. 208'000.–) Fr. 130'000.–

Petra Regli
Pflichtteil 3/16 des Nachlasses von Fr. 208'000.– Fr. 39'000.–

Ariane Poher-Regli
Pflichtteil 3/16 des Nachlasses von Fr. 208'000.– Fr. 39'000.–

D. Vollzug[43]

Agnes Regli

Erbteil		Fr. 130'000.–
Anspruch aus Güterrecht		Fr. 30'000.–
Miteigentumsanteil Haus Gotthardstrasse 31	Fr. 170'000.–	Fr. 85'000.–[44]
Steuerschulden		Fr. 3'000.–
6 Obligationen	Fr. 30'000.–	
übrige Wertschriften	Fr. 31'000.–	
PW Opel	Fr. 6'000.–	
Mobiliar und Hausrat	Fr. 5'000.–	
Bar aus Anlagekonto UKB inkl. Marchzinsen	Fr. 5'000.–	
Barschaft	Fr. 1'000.–	
	Fr. 248'000.–	Fr. 248'000.–

Petra Regli

Erbteil		Fr. 39'000.–
Land Tannenberg	Fr. 46'000.–	
Vorempfang	Fr. 30'000.–[41]	
Begräbniskosten		Fr. 9'000.–
Grabunterhaltsfonds		Fr. 3'000.–
Marchschuldzinsen		Fr. 5'000.–
Auszahlung an Ariane Poher-Regli		Fr. 20'000.–
	Fr. 76'000.–	Fr. 76'000.–

Ariane Poher-Regli

Erbteil		Fr. 39'000.–
Auszahlung von Petra Regli	Fr. 20'000.–	
Bar aus Anlagekonto UKB	Fr. 19'000.–	
	Fr. 39'000.–	Fr. 39'000.–

Mit Vollzug dieses Vertrages erklären sich die Parteien per Saldo aller Ansprüche aus dem Nachlass Karl Regli auseinandergesetzt.

Ort, Datum, Unterschriften

Kommentar zu den Vorlagen 1—7

¹ *Bei diesem Vertrag erhalten die Kinder beim Tod des Vaters nichts ausser einem, wegen der Nutzniessung ertragslosen Erbteil. Je nach der sozialversicherungsrechtlichen Absicherung des Ehegatten und den wirtschaftlichen und persönlichen Umständen der Kinder ist dies bei allem Verständnis für eine gute Vorsorge zugunsten des Partners oft nicht die angemessene Lösung. Umgekehrt könnte die Begünstigung des Gatten durch Kombination mit einem Ehevertrag sogar noch verstärkt werden (s. Kapitel Ehevertrag Vorlagen 1 und 2). Solche Maximalbegünstigungen des Ehegatten zulasten der Nachkommen können auch steuerliche Nachteile haben (s. Kommentar-Note 20).*

² *Es ist zwar nicht unbedingt nötig, aber empfehlenswert, den hauptsächlichen Zweck des Testamentes oder des Erbvertrages in einer einleitenden Bemerkung zu umschreiben. Dies kann eine wertvolle Hilfe bei der Auslegung einer unklaren Bestimmung sein.*

³ *Diese Klausel schafft Klarheit und sollte überall verwendet werden, wo das Testament oder der Erbvertrag nicht eindeutig als Ergänzung einer früheren Verfügung von Todes wegen gekennzeichnet werden kann. Das Gesetz vermutet, dass ein Erblasser mit einem neuen Testament über sein ganzes Vermögen neu verfügen will und damit alte Testamente aufgehoben sind (Art. 511 ZGB).*

⁴ *Es wird bewusst keine Quote angegeben, da pflichtteilsgeschützte Miterben vorversterben, unbekannte Erben auftauchen oder auch die Gesetze ändern können.*

Der Gefahr, dass der stark begünstigte Ehegatte die Güter zulasten der Kinder verschwendet, könnte zusätzlich mit einer Nacherbeneinsetzung über den allerdings kleinen Eigentumsanteil begegnet werden (vgl. Vorlage 3).

⁵ *Damit werden die Pflichtteile der Kinder mit der Nutzniessung des Ehegatten belastet. Dies bedeutet, dass die Erträge an den Ehegatten fallen, dieser z. B. die Zinsen beziehen oder gratis im Haus*

wohnen kann. Gegenüber nicht gemeinsamen, vorehelichen Kindern wäre eine solche Bevorzugung nicht möglich (Art. 473 Abs. 1 ZGB). Diesen wäre mindestens ihr Pflichtteil unbelastet auszurichten.

6 *Art. 760 Abs. 1 ZGB sieht eine Sicherstellungspflicht vor, wenn nachgewiesenermassen die Rechte des Eigentümers gefährdet sind. Die erbrechtliche Sicherstellungspflicht bei Wiederverheiratung nach Art. 464 altZGB ist seit dem 1.1.1988 aufgehoben. Eine Wiederverheiratung des nutzniessungsbegünstigten Ehegatten befreit den Pflichtteil der gemeinsamen Kinder von der Nutzniessung (Art. 473 Abs. 3 ZGB).*

7 *Die Zuwendung einer bestimmten Quote des Nachlasses zu Eigentum gibt nur Anspruch auf einen entsprechenden Wertanteil, nicht aber auf bestimmte Gegenstände. Soll ein Erbe bestimmte Gegenstände oder gar das Recht erhalten, aus dem Nachlass auszuwählen, was er haben will, muss der Erblasser dies zusätzlich in einer Teilungsvorschrift anordnen.*

8 *Der Willensvollstrecker hat den letzten Willen des Verstorbenen auszuführen, den Nachlass zu verwalten und zu liquidieren (Art. 517f. ZGB). Der Erblasser beauftragt damit meist eine Person seines Vertrauens, in komplizierten Verhältnissen einen Notar oder Anwalt. Es empfiehlt sich, eine Ersatzverfügung zu treffen für den Fall, dass die eingesetzte Person vor dem Erblasser stirbt.*

Ehegatten werden oft in der Meinung, dass sie dann «die Fäden in der Hand haben», mit dieser Aufgabe betraut. Dies kann sich jedoch als zweischneidig erweisen, da das Willensvollstreckermandat auch erhöhte Pflichten und eine Haftung bei deren Verletzung mit sich bringt.

9 *Ohne anderslautende testamentarische Bestimmung erhält der Ehegatte neben beiden Elternteilen den gesetzlichen Erbteil von drei Vierteln des Nachlasses (Art. 462 Ziff. 2 ZGB).*

10 *Anders als der Erbe seinen Erbteil erwirbt der Vermächtnisnehmer sein Vermächtnis nicht automatisch. Er hat lediglich einen*

schuldrechtlichen Anspruch gegen die belasteten Erben auf Auslieferung der vermachten Sache oder Ausbezahlung des zugewendeten Betrages. Der Vermächtnisnehmer haftet umgekehrt auch nicht für die Schulden der Erbschaft, muss aber natürlich mit seinem Legat vor den Erbschaftsgläubigern zurückstehen.

Auch einem Erben kann zusätzlich zum Erbteil noch etwas vermacht werden (sog. Vorausvermächtnis). Dann muss aber klar gesagt sein, dass dies eine zusätzliche Begünstigung zum Erbteil hinzu sein soll, da das Gesetz in Zuweisungen an Erben eine blosse Teilungsvorschrift vermutet (Art. 608 Abs. 3 ZGB).

[11] Die Enterbung kann nur ausgesprochen werden, wenn der Erbe gegen den Erblasser oder eine diesem nahe verbundenen Person ein schweres Verbrechen begangen oder gegenüber dem Erblasser oder einem von dessen Angehörigen familienrechtliche Pflichten schwer verletzt hat (Art. 477 ZGB). Daneben kann einem zahlungsunfähigen Erben die Hälfte seines Pflichtteils entzogen werden, wenn der Erblasser diese Hälfte dessen Kindern zuwendet (Art. 480 ZGB). Die Enterbung bezieht sich allein auf den Pflichtteil. Ausserhalb der Pflichtteile ist der Erblasser ja ohnehin verfügungsfrei. Die Enterbung bewirkt, dass der Anteil des Enterbten, wie wenn er vorverstorben wäre, an die gesetzlichen Erben des Erblassers fällt. Letzterer kann etwas anderes verfügen, doch bleibt er an allfällige Pflichtteile der eintretenden Erben gebunden. Enterbt z. B. ein Vater seinen Sohn und hat dieser Nachkommen, wird die verfügbare Quote durch die Enterbung also nicht grösser (Art. 478 ZGB).

[12] Die Enterbung ist nur gültig, wenn sie in einem Testament vorgenommen wird und der Enterbungsgrund im Testament angegeben wird. Dies sollte ausführlich erfolgen, da der aus der Enterbung Begünstigte die Richtigkeit des Enterbungsgrundes beweisen muss. Scheitert dieser Nachweis, bleibt der Enterbte aber auf den Pflichtteil gesetzt.

[13] Mit der Erbeinsetzung, die auch bei Vorhandensein gesetzlicher Erben zulässig ist, erwirbt der eingesetzte Erbe volle Erbenstellung und hat alle Rechte und Pflichten (Schuldenhaftung!), die

einem gesetzlichen Erben zustehen. Dies im Unterschied zum Vermächtnisnehmer, der wie ein Gläubiger lediglich einen Geld- oder Sachanspruch an die Erben hat.

[14] Sind pflichtteilsberechtigte Erben vorhanden, so würde eine Erbeinsetzung über den ganzen Nachlass deren Pflichtteile verletzen. Treten solche erst später z. B. durch Heirat oder Geburt eines Kindes hinzu, fällt die Erbeinsetzung nicht dahin, sondern wird im Ausmass der Pflichtteilsverletzung durch Herabsetzungsklage anfechtbar.

[15] Die Nacherbeneinsetzung (Art. 488–492 ZGB) bedeutet, dass die Erbschaft nach dem Tod des Vorerben dem Nacherben ausgeliefert werden muss. Statt des Todes könnte auch ein anderer Auslieferungszeitpunkt, z. B. Volljährigkeit des Nacherben, festgesetzt werden. Eine Nacherbeneinsetzung ist nur einmal zulässig, die Nach-Nacherbeneinsetzung ist damit ausgeschlossen. Möglich ist auch, die gleiche Regelung bei einem Vermächtnis zu treffen, das sog. Nachvermächtnis (Art. 488 Abs. 3 ZGB). Bei jeder Nacherbeneinsetzung wird nach dem Tod des Erblassers ein behördliches Inventar aufgenommen. Zudem hat der Vorerbe für die Erbschaft Sicherstellung zu leisten, sofern ihn nicht der Erblasser wie in Ziff. 4 der Vorlage 3 davon befreit hat (Art. 490 ZGB). Die Nacherbeneinsetzung löst in der Regel eine zweimalige Erbschaftssteuer aus.

[16] Der Vorerbe hat das Erbgut für den Nacherben zu erhalten, womit sich seine Stellung derjenigen eines Nutzniessers annähert. Anders bei der Nacherbeneinsetzung auf den Überrest: Hier darf der Vorerbe die Erbschaft verbrauchen, soweit dies nicht in der offensichtlichen Absicht geschieht, den Nacherben zu benachteiligen. Es zeigt sich hier ein Hauptzweck der Nacherbeneinsetzung: Sicherstellung des Unterhalts des Vorerben, gleichzeitig soll aber das Vermögen zuletzt an eine andere, nahestehende Person fallen. Da das Steuerrecht in manchen Kantonen an den Verwandtschaftsgrad der Nacherben anknüpft, kann dies gerade bei einer Freundin auch steuerrechtliche Vorteile haben.

[17] Es genügt nicht, Hans Huber junior den Gesellschaftsanteil zuzuwenden. Dies gibt ihm noch keinen Anspruch auf Eintritt in die

Kollektivgesellschaft seines verstorbenen Vaters. Das Recht von Hans Huber junior, in die Firma einzutreten, sollte daher im Gesellschaftsvertrag ausdrücklich vereinbart werden. Damit wird auch verhindert, dass die Gesellschaft beim Tod eines Gesellschafters automatisch aufgelöst wird (Art. 574 und 545 OR).

[18] *Die Errungenschaftsbeteiligung ist der ordentliche Güterstand des am 1.1.1988 in Kraft getretenen, revidierten Eherechts. Ihm unterstehen auch Ehegatten, die vor 1988 geheiratet haben, wenn sie weder einen Ehevertrag abgeschlossen noch anlässlich des Inkrafttretens des neuen Rechts besondere Erklärungen abgegeben haben.*

[19] *Damit wird verhindert, dass der Vater beim Tod seiner Frau die Hälfte des Vorschlages seiner Errungenschaft an die Erben auszahlen muss. Dies würde wegen des hohen Wertes des Geschäfts seine flüssigen Mittel bei weitem übersteigen.*

Das gleiche Resultat könnte gegenüber gemeinsamen Kindern auch durch einen Ehevertrag mit Zuweisung der Gesamtsumme beider Vorschläge an den überlebenden Ehegatten erreicht werden (Art. 216 ZGB). Das Einverständnis der Kinder wäre in diesem Punkt also nicht erforderlich.

Bestehen Bedenken, der Vater könnte den Erbteil zu Lebzeiten vertun oder erneut heiraten, könnte eine Nacherbeneinsetzung zugunsten der Kinder vorgesehen werden.

[20] *Gehen die Kinder beim Tod des erstverstorbenen Elternteils ganz leer aus, so hat dies steuerliche Nachteile, indem der Steuerfreibetrag nicht ausgenutzt wird. Dieser ist von Kanton zu Kanton verschieden.*

[21] *Im Zweifel vermutet das Gesetz bei der Zuweisung von Vermögenswerten eine blosse Teilungsvorschrift. Es sollte daher immer klargestellt werden, ob die Zuwendung mit oder ohne Anrechnung an den Erbteil erfolgt. Nur im letzteren Fall liegt auch eine wertmässige Begünstigung vor. In Vorlage 4 ist die Zuweisung des Gesellschaftsanteils mit einer namhaften Gegenleistung verbunden. Das ist heikel, wenn sich der Wert des Geschäftes bis zum Tod des Vaters noch stark verändern kann.*

²² *Damit soll Hans Huber junior ermöglicht werden, das zu übernehmende Geschäft in Raten aus den laufenden Erträgnissen an seine Geschwister abzuzahlen.*
   Die zu leistenden Zahlungen hängen eigentlich vom Wert der Kollektivgesellschaft im Teilungszeitpunkt ab, doch ist dieser wegen des noch ungewissen Zeitpunktes völlig unbekannt. Deshalb wird oft auf einen aktuellen Wert abgestellt, wobei zukünftige Ertragsaussichten in einem gewissen Rahmen mitberücksichtigt werden.

²³ *Die Kapitalisierung von periodischen Zahlungspflichten ist kompliziert. Die Einmalzahlung kann nicht einfach die zusammengezählten Raten umfassen, weil die Geschwister einen Zinsvorteil haben, der umgekehrt dem Vorauszahlenden entgeht.*

²⁴ *Das ist eigentlich eine güterrechtliche Bestimmung, die aber im Rahmen des Erbvertrages formgerecht erfolgt.*

²⁵ *Diese zusätzliche Belastung mit dem «Risiko», dass die Mutter sehr lange lebt, wird dadurch ausgeglichen, dass im Fall, wo die Mutter den Vater überlebt, der Rentenpflichtige an seiner Zahlung von Fr. 100'000.– beim Tod der Mutter wieder als Erbe teilnimmt. Im Gegensatz zu den jährlichen Zahlungen, die für den Unterhalt neben der AHV und allfälligen zweiten Säule bestimmt sind, kann vorbehältlich besonderer Entwicklungen davon ausgegangen werden, dass dieser Betrag beim Tod der Mutter in etwa noch vorhanden sein wird.*

²⁶ *Ein Erblasser sollte sich in einem Erbvertrag nie über seinen ganzen Nachlass verpflichten. Ein minimaler Freiraum für spätere Begünstigungen in einem Testament sollte immer vorhanden sein.*

²⁷ *Gewinnbeteiligungsrechte können sich auch rechtfertigen, wenn ein Erbe eine Liegenschaft günstig aus der Erbschaft übernehmen kann. Das Gesetz stellt ein Modell für landwirtschaftliche Grundstücke zur Verfügung, welches auch für andere Fälle übernommen werden kann (Art. 619 ff. ZGB). Sie sind jedoch in der*

Anwendung heikel und sollten wenn möglich durch entsprechende Ansetzung des Übernahmepreises vermieden werden.

Mit der hier gewählten weiten Umschreibung des Veräusserungsgeschäfts sollen Umgehungsversuche unterbunden werden.

[28] *Damit wird berücksichtigt, dass im Verlaufe der Jahre der Wert des Geschäftes immer weniger von der ererbten Beteiligung als vielmehr von der Arbeit des Hans Huber junior selbst bestimmt wird.*

[29] *Eine amtliche Eröffnung eines Erbvertrages ist dort erforderlich, wo ein Erbe oder Willensvollstrecker eingesetzt oder ein gänzlicher Erbverzicht abgegeben wird. Die Folge der amtlichen Eröffnung ist, dass die Erbbescheinigung den Erbvertrag berücksichtigt.*

[30] *Der Erbverzicht ist in den Art. 495–497 ZGB geregelt. Er gilt auch für die Nachkommen des Verzichtenden, wenn nicht etwas anderes vereinbart wird. Es wäre dem Vater freigestellt, seinem ausserehelichen Sohn später trotzdem etwas zu vermachen, ja er kann ihn gar wieder als Erben einsetzen. Bei der Berechnung der Pflichtteile der übrigen Erben sind die ausbezahlten Fr. 275'000.– zum Nachlass hinzuzurechnen.*

[31] *Ein Erbverzicht fällt schon von Gesetzes wegen dahin, wenn die Erben, zu deren Gunsten er erklärt wurde, ausfallen. Wurde er zugunsten der «Miterben» erklärt, so sind dies vermutungsweise nur die Angehörigen derselben Parentel, der auch der Verzichtende angehört (Art. 496 ZGB). Verzichtet also ein Sohn zugunsten seiner Miterben auf das väterliche Erbe, so fällt der Verzicht dahin, wenn seine Geschwister vorversterben.*

[32] *Wurde der Betrag bereits vor Abschluss des Erbvertrages ausbezahlt, sollte dies im Vertrag festgehalten werden.*

[33] *Für den Erbteilungsvertrag genügt selbst dann, wenn Grundstücke im Nachlass sind, die einfache Schriftform (Art. 634 Abs. 2 ZGB).*

³⁴ *Die Lebensversicherung würde unabhängig von der Erbteilung den Begünstigten ausbezahlt. Zur Berechnung der Pflichtteile wäre jedoch bei den sog. gemischten Versicherungen der Rückkaufwert mit Wert Todestag zum Nachlass hinzuzurechnen (Art. 476 und 529 ZGB).*

³⁵ *Oft ist das Steuerinventar taugliche Grundlage für die Ermittlung des Nachlasses. In einzelnen Kantonen wird unabhängig vom Steuerinventar ein spezielles Erbschaftsinventar aufgenommen.*

³⁶ *Bei verheirateten Erblassern erfolgt die Abrechnung nach dem Tod immer in zwei Schritten. Zuerst ist die güterrechtliche Auseinandersetzung und erst danach die erbrechtliche Auseinandersetzung durchzuführen.*

³⁷ *Da im Zeitpunkt, in dem der Erblasser aus dem Nachlass seines Vaters das Land Tannenberg übernahm, eine Ausgleichszahlung aus während der Ehe Erspartem an die Miterben geleistet werden musste, hat die Errungenschaft des Mannes eine Ersatzforderung an sein Eigengut. Wenn dies nicht so wäre, käme die Ehefrau, die ja eherechtlich nur Anspruch auf die Hälfte der Errungenschaft hat, zu kurz.*

Wenn das Land eine erhebliche Wertsteigerung seit der Übernahme erfahren hätte, würde die Errungenschaft proportional zu ihrer Investition auch daran teilnehmen (Art. 209 Abs. 3 ZGB).

³⁸ *Für die Aufteilung der Steuern unter die Ehegatten ist entscheidend, wer wieviel zum resultierenden Steuerbetrag durch Einkommen und Vermögen unter Berücksichtigung der dazugehörigen Abzüge beigetragen hat.*

Die Steuern sind hauptsächlich, aber nicht nur auf Grund der Errungenschaften entstanden. Trotzdem sind sie ungeteilt der Errungenschaft zuzuweisen, weil sie mit ihr sachlich am engsten zusammenhängen (Art. 209 Abs. 2 ZGB).

Auch Aktiven sind einheitlich derjenigen Vermögensmasse (also Eigengut oder Errungenschaft) zuzuordnen, mit der sie im engsten sachlichem Zusammenhang stehen. Im Zweifel fallen sie in die Errungenschaft.

39 Mangels Ehevertrag richtet sich die Vorschlagsberechnung nach Gesetz. Forderungen werden gegenseitig verrechnet (Art. 215 ZGB).

40 Dies entspricht der üblichen Ausdrucksweise in Erbteilungsverträgen. Streng genommen kann unterschieden werden zwischen dem Nachlass zum Todeszeitpunkt und der Teilungsmasse im Zeitpunkt der Teilung, die hier aus dem um die Marchzinsen und den Vorempfang vermehrten resp. um die Marchschuldzinsen verminderten Nachlass besteht.

41 Da der Erblasser den Vorbezug der Tochter nicht von der Ausgleichungspflicht befreit hat, unterliegt dieser der Ausgleichung (Art. 626 ZGB). Konkret ist der Vorempfang zur Berechnung der Erbteile zum Nachlass hinzuzurechnen und hat sich die Empfängerin die bereits erfolgte Auszahlung von ihrem Erbteil abziehen zu lassen.

42 Da alle Aktiven der Errungenschaft des Erblassers in den Nachlass fallen, muss die aus Güterrecht geschuldete Zahlung als Nachlasspassivum aufgeführt werden.

43 Der Realvollzug erfolgt erst durch Auszahlung der Baransprüche, Änderung der Grundbucheinträge etc. Die im Erbteilungsvertrag getroffene Vereinbarung gibt aber jedem Erben ein leicht durchsetzbares Recht auf die ihm zugewiesenen Vermögenswerte und auferlegt den Miterben die Pflicht, beim Vollzug mitzuwirken.

44 Die Ehefrau übernimmt auch den zweiten Miteigentumsanteil am Haus zu Eigentum. Sie hätte darauf auch einen gesetzlichen Anspruch, einerseits wegen des Miteigentums und überwiegenden Interesses an ihrer Wohnliegenschaft aus Güterrecht (Art. 205 Abs. 2 ZGB), andererseits aber auch ohne Interessennachweis aus Erbrecht (Art. 612a ZGB). Mit dem Miteigentumsanteil wurden auch die Grundpfandschulden überbunden (Art. 615 ZGB). Die Miterben werden allerdings von einer Schuld nur frei, wenn der Gläubiger mit der Schuldübernahme durch einen einzelnen Erben einverstanden ist. Andernfalls haften sie noch während fünf Jahren solidarisch (s. Art. 639 ZGB). Diese Solidarhaftung gilt für alle Schulden des Nachlasses.

Der Fahrnispfandvertrag

Das Wichtigste in Kürze

Pfandrechte sichern die Erfüllung von Forderungen. Sie geben dem Gläubiger das Recht zur Verwertung des Pfandes, wenn der Schuldner bei Fälligkeit nicht zahlt.

Pfand kann entweder eine bewegliche Sache (Faustpfandrecht), eine Forderung oder ein anderes Recht sein. Gegenstück zum Fahrnispfandrecht ist das Grundpfandrecht, bei dem ein Grundstück Pfandgegenstand ist.

Das Pfandrecht ist mit der Forderung untrennbar verbunden. Es geht mit der Forderung auf einen neuen Gläubiger über und fällt dahin, wenn die Forderung erlischt.

Beim Faustpfand muss der Pfandbesteller jeden Besitz am Pfand aufgeben. Das Schweizerische Recht verbietet die sog. Mobiliarhypothek, bei welcher der Pfandbesteller im Besitze des Pfandes bleibt.

Wesen des Fahrnispfandrechtes	Fahrnispfandrecht ist ein der Sicherung einer Forderung dienendes Recht an einer beweglichen Sache oder an einem Recht. Es gibt dem Gläubiger die Befugnis, sich durch Verwertung des Pfandes bezahlt zu machen, wenn der Schuldner nicht zahlt. Gedeckt sind auch Betreibungskosten und Zinsen.

Das Fahrnispfand kommt häufig auch als sog. Drittpfand vor, bei welchem der Pfandbesteller nicht mit dem Schuldner der sicherzustellenden Forderung identisch ist.

Das Pfandrecht ist ein blosses Nebenrecht zur gesicherten Forderung, ist von dieser abhängig und wird mit dieser übertragen (Art. 170 OR). Geht die Forderung unter, erlischt auch das Pfandrecht. Wie bei der Bürgschaft spricht man von Akzessorietät des Pfandrechts. Zulässig ist auch beim Pfandrecht die Sicherung von zukünftigen und bedingten Forderungen.

Fahrnispfandrechte sind eine häufige Form der Kreditsicherung. Im Bankgeschäft spricht man bei Verpfändung von Wertschriften von Effektenlombard und von Warenlombard, wenn Waren zu Faustpfand gegeben werden.

Neben den vertraglichen Pfandrechten gibt es das gesetzliche Retentionsrecht, das ohne Zutun der Parteien entsteht. Die Wirkungen sind gleich wie beim vertraglich vereinbarten Pfandrecht.

Faustpfandrecht	Beim Faustpfandrecht wird auf vertraglicher Grundlage eine bestimmte, bewegliche und verwertbare Sache zu Pfand gegeben. Im Unterschied zu den Grundpfandrechten muss das Pfand dabei in den Besitz des Gläubigers übergehen.

Es bedarf also zunächst eines (formlosen, also auch mündlichen!) Pfand- oder Pfandbestellungsvertrages. Dadurch erhält der Pfandgläubiger aber erst einen schuldrechtlichen Anspruch auf die Pfandbestellung. Zur gültigen Entstehung des Pfandrechtes muss noch die Übertragung des Besitzes an der Pfandsache hinzutreten (Art. 884 ZGB).

Der Gläubiger darf das Pfand weder benutzen noch irgendwie darüber verfügen. Wohl aber kann er seine Forderung abtreten, der das Pfandrecht auch gegen den Willen des Pfandbestellers folgt. Es steht den Parteien auch frei, dem Gläubiger den Gebrauch der Pfandsache z. B. auf Anrechnung an Schuldzinsen zu gestatten, sog. Nutzungspfandrecht.

Ähnlich wie bei der Hinterlegung existiert sodann das sog. irreguläre Pfandrecht, bei dem vertretbare Sachen, die dem Gläubiger zu Eigentum zufallen, zu «Pfand» gegeben werden. Der Gläubiger wird nicht die identischen Sachen, sondern solche gleicher Art, Menge und Güte verwerten oder zurückzuerstatten haben.

Bei dieser nicht einfach zu verstehenden Form des Fahrnispfandrechtes wird ein Recht, oft eine Geldforderung, zum Pfand. Ein Beispiel wäre die Verpfändung eines Kundenguthabens als Sicherheit für den auf Kredit liefernden Lieferanten.

Pfandrecht an Rechten

Pfandgegenstand kann nur ein einzelnes, selbständiges und verwertbares Recht sein. Um verwertbar zu sein, muss es übertragbar sein, was lange nicht bei allen Rechten der Fall ist (s. Art. 164 Abs. 1 OR).

Im Unterschied zum Faustpfand bedarf es zur Verpfändung von nicht in Wertpapieren verbrieften Rechten, also der gewöhnlichen Forderungen und den sog. «anderen Rechten» (z. B. Patentrechte, Personaldienstbarkeiten), eines schriftlichen Pfandvertrages. Ist ein Schuldschein vorhanden, muss auch dieser zur Pfandbestellung übergeben werden.

Dagegen ist die Mitteilung der Verpfändung an den Schuldner des verpfändeten Rechts nicht notwendig, aber natürlich dringend zu empfehlen. Andernfalls riskiert der Gläubiger, dass nicht an ihn, sondern an seinen Schuldner geleistet wird und das Pfandrecht so untergeht. Nach der Mitteilung darf der Schuldner des verpfändeten Rechtes an den einen der beiden Mitbeteiligten nur noch mit der Zustimmung des andern leisten, notfalls hat er zu hinterlegen (Art. 906 ZGB).

Wertpapiere können durch schriftlichen Pfandvertrag und Übergabe, aber auch in erleichterter Form verpfändet werden (s. Art. 901 ZGB).

Zu den Wirkungen des Pfandrechtes an Rechten vgl. Art. 904–906 ZGB.

Die Realisierung des Pfandes bei Ausbleiben der Zahlung erfolgt im Normalfall auf amtlichem Weg durch Betreibung auf Pfandverwertung (Art. 151 ff. SchKG). Das Betreibungsamt versteigert das Pfand zugunsten des Gläubigers. Ein allfälliger Überschuss fällt an den Pfandeigentümer zurück.

Pfandverwertung

Die Parteien können auch eine private Verwertung des Pfandes durch den Gläubiger vereinbaren. Unzulässig ist lediglich die sog. Verfallklausel, wonach dem Gläubiger bei Verzug des Schuldners einfach der Pfandgegenstand zu Eigentum zufallen soll. Zulässig ist eine solche Überlassung zu Eigentum nur, wenn die Forderung bereits fällig ist. Der Schuldner weiss dann, in welchem Verhältnis Schuld und Sachwert zueinander stehen. Zulässig ist hingegen in engen Grenzen als Sonderform der privaten Verwertung der sog. Selbsteintritt, bei dem der Gläubiger selbst das Pfand zu einem objektiv bestimmbaren Preis (z. B. zum Börsenpreis) übernimmt.

Sicherungsübereignung und -abtretung

Diese Institute erfüllen den gleichen Zweck wie ein Pfandrecht. Die Sache oder das Recht werden jedoch nicht bloss verpfändet, sondern zu Eigentum übergeben oder abgetreten. Der Gläubiger wird fiduziarischer (= treuhänderischer) Eigentümer oder fiduziarischer Gläubiger auch der Sicherungsforderung. Er ist schuldrechtlich verpflichtet, nach seiner Befriedigung das Eigentum an der Sache oder das Recht zurückzuübertragen. Dies birgt natürlich erhebliche Risiken für den Schuldner in sich. Praktische Anwendung findet die Sicherungsabtretung bei Debitorenzessionen an Banken zur Erlangung eines Zessionskredits.

Sicherungsübereignung und -abtretung sind im Gesetz nicht geregelt. Um Umgehungsgeschäfte zu vermeiden, muss die übereignete Sache oder ein allfällig vorhandener Schuldschein übergeben werden.

Gesetzliche Regelung

Das Fahrnispfand ist in den Art. 884–915 ZGB geregelt, wobei die Art. 884–894 ZGB das Faustpfand, die Art. 899–906 Pfandrechte an Rechten betreffen. Fahrnispfänder sind auch das Retentionsrecht (Art. 895–898 ZGB) und das hier nicht interessierende Versatzpfand, welches nur das öffentlichrechtlich konzessionierte Pfandleihgewerbe betrifft (Art. 907–915 ZGB).

Die Grundpfandrechte (Grundpfandverschreibung, Schuldbrief und Gült) finden ihre Regelung in den Art. 793–883 ZGB. Sie werden hier nicht behandelt, da öffentliche Beurkundung bei einer Urkundsperson erforderlich ist und notarielle Muster vorhanden sind, von denen kaum je abgewichen wird.

Vorlage 1 für einen Faustpfandvertrag in Form einer Darlehensquittung

Hiermit bescheinige ich, heute von Herrn Hans Jost, Alpenweg 200, 3006 Bern, ein Darlehen von Fr. 5'000.– (Franken fünftausend) erhalten zu haben, rückzahlbar am 31. März 19..[1] Zur Sicherheit dafür verpfände ich ihm eine goldene Uhr, Marke Rolex, Serie C 2613.[2]

Ort, Datum, Unterschrift des Schuldners bzw. Pfandgebers

Auf dem Doppel:
Das Pfand erhalten zu haben bestätigt:

Unterschrift des Gläubigers bzw. Pfandnehmers

Vorlage 2 für die Faustverpfändung eines Schuldbriefes zur Sicherung eines Darlehens

Siehe Kapitel über den Darlehensvertrag, Vorlage 2 (S. 131)

Vorlage 3 für einen Faustpfandvertrag zur Sicherung der Schuld eines Dritten

Zwischen Alois Pfister, Wesemlinweg 3, 6006 Luzern, als Gläubiger, Hermann Schädelin, Mythenstrasse 3, 6003 Luzern, als Pfandgeber, und Richard Eugster, Aegeristrasse 35, 6300 Zug, als Schuldner, ist heute folgendes vereinbart worden:

1. Herr Pfister gewährt Herrn Eugster ein Darlehen von Fr. 10'000.– (Franken zehntausend), rückzahlbar mit 6% Zins innert eines Jahres ab heute.

2. Als Sicherheit dafür verpfändet Herr Schädelin dem Gläubiger eine antike Kommode (Louis XV), welche gemäss Schätzung des Experten Mario Senti, Luzern, einen Wert von Fr. 12'500.– (Franken zwölftausendfünfhundert) hat.[3] Die Kommode steht im Lagerhaus Gmür in Luzern und wird weiterhin dort bleiben. Der Lagerschein wird mit Unterzeichnung dieses Vertrages dem Gläubiger übergeben.[4]

3. Kommt der Schuldner mit Kapitalrückzahlung oder Zins in Verzug, wird ihn der Gläubiger vor weiteren Schritten zunächst mahnen und gleichzeitig dem Pfandgeber davon Mitteilung machen.[5] Wird der Gläubiger nicht innert Monatsfrist nach erfolgter Mahnung und Mitteilung an den Pfandgeber befriedigt, ist er berechtigt, den Pfandgegenstand versteigern zu lassen oder ihn freihändig, jedoch nicht unter dem Schätzwert, zu verkaufen.[6]

Ort, Datum, drei Unterschriften

Vorlage 4 für eine Anzeige der Nachverpfändung eines Faustpfandes

EINSCHREIBEN

Herrn Alois Pfister
Wesemlinweg 3
6006 Luzern

Nachverpfändung[7]

Sehr geehrter Herr Pfister,

Ich teile Ihnen mit, dass ich die Ihnen gemäss Vertrag vom .... für ein von Ihnen Herrn Richard Eugster gewährtes Darlehen verpfändete, im Lagerhaus Gmür in Luzern lagernde antike Kommode im 2. Rang für ein mir gewährtes Darlehen an Herrn Hans Jost, Alpenweg 20, 3006 Bern, verpfändet habe. Ich ersuche Sie, nach Befriedigung für Ihre Forderung den Lagerschein Herrn Jost zuzustellen.

Ort, Datum, sig. Hermann Schädelin

Kopie zur Kenntnisnahme an Herrn Hans Jost, Bern

Vorlage 5 für einen Pfandvertrag über eine Forderung[8]

Alois Pfister, Wesemlinweg 3, 6006 Luzern   als Gläubiger

und

Robert Leuthold, Tribschenstr. 4, 6005 Luzern   als Schuldner

schliessen die folgende Vereinbarung:

Herr Leuthold verpfändet[9] Herrn Pfister als Sicherheit für das ihm am 30. Juni 1994 rückzahlbare Darlehen von Fr. 15'000.– (zinsfrei) die ihm gegenüber der Gamma GU AG aus dem Werkvertrag vom 28. Februar 1992 per 30. September 1994 noch zustehende Restwerklohnforderung von Fr. 20'000.– gemäss beiliegender, vom Bauherr genehmigten Schlussrechnung vom 17. August 1992[10]. Er ermächtigt den Pfandgläubiger, diese Forderung bei Fälligkeit gegebenenfalls direkt einzuziehen[11].

7. Dezember 1993, Ort, Unterschriften

Kommentar zu den Vorlagen 1—5

[1] *Der Pfandvertrag wird oft mit dem Grundgeschäft verbunden, das er sichern soll, wie das hier der Fall ist (Darlehen).*

[2] *Eine möglichst genaue Bezeichnung des Pfandes ist zu empfehlen.*

[3] *Bei wertvollen Pfändern ist die Angabe eines Wertes wichtig, damit die Grundlage für allfällige Ersatzansprüche des Pfandgebers geschaffen ist (s. Art. 890 ZGB). Gleichzeitig sollte der Gläubiger bei teuren Gütern verlangen, dass die Versicherung des Verpfänders über die Verpfändung informiert wird, damit sie im Versicherungsfall nicht an diesen auszahlt (s. Art. 57 Versicherungsvertragsgesetz).*

[4] *Der Lagerschein ist in Art. 482 OR geregelt. Die Übergabe des Lagerscheins an den Gläubiger ist genügend, um der Anforderung des Besitzübergangs zu genügen, da damit der Pfandgeber nicht mehr über die Pfandsache verfügen kann (s. auch Art. 717 ZGB).*

[5] *Damit soll dem Pfandgeber Zeit gegeben werden, durch direkte Befriedigung des Gläubigers die Verwertung zu verhindern. Er tritt in diesem Fall in alle Rechte des Gläubigers gegenüber dem Schuldner der pfandgesicherten Forderung ein (Art. 110 OR).*

[6] *Dies ist eine zulässige Ausnahme vom Grundsatz der amtlichen Verwertung des Pfandes. Der Freihandverkauf ist in diesem Beispiel nur zulässig, wenn der Schätzungswert erreicht wird. Bei der Versteigerung ist diese Klausel nicht nötig, da ja auch bei einer amtlichen Zwangsversteigerung keine Gewissheit über den erzielten Preis besteht.*

[7] *Ein bereits verpfändetes Gut kann ein weiteres Mal verpfändet werden, sog. Nachverpfändung (Art. 886 und 903 ZGB). Für die Nachpfandbestellung genügt bereits eine Mitteilung wie in Vorlage 4.*

[8] *Beim Pfandrecht an Forderungen und anderen Rechten verlangt Art. 900 ZGB im Gegensatz zum Faustpfand einen schriftlichen Pfandvertrag. Es ist deshalb nötig, dass er von allen Beteiligten unterzeichnet wird. Darüber hinaus ist eine Anzeige an den Schuldner der Forderung wie bei der Abtretung dringend zu empfehlen.*

[9] *Anstelle einer Verpfändung könnte auch eine Sicherungsabtretung vorgenommen werden.*

[10] *Wo für die Forderung, die verpfändet wird, eine Schuldurkunde besteht, ist diese dem Pfandgläubiger zu übergeben. Wo das nicht der Fall ist, sollte die verpfändete Forderung genau umschrieben werden. Hier geschieht dies durch die Rechnungskopie.*

[11] *Ohne eine solche Bestimmung darf der Schuldner der verpfändeten Forderung an seinen Gläubiger oder den Pfandgläubiger nur mit Zustimmung des andern zahlen (Art. 906 Abs. 2 ZGB). Diese Zustimmung wird hier bereits im Vertrag gegeben. Geht die Forderung bei Verfall des Pfandes nicht ein, ist sie auf dem Wege der Zwangsverwertung bzw. mit Zustimmung des Pfandgebers freihändig zu verwerten.*

Selbstverständlich muss der Pfandgläubiger über das direkt eingezogene Pfandguthaben abrechnen und einen allfälligen Überschuss dem Schuldner herausgeben.

Der Dienstbarkeitsvertrag

Das Wichtigste in Kürze

Dienstbarkeiten beschränken das Eigentum. Sie verpflichten den Eigentümer, etwas zu dulden oder etwas zu unterlassen. Beispiele für Dienstbarkeiten sind Wegrechte, Baurechte, Gewerbebeschränkungen, Nutzniessung und Wohnrecht.

Dienstbarkeiten können mit Ausnahme der Nutzniessung nur Grundstücke belasten. Aus einer Dienstbarkeit ist der jeweilige Eigentümer eines andern Grundstücks (Grunddienstbarkeit) oder eine bestimmte Person (Personaldienstbarkeit) berechtigt.

Der Vertrag über Dienstbarkeiten an Grundstücken kann in der Regel ohne Mitwirkung eines Notars schriftlich abgeschlossen werden. Zur Entstehung gelangt die vertragliche Dienstbarkeit an Grundstücken jedoch erst durch den Eintrag im Grundbuch.

Wesen der Dienstbarkeit

Eigentum ist das Recht zur umfassenden Herrschaft über eine Sache innerhalb der gesetzlichen Schranken. Die Dienstbarkeit, auch Servitut genannt, schränkt diese Freiheit des Eigentümers ein. Sie kann sich bereits aus dem Gesetz ergeben (z. B. Art. 691 ZGB) oder aber vertraglich vereinbart und im Grundbuch eingetragen werden.

Die Dienstbarkeit verpflichtet den Eigentümer des belasteten Grundstücks, bestimmte Eingriffe in sein Eigentum zu dulden, beispielsweise das Begehen oder Befahren seines Grundstücks beim Wegrecht. In einer zweiten Form verpflichtet sie den Grundeigentümer, die Ausübung seines Eigentumsrechts in bestimmter Hinsicht zu unterlassen, beispielsweise keine Gastwirtschaft oder kein lärmiges Gewerbe auf dem Grundstück zu betreiben.

Dienstbarkeiten können nur ein Grundstück belasten. Eine Ausnahme bildet die Nutzniessung, die auch an beweglichen Sachen und an Rechten bestehen kann. Berechtigte können aber sowohl der jeweilige Eigentümer eines andern Grundstücks sein (Grunddienstbarkeit) oder auch unabhängig von der Beziehung zu einem Grundstück eine bestimmte natürliche oder juristische Person (Personaldienstbarkeit).

Inhalt der Dienstbarkeit

Mit den Dienstbarkeitsformen «dulden» und «unterlassen» ist gesagt, dass mit einer Dienstbarkeit keine Handlungspflichten vereinbart werden dürfen. Ausgenommen sind solche ganz nebensächlicher Art. Zulässig wäre z. B. die Pflicht zum Wegunterhalt durch den Grundeigentümer bei einem Wegrecht, da sie im Verhältnis zur Duldungspflicht als nebensächlich erscheint.

Die Dienstbarkeit kann nur die Nutzung des Grundstücks beschränken, nicht aber darüber hinaus den Eigentümer in seiner persönlichen Freiheit einschränken. Nicht zulässig wäre etwa eine Dienstbarkeit, in einem Wirtshaus nur Bier einer bestimmten Marke auszuschenken.

Der Inhalt der Dienstbarkeit bestimmt sich zunächst anhand des (sehr summarischen) Grundbucheintrages, dann aufgrund des Dienstbarkeitsvertrages und schliesslich aufgrund der Art, wie das Recht während längerer Zeit gutgläubig und unangefochten ausgeübt wurde (Art. 738 ZGB; s. zum Inhalt ferner Art. 737, 739 und 740 ZGB).

Grunddienstbarkeiten treten am häufigsten als Fuss- oder Fahrwegrecht, Durchleitungsrecht, Baurecht, Grenz- oder Näherbaurecht, Quellenrecht und Gewerbebeschränkung bezüglich Immissionen oder Art des Gewerbes (z. B. Restaurant) auf.

Jede Grunddienstbarkeit kann auch als Personaldienstbarkeit, d. h. zugunsten einer bestimmten Person, bestellt werden (Art. 781 ZGB). Nur als Personaldienstbarkeiten können die Nutzniessung und das Wohnrecht errichtet werden (siehe die nachstehende Vorlage 2).

Arten von Dienstbarkeiten

Die vertraglichen Dienstbarkeiten entstehen erst durch Eintragung im Grundbuch (Art. 731 ZGB). Die Grundlage dieses Eintrags ist der Dienstbarkeitsvertrag, der einen Anspruch auf den Grundbucheintrag verleiht, der schliesslich das Recht entstehen lässt. In seltenen Fällen kann eine Dienstbarkeit sodann durch Ersitzung entstehen.

Der Dienstbarkeitsvertrag bedarf grundsätzlich nur der einfachen Schriftform. In vier Ausnahmefällen ist der Vertrag jedoch öffentlich zu beurkunden: Bei Einräumung eines Wohnrechtes oder einer Nutzniessung an einem Grundstück, bei vertraglicher Abänderung von gesetzlichen Eigentumsbeschränkungen und bei Errichtung eines selbständigen und dauernden Baurechtes (s. dazu nachstehend Vorlage 3). Ein Teil der Praxis verlangt auch für die unentgeltliche Einräumung von Dienstbarkeiten öffentliche Beurkundung.

Grunddienstbarkeiten sind untrennbar mit dem berechtigten Grundstück verbunden. Sie werden mit diesem übertragen. Personaldienstbarkeiten sind mit Ausnahme des Bau- und Quellenrechts unübertragbar und auch unvererblich, sofern nichts anderes vereinbart wurde. Nicht übertragbar und vererblich ausgestaltet werden können das Wohnrecht und die Nutzniessung (vgl. aber Note 15 im Kommentar zu den Vorlagen).

Entstehung und Übertragung der Dienstbarkeit

Die Dienstbarkeiten sind in den Art. 730–792 ZGB geregelt. Teilweise finden sich auch Bestimmungen im Abschnitt über Inhalt und Beschränkungen des Grundeigentums, Art. 667–712 ZGB.

Gesetzliche Regelung

Vorlage 1 für einen Grunddienstbarkeitsvertrag über ein Durchleitungs- und Mitbenützungsrecht

Pierre Grunder,
geb. 1931, von Kerns OW
Widenospen 3, 8913 Ottenbach
Eigentümer der Liegenschaften Kat. Nrn.
4116 und 4118 in Ottenbach

und

Monika Pfammatter,
geb. 1948, von Luzern
Widenospen 3a, 8913 Ottenbach
Eigentümerin der Liegenschaft Kat. Nr.
910 in Ottenbach

schliessen folgende Vereinbarung:

A. Dingliche Bestimmungen[1]

1. Der jeweilige Eigentümer der Liegenschaften Kat.-Nrn. 4116 und 4118 räumt dem jeweiligen Eigentümer der Liegenschaft[2] Kat.-Nr. 910 für deren Abwasser ein auf die bestehende Sammelleitung gemäss beigeheftetem Plan beschränktes Durchleitungsrecht ein.

2. Der jeweilige Eigentümer der Liegenschaften Kat.-Nrn. 4116 und 4118 duldet den Zugang und die Zufahrt zur Sammelleitung, soweit dies für deren Wartung, Unterhalt und Erneuerung notwendig ist.

3. Der jeweilige Eigentümer der Liegenschaft Kat.-Nr. 910 gestattet den jeweiligen Eigentümern der Liegenschaften Kat.-Nrn. 4116 und 4118 die unbeschränkte Mitbenützung der Sammelleitung.

4. Der jeweilige Eigentümer der Liegenschaft Kat.-Nr. 910 ist verpflichtet, im Rahmen des Notwendigen für Wartung, Unterhalt und Erneuerung der Sammelleitung besorgt zu sein.[3]

5. Die jeweiligen Eigentümer der Liegenschaften Kat.-Nrn. 4116 und 4118 haben unter solidarischer Haftung für den ganzen Betrag zusammen ½ an die Kosten von Wartung, Unterhalt und Erneuerung der Sammelleitung ab Hauptleitung bis zum ersten Schacht beizutragen.[4]

Die übrigen Kosten für Wartung, Unterhalt und Erneuerung der Sammelleitung trägt der jeweilige Eigentümer der Liegenschaft Kat.-Nr. 910.

Ein allfälliger Schaden, der aus dem Betrieb der Sammelleitung entsteht, ist je nach dem Ort, an dem der Schaden eintritt, gemäss dem für Wartung, Unterhalt und Erneuerung vereinbarten Schlüssel zu tragen. Vorbehalten bleiben Schadenfälle, die auf Verschulden zurückzuführen sind.[3]

B. Obligatorische Bestimmungen[1]

1. Die Einräumung des Durchleitungsrechts erfolgt unentgeltlich.[5]

2. Pierre Grunder bezahlt Monika Pfammatter über die bereits bezahlten Beträge hinaus den Betrag von Fr. 5'000.– an die Erstellungskosten der Sammelleitung.

    Mit Bezahlung dieses Betrages ist die Einräumung des freien Mitbenutzungsrechts für die Liegenschaften Kat.-Nrn. 4116 und 4118 vollständig abgegolten.

3. Die Parteien verpflichten sich, innert 20 Tagen nach beidseitiger Unterzeichnung dieses Vertrages die Anmeldung für die Eintragung der Dienstbarkeit im Grundbuch abzugeben.[6]

4. Die Kosten für die Grundbucheinträge werden von den Vertragsparteien je zur Hälfte getragen.

Ort, Datum, Unterschriften

Grundbuchanmeldung

Gestützt auf den am ... unterzeichneten Dienstbarkeitsvertrag wird hiermit zur Eintragung ins Grundbuch Ottenbach angemeldet:

Dienstbarkeit

a) Durchleitungsrecht für Kanalisationsleitung mit Zugangsrecht etc. z. G. Kat.-Nr. 910, M. Pfammatter, GBBl 2943, z. L. Kat.-Nrn. 4116 und 4118, P. Grunder, GBBl 959 und 3594

b) Anschluss- und Mitbenützungsrecht an/von Kanalisationsleitung z. L. Kat.-Nr. 910, M. Pfammatter, GBBl 2943, z. G. Kat.-Nrn. 4116 und 4118 des P. Grunder, GBBl 959 und 3594

gemäss Abschnitt «A» vorn.

Ort, Datum, Unterschriften

Vorlage 2 für einen Personaldienstbarkeitsvertrag über ein Wohnrecht (mit Variante Nutzniessung)

Dienstbarkeitsvertrag

Martin Zehender,
geb. 1912, von Mitlödi GL,   Grundeigentümer
whft. Im Hof, 8450 Adlikon b. A.,
als Eigentümer von Kat.-Nr. 6110 (GBBl Adlikon 2781)

und

Doris Matter,
geb. 1920, von Laupen BE,   Wohnrechtsbegünstigte
whft. Im Hof, 8450 Adlikon b. A.,

vereinbaren die Begründung folgender

Personaldienstbarkeit,[7]

den bestehenden beschränkten dinglichen Rechten im Range[8] nachgehend:

Wohnrecht[9]

zugunsten von Doris Matter,[7] geb. 1920, Adlikon b. A., zu Lasten *Kat.-Nr. 6110* (GBBl Adlikon 2781).

Der jeweilige Eigentümer des belasteten Grundstückes räumt Doris Matter im Wohnhaus Assek.-Nr. 921 das lebenslängliche und ausschliessliche Wohnrecht ein.[10]

Sämtliche Nebenkosten für das belastete Grundstück (Energie, Wasser, Abwasser, Kehrichtabfuhr, Kabelfernsehen, Versicherungsprämien etc.) gehen zu Lasten der Begünstigten.

Der bauliche Unterhalt des mit dem Wohnrecht belasteten Gebäudes sowie die im laufenden Quartierplanverfahren entstehenden Kosten gehen dagegen ausschliesslich zu Lasten des jeweiligen Eigentümers des belasteten Grundstückes.[11]

Das Wohnrecht wird in dem Sinne beschränkt, dass der heutige Grundeigentümer Martin Zehender befugt ist, neben der Wohnrechtsbegünstigten das Wohnhaus lebenslänglich mitzubenutzen und insbesondere zu bewohnen.[12]

Nach dem Ableben von Martin Zehender steht das Wohnrecht der Begünstigten uneingeschränkt zu.

Obligatorische Bestimmungen[1]

1. Die Begünstigte hat als Entschädigung für dieses Wohnrecht dem jeweiligen Eigentümer des belasteten Grundstückes monatlich Fr. 200.– zu bezahlen, zahlbar erstmals per 1. April 19.. Diese Zahlungspflicht entfällt, wenn der durchschnittliche Zinsfuss für die von der Begünstigten gemäss nachstehend Ziff. 2 zu verzinsende Grundpfandschuld 6% übersteigt.

2. Die Schuldzinsen für Grundpfandschulden, welche dieser Personaldienstbarkeit im Range vorgehen, sind mit Wirkung ab 1. April 19.. von der Begünstigten, Amortisationen vom jeweiligen Eigentümer zu tragen.

   Solange Martin Zehender das Haus mitbenutzt, kommt er anstelle der Begünstigten für sämtliche Schuldzinsen auf.[13]

3. Wenn Martin Zehender das Haus nicht mitbenützt und solange die Begünstigte im Haus wohnt, ist sie befugt, Teile des Gebäudes an Dritte zu vermieten und Personen bei sich aufzunehmen, die für ihre Betreuung sorgen.[14]

4. Der belastete Grundeigentümer ist verpflichtet, diese obligatorischen Bestimmungen einem allfälligen Rechtsnachfolger im Eigentum der belasteten Liegenschaft zu überbinden, mit der Pflicht zur Weiterüberbindung.

Weitere Bestimmungen

1. Die vorstehende Dienstbarkeit ist unmittelbar nach Beurkundung dieses Dienstbarkeitsvertrages zur Eintragung im Grundbuch Andelfingen anzumelden.

Dienstbarkeitsvertrag 481

2. Die Notariats- und Grundbuchgebühren werden von den vertragsschliessenden Parteien je zur Hälfte übernommen.

Ort, Datum, Unterschriften

Beurkundungsformel

Variante

Nutzniessung[7]

Doris Matter,
geb. 1920, von Laupen BE,
whft. Im Hof, 8450 Adlikon b. A.,

wird auf Lebenszeit die uneingeschränkte *Nutzniessung* im Sinne von Art. 745 ff. ZGB an der heute im Eigentum des Martin Zehender stehenden Liegenschaft Kat.-Nr. 6110 (GBBl 2781) eingeräumt.[15]

Vorlage 3 für einen Personaldienstbarkeitsvertrag über ein selbständiges und dauerndes Baurecht

Baurechtsvertrag

Die *Politische Gemeinde Affoltern a. A.*, vertreten durch den Gemeindepräsidenten und den Gemeindeschreiber,
                                                            Grundeigentümerin
Eigentümerin der Liegenschaft Kat.-Nr. 478,

und

die *Rolf Huber AG*,
Seestrasse 63, 6052 Hergiswil,   Bauberechtigte

schliessen folgenden Dienstbarkeitsvertrag über die Einräumung eines Baurechtes[16] ab:

1. Die Grundeigentümerin räumt gestützt auf den Gemeindeversammlungsbeschluss vom 16. Juni 19.. der Bauberechtigten im Sinne einer Personaldienstbarkeit das selbständige und dauernde Recht[17] ein, auf dem südöstlichen Teil der Liegenschaft Kat.-Nr. 478, GRBl Affoltern 312, Plan 22, 10'870 m^2 Industriebauland «in der Reuti», Rechte und Lasten gemäss beigeheftetem Grundbuchauszug, auf einer Teilfläche von 3'250 m^2 Bauten gemäss beigeheftetem Plan zu errichten und beizubehalten.

2. Der jeweilige Bauberechtigte ist verpflichtet, den belasteten Grundstücksteil innert 4 Jahren gemäss den beiliegenden Plänen vom 4. August 19.. der Architektengruppe «Contron», Brugg, zu überbauen.[18] Die plankonforme Überbauung ist wesentlicher Bestandteil dieses Vertrages.[19]
   Der jeweilige Bauberechtigte ist weiter verpflichtet, in der erstellten Baute 40 Arbeitsplätze zu schaffen und ständig zu erhalten sowie seinen Sitz spätestens auf den Zeitpunkt der

Betriebseröffnung hin in die Gemeinde Affoltern a. A. zu verlegen.[20] Die Pflichten zur Arbeitsplatzbeschaffung und -erhaltung sowie zur Verlegung des Steuerdomizils sind wesentliche Bestandteile dieses Vertrages.[19]

Der jeweilige Bauberechtigte ist sodann verpflichtet, Gebäude und Umgelände ortsüblich zu unterhalten.

3. Das Baurecht wird für 100 Jahre ab heutigem Vertragsschluss eingeräumt. Es ist frei übertragbar und vererblich.[21]

4. Der jeweilige Bauberechtigte hat dem jeweiligen Grundeigentümer einen jährlichen Prozentsatz des Landwertes als Baurechtszins zu bezahlen. Der Prozentsatz entspricht dem Zinsfuss der Zürcher Kantonalbank für Neuhypotheken auf Industrieliegenschaften im 1. Rang. Der Landwert beträgt heute Fr. 812'500.–. Er wird alle 10 Jahre durch den jeweiligen Kreisschätzer der Zürcher Kantonalbank, Kreis Affoltern a. A., neu festgesetzt.[22]

Der Baurechtszins ist halbjährlich im voraus am 30. März und 30. September eines jeden Jahres zu bezahlen.

5. Der jeweilige Bauberechtigte nimmt zur Kenntnis, dass für das Gebiet der Gemeinde Affoltern a. A. das Eidgenössische Grundbuch noch nicht eingeführt ist und daher die Möglichkeit besteht, dass später nicht eingetragene dingliche Rechte und Lasten zur Eintragung angemeldet werden könnten (Art. 48 SchlT ZGB). Sollte dem jeweiligen Bauberechtigten dadurch Schaden entstehen, wird ihm der jeweilige Grundeigentümer hierfür ersatzpflichtig.[23]

Der jeweilige Grundeigentümer wird dem jeweiligen Bauberechtigten schadenersatzpflichtig für Schaden, der letzterem durch den Bestand von öffentlich-rechtlichen Eigentumsbeschränkungen und gesetzlichen Pfandrechten mit Bestand ohne Grundbucheintrag entsteht. Die heutige Grundeigentümerin erklärt, dass solche Beschränkungen und Lasten nicht bestehen.[24] Im übrigen wird jede Gewährleistung wegbedungen. Im Enteignungsfall steht die Enteignungsentschädigung für enteignetes Land dem jeweiligen Grundeigentümer und diejenige für enteignete Gebäude dem jeweiligen Bauberechtigten zu. Schadenersatzansprüche bestehen im Falle einer Enteignung nicht.

6. Das Grundstück ist vollständig erschlossen.[25] Sollten trotzdem noch Vorzugslasten[26] für öffentliche Einrichtungen bezahlt werden müssen, gehen sie zu Lasten des jeweiligen Grundeigentümers.

   Sämtliche Kosten der Feinerschliessung, von Anpassungsarbeiten und für die Verlegung von bestehenden Leitungen gehen zu Lasten des jeweiligen Bauberechtigten.

7. Alle mit dem baurechtsbelasteten Grundstücksteil zusammenhängenden öffentlich-rechtlichen Abgaben wie Wasser- und Abwassergebühren, Energiekosten, Kehrichtabfuhrgebühren etc. hat mit Ausnahme der Vorzugslasten[26] der jeweilige Bauberechtigte zu tragen. Soweit sie von Gesetzes wegen vom jeweiligen Grundeigentümer bezogen werden, hat sie ihm der jeweilige Bauberechtigte nach Flächenanteilen innert 30 Tagen nach Rechnungstellung zu ersetzen.

8. Den Eintrag einer Grundpfandverschreibung zur Sicherung der Baurechtszinsen darf der jeweilige Grundeigentümer erst erwirken, wenn der jeweilige Bauberechtigte mit der Zahlung eines Baurechtszinses mehr als 3 Monate im Rückstand ist. Solange auf dem Grundstück noch keine Bauten errichtet worden sind, hat die Bauberechtigte eine unbefristete Bankgarantie in Höhe des dreifachen Jahreszinses zu stellen.[27]

9. Vereinbaren die Parteien bei Ablauf des Baurechts keine Verlängerung, fallen die bestehenden Bauten an den jeweiligen Grundeigentümer. Dieser hat dem jeweiligen Bauberechtigten eine angemessene Heimfallentschädigung zu entrichten, welche dem Mehrwert des Grundstückes durch die Gebäude entspricht. Kann über die Höhe der Heimfallentschädigung keine Einigung erzielt werden, wird sie durch einen Schiedsgutachter endgültig bestimmt. Können sich die Parteien nicht auf einen Schiedsgutachter einigen, erfolgt dessen Ernennung analog zu Art. 12 des Schweizerischen Konkordates über die Schiedsgerichtsbarkeit durch den Richter.[28]

Diese Bestimmung der Heimfallentschädigung gilt auch für den vorzeitigen Heimfall nach Art. 779f ZGB, wobei eine angemessene Herabsetzung der Heimfallentschädigung je nach Grad des Verschuldens vorzunehmen ist.

Der jeweilige Bauberechtigte ist verpflichtet, Kopien der bereinigten Pläne und der Bauabrechnungen den Baurechtsgebern auszuhändigen.[29]

10. Dem jeweiligen Bauberechtigten steht ein Vorkaufsrecht an demjenigen Teil des Grundstückes zu, das baurechtsbelastet ist. Das Vorkaufsrecht des jeweiligen Grundeigentümers bezüglich des Baurechts wird dagegen wegbedungen.[30]

11. Die Kosten für die Vermarchung des belasteten Grundstücksteils, für die öffentliche Beurkundung dieses Vertrages und die Kosten sämtlicher Grundbucheintragungen trägt die Bauberechtigte.

12. Die Vertragsparteien sind verpflichtet, ihren Rechtsnachfolgern diejenigen Bestimmungen dieses Vertrages, die nicht im Grundbuch eingetragen werden können, samt dieser Überbindungspflicht und den Schiedsgutachterklauseln gemäss vorstehend Ziff. 4 und 9 zu überbinden.[31]

13. Der Vertrag steht unter dem Vorbehalt der Zustimmung der Gemeindeversammlung der Gemeinde Affoltern.

Ort, Datum, Unterschriften

Beurkundungsformel

Kommentar zu den Vorlagen 1—3

[1] *Dingliche Bestimmungen betreffen Rechte, die gegenüber jedermann durchgesetzt werden können und dem Berechtigten eine unmittelbare Herrschaft über eine Sache geben. Hier wäre dies das Nutzungsrecht des berechtigten Grundeigentümers, das gegenüber jedem Eigentümer des belasteten Grundstücks durchgesetzt werden kann. Die dinglichen Bestimmungen machen damit den Inhalt der Dienstbarkeit aus.*

Dagegen sind obligatorische Bestimmungen solche, welche nur eine bestimmte Person unabhängig von einem Grundstück berechtigen oder verpflichten. Die Entschädigung für die Einräumung einer Dienstbarkeit z. B. belastet einfach den heutigen Grundeigentümer als Person, möglicherweise sogar eine Drittperson.

[2] *In dieser Formulierung erkennt man die Grunddienstbarkeit. Wäre das Durchleitungsrecht als Personaldienstbarkeit ausgestaltet, würde sie zugunsten einer bestimmten Person lauten.*

[3] *Art. 741 Abs. 2 ZGB bestimmt, dass der Unterhalt einer Dienstbarkeitsvorrichtung (also z. B. eines Weges oder einer Leitung), die dem belasteten wie dem berechtigten Grundstück dient, nach dem Verhältnis der Interessen zu tragen ist. Diese Bestimmung gibt oft zu Unklarheiten und damit zu Streit Anlass. Sie regelt zudem nur die Kostentragung und nicht, wer für den Unterhalt besorgt sein müsse. Es lohnt sich, diesen Punkt und die Frage der Kostenbeteiligung exakt zu regeln.*

Mit dieser Unterhaltsverpflichtung ist allerdings auch schon die Grenze der zulässigen Pflichtauflage erreicht. Da die Dienstbarkeit ein Unterlassen oder Dulden herbeiführen will, können nur solche nebensächlichen, dem Dienstbarkeitszweck untergeordneten Handlungs- und Leistungspflichten vereinbart werden.

[4] *Dienstbarkeitsverträge sind unbefristet, wenn nichts Abweichendes vereinbart wurde. Es muss daher auch an den Fall gedacht werden, dass das Eigentum an den Parzellen Kat.-Nrn. 4116 und*

4118 dereinst auseinanderfällt. Wie die Kosten intern aufzuteilen sind, werden die beiden Eigentümer unter sich zu regeln haben.

⁵ *In der Praxis wird wohl zu Unrecht für unentgeltliche Dienstbarkeiten gelegentlich noch öffentliche Beurkundung verlangt. Das Problem kann umgangen werden, wenn z. B. formuliert wird: «Der Berechtigte entschädigt den Belasteten für die Einräumung der Dienstbarkeit durch Übernahme von 80% der Baukosten.»*

⁶ *In diesem Fall hat auch der Dienstbarkeitsbelastete ein Interesse an einem Grundbucheintrag durch den Berechtigten, da er ein Mitbenützungsrecht hat und den Berechtigten gewisse Unterhaltslasten treffen.*

⁷ *Wohnrecht und Nutzniessung können nur als Personaldienstbarkeiten, nicht als Grunddienstbarkeiten bestellt werden. Die Personaldienstbarkeit begünstigt eine oder mehrere namentlich bestimmte Einzelpersonen im Unterschied zur Grunddienstbarkeit, bei der ein jeweiliger, von der Person her beliebiger Eigentümer eines bestimmten Grundstücks berechtigt ist.*

⁸ *Es geht um die Rangfolge zwischen der neuen Dienstbarkeit und z. B. bereits bestehenden Pfandrechten. Grundsätzlich gilt, wie hier vereinbart, schon von Gesetzes wegen der Grundsatz der Alterspriorität (Art. 972 Abs. 1 ZGB, s. a. die differenzierte Regelung in Art. 812 ZGB). Dies bedeutet, dass die später begründete Belastung des Grundstücks hinter solchen älteren Datums zurückzutreten hat.*

⁹ *Das Wohnrecht gibt dem Berechtigten die Befugnis, in einem Gebäude oder in einem bestimmten Teil davon zu wohnen. Es kann nicht auf andere Personen übertragen, z. B. verkauft werden. Es ist unvererblich und kann nur zugunsten natürlicher Personen bestehen.*

¹⁰ *Besteht das Wohnrecht oder die Nutzniessung nicht an einem ganzen Haus, sollten die Räume, die der Wohnberechtigte allein oder zusammen mit anderen Personen nutzen kann, klar umschrieben werden.*

¹¹ Diese Bestimmung weicht, was erlaubt ist, von der gesetzlichen Regelung ab. Art. 778 ZGB auferlegt dem Wohnberechtigten die Lasten des gewöhnlichen Unterhaltes, wenn er ein ausschliessliches Wohnrecht hat.

¹² Sind Schwierigkeiten zwischen verschiedenen Wohnberechtigten in einem Haus zu erwarten, werden ihre Rechte und Pflichten mit Vorteil genau geregelt.

¹³ Es empfiehlt sich, die Frage der Tragung der Grundpfandzinsen ausdrücklich zu regeln. Es ist beim Wohnrecht umstritten, wer diese bei Fehlen einer ausdrücklichen Regelung zu übernehmen habe.
   Bei der Nutzniessung ist demgegenüber klar, dass der Nutzniesser ohne gegenteilige Vereinbarung all jene Lasten zu tragen hat, welche üblicherweise mit der Nutzung verbunden sind (s. Art. 764 Abs. 1, 765 Abs. 1 und 767 Abs. 2 ZGB). Dazu gehören auch Zinsen für Grundpfandschulden.

¹⁴ Diese Bestimmung erweitert die restriktive Regelung des Art. 777 Abs. 2 ZGB, wonach eine Vermietung nicht zulässig wäre.

¹⁵ Die Nutzniessung erlaubt dem Berechtigten den vollen Genuss an einem fremden Vermögenswert. Sie kann an Grundstücken, beweglichen Sachen, Forderungen oder auch an einem ganzen Vermögen bestellt werden. Im Unterschied zum Wohnrecht kann sie auch zugunsten einer juristischen Person begründet werden. Die Nutzniessung als dingliches Recht ist nicht übertragbar. Ihre Ausübung kann jedoch in gewissen Schranken übertragen werden (Art. 758 Abs. 1 ZGB).

¹⁶ Ein Baurecht ist das Recht, auf fremdem Land eine Baute zu erstellen und an ihr gesondertes Eigentum zu erwerben und beizubehalten oder an einer bereits bestehenden Baute Sondereigentum zu erwerben und beizubehalten. Wird nichts Gegenteiliges vereinbart, ist das Baurecht übertragbar und vererblich.
   Soll das Baurecht, wie hier, selbständig und dauernd sein (s. dazu Kommentar-Note 17), genügt für den Vertrag nicht mehr die einfache Schriftform, sondern ist öffentliche Beurkun-

dung nötig. Als dingliches Recht entsteht das Baurecht erst mit der Eintragung im Grundbuch.

[17] *Selbständig und dauernd ist ein Recht, wenn es frei übertragen werden kann und für mindestens 30 Jahre besteht. Die selbständigen und dauernden Rechte können auf Antrag des Berechtigten wie eine Liegenschaft als Grundstück ins Grundbuch aufgenommen werden (Art. 655, 779 und 780 ZGB). Dies bedeutet, dass auf diesen Hypotheken errichtet werden können und so dem Bauberechtigten günstiger Kredit erhältlich wird.*

Ein Baurecht kann auch als nicht frei übertragbar und auf eine kürzere Dauer als 30 Jahre vereinbart werden. Die Höchstdauer ist in jedem Fall 100 Jahre (Art. 779l ZGB).

[18] *Das Baurecht sollte nach Möglichkeit genau umschrieben werden, am einfachsten durch die Beilage von Plänen, die integrierenden Bestandteil des Vertrages bilden.*

[19] *Mit der Bezeichnung als wesentlicher Vertragspunkt sichert sich die Gemeinde ihr Rücktrittsrecht für den Fall, dass diese Bestimmung von der Bauberechtigten verletzt werden sollte. Sie könnte in diesem Fall auch die Übertragung des Baurechts auf sich selbst verlangen, was zum vorzeitigen Heimfall allfälliger Bauten führt (Art. 779f–779h ZGB).*

[20] *Solche Konzessionen einer Bauberechtigten sind recht weitgehend, doch wollen sich Gemeinden verständlicherweise oft Steuer- und andere Vorteile durch die Hingabe des Landes sichern. Oft finden diese Beschränkungen ein Korrektiv in einem günstigen Baurechtszins.*

[21] *Eine gewisse Einschränkung der Übertragbarkeit, z. B. durch ein Vetorecht der Gemeinde für Verkäufe, die wichtigen Interessen der öffentlichen Hand zuwiderlaufen, wäre allenfalls zulässig. Weitergehende Beschränkungen würden das Baurecht als selbständiges und dauerndes Recht in Frage stellen.*

Die Vererblichkeit wird erwähnt, weil das Baurecht ja auch auf eine natürliche Person übertragen werden kann. Allerdings besteht die Vererblichkeit bereits nach Gesetz.

[22] *Der Baurechtszins soll eine angemessene Verzinsung des Landwertes erlauben. Wegen der sich rasch verändernden Landpreise ist es empfehlenswert, ihn periodisch anzupassen. Bei rasch steigenden Landpreisen dürfte eine Anpassung alle 10 Jahre bereits die obere Grenze darstellen.*

Zulässig wäre auch eine Indexierung des Baurechtszinses, z. B. durch je hälftige Bindung an den Index der Konsumentenpreise des Bundesamtes für Statistik und den Zürcher Baukostenindex.

Möglich wäre sodann auch die Entrichtung einer einmaligen Entschädigung oder die Einräumung eines unentgeltlichen Baurechts.

[23] *Wo das eidgenössische Grundbuch bereits eingeführt ist, kann diese Klausel weggelassen werden.*

[24] *Solche Eigentumsbeschränkungen und Pfandrechte bestehen von Gesetzes wegen und sind aus dem Grundbuch nicht in jedem Fall ersichtlich.*

[25] *Wäre das Grundstück nicht erschlossen, müsste für die Erschliessungsanlagen (Strasse, Kanalisation, Wasser- und Energieversorgung) ein Pflichtenheft und ein Kostenverteiler erstellt werden.*

[26] *Vorzugslasten sind Abgaben, die als Beitrag an die Kosten einer öffentlichen Einrichtung denjenigen Personen abverlangt werden, denen aus dieser Einrichtung ein besonderer Vorteil erwächst. Beispiele sind Strassen- oder Trottoirbeiträge.*

[27] *Dem Grundeigentümer steht ein gesetzliches Pfandrecht zur Sicherung des Baurechtszinses zu (Art. 779i und 779k ZGB). Von Gesetzes wegen kann es jederzeit durch den Grundeigentümer eingetragen werden, was unter Privaten oft von Anfang an gemacht wird. Dies schränkt jedoch die Möglichkeiten zur Kreditbeschaffung über Gebühr ein.*

Pfandgegenstand ist allein das Baurecht bzw. die gestützt darauf erstellte Baute.

Solange noch keine Baute errichtet worden ist, ist das Pfandrecht allerdings wertlos. Deshalb wird in der Vorlage eine Bankgarantie verlangt.

²⁸ *Das Heimfallrecht ist vom Gesetz zwingend vorgeschrieben, wenn nicht das Baurecht verlängert wird (Art. 779c ZGB). Die Modalitäten zur Ermittlung der Heimfallentschädigung werden mit Vorteil zum voraus festgelegt, da das Gesetz lediglich von angemessener Entschädigung spricht (Art. 779d ZGB). Diese schon frankenmässig festzusetzen, ist natürlich bei einer Laufdauer von 100 Jahren unsinnig.*

Von einer Heimfallentschädigung kann abgesehen werden oder sie kann auf einen Bruchteil des Verkehrswertes der Gebäude festgesetzt werden. Es kann auch vereinbart werden, dass das Grundstück wieder in dem Zustand zurückzugeben ist, in dem es angetreten wurde, die Bauten also abzubrechen sind.

Vereinbarungen über die Heimfallentschädigung bedürfen der öffentlichen Beurkundung und können im Grundbuch vorgemerkt werden. Für die Heimfallentschädigung steht dem Bauberechtigten unter Umständen ein gesetzliches Pfandrecht zu (Art. 779d ZGB).

²⁹ *Damit wird möglicherweise die Wertbestimmung erleichtert.*

³⁰ *Bauberechtigte wie Grundeigentümer haben von Gesetzes wegen ein Vorkaufsrecht am Grundstück resp. am Baurecht (Art. 682 ZGB). Soll dies geändert werden, bedarf die entsprechende Vereinbarung öffentlicher Beurkundung. Sie kann im Grundbuch vorgemerkt werden und wird damit gegenüber jedem Erwerber des Grundstücks oder Baurechts wirksam.*

Verkauft die Gemeinde das Land, hat sie keinen Grund, es nicht der Bauberechtigten zu geben. Hingegen soll die Bauberechtigte frei sein, geeignete Nachfolger zu suchen. Ein Vorkaufsrecht würde den Verkehrswert des Baurechts empfindlich drücken. Die Gemeinde ihrerseits ist abgesichert durch die Ziff. 2 und 12 der Vorlage 3.

³¹ *Ohne eine solche Überbindung hätte z. B. ein Rechtsnachfolger der Bauberechtigten keine Pflicht, 40 Arbeitsplätze zu unterhalten. Der Gemeinde blieben lediglich noch unsichere Schadenersatzansprüche gegen ihre Vertragspartnerin.*

Die Zwangsvollstreckung

Das Wichtigste in Kürze

Normalerweise werden vertragliche Verpflichtungen klaglos erfüllt. Bleibt eine Partei ihre Leistung schuldig, kann die andere Partei unter ganz bestimmten Voraussetzungen gegen sie vorgehen.

Die bekannteste Form der Zwangsvollstreckung ist die Betreibung. Betreibungen sind allerdings nur für Geldforderungen möglich. Guthaben in ausländischer Währung sind bei Einleitung der Betreibung zum aktuellen Kurs in Schweizerfranken umzurechnen. Die Betreibung kann nur Vermögen des Schuldners beschlagen, das in der Schweiz liegt.

Verbindlichkeiten, die nicht mit Geld zu erfüllen sind, können durch richterliche Anordnungen durchgesetzt werden. Die jeweilige kantonale Prozessordnung entscheidet darüber, wie der Gläubiger vorzugehen hat. In Frage kommt z. B. ein Befehl an den Schuldner, eine bestimmte Handlung vorzunehmen oder zu unterlassen. Der Vollstreckungsrichter kann mit dem Vollzug auch eine Amtsperson betrauen oder den Gläubiger ermächtigen, einen Dritten mit der Erfüllung auf Kosten des Schuldners zu beauftragen.

Wesen der Betreibung	Betreibung kann nur verlangt werden für eine Geldschuld. Sofern ein Schuldner seinen Wohnsitz in der Schweiz hat (in Ausnahmefällen genügt blosser Aufenthalt in der Schweiz oder in Arrestfällen oft gar nur das Vorhandensein von Vermögen in der Schweiz), kann jedermann beim Betreibungsamt am Wohnsitz der betreffenden Person (bzw. am Arrestort) die Zustellung eines Zahlungsbefehls verlangen. Der Gläubiger hat den Zahlungsgrund zwar zu nennen, doch braucht er seine Forderung nicht einmal glaubhaft zu machen. Betreibung setzt auch keine Rechnungsstellung oder Mahnung voraus.

Wer einen Zahlungsbefehl zugestellt erhält, muss innert spätestens zehn Tagen reagieren. Erhebt er Rechtsvorschlag, ist die Betreibung gestoppt. Unterlässt der Schuldner den rechtzeitigen Rechtsvorschlag, kann er gegen den Fortgang des Verfahrens praktisch nichts mehr unternehmen. Er wird, ausser in Extremfällen, zahlen müssen. Es bleibt ihm dann nur die Möglichkeit, innert Jahresfrist auf Rückzahlung zu klagen, wobei er nachweisen muss, dass die Schuldpflicht gar nicht bestanden hat.

Rechtsvorschlag und Rechtsöffnung	Der Schuldner kann durch blosse Erklärung:

«Ich erhebe Rechtsvorschlag.»

die vorläufige Einstellung der Betreibung bewirken. Er kann den Rechtsvorschlag mündlich bei Zustellung des Zahlungsbefehls erklären, doch empfiehlt sich die schriftliche Erklärung ans Betreibungsamt. Im Allgemeinen ist der Rechtsvorschlag nicht zu begründen. Bei den speziellen Betreibungen (Pfandverwertung oder Wechselbetreibung) ist eine Begründung erforderlich. Nach Konkursen muss der Schuldner allenfalls auch ausdrücklich die Einrede erheben, er sei noch nicht zu neuem Vermögen gekommen (Art. 265 SchKG).

Wenn der Gläubiger die durch Rechtsvorschlag gestoppte Betreibung nicht verfallen lassen will, muss er innert längstens einem Jahr seit Zustellung des Zahlungsbefehls klageweise gegen den Schuldner vorgehen. Nach Ablauf dieser Jahresfrist müsste er erneut die Zustellung eines Zahlungsbefehls verlangen.

Im Normalfall wird über die strittige Geldforderung in einem ordentlichen Zivilprozess entschieden. In besonderen Fällen kann der Gläubiger allerdings das raschere Rechtsöffnungsverfahren wählen. Im Rechtsöffnungsverfahren prüft der

Richter nur, ob der Schuldner zum Zeitpunkt der Zustellung des Zahlungsbefehls berechtigt war, Recht vorzuschlagen, also seine Schuldpflicht in jenem Zeitpunkt zu Recht bestritten hat. Der Schuldner erhebt z. B. Rechtsvorschlag, weil er vor Ablauf der vereinbarten Zahlungsfrist betrieben worden ist. Zu beachten ist allerdings, dass ohne ausdrückliche Vereinbarung nicht etwa von einer allgemeingültigen dreissigtägigen Zahlungsfrist ausgegangen werden darf.

Der Gläubiger kann das Rechtsöffnungsverfahren nur dann erfolgreich durchlaufen, wenn er entweder ein rechtskräftiges Urteil in Händen hat, das den Schuldner zur Zahlung verpflichtet, oder wenn er eine schriftliche, den betriebenen Betrag nennende Schuldanerkennung des Schuldners besitzt. Im ersten Fall wird dem Gläubiger definitive, im zweiten Fall provisorische Rechtsöffnung erteilt.

Legt der Gläubiger ein rechtskräftiges Gerichtsurteil vor, kann der Schuldner nur mit Urkunden dagegen ankämpfen; aus einem Papier muss sich ergeben, dass die Schuld entweder getilgt (also bezahlt), gestundet oder verjährt ist. Der Urkundenbeweis der Tilgung kann der Schuldner durch Vorlage einer Posteinzahlungsquittung, einer Quittung oder einer schriftlichen Verzichtserklärung des Gläubigers leisten. Eine Gegenforderung kann er nur ins Feld führen, wenn sie vom Gläubiger schriftlich anerkannt oder durch rechtskräftiges Urteil festgestellt und die Verrechnung nicht aus speziellen Gründen ausgeschlossen ist.

Verfügt der Gläubiger nur über ein schriftliches Schuldbekenntnis des Schuldners, ist genau zu prüfen, ob sich der Schuldner darin wirklich ohne Vorbehalt zur Bezahlung einer zahlenmässig exakt bestimmten Schuld verpflichtet hat, bekräftigt durch seine Unterschrift. Die Schuldanerkennung kann auch aus mehreren Urkunden bestehen, die aber alle die Unterschrift des Schuldners tragen müssen (Ausnahmen sind unter Umständen möglich, wenn die Schuldanerkennung auf eine genau bezeichnete, nicht unterschriebene Urkunde verweist, die z. B. den genauen Schuldbetrag enthält). Viele Rechtsöffnungsbegehren scheitern daran, dass die Verpflichtungserklärung nicht präzis genug formuliert ist.

Schriftliche Verträge können unter Umständen als Rechtsöffnungstitel anerkannt werden. Vorausgesetzt ist, dass der Gläubiger durch Urkunden nachweisen kann, dass er seinerseits erfüllt hat. Er kann z. B. den vom Schuldner unterzeichneten Lieferschein vorlegen, wenn die Zahlung des Kaufpreises von keiner weiteren Voraussetzung mehr abhängig ist. Seine eigene Leistung muss er nicht nachweisen, wenn der Schuldner überhaupt zuerst zahlen muss (Vorleistungspflicht). Der Gläubiger muss dann aber eine schriftliche Aufforderung an den Schuldner vorlegen können, aus der hervorgeht, dass er selber zur Leistung nach Eingang der Zahlung bereit ist.

Die Verteidigung des Schuldners ist einfacher, wenn der Gläubiger nur eine Schuldanerkennung vorlegt. Art. 82 SchKG gestattet ihm nämlich, gegen den Anspruch Einwendungen glaubhaft zu machen, die nicht unbedingt schriftlich dokumentiert sein müssen. Der Ermessensbereich des Rechtsöffnungsrichters ist indes gross; eine blosse Mängelrüge genügt zum Beispiel meist nicht.

Aberkennungsklage

Weil der Verteidigungsspielraum des Schuldners im Rechtsöffnungsverfahren beschränkt ist, kann er innert zehn Tagen nach gerichtlicher Bewilligung der provisorischen Rechtsöffnung gegen den Gläubiger klagen. Diese Klagemöglichkeit besteht allerdings nur, wenn die Rechtsöffnung aufgrund einer schriftlichen Schuldanerkennung ausgesprochen worden ist. Konnte der Gläubiger bereits ein Urteil vorlegen (definitive Rechtsöffnung), ist selbstverständlich eine nochmalige Beschreitung des Gerichtsweges, um über die Forderung an sich zu streiten, ausgeschlossen.

Der Schuldner muss die Aberkennungsklage innert zehn Tagen am richtigen Ort und beim richtigen Gericht einreichen. Haben die Parteien keine Gerichtsstandsvereinbarung abgeschlossen, ist der Richter am Betreibungsort zuständig. Haben die Parteien aber im voraus einen anderen Gerichtsstand oder gar ein Schiedsgerichtsverfahren vereinbart, dann muss die Aberkennungsklage dort angehoben werden. Im Rahmen des Aberkennungsprozesses tritt zwar der Schuldner als Kläger auf, doch ist es gleichwohl Sache des Gläubigers, seine Forderung geltend zu machen und zu beweisen. Das Urteil im Aberkennungsprozess ist für beide Parteien verbindlich, auch über die laufende Betreibung hinaus.

Die Betreibung ruht während der Dauer dieses Prozesses. Immerhin kann der Gläubiger die provisorische Pfändung ver-

Zwangsvollstreckung 497

langen (Art. 83 Abs. 1 SchKG) und so verhindern, dass Vermögenswerte verschwinden.

Hat der Schuldner nicht Rechtsvorschlag erhoben oder konnte der Gläubiger diesen gerichtlich beseitigen, kann er den Schuldner pfänden oder u. U. über ihn den Konkurs eröffnen lassen. Der Betreibungsbeamte entscheidet von sich aus, welcher Weg beschritten werden muss. Ist der Schuldner im Handelsregister eingetragen, ist nur der Konkurs möglich; nichteingetragene Personen können durch Abgabe der sogenannten Insolvenzerklärung über sich selber die Konkurseröffnung beantragen.
Fortsetzung der Betreibung

Mit der Pfändung beschlagnahmt der Betreibungsbeamte vom Vermögen und allenfalls vom Lohn oder Geschäftsertrag des Schuldners soviel, wie zur Deckung der Forderung und der Betreibungskosten nötig ist. Lohnpfändungen können nur für die Dauer eines Jahres verlangt werden. Gepfändete Sachen werden vom Betreibungsamt verkauft; der Erlös fliesst den Gläubigern zu.

Vermag die Pfändung die in Betreibung gesetzte Forderung nicht zu decken, stellt der Betreibungsbeamte einen Verlustschein aus. Der Verlustschein bewirkt zugunsten des Gläubigers Unverjährbarkeit der Forderung, zugunsten des Schuldners beendigt er die Verzugszinspflicht.

Bei der Betreibung auf Konkurs wird das gesamte Vermögen des Schuldners zur sogenannten Konkursmasse gezogen und der Liquidationserlös anteilmässig unter alle Gläubiger verteilt. Nur einzelne privilegierte Gläubiger (Arbeitnehmer, Sozialversicherungen usw.) haben ein Vorrecht. Sie kommen vor den restlichen Gläubigern zum Zuge.

Das gesamte Betreibungsrecht ist in einem der ältesten Gesetze der Schweiz geregelt, nämlich im Bundesgesetz über Schuldbetreibung und Konkurs vom 11. April 1889. Die Behördenorganisation ist kantonal recht unterschiedlich. Gegen praktisch alle Handlungen des Betreibungsbeamten können die Beteiligten innert zehn Tagen Beschwerde führen oder sich an den Richter wenden.
Gesetzliche Regelung

Vorlage für ein Rechtsöffnungsbegehren

Adresse des
Rechtsöffnungsrichters[1]

Sehr geehrte Damen und Herren

In der Beilage stelle ich Ihnen das Original[2] des Zahlungsbefehls des Betreibungsamtes Konolfingen vom 16. August 19.. in Betreibung Nr. 384/.. (zugestellt am 18. August 19..) zu. Ich ersuche Sie, gestützt auf die ebenfalls im Original beiliegende Schuldanerkennung[3] von Peter Ochsner, Schulhausstrasse 3, Konolfingen, datiert vom 25. März 19.., im Betrag von Fr. 24'569.–[4] nebst 5% Zins seit der schriftlichen Mahnung[5] vom 11. Juli 19.. zuzüglich Betreibungskosten provisorische[6] Rechtsöffnung zu erteilen, unter Kosten- und Entschädigungsfolgen[7] zulasten des Schuldners.

Ort, Datum und Unterschrift

Kommentar zur Vorlage

[1] Für die Behandlung des Rechtsöffnungsgesuches ist immer das zuständige Gericht am Betreibungsort anzurufen, nicht etwa das vereinbarte Schiedsgericht oder der Richter am vereinbarten Gerichtsort. Der Betreibungsbeamte kann über die Adresse des örtlich zuständigen Richters Auskunft geben.

[2] Im Rechtsöffnungsverfahren ist der Zahlungsbefehl im Original einzureichen. Das Gericht hat zu prüfen, ob seit dessen Zustellung noch nicht mehr als ein Jahr verstrichen ist; denn nach Ablauf dieser Frist verliert der Zahlungsbefehl seine Wirkung, wenn kein ordentlicher Prozess oder eben ein Rechtsöffnungsverfahren eingeleitet worden ist.

[3] Viele Gerichte haben es sich angewöhnt, namentlich wenn Laien ein Rechtsöffnungsbegehren stellen, schon bei Klageeingang die Vorlage des Rechtsöffnungstitels (Urteil oder Schuldanerkennung) zu verlangen. Mit Vorteil reicht der Gläubiger das Original ein; Urteile müssen mit einer amtlichen Bescheinigung der Rechtskraft versehen sein.

[4] Das Rechtsöffnungsverfahren ist ein Gerichtsverfahren. Die Parteien müssen daher präzise Anträge stellen. Es ist ohne weiteres möglich, nur für einen kleineren Betrag als im Zahlungsbefehl genannt, Rechtsöffnung zu verlangen; dazu hat der Gläubiger z. B. Anlass, wenn der Schuldner in der Zwischenzeit eine Teilzahlung geleistet hat. Nie kann das Rechtsöffnungsbegehren aber für einen höheren Betrag geschützt werden.

[5] Rechtsöffnung kann auch für Verzugszinsen verlangt werden. Enthält die Schuldanerkennung keine Zinsverpflichtung, kann der Gläubiger den gesetzlichen Verzugszins von 5% trotzdem einklagen, wenn er die schriftliche Mahnung einreichen kann; das Betreibungsbegehren gilt als Mahnung. Immer ist aber vorausgesetzt, dass der Anspruch bereits im Zahlungsbefehl aufgeführt war.

⁶ *Ob provisorische oder definitive Rechtsöffnung zu erteilen ist, hat der Richter von Amtes wegen zu entscheiden. Definitive Rechtsöffnung ist nur möglich, wenn bereits ein Gerichtsurteil vorliegt.*

Bei der provisorischen Rechtsöffnung kann der Schuldner bezüglich seiner Schuldanerkennung Einwendungen machen. Selbst wenn die provisorische Rechtsöffnung erteilt wird, ist er nicht wehrlos: Er kann innert zehn Tagen die sogenannte Aberkennungsklage erheben. Die Aberkennungsklage führt in einem ordentlichen Zivilprozess zur Klärung der Frage, ob der vom Gläubiger geforderte Betrag tatsächlich geschuldet ist.

⁷ *Obsiegt der Gläubiger im Rechtsöffnungsverfahren, muss der Schuldner die Verfahrenskosten ebenso tragen wie die Betreibungskosten. Allerdings muss der Gläubiger diese Kosten in der Regel vorschiessen, kann sie aber später von den Zahlungen des Schuldners zuerst abziehen (Art. 68 Abs. 2 SchKG).*

Erhebt der säumige Schuldner zur Verzögerung Rechtsvorschlag und bezahlt er dann nur den geschuldeten Forderungsbetrag und nicht auch die Kosten des Zahlungsbefehls, kann der Gläubiger die Zahlung von Gesetzes wegen zuerst zur Deckung seiner Verfahrenskosten und den Rest als Teilzahlung verwenden. Im Restbetrag ist die Forderung dann noch unbezahlt, so dass er für diesen Teilbetrag das Rechtsöffnungsverfahren anstrengen kann. Die Zahlung der Schuld nach der Zustellung des Zahlungsbefehls stellt eine Schuldanerkennung dar. Ist bereits das Rechtsöffnungsverfahren hängig, kann es auch eine Klageanerkennung sein, ausser der Schuldner weist nach, dass die Schuld bei Zustellung des Zahlungsbefehls noch nicht fällig war.

Im Rechtsöffnungsverfahren wird dem Gläubiger in der Regel eine Umtriebsentschädigung nur zugesprochen, wenn er dies ausdrücklich verlangt hat.

Prozessrechtliche Verträge

Das Wichtigste in Kürze

Die bekanntesten prozessrechtlichen Vereinbarungen sind die vielen Verträgen angefügten Gerichtsstandsklauseln. Soweit die Parteien über den sogenannten Streitgegenstand frei verfügen können, sind sie in der Regel berechtigt, durch Vertrag vom ordentlichen Gerichtsstand abzuweichen. Der ordentliche Gerichtsstand befindet sich in der Regel am Wohnort oder am Sitz des Schuldners, der eingeklagt wird. Für gewisse Klagen ist keine Gerichtsstandswahl möglich, so z. B. für den Eintrag von Bauhandwerkerpfandrechten. Das kann nur der Richter am Ort des Grundstückes tun. Zum Teil sehen auch Gesetze zum Schutz der schwächeren Vertragspartei ein weitgehendes Verbot der Gerichtsstandsvereinbarung vor (z. B. bei Miet- oder Arbeitsverhältnissen).

In vielen schriftlichen Verträgen ist vorgesehen, dass ein Schiedsgericht Streitigkeiten entscheiden soll. Auch hier gibt es Rechtsgebiete, in denen Schiedsgerichtsabreden nicht zulässig sind (z. B. bei der Miete von Wohnräumen).

Gerichtsstands- und Schiedsgerichtsklauseln können im voraus, z. B. bei Vertragsschluss, vereinbart werden; die Parteien können sich aber auch in Bezug auf einen konkreten Streitfall darüber absprechen, welcher Richter entscheiden soll. Diese Vereinbarung muss getroffen werden, bevor eine Partei den ordentlichen oder den im voraus vertraglich vereinbarten Richter angerufen hat. Schieds- und Gerichtsstandsklauseln sind schriftlich abzufassen.

Wesen des prozessrechtlichen Vertrages	Mit einem prozessrechtlichen Vertrag greifen die Parteien in die prozessuale Ordnung ein, die von Staates wegen Anwendung fände. Inwieweit solche Verträge zulässig sind, wird hauptsächlich von der anwendbaren Prozessordnung bestimmt. Die Parteien können mit solchen Verträgen, soweit überhaupt zulässig, den örtlich und sachlich zuständigen Richter oder statt des zuständigen staatlichen oder vertraglichen Richters einen Schiedsrichter bestimmen. Schliesslich können sie über die Streiterledigung selber Vereinbarungen treffen, indem sie einen gerichtlichen Vergleich schliessen.
Form	Prozessrechtliche Verträge müssen schriftlich abgefasst werden. Sie können zum Teil auch zu Protokoll erklärt werden. Soll in einem Vertrag für den Fall zukünftiger Streitigkeiten auf den ordentlichen Richter verzichtet werden, verlangt die bundesgerichtliche Praxis, dass sich diese Vereinbarung vom übrigen Text deutlich abhebt und sich unübersehbar unmittelbar vor den Unterschriften befindet. Unter geschäftserfahrenen Partnern sind die Anforderungen unter Umständen etwas weniger streng; ebenso oftmals im internationalen Verhältnis.
Anwalt beiziehen!	Wenn es um die prozessuale Durchsetzung von Ansprüchen geht, ist praktisch immer der Beizug eines Spezialisten, eines Prozessanwaltes, zu empfehlen. Die Prüfung prozessualer Vorfragen verlangt besondere Sachkunde, die in einem Leitfaden nur schwer zur Darstellung gebracht werden könnte.
Gesetzliche Regelung	Alle Zivilprozessordnungen sprechen sich über die Zulässigkeit und namentlich die formellen Voraussetzungen prozessrechtlicher Verträge aus. Zu beachten ist, dass zur Schiedsgerichtsbarkeit ein Schweizerisches Konkordat besteht, dem mit Wirkung ab 1. Januar 1994 alle Kantone (zuletzt Luzern) angehören. Ferner findet im internationalen Verhältnis das IPRG (Bundesgesetz über das Internationale Privatrecht) Anwendung. Art. 5 IPRG sieht vor, dass eine Gerichtsstandsvereinbarung schriftlich, durch Telegramm, Telex, Telefax oder in einer anderen Form der Übermittlung erfolgen kann, die den Nachweis der Vereinbarung durch Text ermöglicht (vgl. Art. 178 IPRG für die Schiedsgerichtsklausel). Schweizerische Gerichte müssen auch Prozesse ohne Binnenbeziehung übernehmen, wenn die Parteien

schweizerisches Recht für anwendbar erklärt haben (Art. 5 Abs. 3 lit. b IPRG). Das Schiedsgerichtsrecht des IPRG findet Anwendung für Schiedsgerichte mit Sitz in der Schweiz, wenn wenigstens eine Partei bei Vertragsschluss nicht Wohnsitz in der Schweiz gehabt hatte (Art. 176 IPRG).

Vorlage 1 für eine Gerichtsstandsvereinbarung

Gerichtsstand ist *Liestal BL*[1]

Ort, Datum und Unterschriften

Variante:

Die Parteien *verzichten zugunsten von Liestal BL ausdrücklich auf ihren ordentlichen Gerichtsstand*[1]

Vorlage 2 für eine Schiedsgerichtsvereinbarung bei Vorhandensein eines ständigen Schiedsgerichtes

Allfällige Streitigkeiten aus diesem Vertrag sollen nicht von den ordentlichen Gerichten, sondern vom ständigen Schiedsgericht[2] des . . .-Verbandes entschieden werden, dessen Spruch sich beide Parteien unter Verzicht auf ordentliche Rechtsmittel unterwerfen.[3]

Ort, Datum und Unterschriften

Vorlage 3 für eine Schiedsgerichtsklausel mit Bestellung des Gerichtes erst im Streitfall

Sollten aus diesem Vertrag Streitigkeiten entstehen, die zwischen den Parteien nicht gütlich beigelegt werden können, so sind sie unter *Ausschluss der ordentlichen Gerichte* von einem Schiedsgericht mit Sitz in Flums zu entscheiden, dessen Spruch sich die Parteien von vorneherein unterwerfen und das auch entscheidet, wer die Kosten des Verfahrens zu tragen hat. Auf erstes Verlangen einer Vertragspartei haben beide Parteien binnen vierzehn Tagen je einen Schiedsrichter zu ernennen, die ihrerseits eine neutrale Person als Obmann wählen. Können sich die beiden Schiedsrichter binnen vierzehn Tagen über die Wahl des Obmannes nicht einigen, oder ernennt die eine Partei ihren Schiedsrichter nicht vertragsgemäss, so soll der Präsident des Bezirksgerichtes Sargans das Schiedsgericht ergänzen. Für das Verfahren soll die Prozessordnung des Kantons St. Gallen sinngemäss Anwendung finden.[4]

Ort, Datum und Unterschriften

Variante:[4]

Alle Streitigkeiten im Zusammenhang mit diesem Vertrag werden ausschliesslich und endgültig durch einen Einzelschiedsrichter mit Sitz in ... entschieden. Für Bestellung und Verfahren ist das interkantonale Konkordat über die Schiedsgerichtsbarkeit vom 27. März 1969 anwendbar.

Vorlage 4 für die Beauftragung eines Einzelschiedsrichters in einem konkreten Streitfall

Die Parteien stellen fest, dass sie hinsichtlich der Frage, ob die O. Vogler AG ihre Leistung aus dem Vertrag vom 15.7.19.. vertragsgemäss erbracht hat, uneins sind. In Anbetracht der langjährigen guten Geschäftsbeziehungen zwischen der Fritz Lüthi & Co. und der O. Vogler AG vereinbaren die Parteien, den Streitfall Herrn Oberrichter Dr. Alexander Miller[6] als Einzelschiedsrichter zu unterbreiten. *Beide Parteien verzichten ausdrücklich auf die Anrufung des an sich zuständigen Zürcher Handelsgerichtes.* Sitz des Schiedsgerichtes ist Zürich. Anwendbar sind die Bestimmungen des ordentlichen schriftlichen Verfahrens gemäss Zürcher Zivilprozessordnung.[4, 5]

Ort, Datum und Unterschriften

Vorlage 5 für einen gerichtlichen Vergleich

1. Die Parteien stellen fest, dass sie mit der vorliegenden Vereinbarung den zwischen ihnen vor dem Bezirksgericht See hängigen Forderungsprozess Ziv. Nr. ... beendigen wollen.

2. In dieser Absicht reduziert der Kläger seine Klage auf den Pauschalbetrag von Fr. 13'000.– netto, in welchem Umfange sie der Beklagte vergleichsweise anerkennt.[7]

3. Der Beklagte erklärt sich ferner vergleichsweise bereit, die mit Brief vom 15.3.19.. vom Kläger gerügten Mängel (Kratzer und Schmutzflecken) innert 30 Tagen ab heute auf eigene Kosten zu beheben.

4. Die Parteien übernehmen die Gerichtskosten je zur Hälfte und verzichten gegenseitig auf Prozess- und Umtriebsentschädigung.[8]

Ort, Datum und Unterschriften

Kommentar zu den Vorlagen 1—5

¹ *Einzusetzen ist stets die Ortschaft oder die Stadt, nicht etwa der Kanton oder ein Land. In Vorlage 1 ist nach der basellländischen Prozessordnung zu entscheiden, welcher Friedensrichter zuständig ist, ob überhaupt ein Verfahren vor dem Friedensrichter stattfinden und ob ein Gericht im Kanton Basel-Land den Fall überhaupt annehmen muss. Es ist darauf zu achten, dass die Kantone nicht verpflichtet sind, Prozesse anzunehmen, wenn die Parteien zu diesem Kanton keine Binnenbeziehung haben. Annahmepflicht wird im internationalen Verhältnis allerdings durch Art. 5 Abs. 3 lit. b IPRG vorgeschrieben, wenn auf den Vertrag schweizerisches Recht anwendbar ist.*

Die Praxis verlangt, dass Gerichtsstandsklauseln im Vertragstext durch Fettdruck oder Unterstreichung deutlich hervorgehoben werden. Damit sie nicht in einem umfangreichen Text untergehen, sollten sie stets unmittelbar vor den Unterschriften beider Parteien stehen.

² *In vielen Berufsverbänden existieren ständige Schiedsgerichte, für die in den Verbandsstatuten Vorschriften über die Konstituierung, die Amtsdauer und das Verfahren enthalten sind. Sofern die Parteien nicht beide Mitglieder des betreffenden Verbandes sind und ein Anrecht auf die Dienste dieses Schiedsgerichtes haben, ist eine vorherige Anfrage in einem konkreten Streitfall zweckmässig.*

³ *Mit der Vereinbarung eines Schiedsgerichtes wollen die Parteien die ordentliche Gerichtsbarkeit ausschliessen. Dieser Verzicht auf die staatliche Gerichtsbarkeit umfasst auch den Rechtsmittelweg. Soweit das schweizerische Konkordat über die Schiedsgerichtsbarkeit Anwendung findet, kann allerdings nur auf die sogenannten ordentlichen Rechtsmittel gültig verzichtet werden, also auf jene Rechtsmittel, die eine umfassende Überprüfung eines Urteils erlauben. Hingegen kann gemäss Konkordat auf die Weiterzugsmöglichkeit für ganz krasse Fehlentscheide nicht zum voraus verzichtet werden. Das Konkordat beschränkt die An-*

fechtung von Schiedsgerichtsurteilen auf ganz spezielle Nichtigkeitsgründe. Zum Beispiel kann gerügt werden, einer Partei sei bei der Zusammensetzung des Gerichtes mehr Gewicht zugekommen als der anderen oder es sei bezüglich eines Richters ein Ablehnungsgrund gegeben (z. B. Befangenheit). Auch die von den Parteien ernannten Schiedsrichter, die meist gemeinsam den Vorsitzenden und allenfalls den Sekretär wählen, müssen ihr Amt ohne Instruktionen und unabhängig ausüben.

Gewisse ausländische Schiedsordnungen und neu nun auch das IPRG sehen den Verzicht auf jede Weiterzugsmöglichkeit als zulässig vor; also gibt es auch für krasse Fehlentscheide keine Nichtigkeitsbeschwerde. Art. 192 IPRG lässt den Verzicht allerdings nur zu, wenn keine Partei Wohnsitz, gewöhnlichen Aufenthalt oder Niederlassung in der Schweiz hat.

4 Das schweizerische Konkordat über die Schiedsgerichtsbarkeit regelt alle Einzelheiten der Bildung eines Schiedsgerichtes, wenn nur aus der Vereinbarung der Parteien hervorgeht, dass sie sich statt der ordentlichen Gerichtsbarkeit dem Spruch eines Schiedsgerichtes unterziehen wollen. Ist über die Zahl der Schiedsrichter nichts vereinbart, dann müssen ihm drei Richter angehören. Eine höhere ungerade Zahl muss ebenso speziell vereinbart sein wie ein blosser Einzelschiedsrichter. Bei Untätigkeit einer Partei oder bei Uneinigkeit der Parteischiedsrichter sieht das Konkordat eine Regelung vor, wie sie in Vorlage 3 dargestellt ist. Die Parteien können sich die Verfahrensordnung selber geben oder sie können deren Wahl dem Gericht überlassen. Sie können in der Schiedsklausel aber auch einfach das Konkordat für anwendbar erklären, wie dies in der Variante zu Vorlage 3 geschehen ist.

Namentlich ständige Schiedsgerichte verfügen über eine ausführliche Regelung des Verfahrens. Der Schweizerische Ingenieur- und Architektenverein sieht z. B. in seinen Formularverträgen die Vereinbarung eines Schiedsgerichtes am Geschäftssitz des Beauftragten vor, wobei die Verfahrensordnung gemäss SIA-Norm 150 (Ausgabe 1977) zur Anwendung kommt.

5 Der Schiedsgerichtsprozess wird erst rechtshängig, wenn die Parteien den Schiedsrichter und den Streitgegenstand in der

Schiedsabrede bezeichnen oder wenn eine Partei die Konstituierung in Gang setzt, also indem sie der Gegenpartei den von ihr ernannten Schiedsrichter bezeichnet. Mit Eintritt der Rechtshängigkeit ist, Zulässigkeit der Schiedsgerichtsbarkeit an sich vorausgesetzt, die Anrufung des ordentlichen Richters nicht mehr möglich. Die Klage kann auch nicht mehr formlos zurückgezogen werden.

6 *Wer als Schiedsrichter angerufen wird, hat sich ausdrücklich darüber auszusprechen, ob er das Amt annehmen will oder nicht. Richter und Parteien stehen zueinander in einem Auftragsverhältnis. Die zur Anwendung gelangende Verfahrensvorschrift ist eine Weisung der Auftraggeber (also der Streitparteien) an den Schiedsrichter, wie er seinen Auftrag auszuüben habe. Bei der Wahl von Berufsrichtern ist zu beachten, dass diese oft einer Bewilligung zur Ausübung von Schiedsrichtermandaten bedürfen.*

7 *Von einem gerichtlichen Vergleich kann erst die Rede sein, wenn zwischen den Parteien bereits ein Gerichtsverfahren im Gange ist. In jedem Zivilprozess wird nur über die geltend gemachten Ansprüche entschieden, die im Rechtsbegehren exakt umschrieben werden. Es rechtfertigt sich daher, im gerichtlichen Vergleich auf diese Umschreibung zurückzugreifen.*

Vorlage 5 enthält über die Zahlungsfrist der Vergleichssumme (Ziff. 2) keine Bestimmung. Die betreffende Forderung wird daher erst fällig und vollstreckbar, wenn die allfällige Rechtsmittelfrist nach Zustellung des Erledigungsentscheides unbenützt abgelaufen ist. Ein gerichtlicher Vergleich entfaltet seine streiterledigende Wirkung nämlich erst mit der darauf beruhenden gerichtlichen Verfahrenserledigung.

Die Parteien können allerdings auch eine frühere Fälligkeit festlegen (vgl. Ziff. 3 in Vorlage 5); dann ist einfach die Vollstreckung erst nach gerichtlicher Erledigung möglich, der Lauf des Verzugszinses z. B. kann aber schon viel früher eingesetzt haben.

8 *Praktisch in allen Gerichtsverfahren werden Kosten erhoben und muss gegebenenfalls die Gegenpartei entschädigt werden, wenn*

man mit seinem Standpunkt nicht vollständig durchgedrungen ist. Treffen sich die Parteien bei einem Vergleich in etwa in der Mitte, ist stets die Teilung der Kosten zu empfehlen; folgerichtig trägt jede Partei auch ihre eigenen Aufwendungen. Nur bei sehr einseitigem Ausgang sollte von dieser Faustregel abgewichen werden.